高等学校经济管理类专业实验实践课程系列教材

财政部"十三五"规划教材

审计理论·实训·案例

林丽端 秦晓东 江婷婷 ◎ 主编

中国财经出版传媒集团

经济科学出版社

Economic Science Press

图书在版编目（CIP）数据

审计理论·实训·案例/林丽端，秦晓东，江婷婷主编.
—北京：经济科学出版社，2020.10
高等学校经济管理类专业实验实践课程系列教材
财政部"十三五"规划教材
ISBN 978 – 7 – 5218 – 1940 – 3

Ⅰ.①审…　Ⅱ.①林…②秦…③江…　Ⅲ.①审计学 –
高等学校 – 教材　Ⅳ.①F239.0

中国版本图书馆 CIP 数据核字（2020）第 188848 号

责任编辑：孙丽丽　纪小小
责任校对：王肖楠
责任印制：李　鹏　范　艳

审计理论·实训·案例
林丽端　秦晓东　江婷婷　主编
经济科学出版社出版、发行　新华书店经销
社址：北京市海淀区阜成路甲 28 号　邮编：100142
总编部电话：010 – 88191217　发行部电话：010 – 88191522
网址：www. esp. com. cn
电子邮箱：esp@ esp. com. cn
天猫网店：经济科学出版社旗舰店
网址：http://jjkxcbs. tmall. com
北京密兴印刷有限公司印装
787×1092　16 开　23 印张　560000 字
2020 年 12 月第 1 版　2020 年 12 月第 1 次印刷
ISBN 978 – 7 – 5218 – 1940 – 3　定价：76.00 元
（图书出现印装问题，本社负责调换。电话：010 – 88191510）
（版权所有　侵权必究　打击盗版　举报热线：010 – 88191661
QQ：2242791300　营销中心电话：010 – 88191537
电子邮箱：dbts@ esp. com. cn）

前　　言

　　《审计理论·实训·案例》是一本融审计的基本概念、基本方法、基本操作技能和经典案例为一体的教材。本教材是根据新颁布和新修订的《中国注册会计师审计准则》和《企业会计准则》编写的，其中实训部分的资料来自厦门网中网软件有限公司的审计综合实习平台。本教材既可以作为单独的审计案例和实训教材，也可以作为审计理论课程教材，适用于本科生学习使用。

　　2019 年 2 月 20 日，财政部发出《关于印发〈中国注册会计师审计准则 1101 号——注册会计师的总体目标和审计工作的基本要求〉等 18 项审计准则的通知》，中国注册会计师协会于 2019 年 3 月 29 日针对 18 项修订的审计准则发布了 24 项应用指南。在此基础上，我们编写了本教材。

　　本教材以注册会计师审计为主线，兼顾国家审计和内部审计。近几年来，随着我国社会主义市场经济的不断发展，审计监督体系也逐步完善，无论是注册会计师审计，还是国家审计或内部审计，其地位和作用日益被人们重视和关注。

　　本教材每章包括引导案例、基本理论、拓展案例和实训操作指南，使同学们在审计理论学习中也能从案例分析中激发兴趣并追溯起源，同时还能有效地解答同学们在实训操作中所遇到的困惑。

　　本教材由林丽端担任主编，秦晓东和江婷婷担任副主编。具体编写分工如下：林丽端编写了第一、第六、第七章以及第四章的第一、第三节；秦晓东编写了第二、第三和第十章；江婷婷编写了第五、第八、第九章以及第四章的第二节和实训部分。全书最后由林丽端、江婷婷修改定稿。

　　由于编者水平有限，加之编写时间仓促，存在不当之处在所难免，敬请广大读者与同仁不吝指教。

编者

2020 年 9 月 20 日

目　录

第一章 审计概述

引导案例

审计的重要作用

小张手上有几万元闲散资金，听说最近股市行情不错，同事们也赚了不少钱，决定投资购买股票，但却不知购买哪家股票，于是非常虚心地请教同事小徐，小徐自信地告诉他，当然购买报表显示效益好的公司股票。

小张按小徐的指示，经过比较购买了 P 公司的股票。但没过多久，所持股票大跌。小张吃了"哑巴亏"，回头找小徐讨教所持股票大跌之理由，徐表示无可奈何。小张又去请教会计老陈，老陈告诉他在选股时一定要看注册会计师审计报告的意见，小张迫不及待查询 P 公司当年审计报告，发现其审计报告的意见是否定意见，并就 P 公司的信息与老陈交换了意见。小张还是百思不得其解。何为注册会计师？何为审计报告与否定意见？后来通过老陈的讲解，小张频频点头，豁然开朗。

第一节 审计的产生和发展

审计的英文"audit"一词源于拉丁文"听"的意思。最早主要用于描述各地官员向国王或皇帝口头报告时，有专门的官员在一旁进行听证，而后确证此报告的准确性。这种现象西方出现在公元前 5 世纪的古波斯帝国，我国则出现在春秋战国时期。

一、审计产生的动因

审计作为一种社会现象，是为了满足社会的特定需求而产生和发展起来的。原始社会初期没有这种现象，但到了原始社会末期，随着社会分工的出现，社会生产力有了很大发展，于是出现了剩余产品，产生了私有制，伴随着生产资料所有权和经营权的分离，出现了所有者与经营者之间的受托责任关系，这种受托责任关系就是早期审计的产生。所谓的受托责任关系就是财产所有者把财产委托至经营管理者后委托、受托双方相关权利、义务和责任的契约关系。在这种关系下，委托人为保护自身的经济利益，需要对受托人提供的报告的真实性和履行受托责任的情况进行审核、检查，实现监督，以便确认或解除受托责任。但是，由于经济关系的日益复杂和经营管理的客观需要，财产所有者由于能力、检查技术、法律、地域或经济等方面的限制，不能或无法亲自核查受托经管者的活动，这就需要一个具有相对独立的第三方对其加以检查和评价，这个独立第三方的身份就是审计人员。因此，理论界普遍接受的审计产生的客观动因就是这种受托责任观。当审计人员介入受托责任关系之后，审计人员与受托责任双方就构成了如图 1-1 所示的审计关系。

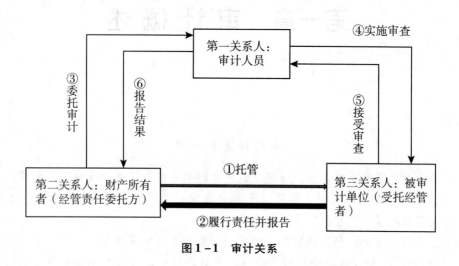

图 1-1 审计关系

历史地看，由奴隶主和封建主阶级掌管的国家，为了维护他们的统治，必须向被统治者征收税负，以满足国家机器运转的需要。国家统治者必须逐级委派一批大小官吏征收、经营税负，国家统治者作为授权人，征收、经营税务官员作为受权人，他们之间就存在着一种委托受托责任关系。授权人为了考核受权人是否认真负责、诚实守信地履行受托责任，就有必要委派另一些独立于税务官员之外的官吏，对其收支活动和记录进行监督审查，进行审计活动。这种受托责任关系在现代社会更广泛地存在。古今中外普遍存在的受托责任关系，也就是古今中外审计产生和发展的根本动因，构成审计产生和发展的客观基础。

<u>知识拓展 1-1</u>

审计需求理论：代理理论

代理理论（agency theory）是由现代产权理论经济学家迈克尔·詹森提出的。代理理论认为，企业是一系列契约（包括与股东的、与经营者、债权人、雇员的，还有与供应商和客户等的契约关系）的联结。企业中相关各方存在相互抵触的利益冲突。詹森和麦克林叙述的代理理论由三部分构成：委托人的监督成本、代理人的保证成本和剩余损失。为了减少代理关系下的代理成本，委托人、代理人之间签订了一系列契约。而这些契约的实施需要外部独立第三方的监督，具有良好声誉的独立审计师在审计工作中被称为双方的桥梁，促使股东利益和管理人员利益达到最大化。

理性的投资者会意识到代理问题对自身权益的侵害，因而会在委托时事先考虑这部分损失并将其反映在职业经理人的收益中。职业经理人则会以自身的报酬给投资者作出保证。甚至主动提供信息，以建立机制来协调互相冲突的利益。其中，审计就是一种协调和监督机制，同时也能够检验代理人提供的信息质量。

二、国家审计的产生和发展

(一)西方国家审计的产生和发展

随着生产力进步、社会经济的发展和经济关系的不断变革,西方国家审计的产生拥有悠久的历史,并经历了一个漫长的发展过程。

据史料记载,早在奴隶制时期,古埃及、古罗马和古希腊就有了官厅审计机构。如古埃及政府机构中设置监督官,行使审查监督权,会计官员的收支记录、各级官吏尽职守法与否等都处于监督官的严格监督之下。监督官的职权大、地位高,管理权限也不限于经济监察,但此时尚未形成独立的审计机构,审计还处于萌芽时期。此外,在古罗马和古希腊,也有相应的负责经济监察的机构,通过"听证"方式,对掌握国家财物和税收的官吏进行审查和考核等具有审计性质的经济监督工作。在世界各国的封建社会时期,历代封建王朝大都设有审计机构对国家的财政收支进行审计监督,但当时的官厅审计无论是组织机构还是方法,都还处于很不完善的初始阶段。

在资本主义时期,随着资本主义国家经济的发展和资产阶级国家政权组织形式的完善,国家审计有了进一步的发展。西方实行立法、行政、司法三权分立,议会为国家最高立法机关,并对政府行使包括财政监督在内的监督权。为了监督政府的财政收支,保护公共资金的安全和合理使用,大多在议会下设有专门的审计机构,由议会或国会授权对政府及其各部门的财政、财务收支进行独立的审计监督。例如,美国于1921年成立了国家会计总署;此外,英国的国家审计总署、加拿大的审计公署等,都是隶属于国家立法部门的独立审计机关,享有独立的审计监督权,其审计结果向议会报告。除了立法型的国家审计模式之外,世界上还出现了司法型、独立型、行政型这三种国家审计模式。

1. 立法模式

在立法模式下,国家审计机关,包括最高审计机关和地方审计机关,都隶属于立法部门,与政府保持独立,负责向立法部门报告工作。该模式最早产生于英国,此后,在美国、加拿大、澳大利亚、埃及和以色列等国得到了应用和推广。美国是采用立法模式的典型国家。美国国家最高审计机关——美国会计总署隶属于国会,向国会负责。地方审计机关主要对当地的立法机构负责,其在实现各自的审计职能和向各州和地方议会报告方面所起的作用与会计总署基本相同。采用立法模式的国家在政治体制上都属于立法、司法和行政两权分立的国家,有比较完善的立法机构和立法程序。在立法模式下,审计机关的独立性比较强。

2. 司法模式

在司法模式下,国家审计机关以审计法院的形式存在,拥有司法权,审计机关有司法地位,因此政府审计的独立性和权威性都很高。该模式起源于法国,此后,意大利、西班牙、土耳其等国也采用了这一模式。司法型审计模式的典型代表是法国。特点是:在隶属关系上,审计法院是介于行政和立法之间的独立机构,每年要向总统提出报告,但总统无权强制它去进行某项审计,并将给总统的年报及时送议会,议会只有建议审计权;在审计职权上,审计法院拥有调查决定权,自行制订审计计划,审计官拥有审查和追究当事人财务的责任，并根据审查结果进行判决；在中央与地方审计机关的关系上，审计法院可以对地方审计法庭的判决做出终审判决，这种体制能够保证地方审计法庭有效地行使其职权，并保证审计的高质量和判决的合法性。

3. 独立模式

独立模式的主要特征是国家审计机关独立于立法、司法和行政部门，按照法律赋予的职责独立地开展工作。在独立模式下，国家审计机关的独立性最强。采用独立模式的典型国家为德国和日本。以德国为例，其国家最高审计机关——联邦审计院仅对法律负责，依法向立法部门提供咨询和提出审计报告。地方审计机关——州审计院也依据法律独立审计，向地方立法部门、行政部门及司法部门提供有价值的建议和意见。

4. 行政模式

在行政模式下，国家审计机关隶属于政府或政府某一部门，根据政府所赋予的职责权限实施审计。在行政模式下，通常国家审计机关的独立性比较弱。瑞典、瑞士、巴基斯坦、泰国和中国等都隶属于这一类型。例如，泰国和中国的审计署在总理的领导下工作，巴基斯坦审计长公署隶属于财政部门，瑞典国家审计局则向政府负责报告工作。不过，在这些国家中，瑞典又比较特殊，其地方审计机关在审计职责和隶属关系上与国家最高审计机关有所不同，仅对地方立法部门负责并向其报告工作。以前，瑞典是行政型国家审计的成功代表，2004 年 7 月 1 日其审计体制改革后，现在的国家审计体制已经不是纯粹意义上的行政型体制了。

（二）我国国家审计的产生和发展

我国国家审计经历了一个漫长的发展过程，大体上可以分为六个阶段：西周初期初步形成阶段；秦汉时期最终确立阶段；隋唐至宋日臻健全阶段；元明清停滞不前阶段；中华民国不断演进阶段；新中国振兴阶段。

我国国家审计的起源，基于西周的宰夫。《周礼》云："宰夫岁终，则令群吏正岁会。月终，则令正月要。旬终，则令正日成。而考其治，治以不时举者，以告而诛之。"① 即年终、月终、旬终的财计报告先有宰夫命令督促各部门整理上报，宰夫就地稽核，发现违法乱纪者，可越级向周王报告，加以处罚。由此可见，宰夫是独立于财计部门之外的职官，从事具有审计性质的财政经济监督工作，标志着我国国家审计从西周开始步入了萌芽时期。

秦汉时期是我国审计的确立阶段，主要表现在以下三个方面：一是初步形成可统一的审计模式。秦汉时期是我国封建社会的建立和成长时期，封建社会经济的发展，促使秦汉时期逐渐形成全国审计机构与监察机构相结合，经济法制与审计监督制度相统一的审计模式。秦朝，中央设"三公""九卿"辅佐政务。御史大夫为"三公"之一，执掌弹劾、纠察之权，专司监察全国的民政、财政以及财物审计事项，并协助丞相处理政事。汉承秦制，西汉初中央仍设"三公""九卿"，仍由御史大夫掌握监督审计大权。二是"上计"制度日趋完善。所谓"上计"，就是皇帝亲自参加听取和审核各级地方官吏的财政会计报告，以决定赏罚制度。这种制度始于周朝，至秦汉时期日趋完善。三是审计地位提高，职

---

① 彭林：《周礼》史话［M］. 北京：国家图书馆出版社，2019（6）.

权扩大。御史制度是秦汉时期审计建制的重要组成部分，秦汉时期的御史大夫不仅行使政治、军事的监察之权，还行使经济的监督之权，控制和监督财政收支活动。伴随着统一封建集权国家的建立和发展，秦汉时期的审计组织形成了一个上下贯通、中央控制地方、自成体系的监察系统，不论从审计机构，还是从官职、地位、权力、职掌、法制等方面来看，都有长足的进步。然而此时的审计只被视为御史监察事务的分支，尚未设置专门机构及官员，加之"上计"内容包罗万象、含混不清，决定了其仍处于审计建制的初始阶段，但无疑为唐宋时期的审计进步与发展奠定了坚实的基础。

隋唐时代是我国封建社会的鼎盛时期，宋代是我国封建社会经济的持续发展时期。隋唐及宋，中央集权不断加强，官僚系统进一步完善，审计在制度方面也随之日臻健全。隋开创一代新制，设置比部，隶属于都官或刑部，掌管国家财计监督，行审计职权。唐改设三省六部，六部之中，刑部掌天下律令、刑法、徒隶等政令，比部仍隶属于刑部。凡国家财计，不论军政内外，无不加以勾稽，无不加以审核审理。比部审计之权通达国家财经各领域，而且一直下伸到州、县。由此可见，唐代的比部审查范围极广，项目众多，而且具有很强的独立性和较高的权威性。宋代的审计曾经一度停滞不前。元丰改制后，财计官制复唐之旧，审计之权重归刑部之下的比部执掌，审计机构重获生机。此外，还专门设置"审计司"，隶属于太府寺。北宋时又曾将这个机构改称为"审计院"。南宋时，湖广、四川还设有审计院。宋审计司（院）的建立，是我国"审计"的正式命名，从此，"审计"一词便成为财政监督的专用名词，对后世中外审计建制具有深远的影响。

元明清各朝，君主专制日益强化。审计虽有发展，但总体上停滞不前。元代取消比部，户部兼管会计报告的审核，独立的审计机构即告消亡。明初设比部，不久即取消，洪武十五年设置都察院，以左右都御史为长官，审察中央财计。清承明制，设置都察院，职掌为"对君主进行规谏，对政务进行评价，对大小官吏进行纠弹"①，成为最高的监察、监督、弹劾和建议机关。虽然明清时期的都察院制度有所加强，但其行使审计职能却具有"一揽子"性质。由于取消了比部这样的独立审计组织，其财计监督和政府审计职能被削弱，与唐代行使司法审计监督职能的比部相比，后退了一大步。

辛亥革命结束了清王朝的封建统治，成立了中华民国。1912年在国务院下设审计处，1914年北洋政府改为审计院，同年颁布了《审计法》。国民党政府根据孙中山先生五权分立的理论，设立司法、立法、行政、考试、监察五院。在监察院下设审计部，各省（市）设审计处，不能按行政区域划分的企事业单位，如国库、铁路局、税务机关等，则根据需要与可能设审计办事处。国民党政府也于1928年颁布过《审计法》和实施细则，次年还颁布了《审计组织法》，审计人员有审计、协审、稽查等职称。与此同时，我国资本主义工商业有所发展，随之民间审计应运而生。1929年《公司法》的颁布以及有关税法和破产法的施行，也对职业会计师事业的发展起到了推动作用。自20世纪30年代以来，在一些大城市中相继成立了会计师事务所，接受委托人委托办理查账等业务，民间审计得到了发展。这一时期，我国审计日益演进，有所发展，但由于政治不稳定，经济发展缓慢，审计工作一直没有进步。

中华人民共和国成立以后，国家没有设立独立的审计机构。对企业的财税监督和货币

---

① 秦荣生. 我国历代审计制度的演变、利弊及其对我国现行审计制度改革的启示 [J]. 当代财经，1991（10）.

管理是通过不定期的会计检查进行的。党的十一届三中全会以来，党和政府把工作重点转移到经济建设上来，并采取一系列的方针政策。我国于 1983 年 9 月成立了审计署，在县以上各级人民政府设置审计机关。1985 年 8 月发布了《国务院关于审计工作的暂行规定》；1988 年 11 月颁布了《中华人民共和国审计条例》；1995 年 1 月 1 日《中华人民共和国审计法》的实施，从法律上进一步确立了政府审计的地位，为其进一步发展奠定了良好的基础。为了全面开展审计工作，完善审计监督体系，加强部门、单位内部经济监督和管理，我国于 1984 年在部门、单位内部成立了审计机构，实行内部审计监督。1985 年 10 月发布了《审计署关于内部审计工作的若干规定》，在各级政府审计机关、各级主管部门的积极推动下，内部审计蓬勃发展。《审计法实施条例》于 2010 年 2 月 2 日经国务院第 100 次常务会议修订通过，2010 年 2 月 11 日予以公布，自 2010 年 5 月 1 日起施行。

中华人民共和国第十届全国人民代表大会常务委员会第二十次会议于 2006 年 2 月 28 日通过《全国人民代表大会常务委员会关于修改〈中华人民共和国审计法〉的规定》，自 2006 年 6 月 1 日起施行。从 1995 年起我国开始制定国家审计准则，2000 年进行了一次修改。2010 年 9 月 1 日，中华人民共和国审计署发布《中华人民共和国国家审计准则》，自 2011 年 1 月 1 日起施行。

三、内部审计的产生与发展

（一）西方内部审计的产生与发展

国外内部审计产生的准确时间已无从考证，一般认为，内部审计师伴随着政府审计的产生而产生和发展，在 11~12 世纪，西方国家产生了"行会审计"，类似于内部审计工作。当时的行会每年要召开几次总会，议事内容包括选举产生理事和审计人员。理事会是行会的执行机关，它必须在召开总会时将行会账户提交审计人员审查。审计人员审查的重点是作为委托人的理事在处理经济业务方面的诚实性，体现了内部审计的本质是由于"两权分离"即生产资料所有权和管理权分离而产生的受托责任关系。到了中世纪，内部审计进一步发展，主要标志是出现了独立的内部审计人员，这一时期，内部审计主要采取寺院审计、城市审计、行会审计、银行审计和庄园审计等形式。

近代内部审计产生于 19 世纪末期，随着资本主义经济的发展，企业之间的竞争日益激烈，跨国公司也迅速崛起，使企业内部的管理层增加，从而产生了对企业内部经济管理控制和监督的需要。

现代西方内部审计是自 20 世纪 40 年代，随着大型企业管理层次的增多和管理人员控制范围的扩大，基于企业内部经济监督和管理的需要而产生的。进入 40 年代以来，资本主义企业的内部结构和外部环境进一步复杂化，跨国公司迅速崛起，管理层次快速分解。如此巨变的经济环境对内部审计提出了更高的要求，内部审计也因此有了长足的发展。1941 年，维克多·Z. 布瑞克（Victor Z. Brink）出版第一步内部审计著作《内部审计学》，宣告内部审计学科的诞生。约翰·B. 瑟斯顿（Joho B. Thurston）联合一群有识之士在美国纽约创立了"内部审计师协会"（the Institute of Internal Auditors），后来发展为国际性的内部审计组织，为推动内部审计事业的发展做了大量有益的工作。这两件大事的完成，促使内部审计发生了翻天覆地的变化。内部审计已成为一支社会力量且有了自身的理论体系，由此揭开了现代内部审计的序幕。现代内部审计增加了事前审计，审计内容也从财务审计转为经营/管理及经济效益审计，审计方法则从详细审计发展为以评价内部控制制度为基础的抽样审计。

（二）我国内部审计的产生与发展

内部审计的历史几乎与政府审计一样悠久，奴隶社会是内部审计的萌芽时期。我国内部审计的萌芽始于西周时期。西周时期的司会虽然主要负责政府会计工作，但也行使内部审计之权，《周礼》中所记载的"凡上之用，必考于司会"，就是指无论是日常的会计核算还是所有的会计报告，均需经过司会之手进行考察。这可以说是原始意义上的内部审计。

我国现代内部审计起步于 1984 年。在各级政府审计机关、各级主管部门的积极推动下，我国的内部审计得到蓬勃发展。1985 年 8 月，国务院发布《关于审计工作的暂行规定》，要求政府部门、大中型企、事业单位实行内部审计监督制度。1994 年颁布的《中华人民共和国审计法》第二十九条要求国务院各部门和地方政府各部门、国有金融机构和企事业组织应当按国家规定建立健全内部审计制度。目前大多数政府部门、企事业单位均设置了内部审计机构，实行内部审计制度。随着现代企业制度的建立和发展，我国内部审计在强化内部控制、深化改革等方面发挥着巨大的作用。2018 年，审计署公布了新修订的《审计署关于内部审计工作的规定》，自 2018 年 3 月 1 日起施行。新规定特别强调要积极推动有关单位建立健全内部审计制度，促进被审计单位规范内部管理、完善内部控制、防范风险。这对于进一步深入学习贯彻党的十九大精神，落实《审计法》和《审计法实施条例》《国务院关于加强审计工作意见》等法规政策的要求意义重大。

四、注册会计师审计的产生与发展

（一）西方注册会计师的产生与发展

注册会计师审计起源于 16 世纪的意大利。在文艺复兴时期，地中海沿岸的商品交易日益繁荣，独资企业的资金有限，已不能满足其发展的需要，为了筹集所需的大量资金，合伙制企业应运而生。尽管当时的合伙企业的合伙人都是出资者，但并不是所有的合伙人都参与企业的经营管理，出现了所有权与经营权的分离。没有参与企业经营管理的合伙人需要了解、掌握企业的财务情况，而参与经营管理的合伙人也有责任向他们证明，合伙契约是得到认真的履行，利润也是正确计算和合理分配的。于是，客观上需要一批精通复式簿记与任何一方都没有利害关系的独立第三方对其合伙企业的经济活动进行鉴证。因此，16 世纪意大利的商业城市中出现了一批具有良好会计知识，专门从事查账与公证工作的专业人员。这可以说是世界上注册会计师审计的萌芽。

然而，具有现代意义的注册会计师始自英国的产业革命。在产业革命的推动下，股份制企业得到迅速发展，股份公司组织形式导致财产所有权和经营权在更大程度上得到分离，不可避免会出现经营管理者为了谋取私利而损害财产所有者利益的风险。作为沟通公司内部和外部信息桥梁的财务报表，必须由独立于财产所有者和经营管理者的专业人员加以鉴证，这已经成为一种客观需要。

1721 年，英国的"南海公司事件"则是注册会计师产生的"催产剂"，促使世界上第一位注册会计师诞生。南海公司以欺骗手段虚构经营业绩和发展前景，吸引了大量投资，最后经营失败导致破产，使成千上万人遭受了损失。英国议会聘请会计师查尔斯·斯奈尔（Charles Snell）对南海公司欺诈案进行审计。查尔斯·斯奈尔以"会计师"的名义提出了"查账报告书"，这是世界上第一份审计报告，从而宣告了具有现代意义的注册会计师审计诞生。

1844 年英国颁布的《公司法》要求股份公司必须设置一名以上的股东作为监察人，负责对公司账目进行审查。1856 年，英国又对《公司法》进行修订，规定股份公司账目必须经董事以外的人员进行审计。1862 年，对有限责任公司进行年度审计成为法定要求。1853 年，在苏格兰成立了爱丁堡会计师协会，这是世界上第一个执业会计师团体，它的成立标志着注册会计师职业的诞生。从此，注册会计师职业迅速发展，注册会计师队伍也日益壮大。

随着资本主义生产力的不断发展，注册会计师审计的发展大致经历了如下几个时期。

1. 查错防弊阶段（英国式审计）

18 世纪末至 20 世纪初，当时英国的民间审计还没有科学系统的审计程序和方法，只是根据差错防弊的目的对被审企业在被审查期内发生的每一笔经济业务从头到尾全面地进行逐笔复查与核对，发现问题，寻找线索，追踪至相关的会计凭证，以证实账目记录是否真实可靠，交易过程是否有徇私舞弊现象。这种审计方法的实质是对会计工作的简单重复（相当于"第二次会计"），约 3/4 的时间花在过账和核账上，工作量大、效率低、成本高。随着企业经营规模日益扩大，交易事项日益复杂化，这种审计方法的局限性也越来越明显，迫切期待新的审计方法出现。

2. 资产负债表审计阶段（美国式审计）

20 世纪初期，金融资本对产业资本的渗透更为广泛，企业同银行之间的关系更为密切。与此同时，银行为了维护自身的利益，要求企业提供经审计的资产负债表证明其偿债能力，这样资产负债表逐渐成为了解企业信用的重要依据，于是，在美国产生了以证明企业偿债能力的资产负债表审计，即信用审计。鉴于这种审计首先在美国推行，又被称为美国式审计。资产负债表审计完全有别于早期的详细审计。首先，就审计目的而言，它不仅仅限于查错防弊，同时注重查证报表，以提供信用证明；其次，在审计方法上，从详细审计转向抽样审计，从而使审计真正区别于"第二次会计"，大大提高了审计效率，降低了审计成本，也提高了审计人员的专业技术水平。

3. 财务报表审计阶段

1929～1933 年，资本主义世界经历了历史上最为严重的经济危机，大批企业破产倒闭，成千上万的投资者和债权人蒙受巨大的经济损失。这在客观上促使企业相关利益者从关心企业的财务状况转为更加关心企业的盈利水平。纯粹的资产负债表审计难以满足客户的需求。美国政府于 1933 年和 1934 年分别颁布了《证券法》和《证券交易法》，规定在证券交易所上市的公司，其财务报表必须经过注册会计师的审计，并向社会公众公布审计报告。至此，资产负债表审计演进为财务报表审计，而且，在这一阶段，随着审计准则的制定与实施，审计方法与程序更加标准化、规范化。

（二）我国注册会计师的产生与发展

中国的注册会计师始于辛亥革命之后。当时，一批爱国学者积极倡导创建中国的注册会计师审计事业。1918 年，北洋政府颁布了我国第一批注册会计师审计法规——《会计师暂行章程》。同年，谢霖先生获准成为我国第一位注册会计师，并创立了第一家注册会计师审计机构——正则会计师事务所。1925 年上海首先成立了会计师公会，经过 30 余年的缓慢发展，到 1947 年，中国的注册会计师审计事业已经初具规模。然而，由于政治经济的落后，旧中国的注册会计师审计业务发展缓慢，远未能发挥注册会计师审计的应有作用。新中国成立初期，在我国国民经济恢复过程中，注册会计师审计曾发挥了积极作用。在社会主义改造完成以后，由于照搬苏联高度集中的计划经济模式，我国的注册会计师审计陷入了长时期的停滞状态。

改革开放以后，我国逐渐从计划经济体制转向市场经济体制，并出现了国有、集体、外资以及个体私营经济等多种所有制经济形式，股票、债券等资本市场也得到了快速发展，注册会计师审计随着经济的发展而得到了恢复和发展，其发展大致分为以下三个阶段。

1. 恢复重建阶段（1980 ~ 1991 年）

党的十一届三中全会作出实行改革开放的历史性决策，为了吸引外资、改善投资环境，按照国际通行做法，我国建立了注册会计师独立审计制度。1980 年颁布的《中外合资经营企业所得税法实施细则》规定，合资经营企业向税务机关报送所得税申报表和会计决算报表时，应附送注册会计师查账报告。1980 年 12 月，财政部发布了《关于成立会计顾问处的暂行规定》，标志着我国注册会计师制度得到了恢复重建。1986 年 7 月，国务院颁布《中华人民共和国注册会计师条例》，确立了注册会计师行业的法律地位，到 1988 年底，注册会计师规模发展到 3 000 人，会计师事务所 250 家，业务领域仍以外商投资企业为主。1988 年 11 月，中国注册会计师协会成立，注册会计师行业开始步入政府监督和指导，行业协会自我管理的轨道。

在注册会计师事业发展的同时，我国另一支注册会计师审计队伍——注册审计师也从无到有发展壮大起来。1986 年，全国有审计事务所 189 家，从业人员 1 600 人；1990 年，有审计事务所 2 322 家，注册审计师 7 273 人；1993 年 11 月，中国注册审计师协会成立；1995 年，审计事务所已发展到 3 828 家。

2. 规范发展阶段（1991 ~ 1998 年）

1990 年 11 月和 1991 年 7 月，上海证券交易所和深圳证券交易所相继成立，标志着我国资本市场的初步形成。1991 年 12 月，首次举办注册会计师全国统一考试，为注册会计师专业化、规范化发展奠定了坚实的人才基础。1991 ~ 1993 年，中国注册会计师协会先后发布检查验证会计报表规则等 7 个执业规则，以规范注册会计师执业行为。1993 年 10 月31 日，八届全国人大四次会议通过了《中华人民共和国会计师法》（以下简称《注册会计师法》），财政部和中国注册会计师协会先后制定发布了注册会计师注册、事务所审批、境外所临时执业等 14 项行业管理制度，注册会计师行业在法制化的轨道上大步向规范化方向发展。

1995 年 6 月，中国注册会计师协会（以下简称"中注协"）与中国注册审计师协会实现联合（以下简称"'两会'联合"），开创了统一法律规范、统一执业标准、统一监督管理的行业发展新局面，为行业的规范发展奠定了良好的基础。"两会"联合后，注册会计师行业的规范化发展主要体现在四个方面：一是 1997 年拉开了行业清理整顿工作的序幕；二是 1998 年启动了行业体制改革工作；三是中注协分别于 1996 年 10 月和 1997 年 5 月加入亚太会计师联合会（CAPA）和国际会计师联合会（IFAC），并与 50 多个境外会计师职业组织建立了友好合作和交往关系；四是注册会计师审计准则制定工作基本完成，执业规范体系基本完成。1995～2003 年，中注协先后制定了 6 批注册会计师审计准则，包括 1 个准则序言、1 个注册会计师审计基本准则、28 个注册会计师审计具体准则和 10 个注册会计师审计实务公告、5 个执业规范指南，此外，还包括 3 个相关基本准则（职业道德基本准则、质量控制基本准则和后续教育基本准则），共计 48 个项目。

3. 体制创新阶段（1998～2004 年）

1998～1999 年底，在财政部领导下，注册会计师行业全面开展并完成了会计师事务所的脱钩改制工作，会计师事务所实现了与挂靠单位在"人事、财务、业务、名称"四个方面的彻底脱钩，改制成为以注册会计师为主体发起设立的自我约束、自我发展、自主经营、自担风险的真正意义上的市场中介组织。会计师事务所脱钩改制，彻底改变了行业的权责利关系，为注册会计师实现独立、客观、公正执业奠定了体制基础，极大地释放和激发了会计师事务所的活力。

4. 国际发展阶段（2005 年以来）

2004 年底，中国注册会计师协会召开第四次会员代表大会，会议明确提出开放国内市场和进军国际市场并举的国际化发展思路。一是以培养国际化人才为重点，全面实施行业人才战略。二是以实现国际趋同为目标，深入推进准则国际战略。三是以会计师事务所"走出去"为标志，大力推进做大做强战略。

2005 年开始，按照财政部关于着力完善我国注册会计师审计准则体系，加速实现与国际准则趋同的指示，中国注册会计师协会拟订了 22 项准则，对 26 项准则进行了必要的修订和完善，并于 2006 年 2 月 15 日由财政部发布，自 2007 年 1 月 1 日起在所有会计师事务所实行。这些准则的发布，标志着我国已建立起一套适应社会主义市场经济发展要求，顺应国际趋同大势的中国注册会计师执业准则体系。

2007 年，财政部启动注册会计师行业做大做强战略，发布《关于推动会计师事务所做大做强的意见》和《会计师事务所内部治理指南》，并协调九部委发布《关于支持会计师事务所扩大服务出口的若干意见》；发布《中国注册会计师胜任能力指南》；促成会计师事务所民事侵权责任司法解释的发布实施；在布鲁塞尔举行中国注册会计师统一考试欧洲考区的首次考试；签订内地与香港地区审计准则等效的联合声明。

2008 年，建立行业诚信信息监控系统；与英格兰及威尔士特许会计师协会签署两会间职业资格考试部分科目互免协议；发布注册会计师考试制度改革方案；制定发布《关于规范和发展中小会计师事务所的意见》和《关于进一步改进和加强协会管理和服务工作的意见》；研究推进行业党建工作。

2009 年 10 月 3 日，国务院办公厅正式转发财政部《关于加快发展我国注册会计师行业的若干意见》，明确提出了加快发展注册会计师行业的指导思想、基本原则、主要目标和具体措施。这是改革开放以来经国务院办公厅转发的关系注册会计师行业改革与发展全局的第一个文件。这一纲领文件有力地推动了注册会计师行业跨越式发展。

2019 年 2 月 20 日，财政部发出《关于印发〈中国注册会计师审计准则 1101 号——注册会计师的总体目标和审计工作的基本要求〉等 18 项审计准则的通知》，中国注册会计师协会于 2019 年 3 月 29 日针对 18 项修订的审计准则发布了 24 项应用指南，并于 2019 年 7 月 1 日起施行。

五、审计方法的演进

审计环境的不断变化和审计理论水平的不断提高，促进了审计方法的不断发展和完善。截至目前，一般认为审计方法的演进经历了账项基础审计、制度基础审计和风险导向审计三个阶段。

（一）账项基础审计

该阶段大致从 19 世纪中叶到 20 世纪 40 年代。最初的账项基础审计以查错防弊为主要目标，详细审查公司的全部账簿和凭证，即检查各项分录的有效性和准确性、账簿记录的加总和过账正确与否、总账与明细账是否账账相符。经过一段时期后，企业规模日渐增大，审计范围也不断扩大，审计师已无法全面审查企业的会计账目，客观上要求改变原有的审计方法。注册会计师审计开始转向以财务报表为基础进行抽查，审计方式由顺查法改为逆查法，即通过先审查资产负债表有关项目，再有针对性地抽取凭证进行详细检查，在此阶段，抽查的数量仍然很大，但由于采取判断抽样为主，审计师难以有效揭示企业财务报表中可能存在的重大错弊。

（二）制度基础审计

20 世纪 40 年代后，随着经济的发展，财务报表的外部使用者越来越关注企业的经营管理活动，日益希望审计师全面了解企业的内部控制情况，审计目标逐渐从查错防弊发展到对财务报表发表审计意见。经过长期的审计实践，审计师们也发现内部控制制度与财务信息质量具有很大的相关性。如果内部控制制度健全、设计合理、执行有效，那么财务报表发生错误和舞弊的可能性很小，财务信息的质量就更有保证，审计测试范围也可以相应缩小；反之，就必须扩大审计测试范围，抽查更多的样本。为顺应这种要求并提高审计工作效率，账项基础审计逐渐发展为以内部控制制度为基础的审计，即通过了解和评价被审计单位的内部控制制度，评估审计风险，制订审计计划并确定审计实施的范围和重点，在此基础上进行实质性测试，获取充分、适当的审计证据，从而提出合理的审计意见。通过实施制度基础审计，大大提高了审计工作的效率和质量，但客观上也增加了审计风险。

（三）风险导向审计

随着经济环境的变化，社会公众日益对审计人员赋予更高的期望，要求审计人员负更大的责任。20 世纪 70 年代以来，审计诉讼案有增无减，深入研究、防范和降低审计风险成为审计职业界的重要任务。为合理地防范和降低审计风险并降低审计成本，注册会计师审计逐渐从制度基础审计发展到风险导向审计。在此阶段，审计人员在考虑审计风险时，不仅考虑会计系统和控制程序，还考虑控制环境。换句话说，风险导向审计既关注和评估企业内部控制风险，又关注和评估企业经营所面临的外部风险。通过审计风险的量化和模型化，确定审计证据的数量，使审计风险的控制更加科学有效。风险导向审计是适应现代社会高风险的特性，为量化审计风险、减轻审计责任、提高审计效率和审计质量所做的一种尝试。风险导向审计的出现，有助于审计人员有效地控制审计风险，提高审计工作的效率和效果，因而越来越受到注册会计师的青睐，标志着注册会计师审计发展到了一个新阶段。

第二节　审计的基本概念

一、审计的定义

审计的定义是人们对审计实践的科学总结，它揭示了审计这一客观事物的特有属性。人们对审计的认识随着实践的发展不断深化，审计的定义也在不断丰富发展着，趋向更加科学化。"审计"这个词从字面进行拆分，可以理解为"审查会计"。民间对"审计"也有两种通俗的看法：在我国，人们认为审计是社会主义市场经济的"忠实卫士"；在西方，人们则把审计戏谑地称为有钱人的"看门狗"。从这两种通俗的看法中，我们可以总结出，审计实质上是一项监督活动，可以被称为证券市场上的"经济警察"。

美国会计学会基本审计概念委员会于1973年在《基本审计概念说明》中对审计所下的定义是：审计是一个系统化过程，即通过客观地获取和评价有关经济活动与经济事项认定的证据，以证实这些认定与既定标准的符合程度，并将结果传达给有关使用者。

从上述定义，我们可以看出：

第一，审计的主体是具有专业胜任能力的独立审计人员，独立性是审计的灵魂。

第二，审计的对象是"经济活动与经济事项认定"（见图1-2），认定的定义和分类详见本章第三节。

第三，审计的依据是"既定标准"（见图1-2），会计与审计的关联就是这个"既定标准"。会计工作是会计人员遵循"既定标准"对"交易记录与报表的编制"，而审计工作是审计人员遵循审计准则、参照"既定标准"对"经济活动与经济事项认定进行再认定"，从而发表审计意见出具审计报告的过程。这里的"既定标准"，在年报审计中就是企业会计准则和企业会计制度。

第四，审计目标是审计人员对"经济活动与经济事项认定"与"既定标准"（见图1-2）的符合程度进行审计证据的获取和评价，获取和评价审计证据的方法见本书第三章第二节。

第五，审计报告（见图1-2）就是审计人员把审计结果传递给有关使用者，审计报告的内容见本书第十章。

第六，审计的本质是一个系统化的过程。

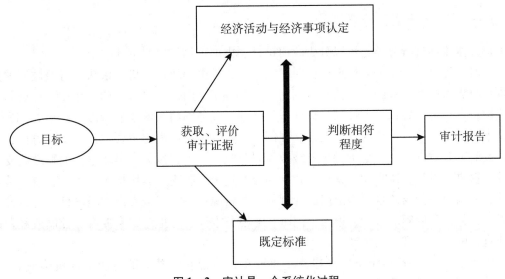

图 1 - 2　审计是一个系统化过程

财务报表审计是注册会计师审计的传统核心业务。财务报表审计是注册会计师对财务报表是否不存在重大错报提供合理保证，以积极方式提出意见，增强除管理层之外的预期使用者对财务报表信赖的程度。

上述定义的审计是一个狭义概念，特指"注册会计师的财务报表审计"，我们可以从以下几个方面加以理解：

第一，审计的用户是财务报表的预期使用者，即审计可以用来有效满足财务报表预期使用者的需求。

第二，审计的目的是改善财务报表的质量或内涵，增强预期使用者对财务报表的信赖程度，即以合理保证的方式提高财务报表的质量，而不涉及为如何利用信息提供建议。

第三，合理保证是一种高水平保证。当注册会计师获取充分、适当的审计证据将审计风险降至可接受的低水平时，就获取了合理保证。由于审计存在固有限制，注册会计师据以得出结论和形成审计意见的大多数审计证据是说服性而非结论性的，因此，审计只能提供合理保证（量化的话，一般高达95%或98%），不能提供绝对保证。

第四，审计的基础是独立性和专业性，通常由具备专业胜任能力和独立性的注册会计师来执行，注册会计师应当独立于被审计单位和预期使用者。

第五，审计的最终产品是审计报告。注册会计师针对财务报表是否在所有重大方面按照财务报告编制基础编制并实现公允反映发表审计意见，并以审计报告的形式予以传达。注册会计师按照审计准则和相关职业道德要求执行审计工作，能够形成这样的意见。

二、审计的分类

审计的分类有很多方法，其中以能体现审计的本质属性的标准进行的分类（如按审计主体、内容、目的等的分类）称为审计的基本分类，除此之外的分类称为审计的其他分类。我们在这里只介绍审计的基本分类。

（一）按审计主体分类

审计按主体进行分类，可以分为政府审计、内部审计和民间审计。

政府审计（government audit）也叫国家审计，是由国家审计机关依法对各级政府的财政预算收支、国有企业的经营活动和财务决算所进行的审计，并对查出的问题予以纠正。在我国，审计署、各地的审计局、审计署派驻国务院各部门和各地的特派员办事处都属于国家审计机关。政府审计的特点是带有强制性，其具体审计内容主要包括以下三方面：第一，政府财政收支审计，是指对与各级政府财政收支有关的机关、事业单位的财政收支和会计资料进行审计，监督检查其财政收支和公共资金的收支、运用情况；第二，政府绩效审计，是指以评价与监督政府部门所管理的公共资源和公共资金支出的经济性、效率性和效果性为目标和内容的审计；第三，国有企业财务审计，是指对国家拥有、控制或经营的企业进行财务或管理上的审计。

内部审计（internal audit）是指由企事业单位内部相对独立的专职审计机构或职员，对本单位部门及其下属组织进行的一种审计。内部审计实际上是协调最高管理部门对下属组织进行的一种控制和监督，属于内部管理制度的一部分，主要服务于本单位的最高管理当局并向其报告。内部审计机构或人员独立于财会部门之外，直接接受本单位主要负责人的领导。一些大型的企业或其他经济组织一般都设立内部审计机构，对本组织内部的业务活动定期进行检查，揭露工作中的薄弱环节或错误弊端，监督经营目标的实施，提高管理效率。

民间审计（private audit）又称独立审计、注册会计师审计、社会审计。它是由民间审计组织（即会计师事务所这类非官方的审计机构）接受委托而实施的审计。它根据公认会计原则和公认审计准则，对被审企事业单位的财务报告和会计信息进行客观的评价和鉴证。民间审计的最大特点在于由外部的独立审计人员执行，并服务于作为第三方的财务报表使用者。由于国际上民间审计发展较早、最快，在长期实务中已形成了一套较为成熟的审计理论与方法。所以，在大部分的国家中，都以民间审计模式来开展各种形态的审计，甚至包括政府审计，如美国的政府审计就是如此模式。也正因为如此，本书的以后各章节均以民间审计为例展开讨论，其中大多数的审计技术与方法也适用于其他各种形态的审计。

就审计主体和被审计单位之间的关系而言，政府审计和民间审计都称为外部审计，以对应于由单位内部专职审计机构执行的内部审计。

1. 政府审计、注册会计师审计与内部审计的区别

（1）审计主体不同。

这是三者最本质的区别：政府审计的主体是政府审计机关，代表政府依法进行审计；注册会计师审计由经政府有关部门审核批准的注册会计师事务所进行；内部审计则由单位内部的审计机构及人员进行。

（2）开展工作的法律依据和标准不同。

政府审计主要依据《中华人民共和国审计法》和国家审计准则；注册会计师审计主要依据《中华人民共和国注册会计师法》和财政部批准发布的中国注册会计师审计准则；内部审计则依据的是《审计署关于内部审计工作的规定》和内部审计准则。

（3）独立性不同。

外部审计也就是政府审计和注册会计师审计的独立性较强且是双向独立，独立于授权（委托）单位及被审计单位；而内部审计的独立是相对独立，主要是独立于所审的其他职能部门，所以独立性相对较弱。

（4）审计方式不一样。

一般情况下，政府审计和内部审计都是授权审计，只不过政府审计的授权单位为同级政府，内部审计由单位主要领导或者其相应管理机构授权；而注册会计师审计主要是委托审计。

（5）审计目标各异。

就内部审计而言，其主要目的是为单位内部管理服务，以加强单位内部控制、减少管理风险为其主要审计目标；政府审计是对单位的财政收支或财务收支的真实性、合法性和效益性进行审计；注册会计师审计主要是对财务报表是否按照适用的会计准则和相关会计制度编制发表审计意见。

（6）审计服务的对象有别。

这是由三者实施审计的领域不同决定的。一般情况下，内部审计的服务对象为本单位主要领导及其相应管理层，为其提供有关业务工作信息并对其负责；政府审计的服务对象为同级政府及其相关管理机构；而注册会计师审计是为委托单位服务的，其报告对投资者、债权人及社会公众负责。可以说后两种审计都不是为被审计单位服务的，但其审计结果客观上会促进被审计单位管理工作的改进和完善。

（7）审计的取证权限不同。

审计机关就审计事项的有关问题向有关单位和个人进行调查、取证时，有关单位和个人应当支持配合，如实反映情况、提供证明材料；但注册会计师在获取证据时很大程度上有赖于被审计和相关单位的配合和协助，对被审计单位和相关单位均没有行政强制力；而内部审计在完成工作任务时，虽然没有审计机关的行政强制性，但往往是受单位主要领导授权开展审计，配合和支持力度相对注册会计师审计要好一些。

（8）发现问题的处理方式不同。

审计机关审定审计报告，对审计事项做出评价，出具审计意见书；对违反国家规定的财政、财务收支行为，依法予以处理、处罚，在法定职权内做出审计决定或者向有关主管单位提出处理处罚意见。注册会计师审计过程中发现需要调整和披露的事项只能提请被审计单位调整和披露，没有行政强制力，如果被审计单位拒绝，注册会计师视情况出具保留意见或否定意见的审计报告；如果审计范围受到被审计单位或客观环境的限制，注册会计师视情况出具保留意见或无法表示意见的审计报告。内部审计在发现问题的处理上比上述外部审计要相对灵活，一切以促进单位规范管理、提高单位运行效能为基准。

（9）审计结果效力不一样。

因不同的审计对发现问题的处理方式不同，所以效力也不一样。一般情况下，外部审计的效力远远大于内部审计，尤其是政府审计，因其结果要向同级政府或人大进行报告所以具有较强的权威性，所以备受被审计单位重视。注册会计师审计呢？对于像监狱这样的国家机关而言，由注册会计师事务所参与的社会审计往往是财政关注的重点资金或项目，所以其结果也不能小觑。对于内部审计，因其监督的对象同属于一个领导决策层，审计的结果只对本部门、本单位负责，只能作为本部门、本单位改进管理的参考，对外不起鉴证作用，并向外界保密，效力相对较弱。

（10）审计服务的有偿性不同。

一直以来，审计工作是以监督作为自己的第一面目。但是监督的目的不是挑出错误，而是促进管理的改善和机构效能的提高，所以笔者认为审计工作的实质是一种服务。那么是不是所有的服务都是有偿的呢？不是。对于政府审计和内部审计而言，其履行职责的经费纳入财政预算（内部审计则纳入本单位预算），开展审计工作本是审计机关、内部审计机构及其审计人员的工作职责，是分内的事，所以被审计单位只需配合其完成工作任务就好，不需要单独为完成某个审计项目而付费，因而可以说是无偿的。但对于注册会计师事务所而言，审计是其生存的基本业务，审计客户是其收入的主要来源。对被审计单位而言，天下没有免费的午餐，所以这种审计往往是要付费的，是有偿的服务。

（11）被审计单位的主动性不同。

对被审计单位而言，内部审计往往是自身加强风险防范的主动措施，在审计项目及其时间的选择、审计结果的运用等诸多方面较少受到外部环境的影响，因而主动性较强。而外部审计呢？政府审计由政府审计机关拟定项目计划，什么时候、审计什么项目则完全不由被审计单位说了算，因而被审计单位往往是被动接受审计，主动性较差，情绪比较紧张。注册会计师审计往往是定期审计（一般是一年一次），因其是有偿服务似乎在结果的表述方面有一定的商量，而委托人也可自由地选择会计师事务所。

2. 政府审计、注册会计师审计与内部审计的联系

首先，不论是政府审计、注册会计师审计还是内部审计，都是审计工作，这是三者最本质的联系。对整个国民经济而言，政府审计、注册会计审计和内部审计三者共同构成完整的审计监督体系，相互不可替代，没有主导与从属的关系。

其次，工作的方法具有一致性。不论是何种审计，尽管依据的法律和审计标准不同，关注的重点也不尽一致，但作为审计业务操作者，不论是内部审计师、注册会计师，其审计的方法大体是一致的。

再次，外部审计的结果对内部审计工作具有指导作用。通常，外部审计（不论是政府审计还是注册会计师审计）因其接触的社会面广、业务种类多，比内部审计更容易了解业内动态、掌握新的规则及运作方式，所以其审计结果有时会起到为内部审计指点方向的作用，从而对内部审计具有较强的指导作用，特别是政府审计，其结果往往会作为一个单位内部控制不可逾越的标杆，作为单位内部审计的标准树立在那里。

最后，三种审计结果可以互相参考，提高审计工作效率。通常，内部审计作为单位内部控制的重要组成部分，外部审计在对被审计单位的内部控制进行测评时，就须对内部审计的设置及其工作进行了解，还可利用内部审计结果。同样，政府审计与注册会计师审计之间的审计结果也可以互相参考，以提高工作效率。

如果把审计比喻成看病，对于这三类审计，我们可以这样形象地区分它们。在国有医院看病——相当于政府审计；在自己单位的医务室看病——相当于内部审计；找"江湖郎中"看病——相当于民间审计。

（二）按审计内容、目的分类

按审计内容分类，审计可以分为财务报表审计、经营审计以及合规审计。

财务报表审计（financial statements audit）主要是对被审计单位的财务报表与会计资料进行审计。这是传统查账实务的发展，也是当代市场经济中最主要的审计。它着重审查财务报表是否符合公认会计原则，公允地表述财务状况和经营成果，因此能满足外部利益集团的大部分需要。财务报表审计是最重要的审计形态之一。

经营审计又称为绩效审计（performance audit），是对企事业经营业务与管理活动有关方面的审计，其审计内容是根据该企业特定的经营目标与制度，对被审计单位的内部控制制度、人事管理制度等方面的效果与效率进行考核、评价，提出改进措施。绩效审计是在西方财务报表审计基础上发展起来的。随着市场经济中竞争加剧，这种审计的作用已显得越来越重要，审计的对象远远超出了会计信息系统的范围，涉及审查单位的组织结构、计算机操作、生产方法、市场营销以及审计人员能胜任的其他领域。对不同的行业、部门或企业所进行的绩效审计很难有一个统一的既定标准，对经营效率与效果的评价也很难有统一的规范。

合规性审计（compliance audit）审查某个经济主体或个人的财务或经营活动，以确定其是否遵循有关的法律、法规、业务合同或其他规定要求。合规性审计的既定标准是多方面的，既可以是管理部门规定的内部控制程序，也可以是债权人规定的准则，更普遍的是政府某机构的各种规章制度，如对企业执行环境保护法的审计，以及对企业或个人遵循税法申报纳税情况的税收审计。这种审计着重向政府执法机构或者合同契约当事人报告被审计企业或个人遵守既定法规或者执行合同的状况，近年来它在西方审计中的比重日趋上升。

表 1-1 列举了三种审计类型的实例。

表 1-1　　　　财务报表审计、经营审计与合规性审计示例

审计类型	实例	信息	既定标准
财务报表审计	青岛海尔股份有限公司年度财务报表审计	青岛海尔股份有限公司财务报表	《企业会计准则》和《企业会计制度》
经营审计	评价某分公司处理工资的电算系统的效率和效果	每月处理工资的记录数，该公司的工资成本和出现错误的数量	公司为分公司或部门的工作效率和效果所制定的标准
合规性审计	确定贷款存续期是否符合银行的要求	公司记录	贷款协议条款

三、会计师事务所的组织形式

纵观注册会计师行业在各国的发展，会计师事务所主要有独资、普通合伙制、有限责

任公司制、有限责任合伙制 4 种组织形式。

（一）会计师事务所的类型及特点

1. 独资会计师事务所

独资会计师事务所由具有注册会计师执业资格的个人独立开业，承担无限责任。它的优点是，对执业人员的需求不多，容易设立，执业灵活，能够在代理记账、代理纳税等方面很好地满足小型企业对注册会计师服务的要求，虽然承担无限责任，但实际发生风险的可能性相对较小。缺点是无力承担大型业务，缺乏发展后劲。

2. 普通合伙制会计师事务所

普通合伙制会计师事务所是由两位或两位以上注册会计师组成的合伙组织。合伙人以各自的财产对事务所承担无限连带责任。它的优点是，风险的牵制和共同利益的驱动，促使事务所强化专业发展、扩大规模，提高规避风险的能力。缺点是建立一个跨地区、跨国界的大型会计师事务所要经历一个漫长的过程。同时，任何一个合伙人执业中的失误或舞弊行为，都可能给整个会计师事务所带来灭顶之灾，使之一日之间土崩瓦解。

3. 有限责任公司制会计师事务所

有限责任公司制会计师事务所（Limited Liability Companies，LLCs），由注册会计师认购会计师事务所股份，并以其所认购股份对会计师事务所承担有限责任。会计师事务所以其全部资产对其债务承担有限责任。它的优点是，可以通过公司制形式迅速聚集一批注册会计师，建立规模型大所，承办大型业务。缺点是降低了风险责任对执业行为的高度制约，弱化了注册会计师的个人责任。

4. 有限责任合伙制会计师事务所

有限责任合伙制会计师事务所（Limited Liability Partnerships，LLPs）最明显的特征是合伙人只需承担有限责任。无过失的合伙人对其他合伙人的过失或不当执业行为以自己在事务所的财产为限承担责任，不承担无限责任，除非该合伙人参与了过失或不当执业行为。它的最大特点在于，既融入了合伙制和有限责任公司制会计师事务所的优点，又摒弃了它们的不足。这种组织形式是为顺应经济发展对注册会计师行业的要求，于 20 世纪 90 年代初兴起的，许多国家和地区的大中型会计师事务所也陆续开始转型，有限责任合伙制会计师事务所已成为当今注册会计师职业界组织形式发展的趋势。我国自 2007 年 6 月 1 日起施行的新修订的《合伙企业法》，明确了特殊的普通合伙这一新合伙企业组织形式适用于会计师事务所，为会计师事务所等专业服务机构之改制、发展提供了法律支持。

会计师事务所必须经过行业主管机关或注册会计师协会的批准登记并由注册会计师协会予以公告。独资会计师事务所和合伙制会计师事务所经过这个程序即可开业，有限责任公司制会计师事务所一般还应当进行公司登记。

（二）我国会计师事务所的设立规定

会计师事务所是注册会计师依法承办业务的机构。我国《注册会计师法》规定，我国会计师事务有合伙会计师事务所、有限责任会计师事务所和特殊普通合伙制会计师事务所三种形式。

1. 有限责任会计师事务所

有限责任会计师事务所是指由注册会计师出资发起设立的、承办注册会计师业务并负有限责任的社会中介机构。有限责任意味着会计师事务所以其全部资产对债务承担责任，会计师事务所的出资人以其出资额为限承担责任。有限责任会计师事务所的设立是有条件的，其条件是：注册资本不得少于 30 万元人民币；有 10 名以上国家规定的职龄以内的专职从业人员，其中至少有 5 名注册会计师；有固定的办公场所。

2. 合伙制会计师事务所

合伙设立的会计师事务所的债务，由合伙人按照出资比例或者协议规定，以各自的财产承担责任。普通合伙制会计师事务所的设立条件是：第一，有 2 名以上的合伙人；第二，有书面的合伙协议；第三，有会计师事务所的名称；第四，有固定的办公场所。成为合伙人或股东的条件有：第一，持有注册会计师证书；第二，在会计师事务所执业；第三，成为股东或合伙人前 3 年内没有因为执业行为受到行政处罚；第四，有取得注册会计师证书后最近连续 5 年在会计师事务所从事法定审计业务的经历，其中，在境内会计师事务所的经历不少于 3 年；第五，成为合伙人或者股东前 1 年内没有因为不正当手段申请设立会计师事务所而被省级财政部门做出不予受理、不予批准或者撤销的决定。

3. 特殊普通合伙制会计师事务所

采用特殊普通合伙组织形式的会计师事务所，一个合伙人或者数个合伙人在执业活动中因故意或者重大过失造成合伙企业债务的，应当承担无限责任或者无限连带责任，其他合伙人以其在合伙企业中的财产份额为限承担责任。合伙人在执业过程中非因故意或者重大过失造成的合伙企业债务以及合伙企业的其他债务，由全体合伙人承担无限连带责任。

我国鼓励大中型会计师事务所采用这一组织形式。到目前为止，我国取得证券期货相关业务许可证的会计师事务所已经基本上完成了从有限责任制向特殊普通合伙制的转变。

此外，随着跨国业务的不断发展，在国际上出现了国际会计师事务所。20 世纪 70 年代末，在世界范围内形成了著名的"八大"会计师事务所，以后逐步演变为"六大""五大"，并最终形成了现在的"四大"。它们是：毕马威（KPMG）、安永（EY）、德勤（Deloitte）普华永道（PwC）。上述"四大"会计师事务所在全球许多地方都设立了办事处。20 世纪 80 年代以来，随着我国改革开放政策的实施，它们先后在我国设立了办事处，而后又成立了合作所或者成员所，比如普华永道中天会计师事务所、德勤华永会计师事务所、毕马威华振会计师事务所、安永华明会计师事务所等。

第三节 审 计 目 标

一、财务报表审计总体目标

根据我国审计准则的规定，财务审计的总目标是注册会计师通过执行审计工作，对被审计单位财务报表的下列方面发表审计意见：

第一，对财务报表整体是否不存在由于舞弊或错误导致的重大错报获取合理保证，使得注册会计师能够对财务报表是否在所有重大方面按照适用的财务报告编制基础编制发表审计意见。

第二，按照审计准则的规定，根据审计结果对财务报表出具审计报告，并与管理层和治理层沟通。

这实际上是注册会计师对财务报表的合法性和公允性发表意见。

二、审计工作前提

财务报表是由被审计单位管理层在治理层的监督下编制的。管理层和治理层（如适用）认可与财务报表相关的责任，是注册会计师执行审计工作的前提，构成注册会计师按照审计准则的规定执行审计工作的基础。与管理层和治理层责任相关的执行审计工作的前提，是指管理层和治理层（如适用）认可并理解其应当承担下列责任，这些责任构成注册会计师按照审计准则的规定执行审计工作的基础。

第一，按照适用的财务报告编制基础编制财务报表，并使其实现公允反映（如适用）。

第二，设计、执行和维护必要的内部控制，使得编制的财务报表不存在由于舞弊或错误导致的重大错报。

第三，向注册会计师提供必要的工作条件。这些必要的工作条件包括允许注册会计师接触与编制财务报表相关的所有信息，向注册会计师提供审计所需的其他信息，允许注册会计师在获取审计证据时不受限制地接触其认为必要的内部人员和其他相关人员。

三、管理层认定

财务报表审计具体目标是总目标的具体化。由于具体审计目标是基于对被审计单位管理当局认定的考虑而具体确立的，注册会计师的基本职责就在于确定被审计单位管理层对其财务报表的认定是否恰当。因此，我们首先介绍管理层的认定。

所谓认定，是指被审计单位管理层在财务报表中作出的明确或隐含的表达，注册会计师将其用于考虑可能发生的不同类型的潜在错报。当管理层声明财务报表已按照适用的财务报告编制基础编制，在所有重大方面公允反映时，就意味着管理层对财务报表各组成要素的确认、计量、列报以及相关的披露作出了认定。管理层的认定主要是通过财务报表体现出来的，管理层财务报表上的认定有些是明示性的，有些则是暗示性的。例如，某公司2017年12月31日资产负债表上列示着：

固定资产　　　　70 000 000

则明示性的认定包括：固定资产是存在的；固定资产的正确余额是7 000万元。暗示性的认定包括：所有应报告的固定资产都包括了；上述固定资产全部归被审计单位所有；固定资产的使用不受任何限制。

财务人员平时做账包括三个流程：平时处理交易、期末结转余额和列报在报表上。因此，如果报表出错，那么可能是平时处理交易出错，也可能是在期末结转余额时出了错，还有可能前两者都没有错，而是编制报表（列报）出了错。具体到每一个环节，又有下列具体认定出了错，结果就导致该环节出错。因此，管理当局对财务报表的认定一般分为两类：与所审计期间各类交易和事项及相关披露的认定，与期末账户余额及相关披露的认定。

（一）与所审计期间各类交易、事项及相关披露相关的认定

（1）发生：记录的交易和事项已确实发生，且与被审计单位有关；

（2）完整性：所有记录的交易和事项均以记录；

（3）准确性：与交易和事项有关的金额及其他数据已恰当记录，相关披露已得到恰当计量和描述；

（4）截止：交易和事项已记录于正确的会计期间；

（5）分类：交易和事项已记录于恰当的账户；

（6）列报：交易和事项已被恰当地汇总或分解且表述清楚，相关披露在适用的财务报告编制基础下是相关、可理解的。

（二）与期末账户余额及相关披露相关的认定

（1）存在：记录的资产、负债和所有者权益是存在的；

（2）权利与义务：记录的资产由被审计单位拥有或控制，记录的负债是由被审计单位应当履行的偿还的义务；

（3）完整性：所有应当记录的资产、负债和所有者权益均已记录，所有应当包括在财务报表中的相关披露均已包括；

（4）准确性、计价和分摊：各项资产、负债、所有者权益以恰当的金额包括在财务报表中，与之相关的计价或分摊调整已恰当记录，相关披露已得到恰当计量和描述；

（5）分类：资产、负债和所有者权益已记录于恰当的账户；

（6）列报：资产、负债和所有者权益已被恰当地汇总或分解且表述清楚，相关披露在适用的财务报告编制基础下是相关的、可理解的。

四、具体审计目标

在确定了被审计单位的会计认定后，根据审计的总目标就可以确定财务审计的具体审计目标，并以此作为评估重大错报风险以及设计和实施进一步审计程序的基础。与管理层认定分类相对应，具体审计目标也分为两类。

（一）与所审计期间各类交易、事项及相关披露相关的审计目标

（1）发生：确认已记录的交易是真实的，该目标是由发生认定推导而来的。如果没有发生销售交易，但在销售明细账中记录了这笔销售，这种把未曾发生的交易记录于账户中，则违反了发生目标。发生认定所要解决的问题是管理层是否把不曾发生的项目列入财务报表，它与财务报表组成要素的高估有关。

（2）完整性：确认已发生的交易确实已经记录，该目标是由完整性认定推导而来的。例如，如果发生了销售交易，但在销售明细账和总账中却没有记录，则违反了该目标。发生和完整性两者强调的是相反的关注点。发生目标多针对交易的虚列、高估问题，而完整性目标则针对交易漏记（低估）。

（3）准确性：确认已记录的交易是按正确金额反映，该目标是由准确性认定推导而来

的。例如，在销售交易中，发出商品的数量与账单上数量不符，或是账单中使用了与价格清单不一致的销售价格，或账单中乘积或加总有误，或是在销售明细账中记录了错误的金额，均属违反了准确性目标。

准确性与发生、完整性之间是有区别的。例如，若已记录的销售交易是不应当记录的，则即使发票金额是准确计算的，仍违反了发生目标。再比如，若已入账的销售交易是对正确发出商品的记录，但金额计算错误，则违反了准确性目标，没有违反发生目标。同样的，完整性和准确性之间也存在这种关系。

（4）截止：由截止认定推导出的审计目标是确认接近于资产负债表日的交易记录于恰当的期间。无论是本期交易推迟到下期，还是下期交易提前到本期确认，都是违反了截止目标。

（5）分类：由分类认定推导出的审计目标是确认被审计单位记录的交易经过适当分类。例如，如果将现销记录为赊销，将出售经营性固定资产所得记录为营业收入，则导致交易分类出错，这就违反了分类目标。

（6）列报：由列报认定推导出的审计目标是确认被审计单位的交易和事项已被恰当地汇总或分解且表述清楚，相关披露在适用的财务报告编制基础下是相关的、可理解的。

审计期间与各类交易和事项相关的认定及具体审计目标如表1－2所示。

表1－2　　　　　　审计期间与各类交易、事项相关的认定及具体审计目标

认定分类	认定的含义	具体审计目标 （注册会计师确认的）
发生	记录的交易或事项已发生，且与被审计单位有关	已记录的交易是真实的（没有多记、虚构交易）
完整性	所有应当记录的交易和事项均已记录	已发生的交易确实已经记录（没有漏记交易）
准确性	与交易和事项有关的金额及其他数据已恰当记录	已记录的交易是按正确金额反映的（金额正好）
截止	交易和事项已记录于正确的会计期间	接近于资产负债表日的交易记录于恰当的期间
分类	交易和事项已记录于恰当的账户	被审计单位记录的交易经过适当分类
列报	被审计单位的交易和事项已被恰当地汇总或分解且表述清楚，相关披露在适用的财务报告编制基础下是相关的、可理解的	确认被审计单位的交易和事项已被恰当地汇总或分解且表述清楚，相关披露在适用的财务报告编制基础下是相关的、可理解的

（二）与期末账户余额及相关披露相关的审计目标

（1）存在：确认已记录的金额确实存在，该目标是由存在认定推导而来的。如果不存在某顾客的应收账款，在应收账款明细账中却列入了对该顾客的应收账款，则违反了存在目标。

（2）权利和义务：由权利和义务认定推导的审计目标是确认资产归属于被审计单位，负债属于被审计单位的义务。例如，将他人寄售商品列入被审计单位的存货中，违反了权利目标；将不属于被审计单位的债务计入账内，违反了义务目标。

（3）完整性：由完整性认定推导的审计目标是确认已存在的金额均以记录。例如，如果存在某顾客的应收账款，在应收账款明细账内却没有列入对该顾客的应收账款，则违反了完整性目标。

（4）准确性、计价和分摊：资产、负债和所有者权益以恰当的金额包括在财务报表中，与之相关的计价或分摊调整已恰当记录。

（5）分类：资产、负债和所有者权益已被记录于恰当的账户。

（6）列报：确认资产、负债和所有者权益已被恰当地汇总或分解且表述清楚，相关披露在适用的财务报告编制基础下是相关的，可理解的。

与期末账户余额相关的认定和具体审计目标如表1－3所示。

表1－3　　　　　　　　　　与期末账户余额相关的认定和具体审计目标

认定类别	认定的含义	具体审计目标 （注册会计师确认的）
存在	记录的资产、负债和所有者权益是存在的	记录的金额确实存在（没有多记、虚构交易）
权利和义务	记录的资产由被审计单位拥有或控制，记录的负债是被审计单位应当履行的偿还义务	资产归属于被审计单位，负债属于被审计单位的义务
完整性	所有应当记录的资产、负债和所有者权益均已记录	已存在的金额均已记录（没有漏记交易）
准确性、计价和分摊	资产、负债和所有者权益以恰当的金额包括在财务报表中，与之相关的计价或分摊调整已恰当记录	资产、负债和所有者权益以恰当的金额包括在财务报表中，与之相关的计价或分摊调整已恰当记录
分类	资产、负债和所有者权益已记录于恰当的账户	资产、负债和所有者权益已被记录于恰当的账户
列报	资产、负债和所有者权益已被恰当地汇总或分解且表述清楚，相关披露在适用的财务报告编制基础下是相关的、可理解的	确认资产、负债和所有者权益已被恰当地汇总或分解且表述清楚，相关披露在适用的财务报告编制基础下是相关的、可理解的

五、认定、审计目标和审计程序之间的关系

通过上面的介绍可知，认定是确定具体审计目标的基础。注册会计师通常将认定转化

为能够通过审计程序予以实现的审计目标。针对财务报表每一项目所表现出来的各项认定，注册会计师相应地确定一项或多项审计目标，然后通过执行一系列审计程序获取充分、适当的审计证据以实现审计目标。认定、审计目标和审计程序之间的关系举例如表1-4所示。

表1-4 认定、审计目标和审计程序之间的关系举例

认定	具体审计目标	审计程序
存在	资产负债表列示的存货存在	实施存货监盘程序
完整性	销售收入包括了所有已发货的交易	检查发货单和销售发票的编号以及销售明细账（"顺查"）
准确性	应收账款反映的销售业务是否基于正确的价格和数量，计算是否准确	比较价格清单与发票上的价格、发货单与销售订购单上的数量是否一致，重新计算发票上的金额
截止	销售业务记录在恰当的期间	比较上一年度最后几天和下一年度最初几天的发货单日期与记账日期
权利和义务	资产负债表中的固定资产确实为公司拥有	查阅所有权证书、购货合同、结算单和保险单
计价和分摊	以净值记录应收款项	检查应收账款账龄分析表、评估计提的坏账准备是否充足

审计证据是为审计目标服务的，而审计程序又依赖于需要满足特定审计目标的审计证据的性质与数量。因此，审计程序的计划与执行在本质上也应该服从于审计目标，审计程序和审计目标并不需要一一对应，有时一项审计程序可以满足多项审计目标，而有时为了满足一个特定的审计目标，也许需要一系列的审计程序。审计程序是围绕着审计目标设计的，审计目标是审计程序的宗旨。审计程序是通过收集审计证据来实现的，审计证据是审计程序的基础。

总之，当管理层声明财务报表已按照适用的财务报告编制基础进行编制，在所有重大方面做出公允反映时，就意味着管理层对财务报表各组成要素的确认、计量列报以及相关的披露做出了认定。审计目标就是对被审计单位的认定进行再认定，围绕着审计目标设计实施审计程序，审计目标是审计程序的宗旨，通过实施审计程序收集审计证据实现具体审计目标，从而对财务报表整体发表审计意见，得出审计结论。

第四节 审计风险

根据《中国注册会计师审计准则第1101号——注册会计师的总体目标和审计工作的基本要求》的规定，历史财务信息审计中要求注册会计师将审计风险降至可接受的低水平，对审计后的历史财务信息提供合理保证，在审计报告中对历史财务信息采用积极方式

得出结论。合理保证意味着审计风险始终存在，注册会计师应当通过计划和实施审计工作，获取充分、适当的审计证据，将审计风险降至可接受的低水平。

一、审计风险的定义、特征及其成因

（一）审计风险的定义

风险（risk），在一般意义上是指未来事项发生的不确定性，尤其是发生损失的可能性。我国 2019 年 2 月 20 日修订的《中国注册会计师审计准则第 1101 号——注册会计师的总体目标和审计工作的基本要求》对审计风险给出定义："审计风险，是指当财务报表存在重大错报时，注册会计师发表不恰当审计意见的可能性。审计风险取决于重大错报风险和检查风险。"

对审计风险这一概念的正确理解要注意以下两个方面：第一，审计风险与审计失误是不同的，前者是以切实遵循中国注册会计师执业准则为前提的一种风险，后者则是因为审计人员没有遵循中国注册会计师执业准则而造成的工作失误。第二，审计风险虽然在最终意义上是针对整个财务报表而言，但与各个账户余额也紧密相关。这是因为审计人员要对财务报表整体发表审计意见，必须通过核实各个账户余额而取得相关的审计证据。只要审计人员在审计计划和审计程序实施过程中有效地控制各账户的审计风险，就可以在审计结束时使总的审计风险保持在可接受的水平之下。

（二）审计风险的特征

审计风险一般具有以下几个方面的特征：

1. 审计风险是客观存在的

从审计发展的历史来看，审计风险是审计发展到一定阶段的产物，与特定的经济条件相联系。审计风险不以人的意志为转移，是独立于审计人员意识之外的客观存在。对于审计风险，人们只能认识它和控制它，只能在有限的空间和时间内改变审计风险存在和发生的条件，降低其发生的概率，而不可能完全消除它。

2. 审计风险贯穿于审计过程的始终

尽管审计风险是通过最终的审计结论与预期的偏差表现出来的，但这种偏差是由多方面的因素造成的，审计程序的每一个环节都可能导致审计风险的产生。因此，不同的审计计划和审计程序会产生与之相应的审计风险，并会影响最终的审计风险。

3. 审计风险是审计人员的非故意行为引起的

审计风险是审计人员在审计过程中无意识造成的，并非故意行为。审计人员的舞弊行为不属于审计风险，而是必须要负法律责任的违法行为。认识到审计风险的无意性，对研究与控制审计风险是非常重要的。

4. 审计风险是可以控制的

虽然审计风险的产生及其后果是难以预料的，但人们仍然可以通过主观努力对其进行适当的控制，将其控制在可接受的范围之内。由于审计风险是可以控制的，审计人员不必对其产生惧怕心理，在审计过程中可以通过识别风险领域和种类，采取相应的措施，将审计风险降低至可接受水平。

综上所述,审计风险是一种不可完全避免的客观存在,是由审计人员的非故意行为引起,存在于审计过程的各个阶段,但它又是可以适当控制的。审计人员只有了解审计风险的这些特征,才能更好地运用审计风险模型指导审计实务,以提高审计工作效果与效率。

(三) 审计风险的成因

为了更好地理解、分析和控制审计风险,我们有必要探究审计风险的成因。审计风险的成因有很多,归纳起来主要有以下几个方面:

1. 审计风险形成的客观原因

审计风险形成的直接原因是审计活动所处的法律环境。审计活动是社会经济活动的一个组成部分,法律在赋予审计职业法定鉴证权利的同时,也让其承担着相应的法律责任。假如审计人员对其工作失误不承担法律责任,当然就不存在审计风险。因此,审计责任尤其是法律责任的存在是审计风险存在的直接原因。在现代经济生活中,人们的经济决策对审计意见的依赖程度越来越高,而且审计意见的影响范围也越来越大,依赖审计意见的人越来越多,一旦他们在市场中遭受损失就要求从审计人员那里得到补偿,使审计风险也随之增大。

现代审计对象的复杂性和审计内容的广泛性,是审计风险产生的另一个客观原因。首先,随着社会经济的发展、企业规模的日益扩大,生产经营过程越来越复杂,与之相应的会计信息系统也日益复杂,财务报表出现错误的可能性也大大增加;其次,审计范围也呈不断扩大的趋势,远远超过了传统审计,增加了许多不确定因素。审计的对象越复杂,审计的内容越广泛,审计的难度就越大,审计的风险也就越大。

此外,现代审计方法所存在的缺陷也是审计风险形成的重要客观原因。现代审计方法十分重视审计成本的降低,强调审计成本与审计风险的平衡,所采用的审计程序也允许存在一定的审计风险,并且抽样审计方法和分析程序贯穿于审计的全过程,因而,审计的结果必然会带有一定的偏差。

2. 审计风险形成的主观原因

首先,审计人员的经验和能力直接导致了审计风险的形成。由于审计对象的复杂性和审计内容的广泛性,以及人们对审计意见的依赖程度越来越高,社会上对审计人员提出了非常高的要求,而在审计过程中,许多方面又要由审计人员作出专业判断。因此,要求审计人员必须具有丰富的经验和较高的判断能力。可是经验和能力总是有限的,不可避免地会在审计过程中发表不恰当的审计意见,形成审计风险。

其次,审计人员的工作责任心不强,没有保持应有的职业谨慎态度也是形成审计风险的主观原因。中国注册会计师执业准则不仅要求审计人员具有专业技术能力,还应有较强的责任心,在审计过程中保持应有的职业谨慎。如果审计人员责任心差,工作马马虎虎,会造成许多不必要的差错,使本来能够发现的问题不能及时发现;如果审计人员没有保持应有的职业谨慎,就会使本应进行的审计程序没有进行,导致审计风险产生。

二、审计风险的构成要素及其相互关系

审计风险可进一步分解为两个基本的构成要素:重大错报风险(Risk of Material Misstatement，MMR）和检查风险（Detection Risk，DR）。《中国注册会计师审计准则第1101号——财务报表审计的目标和一般原则》第十七条定义了审计风险的这两个构成要素。

（一）重大错报风险

重大错报风险是指财务报表在审计前存在重大错报的可能性。重大错报风险包括两个层次：财务报表层次和各类交易、账户余额、列报与披露层次。其中，财务报表层次重大错报风险通常与控制环境有关，并与财务报表整体存在广泛联系，可能影响多项认定，但难以限于某类交易、账户余额、列报与披露的具体认定。它很可能源于薄弱的控制环境。认定层次的重大错报风险由固有风险和控制风险构成，但审计人员基于技术或方法偏好和实务考虑，可以单独或合并评估固有风险和控制风险。因此，重大错报风险由固有风险（Inherent Risk，IR）和控制风险（Control Risk，CR）构成，但它并不是两者的简单合并，会计报表层次的重大错报风险并非一定要从固有风险和控制风险两方面评估。

固有风险，是指假定不存在相关内部控制时，某一账户或交易类别单独或连同其他账户、交易类别产生重大错报或漏报的可能性。固有风险与被审计单位管理当局的诚信程度、管理当局对财务报告可靠性的态度、被审计单位业务的复杂程度以及所在行业的特性等因素有关。如果审计人员认为管理人员是高度诚信的，真正关注财务报告的正确性，虚假财务报告出现的可能性将大大降低。如果被审计单位所在行业具有一些独特行业特性，会增加审计的复杂性和不确定性，从而增加了财务报表中存在未发现错报或漏报的可能性，导致固有风险增加。例如，对于石油、天然气勘探和灾害保险行业中的客户，由于收益决定需采用特殊的会计方法，与典型的制造业、商业和服务业客户相比，审计复杂性更大，固有风险也就更高。夕阳行业中的客户与稳定行业和朝阳行业中的客户相比，固有风险更高。一方面，由于行业的衰退，客户可能难以持续经营下去，审计人员就需要特别关注客户的持续经营能力，如果客户的持续经营能力存在不确定性，则应依据不确定性程度的高低修正审计意见；另一方面，处于衰退行业中的客户更容易出现欺诈性财务报告，当经营业务下滑时，为了维持报告经营收益的稳定性，管理当局可能会采用能最大化每股收益的会计政策，或将正常经营亏损归入非常损失类。收入下滑也可能会带来流动性问题，导致客户违反贷款协议中限制性条款（如最低现金余额和/或营运资本要求）的可能性增加，促使客户的管理当局进行虚假财务报告。

控制风险，是指某一账户或交易类别单独或连同其他账户、交易类别产生错报或漏报，而未能被内部控制防止、发现或纠正的可能性。现代企业为了保证经营管理活动顺利而有效地进行都建立了内部控制，内部控制的存在有利于防范和检查交易或事项的发生及其处理过程中的查错。但是，内部控制的这种能力是有限的，主要原因在于：第一，在决策时认为判断可能出现错误和由于认为失误而导致内部控制失效；第二，可能由于两个或更多的人员进行串通或管理层凌驾于内部控制之上而被规避。因此，内部控制的局限性是控制风险产生的主要原因。

（二）检查风险

检查风险是指某一认定存在错报，该错报单独或连同其他错报是重大的，但审计人员没有发现这种错报的可能性。检查风险是由现代审计方法本身的局限性造成的，同时也受审计程序的性质、时间和范围的影响，取决于审计程序设计的合理性和执行的有效性。比如，详查检查法比抽查法更能减少检查风险，但是由于成本效益原则的限制，检查风险并非越低越好，审计人员必须通过审计程序的合理安排将检查风险调整到适当的水平。

在审计风险的两个构成要素中，重大错报风险为"客户风险"（the entity's risks），它与被审计单位有关，直接受被审计单位的经营活动及内部控制等情况的影响，审计人员对此无能为力。但是，审计人员可以通过加深对被审计单位的了解，对其重大错报风险的高低做出合理的评估，并在此基础上确定实质性程序的性质、时间和范围，以便将重大错报风险降到可接受的水平。重大错报风险和检查风险两者之间的相互关系可以从定性和定量两个方面加以考察。

从定性的角度看，审计风险的两个构成要素之间不是孤立存在的，而是相互联系、相互作用的，主要体现在：第一，审计风险各要素是相互独立的，是审计风险形成的两个不同的环节；第二，审计风险各要素的排列是有序的，重大错报风险先发生，其次才出现检查风险；第三，审计风险各要素只有同时发生才会构成审计风险，审计风险是各要素共同作用的结果，假如其中的一个要素不存在，审计风险也就不存在；第四，审计风险各要素与审计人员的关系不同，审计人员对于重大错报风险只能评估不能控制，然后根据评估的重大错报风险水平来控制检查风险；第五，审计风险各要素之间存在如表 1 – 5 所示的变动关系，即在既定的审计风险水平下，可接受的检查风险与认定层次重大错报风险的评估（包括固有风险的评估和控制风险的评估）呈反向关系。评估的重大错报风险越低，可接受的检查风险越高。

表 1 – 5　　　　　　　　　　审计风险各要素之间的变动关系

审计人员对报表层次重大错报风险的评估	审计人员对认定层次重大错报风险的评估		
	高	中	低
	审计人员可接受的检查风险		
高	最低	较低	中等
中	较低	中等	较高
低	中等	较高	最高

从定量的角度看，根据概率论原理，总体审计风险可以看成是重大错报风险和检查风险的联合概率，具体审计风险模型如下：

$$审计风险 = 重大错报风险 \times 检查风险$$

总体审计风险是审计人员认为可以承受的风险水平，即按照审计人员的职业判断，就财务报表发表意见而言，是适当的水平，中国注册会计师执业准则要求审计人员将审计风险限定在低水平。例如，如果审计人员将总体审计风险设定为 5%，则审计人员发表的无保留意见的真实含义可被表述为：审计人员有 95% 的把握保证财务报表不存在重大错报或漏报。经验表明，将总体审计风险设为小于或等于 10% 比较合适。重大错报风险的评估则以了解被审计单位及其环境为基础，值得注意的是，审计人员虽然可以通过分析、研究被审计单位经营环境和评价其内部控制等程序，降低其对重大错报风险的评估水平，但这并不能改变实际的重大错报风险水平。换句话说，审计人员无法改变实际的重大错报风险，因此它对审计人员来说是不可控的。所以，为谨慎起见，审计人员在进行编制审计计划时，除非有充分的证据表明重大错报风险不高，否则，审计人员不应该将重大错报风险水平评估为低水平。

在上述审计风险模型中，检查风险是审计人员的可控变量，它是重大错报风险的函数。一方面，审计人员评估的重大错报风险水平以及审计人员可接受的总体审计风险水平共同决定了检查风险水平。另一方面，实际检查风险水平又和特定环境下实施实质性程序的范围相关，即审计人员可以通过增加实质性程序来降低检查风险，以使得它与重大错报风险的联合概率能够达到预期的、审计人员可接受的总体审计风险。根据审计风险模型，检查风险的计算公式为：

$$检查风险 = 审计风险 \div 重大错报风险$$

上式中计算出的检查风险是审计人员可接受的检查风险，它不同于实际检查风险。

第五节　审计过程

一、审计过程的定义

审计过程是审计机构和审计人员在审计活动中，办理审计事项时始终必须遵循的工作顺序，也就是审计工作从开始到结束的基本工作步骤及其内容。注册会计师的审计过程，以重大错报风险识别、评估和应对为主线。在确定了审计目标以后，审计人员就需要收集各种审计证据，以实现审计目标。而收集审计证据和实现审计目标都必须借助于一定的（程序）审计过程来实现。因此，审计过程是实现审计目标的重要手段。

不论是国家审计、注册会计师审计还是内部审计都要按一定的程序进行。尽管其审计过程存在一些差异，但一般都包括三个主要阶段：计划阶段、实施阶段和完成阶段。本书主要叙述注册会计师审计三个阶段的五个基本程序。

二、注册会计师审计的过程

注册会计师审计与国家审计和内部审计不同，它是一种委托审计，注册会计师审计过程包括以下五个基本程序：接受业务委托、计划审计工作、实施风险评估程序、实施控制测试和实质性程序、完成审计工作和编制审计报告。

（一）接受业务委托

注册会计师审计属于有偿审计，只有客户委托业务，会计师事务所接受客户委托后才能够执行审计，因此，注册会计师审计过程的第一阶段是接受客户。接受客户阶段的主要工作是考虑客户的诚信，没有信息表明客户缺乏诚信；具有执行业务必要的素质、专业胜任能力、时间和资源；能够遵守相关职业道德要求。

1. 考虑客户的诚信，没有信息表明客户缺乏诚信

会计师事务所在接到委托人的委托审计要求之后，首先需要对被审计单位的基本情况进行初步了解，然后在此基础上决定是否接受委托。如果注册会计师发现潜在的客户正面临财务困难，那么可以认为接受该客户的风险非常高，甚至不承接这项业务。

2. 具有执行业务必要的素质、专业胜任能力、时间和资源

会计师事务所除考虑客户施加的风险外，还需要具备执行业务的能力，如当工作需要时能否获得合适的具有相应资格的员工，是否获得专业化协助，是否存在任何利益冲突，能否对客户保持独立性等；另外还需要考虑事务所是否能够有足够的时间和相关的资源完成该项业务。

3. 能够遵守相关职业道德要求

注册会计师应当遵守与财务报表审计相关的职业道德要求，包括遵守有关独立性的要求。

一旦决定接受业务委托，注册会计师应当与客户就签订审计约定条款达成一致意见。对于连续审计，注册会计师应当考虑是否需要根据具体情况修改业务约定条款，以及是否需要提醒客户注意现有的业务约定书。审计业务约定书是会计师事务所与委托人共同签订的，据以确认审计业务的委托与受托关系，明确委托目的、审计范围及双方责任与义务等事项的书面合约。会计师事务所同意接受委托后，双方应签订审计业务约定书。

审计业务约定书具有经济合同的性质，一经约定双方签字认可，即成为会计师事务所与委托人之间在法律上生效的契约，具有法定约束力。审计业务约定书具有以下几个方面的作用：第一，增进会计师事务所和客户之间的了解并加强合作；第二，是客户签订审计业务完成情况及会计师事务所检查被审计单位义务履行情况的依据；第三，是确定会计师事务所和客户双方应负责任的重要证据。

审计业务约定书的格式和内容，可因每一个被审计单位而有所不同，但一般应包括以下基本内容：

（1）财务报表审计的目标和范围；

（2）注册会计师的责任；

（3）管理层的责任；

（4）管理层编制财务报表采用的财务报告编制基础；

（5）提及注册会计师拟出具的审计报告的预期形式和内容，以及在特定情况下出具的审计报告可能不同于预期形式和内容的说明。

如果情况需要，注册会计师还应当考虑在审计业务约定书中列明下列内容：

（1）详细说明审计工作范围，包括提及使用的法律、法规、审计准则以及注册会计师协会发布的职业道德守则和其他公告；

（2）对审计业务结果的其他沟通形式；

（3）说明由于审计和内部控制的固有局限，即使审计工作按照审计准则的规定得到恰当的计划和执行，仍不可避免地存在某些重大错报未被发现的风险；

（4）计划和执行审计工作的安排，包括审计项目组的构成；

（5）管理层确认将提供书面声明；

（6）管理层同意向注册会计师及时提供财务报表草稿和其他所有附带信息，以使注册会计师能够按照预定的时间表完成审计工作；

（7）管理层同意告知注册会计师在审计报告日至财务报表报出日之间注意到的可能影响财务报表的事实；

（8）收费的计算基础和收费安排；

（9）管理层确认收到审计业务约定书并同意其中的条款；

（10）在某些方面对利用其他注册会计师和专家工作的安排；

（11）审计涉及的内部审计人员和被审计单位其他员工工作的安排；

（12）在首次审计的情况下，与前任注册会计师（如存在）沟通的安排；

（13）说明对注册会计师责任可能存在的限制；

（14）说明对注册会计师与被审计单位之间需要达成进一步协议的事项；

（15）向其他机构或人员提供审计工作底稿的义务。

（二）计划审计工作

为了保证现场审计工作能够有序地进行，降低审计工作成本，提高审计工作效率，审计人员应当合理地计划审计工作并制订书面的审计计划。

一般来说，计划审计工作阶段一般包括以下几项中心工作：执行分析程序，了解被审计的单位及其环境（包括内部控制），确定重要性水平，制定总体审计策略和具体审计计划。

1. 执行分析程序

分析程序是指注册会计师通过研究不同财务数据之间以及财务数据与非财务数据之间的内在关系，对财务信息作出评价。在计划审计工作阶段执行初步的分析程序的目的在于了解被审计单位及其环境并评估财务报表层次和认定层次的重大错报风险，帮助注册会计师识别存在潜在重大错报风险的领域，或识别那些表明被审计单位持续经营能力问题的事项。

2. 了解客户及其环境，进行风险评估

注册会计师应当从客户行业状况和外部环境因素、经营业务和交易流程、治理结构及组织结构、目标和战略、财务业绩的衡量和评价五个方面了解客户，据以评估客户的经营风险，然后根据客户的具体情况考虑经营风险是否可能导致财务报表发生重大错报，并根据评估结果确定恰当的审计范围。

审计人员在了解客户及其环境时，必须关注客户的内部控制，了解客户的内部控制并初步评估客户的控制风险，因为财务报表中存在的大量重大错报往往与客户的内部控制失效有关。

3. 确定重要性水平

确定重要性水平是计划审计工作阶段的一项重要工作。确定重要性水平是审计人员在具体环境下对错报金额和性质的一种职业判断，如果一项错报单独或连同其他错报可能影响财务报表使用者依据财务报表作出的经济决策，则该项错报是重大的。在审计开始时，就必须对重大错报的规模和性质做出一个判断，包括制定财务报表层次的重要性和特定交易类别、账户余额和披露的重要性水平。

基于审计成本和审计效率的考虑，注册会计师不可能将财务报表中的所有错报都揭露出来，从报表的使用者角度看，也无必要耗费有限的审计资源去检查对其经济决策不产生影响的错报，注册会计师的责任是确定客户财务报表中是否存在重大错报。

4. 制定总体审计策略和具体审计计划

制定总体审计策略和具体审计计划是计划审计工作阶段中的最后一项工作，审计计划包括初步业务活动和总体审计策略。

（1）初步业务活动。

在制订审计计划之前，应当做一些必要的准备工作，即开展初步业务活动，主要包括针对保持客户关系和具体审计业务实施相应的质量控制程序；评价遵守职业道德规范的情况，包括评价独立性；进一步确认与被审计单位不存在对业务约定条款的误解。

（2）总体审计策略。

初步业务活动之后，注册会计师应当首先制定总体审计策略，总体审计策略是对审计的范围、时间和方向所作的规划，它指导制订具体审计计划。具体审计计划是依据总体审计策略制订的，对实施总体审计计划所需要的审计过程的性质、时间和范围所作的详细规划与说明。

（三）实施风险评估程序

审计准则规定，注册会计师必须实施风险评估程序，以此作为财务报表层次和认定层次重大错报风险的基础。风险评估程序是指注册会计师为了了解被审计单位及其环境，以识别和评估财务报表层次和认定层次的重大错报风险（无论该错报是由于舞弊或者错误导致）而实施的审计程序。实施风险评估程序的主要工作包括：了解被审计单位及其环境；识别和评估财务报表层次以及各类交易、账户余额和披露认定的重大错报风险，包括确定需要特别考虑的重大错报风险（即特别风险）以及仅通过实施实质性程序无法应对的重大错报风险等。

（四）实施控制测试和实质性程序

审计计划一经制订，一切审计工作必须严格按照既定计划进入执行控制测试和实质性程序阶段，也称实施阶段。

所谓控制测试，是指为了支持较低估计控制风险而对内部控制的有效性进行测试的程序；所谓实质性程序，是指注册会计师针对评估的重大错报风险（包括固有风险和控制风险）实施的直接用以发现认定层次重大错报的审计程序，实质性程序具体包括对各类交易、账户余额、列报的细节测试以及实质性分析程序，而细节测试又具体分为交易的细节测试和执行余额的细节测试。

此阶段是审计人员实施审计程序、收集审计证据的重要步骤，也是审计过程的核心阶段。一般来说，审计实施阶段一般包括以下几项中心工作：执行控制测试，执行实质性分析程序，执行交易的细节测试和执行余额的细节测试。

1. 执行控制测试

注册会计师对客户内部控制进行了解，初步评估控制风险。如果认为客户控制设计合理并得到执行，能够有效防止或发现并纠正重大错报，是可以信赖的，可以减少拟实施的实质性程序。注册会计师必须对拟信赖的内部控制执行控制测试，以取得充分、适当的审计证据证明这些内部控制得到有效的执行。

注册会计师一般采用询问、观察、检查、穿行测试和重新执行等程序进行控制测试。经过测试后，如果控制测试的结果证明注册会计师初步评估的控制风险水平是正确的，客户的内部控制在整个会计期间都得到了有效执行，注册会计师就可以使用初步评估的控制风险水平，减少拟实施的实质性程序，以节省审计成本，提高审计效率；如果测试的结果表明控制没有得到有效执行，控制风险水平高于初步评估的控制风险水平，注册会计师就应当降低对客户内部控制的信赖程度，重新考虑估计控制风险，并执行扩大的、更为有效的实质性程序。

2. 执行实质性分析程序

所谓分析程序，是指注册会计师通过研究不同财务数据之间以及财务数据与非财务数据之间的内在关系，对财务信息作出评价。按照准则要求，在计划工作阶段和完成审计工作阶段必须执行分析程序，而在实施阶段分析程序不是必要的审计程序，注册会计师可以将分析程序作为实质性程序的一种，单独或结合其他细节测试，收集充分适当的审计证据，将分析程序用于实质性程序，又称为实质性分析程序。

3. 执行交易的细节测试

所谓交易的细节测试，是指注册会计师为确定与交易相关的五项审计目标均已实现而执行的审计程序。例如，注册会计师要执行交易的细节测试来验证已入账的交易是否确实发生以及已发生的交易是否均以入账。

4. 执行余额的细节测试

所谓余额的细节测试，是指注册会计师针对资产负债表账户利润表账户的期末余额执行的审计程序，多数余额细节测试更侧重于资产负债表账户。例如，向顾客函证应收账款余额、盘点存货、监盘现金、向银行函证客户银行存款余额都是余额的细节测试。余额的细节测试取得的证据多数来自客户的渠道，具有高度的可靠性，因此，余额的细节测试被认为是最有效的、最可靠的实质性程序，但是，获取审计证据的审计成本也相对较高。

需要注意的是，在三种实质性程序中，获取证据的成本是不一样的，分析程序成本最低，其次是交易的细节测试，余额的细节测试成本最高。而这三种实质性程序获取证据的可靠性则正好与其审计成本相对应，余额的细节测试获取的审计证据最可靠，交易的细节测试获取的证据次之，分析程序获取的证据可靠性最低。

在选择实质性程序时，要充分考虑控制风险的评估结果。

如果注册会计师在计划阶段通过了解内部控制和初步的控制风险评估，将控制风险水平评估为低于最高值之下，拟信赖内部控制，那么他就需要执行控制测试以确定内部控制是否得到有效执行，如果测试结果证明控制风险是中或低，不高于初步的评估水平，说明内部控制值得信赖，那么，计划的实证性程序就可以减少，而且更多地依靠分析程序和交易的细节测试获取审计证据，执行尽量少的余额的细节测试，以降低审计成本。

相反，如果被审计单位内部控制设计不恰当，或虽然恰当但根本没有得到执行，或控制测试的结果表明内部控制风险水平高于初步评估的控制风险水平，那么，注册会计师应当降低对被审计单位内部控制的信赖程度，并执行扩大范围的实质性程序，更多依靠交易的细节测试和余额的细节测试，执行尽量大的余额的细节测试。

除控制风险的评估结果影响实质性程序的组合之外，实质性分析程序的分析结果也会影响交易的细节测试和余额的细节测试两种程序的运用水平。当通过分析程序发现异常波动时，表明可能存在重大错报，注册会计师应执行扩大范围的交易的细节测试和余额的细节测试来确定错报是否已实际发生；反之，当通过分析程序发现发生错报的可能性较小时，则可以减少交易的细节测试和余额的细节测试程序。

（五）完成审计工作和编制审计报告

此阶段是实质性程序的结束，是对被审计单位的财务报表、收支项目及其他有关经济活动审计结果的资料进行筛选、归类、分析、整理，做出综合评价，并出具审计报告的过程。这一阶段的主要工作包括：检查期后事项；检查或有事项；评估被审计单位的持续经营能力；评价审计证据，形成审计意见并编制审计报告。

1. 检查期后事项

期后事项是资产负债表日至审计报告日之间发生的事项以及审计报告日后发现的事实。两类期后事项可能对财务报表和审计报告产生影响：一类是资产负债表日后调整事项，属于对资产负债表日已经存在的情况提供了新的或进一步证据的事项；另一类是资产负债表日后非调整事项，是表明资产负债表日后发生的情况的事项。注册会计师应当考虑期后事项对财务报表和审计报告的影响，并实施必要的审计程序检查期后事项，获取充分、适当的审计证据，以确定截至审计报告日发生的，需要在财务报表中调整或披露的事项是否均已得到识别。

2. 检查或有事项

或有事项是过去的交易或者事项形成的，其结果须由某些未来事项的发生或不发生才能决定的不确定事项。注册会计师有责任对客户的或有事项予以关注，尤其要关注财务报表反映的或有事项的完整性。在完成阶段，注册会计师需要再专门设计和实施一些具体的审计程序以验证或复核或有事项的完整性。

3. 评估被审计单位的持续经营能力

持续经营假设是客户编制财务报表的重要基础之一。客户管理层有责任根据适用的财务报告编制基础的规定评估其持续经营能力，并以恰当的方式在财务报表予以反映。注册会计师的责任是考虑客户管理层在编制财务报表时运用持续经营假设的适当性，并考虑是否存在需要在财务报表中披露的有关持续经营能力的重大不确定性。因此，注册会计师应当实施必要的审计程序，获取充分、适当的审计证据，确定可能导致对持续经营能力产生重大疑虑的事项或情况是否存在重大不确定性，并考虑对审计报告的影响。

4. 评价审计证据，形成意见并编制审计报告

注册会计师应当首先整理、评价收集到的所有审计证据，复核审计工作底稿，复核的重点内容主要有：计划确定的重要审计过程是否恰当并得以实施、是否实现了审计目标、审计证据是否充分恰当、审计范围是否充分、提出的建议是否恰当等。然后，汇总审计差异，提请被审计单位调整或作适当披露。最后，在以上工作的基础上形成审计意见，签发审计报告，审计报告应由注册会计师签字，并由事务所签章。

拓展案例

M 公司存在重大错报风险[①]

M 股份有限公司（以下简称"M 公司"）成立于 2000 年 12 月 14 日，是国内领先的互联网金融信息服务供应商之一。互联网金融信息服务是一种新型的信息服务，得益于互联网和资本市场以及软件行业的发展，依托信息服务平台，向客户提供资讯、数据等信息服务。在我国，M 公司的收入规模和行业地位处于领先地位，并于 2011 年公开上市。但上市后公司的财务数据却表现得并不尽如人意。上市后的大肆收购、扩张，严重影响了公司的现金流：公司除了 2011 年经营净现金流量为正外，截至 2016 年的 5 年间，公司经营活动现金净流量均为负，且仅 2016 年前三季度的经营现金流量就已飙升至 -5.26 亿元。通常经营活动现金流量为负是处于初创期和衰退期的公司才有的财务表现，但很明显 M 公司已经过了初创时光。

2016 年 7 月，M 公司收到证监会的《行政处罚决定书》（以下简称《决定书》）。《决定书》披露了 M 公司捏造财务数据以及某会计师事务所对其审计失败的事实，加上其已经连续两年经营业绩不佳的经营现状，公司 2017 年被实施"退市风险警示"，变更为"＊ST M 公司"。如今公司的总市值（90.4 亿元）较同业竞争者 A 公司（471 亿元）和 B 公司（301 亿元）早已相去甚远，市值也从 2015 年的逼近 700 亿元跌至不到 100 亿元，在上市短短 6 年后就面临着"披星戴帽"的窘困境地。

M 公司所在的互联网金融信息服务行业借助我国"互联网＋"时代的到来以及互联网金融的快速发展，已经逐渐成为当下热门的新兴行业。较传统行业而言，一方面互联网金融信息服务行业内的上市公司较少；另一方面，该行业普遍具有业务模式新、结算方式多、业绩波动大等特点，并且业务模式和盈利模式的创新速度较快，这在一定程度上加大了注册会计师独立审计工作的难度。中国注册会计师协会就曾多次约谈会计师事务所，提示互联网金融上市公司的审计风险。因而分析在互联网金融信息服务行业有一定代表性的 M 公司 2016 年审计失败的案件对该行业降低审计风险、提升审计质量有着重要意义。M 公司自上市以来，便制定了将持续进行大规模的研发投入、不断推出创新性产品、扩大客户群体、提高品牌认知度的经营战略目标。与之形成对照的是，上市以来 M 公司的财务业绩一直表现得不尽如人意。这主要是因为公司的经营战略目标略显激进，上市后就一直忙于四处并购，上市后公司先后收购了 11 家公司，导致公司资源分散，同时为了配合业务的扩张，公司需要进一步扩大自己的团队规模，致使公司的管理费用进一步增长，并由此引发亏损。

对 M 公司 2013 年的财务报表进行对比分析可以发现，如表 1 - 6 所示，公司 2013 年的投资额较 2012 年有大幅度增长，增长幅度高达 1 251.08%。

表 1 - 6 　　　　　　　　　　　M 公司 2012 ~ 2013 年度投资总额对比

项目		金额
投资总额	2013 年度	7.18 亿元
	2012 年度	0.53 亿元

[①]　笔者根据相关资料整理。

续表

项目		金额
增减变动量		6.65 亿元
增减幅度		1 251.08%

资料来源:《M 公司 2012、2013 年年度报告》。

为了更好地整合产业链,提升公司实力,M 公司采取了一系列收购措施,这些收并购活动也花费了该公司大量资金,耗费高达 8.13 亿元。但是,M 公司的收购活动没有达到盈利效果,经营业绩反而进一步下降。另外,为了配合公司的战略扩张,公司需要不断扩大自己的团队,从 1 000 多人扩大到 3 000 多人,致使公司管理费用增加,如表 1 – 7 所示,管理风险增加。

表 1 – 7　　　　　　　　　M 公司 2010 ~ 2013 年管理费用变动情况对比

报表项目	2013 年	2012 年	2011 年	2010 年
管理费用（万元）	52 560.40	40 742.26	17 058.86	11 231.19
较上年增减幅度（%）	29.01	138.83	51.89	—

资料来源:《M 公司 2010 ~ 2013 年年度报告》。

大规模收并购带来的业务扩张和产品创新,对 M 公司主营业务不可避免地造成冲击,在此基础上 M 公司 2013 年的常规业务想要实现快速增长几乎是不可能的,因而公司具有比较强烈的舞弊动机和较大的经营风险,重大错报风险较高,独立审计人员的审计风险也相对较高。

所有权和经营权分离程度较高,治理层和管理层权责划分明晰的上市公司相对而言内部控制较好。但通过对 M 公司内部控制体系的分析可以发现,M 公司的治理结构具有明显的"一股独大"的特征。结合 M 公司的年度审计可以看出,2013 年持股比例前三位的自然人均为公司董事长及其家属,合计持股比例达 63.95%,其中董事长兼第一大股东的持股比例高达 55.58%(见图 1 – 3)。

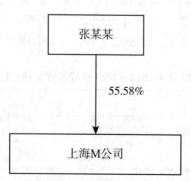

图 1 – 3　M 公司与实际控制人之间的产权及控制关系
资料来源:《M 公司 2013 年年度报告》。

此外，根据表 1-8 可以发现，M 公司董事长同时兼任总经理，多名董事兼任副总或董事会秘书，这种权利的重合和集中，如果缺乏有效的监督，很有可能存在舞弊风险。这种一股独大的治理结构的存在，会在一定程度上弱化监事会、审计委员会等内部监督机构的职能，导致公司的控制风险较高，增大了 M 公司的重大错报风险。

表 1-8	M 公司前五位股东持股情况		
股东名称	股东性质	持股比例（%）	职务
张某某	境内自然人	55.58	董事长、总经理
张某	境内自然人	5.79	董事
新湖××股份有限公司	境内非国有法人	3.48	—
张某宏	境内自然人	2.58	—
苏州×××创业投资管理有限公司	境内非国有法人	2.10	—

注：M 公司前十名股东、前十名无限售条件股东中，控股股东张某某与公司第二大股东张某女士系兄妹关系，与公司第四大股东张某宏先生系兄弟关系。

资料来源：《M 公司 2013 年年度报告》。

M 公司作为我国优质的金融信息服务商，旗下有着丰富的产品类型和服务类型。而在互联网的不断创新和互联网金融的高速发展下，公司开发出的产品在形式上也不断地朝着多元化发展，公司旗下的金融产品和信息服务在金融数据信息服务行业和手机金融信息服务等细分市场均有涉及，且不断开发创新，服务内容涵盖了多个金融市场及多种金融投资产品，放眼未来，行业内还将会涌现出更多的创新型产品。M 公司的主营业务是销售软件产品，旗下各细分产品均是广大投资者们耳熟能详的软件产品，且这些软件产品在市场上的客户占有率相对较高。但与此同时，一些非经营性的活动也会为公司带来一定的资金流入，如打着各种名目进行的营销活动等。在此背景下，各产品和服务的交易实质往往很难区分。企业会计准则对企业销售收入的确认有着既定的标准和要求，而不同的服务和产品在收入确认时点和确认方法上也存在差异。因此，M 公司种类繁多的产品和各种各样的服务可能会加大其收入确认与计量的难度，使公司会计人员在会计核算时可能存在不恰当确认销售收入等问题，加大了公司财务报表的重大错报风险。

实训一　获取审计数据，做好实训前期准备工作

本书的实训部分采用厦门网中网软件有限公司的审计综合实习平台里的中泰纸业股份有限公司的基本数据，模拟审计中泰纸业股份有限公司。

一、会计师事务所的基本资料

审计企业名称	湖北天宁会计师事务所有限公司
审计企业地址	湖北省武汉市建设西路 27 号
审计企业说明	邮编：430012 电话：027 – 82398876 传真：027 – 82398879 本次审计相关事宜说明：2016 – 12 – 25 双方签订业务约定书（一签即刻生效）。 被审计单位于 2017 – 1 – 10 前需提供审计所需全部资料。 事务所于 2017 – 2 – 20 前出具一式四份的审计报告。 审计收费按《湖北省物价局收费规定》，自签署之日起 7 日内支付 20%，其余款项审计报告出具当日结清，本次预计审计费用合计为人民币 50 万元。 审计人员说明：项目负责合伙人叶建涵；项目负责经理（现场负责人）李清河；项目质量控制复核人王天建（副主任会计师）

二、被审计单位基本资料

（一）公司基本情况简介

企业/机构名称	中泰纸业股份有限公司
开户银行	交通银行武汉汉阳支行
银行账号	62222000639018171286
企业/机构详细信息	账户：中国工商银行武汉汉阳支行（一般账户）；账号：4200603100988125629；性质：股份有限公司，在深圳中小板上市，股票代码：002996；经营范围：商务信息用纸的研发、生产、销售；增值税一般纳税人（税率17%），企业所得税税率为25%；本公司产品分为热敏纸、无碳打印纸两大系列，其中热敏纸系列包括传真纸、POS 用纸、ATM 机打印单、彩票纸、电影票五个品种；无碳打印纸系列包括密码信封、多联发票、压感打印纸三个品种
启账时间	2016 年 1 月 1 日
适应会计准则	2014 企业会计准则

（二）公司财务制度（2014 年 8 月 31 日）

一、公司简介

（一）公司概况

公司名称：中泰纸业股份有限公司

公司住所：湖北省武汉市汉阳区创业路 56 号

经营期限：2004 年 3 月 1 日至 2024 年 2 月 29 日

注册资本：10 000 万元

法人代表：王伟丰

（二）经营范围

商务信息用纸的研发、生产、销售（以上经营范围涉及许可经营项目的，应在取得有关部门的许可后方可经营）。

（三）公司历史沿革

本公司前身是 2004 年 3 月 1 日经武汉市工商行政管理局批准成立的中泰纸业有限公司，成立时注册资本 7 500 万元，企业性质为有限责任公司。2008 年 8 月 5 日，经中泰纸业有限公司全体股东一致同意，中泰纸业有限公司以截至 2008 年 7 月 31 日经亚伟会计师事务所审计的账面净资产 9 375 万元按 1∶0.8 的比例折股为 7 500 万股，以整体变更方式设立中泰纸业股份有限公司，注册资本 7 500 万元。2009 年 3 月 5 日，根据公司 2008 年第一次临时股东大会决议，并经中国证券监督管理委员会《关于核准中泰纸业股份有限公司公开发行股票的批复》的核准，公司向社会公开发行普通股（A 股）2 500 万股，每股面值 1 元，增加股本 2 500 万元，并于 2009 年 3 月 25 日在深圳证券交易所挂牌上市交易，同时公司变更了营业执照，注册资本变更为人民币 10 000 万元。变更后：发起人股本为人民币 7 500 万元，占变更后股本总额的 75%；社会公众股股本为人民币 2 500 万元，占变更后股本总额的 25%。

（四）公司组织结构

公司设立了股东大会、董事会和监事会。公司下设审计委员会、证券部、投资部、人力资源部、财务部、研发部、生产部、销售部、采购部。

（五）会计准则的声明

公司以持续经营为基础，根据实际发生的交易和事项，按照《企业会计准则——基本准则》和其他各项会计准则的规定进行确认和计量，在此基础上编制财务报表。公司所编制的财务报表符合企业会计准则的要求，真实、完整地反映了公司的财务状况、经营成果、股东权益变动和现金流量等有关信息。

二、公司主要会计政策、会计估计和合并会计报表的编制方法

1. 记账基础和计价原则

本公司会计核算以权责发生制为基础，采用借贷记账法记账。除按公允价值计量的资产外，各项资产均按取得时的历史（实际）成本入账，在资产发生资产减值时，则计提相应的资产减值准备。

2. 会计年度

本公司会计年度自公历每年 1 月 1 日起至 12 月 31 日止。

3. 记账本位币

本公司以人民币为记账本位币。

4. 现金等价物的确定标准

本公司在编制现金流量表时所确定的现金等价物，是指本公司持有的期限短（一般是指从购买日起 3 个月内到期）、流动性强、易于转换为已知金额现金、价值变动风险很小

的投资。

5. 外币业务核算方法

（1）对外发生的外币业务，按外币业务发生时即期汇率折合本位币记账。期末，对外币货币性项目按资产负债表日即期汇率进行调整，除与购建或生产符合资本化条件的资产相关的汇兑差额予以资本化外，其余均计入当期损益。

（2）本公司以外币为记账本位币的子公司在编制折合人民币财务报表时，所有资产、负债类项目按照合并财务报表日即期汇率折算为母公司记账本位币，所有者权益类项目除"未分配利润"项目外，均按照发生时的即期汇率折算为母公司记账本位币。利润表中收入和费用项目按照合并财务报表期间即期汇率平均汇率折算为母公司记账本位币。对境外子公司的现金流量表，按照合并财务报表期间即期汇率平均汇率折算为母公司记账本位币。由于折算汇率不同产生的折算差额，在折合人民币资产负债表所有者权益类设"外币报表折算差额"项目反映，在折合人民币现金流量表设"外币报表折算差额"项目反映。

6. 金融工具的确认与计量（2017年已颁布新准则，此处沿用软件里原有资料）

（1）分类：金融工具分为下列五类：

①以公允价值计量且其变动计入当期损益的金融资产或金融负债，包括交易性金融资产或交易性金融负债、指定为公允价值计量且其变动计入当期损益的金融资产或金融负债；

②持有至到期投资；

③货款和应收款项；

④可供出售金融资产；

⑤其他金融负债。

（2）初始确认和后续计量。

①以公允价值计量且其变动计入当期损益的金融资产或金融负债：按照取得时的公允价值作为初始确认金额，相关的交易费用在发生时计入当期损益。支付的价款中包含已宣告发放的现金股利或债券利息，单独确认为应收项目。持有期间取得的利息或现金股利，确认为投资收益。资产负债表日，将其公允价值变动计入当期损益。

②持有至到期投资：按取得时的公允价值和相关交易费用之和作为初始确认金额。支付的价款中包含已宣告发放债券利息的，单独确认为应收项目。持有期间按照实际利率法确认利息收入，计入投资收益。处置持有至到期投资时，将所取得价款与该投资账面价值之间的差额计入投资收益。

③应收款项：按从购货方应收的合同或协议价款作为初始入账金额。单项金额重大的应收款项持有期间采用实际利率法，按摊余成本进行后续计量。

④可供出售金融资产：按取得该金融资产的公允价值和相关费用之和作为初始确认金额。支付的价款中包含了已宣告发放的债券利息或现金股利的，单独确认为应收项目。持有期间取得的利息或现金股利，计入投资收益。期末，可供出售金融资产以公允价值计量，且公允价值变动计入其他综合收益。处置可供出售金融资产时，将取得的价款与该金融资产账面价值之间的差额，计入投资损益；同时，将原直接计入所有者权益的公允价值变动累计额对应处置部分的金额转出，计入投资损益。

⑤其他金融负债：按其公允价值和相关交易费用之和作为初始入账金额，除《企业会

计准则第 22 号——金融工具确认与计量》第三十三条规定的三种情况外，按摊余成本进行后续计量。

（3）主要金融资产和金融负债的公允价值确定方法。

①存在活跃市场的金融资产或金融负债，以活跃市场中的报价作为其公允价值。

②金融工具不存在活跃市场的，采用估值技术确定其公允价值。

③初始取得或衍生的金融资产或承担的金融负债，以市场交易价格作为确定其公允价值的基础。

④公司采用未来现金流量折现法确定金融工具公允价值的，使用合同条款和特征在实质上相同的其他金融工具的市场收益率作为折现率。没有标明利率的短期应收款项和应付款项的现值与实际交易价格相差很小的，按照实际交易价格计量。

（4）金融资产减值的处理。

期末，对于持有至到期投资和应收款项，有客观证据表明其发生了减值的，根据其账面价值与预计未来现金流量现值之间差额计算确认减值损失。

①对于单项金额重大的持有至到期投资和应收款项，单独进行减值测试，有客观证据表明其发生了减值的，根据其未来现金流量现值低于其账面价值的差额，确认减值损失，计提减值准备。

②对于单项金额非重大的持有至到期投资和应收款项以及经单项测试后未减值的单项金额重大的持有至到期投资和应收款项，按类似信用风险特征划分为若干组合，再按这些组合在资产负债表日余额的一定比例计算确定减值损失，计提减值准备（具体见本会计政策之第 7 项"应收款项坏账确认标准、坏账损失的核算方法"）。期末，如果可供出售金融资产的公允价值发生较大幅度下降，或在综合考虑各种相关因素后，预期这种下降趋势属于非暂时性的，认定该可供出售金融资产已发生减值，并确认减值损失。在确认减值损失时，将原直接计入所有者权益的公允价值下降形成的累计损失一并转出，计入减值损失。

7. 应收款项坏账确认标准、坏账损失的核算方法

（1）坏账确认的标准。

①债务人破产或死亡，以其破产财产或遗产依法清偿后，仍然不能收回的款项。

②债务人逾期未履行偿债义务，并且具有明显特征表明确实不能收回的款项。以上确实不能收回的款项，报经董事会批准后作为坏账转销。

（2）坏账损失的核算方法。

①对于单项金额重大的应收账款、其他应收款及备用金性质的应收款项，单独进行减值测试。有客观证据表明其发生了减值的，根据其未来现金流量现值低于其账面价值的差额，确认减值损失，计提坏账准备。以后如有客观证据表明价值已恢复，且客观上与确认该损失后发生的事项有关，原确认的减值损失予以转回，计入当期损益。对应收票据和预付账款，本公司单独进行减值测试，有客观证据表明其发生减值的，根据未来现金流量现值低于其账面价值的差额，确认为资产损失，计提坏账准备。

②对于单项金额重大经测试未发生减值的以及单项金额非重大的应收账款、其他应收款，按账龄特征评估其信用风险，划分为五个组合，再按这些应收款项组合在资产负债表日余额的一定比例计算确定减值损失，计提坏账准备。坏账准备计提比例为：

账龄	提取比例（%）
半年以内（含半年，以下类推）	2
半年~1年	5
1~2年	10
2~3年	30
3年以上	100

本公司与控股子公司之间的往来不计提坏账准备。

8. 存货核算方法

（1）本公司存货是指在生产经营过程中持有以备销售，或者仍然处在生产过程，或者在生产或提供劳务过程中将消耗的材料或物资等，包括各类原材料、在产品、产成品等。

（2）存货计量：按照成本进行初始计量。存货成本包括采购成本、加工成本和其他成本。发出存货的计价方法：按照月末一次加权平均法进行核算。

（3）存货的盘存制度：采用永续盘存制。

（4）期末存货按成本与可变现净值孰低计价，存货期末可变现净值低于账面成本的，按差额计提存货跌价准备。可变现净值，是指在日常活动中，存货的估计售价减去至完工时估计将要发生的成本、估计的销售费用以及相关税费后的金额。可变现净值的确定依据及存货跌价准备计提方法：

①存货可变现净值的确定依据：为生产而持有的材料等，其生产的产成品的可变现净值高于成本的，该材料仍然应当按照成本计量；材料价格的下降表明产成品的可变现净值低于成本的，该材料应当按照可变现净值计量。为执行销售合同或者劳务合同而持有的存货，其可变现净值应当以合同价格为基础计算。企业持有存货的数量多于销售合同订购数量的，超出部分的存货的可变现净值应当以一般销售价格为基础计算。

②存货跌价准备的计提方法：期末存货原材料按类别，其他存货按单个项目的成本高于其可变现净值的差额提取存货跌价准备。

9. 固定资产的标准、分类、计价、折旧政策

（1）固定资产的确认标准。

固定资产是指同时具有下列特征的有形资产：

①为生产商品、提供劳务、出租或经营管理而持有的；

②使用寿命超过一个会计年度。

（2）固定资产分类。

本公司固定资产分为房屋建筑物、机器设备、运输设备、办公及其他经营用设备四类。

（3）固定资产计价。

购置或新建固定资产按其成本作为入账价值，其中，外购的固定资产的成本包括买价、进口关税等，以及为使固定资产达到预定可使用状态前所发生的可直接归属于该资产的其他支出。自行建造固定资产的成本，由建造该项资产达到预定可使用状态前所发生的

必要支出构成。投资者投入的固定资产，按投资合同或协议约定的价值作为入账价值。

（4）折旧方法。

本公司固定资产折旧按原值扣除其预计净残值5%和减值准备后，按预计使用寿命采用年限平均法分类计提。各类固定资产的预计使用寿命和年折旧率如下表：

资产类别	使用年限（年）	预计残值率（%）	年折旧率（%）
机器设备	10	5	9.50
办公设备及其他	5	5	19.00
运输设备	10	5	9.50
房屋及建筑物	20~40	5	4.75~2.38

（5）固定资产后续支出。

固定资产后续支出在符合：①与该固定资产有关的经济利益很可能流入企业；②该固定资产的成本能够可靠地计量时，计入固定资产成本。

10. 在建工程核算方法

在建工程以实际成本计价。其中为工程建设项目而发生的借款利息支出和外币折算差额在固定资产达到预计可使用状态前计入工程成本。在建工程在达到预计使用状态之日起不论工程是否办理竣工决算均转入固定资产，对于未办理竣工决算手续的待办理完毕后再作调整。

11. 无形资产核算方法

（1）无形资产的确认标准：本公司将企业拥有或者控制的没有实物形态，并且与该资产相关的预计未来经济利益很可能流入企业、该资产的成本能够可靠计量的可辨认非货币性资产确认为无形资产。

（2）初始计量：分别按以下方式进行初始计量。

①外购无形资产的成本，包括购买价款、进口关税和其他税费以及直接归属于使该项资产达到预定用途所发生的其他支出。

②投资者投入的无形资产，按照投资合同或协议约定的价值作为成本，但合同或协议约定价值不公允的除外。

（3）无形资产的摊销。

本公司每年度终了，将对使用寿命有限的无形资产的使用寿命及未来经济利益消耗方式进行复核。无形资产的预计使用寿命及未来经济利益的预期消耗方式与以前估计不同的，将改变其摊销期限和摊销方法。

12. 长期股权投资的核算方法

长期股权投资按取得时的实际成本作为初始投资成本，初始投资成本按以下原则确定：

（1）企业合并形成的长期股权投资：

①同一控制下的企业合并，以支付现金、转让非现金资产或承担债务方式作为合并对价的，在合并日按照取得被合并方所有者权益账面价值的份额作为长期股权投资的初始投

资成本。

以发行权益性证券作为合并对价的，在合并日按照取得的被合并方所有者权益账面价值的份额作为长期股权投资的初始投资成本。

②非同一控制下的企业合并，在购买日按照《企业会计准则第20号——企业合并》确定的合并成本作为长期股权投资的初始投资成本。

（2）除企业合并形成的长期股权投资以外，其他方式取得的长期股权投资，按照下列规定确定其初始投资成本：

①以支付现金取得的长期股权投资，按照实际支付的购买价款作为初始投资成本。初始投资成本包括与取得长期股权投资直接相关的费用、税金及其他必要支出。

②以发行权益性证券取得的长期股权投资，按照发行权益性证券的公允价值作为初始投资成本。

③投资者投入的长期股权投资，按照投资合同或协议约定的价值作为初始投资成本，但合同或协议价值不公允的除外。

④通过非货币性资产交换取得的长期股权投资，其初始投资成本按照《企业会计准则第7号——非货币性资产交换》确定。

⑤通过债务重组取得的长期股权投资，其初始投资成本按照《企业会计准则第12号——债务重组》确定。

（3）长期股权投资的核算方法。

①成本法核算：能够对被投资单位实施控制的长期股权投资，采用成本法核算。采用成本法核算时，追加或收回投资调整长期股权投资的成本。被投资单位宣告分派的现金股利或利润，确认为当期投资收益。该确认的投资收益，仅限于被投资单位接受投资后产生的累积净利润的分配额，所获得的利润或现金股利超过上述数额的部分作为初始投资成本收回。

②权益法核算：对被投资单位共同控制或有重大影响的长期股权投资，采用权益法核算。采用权益法核算时，公司取得长期股权投资后，按照应享有或应分担的被投资单位实现的净损益的份额，确认投资损益并调整长期股权投资的账面价值。公司确认被投资单位发生的净亏损，以长期股权投资的账面价值以及其他实质上构成对被投资单位净投资的长期权益减记至零为限，公司负有承担额外损失义务的除外。被投资单位以后实现净利润的，公司在收益分享额弥补未确认的亏损分担额后，恢复确认收益分享额。公司在确认应享有被投资单位净损益的份额时，以取得投资时被投资单位各项可辨认资产等的公允价值为基础，对被投资单位的净利润进行调整后确认。如果被投资单位采用的会计政策及会计期间与公司不一致的，按照公司的会计政策及会计期间对被投资单位的财务报表进行调整，并据以确认投资损益。

13. 商誉

商誉是指在非同一控制下的企业合并下，购买方的合并成本大于合并中取得的被购买方可辨认净资产公允价值份额的差额。初始确认后的商誉，应当以其成本扣除累计减值准备后的金额计量。公司在每年度终了对企业合并所形成的商誉进行减值测试。在对包含商誉的相关资产组或者资产组组合进行减值测试时，如与商誉相关的资产组或者资产组组合存在减值迹象的，则先对不包含商誉的资产组或者资产组组合进行减值测试，计算可收回金额，并与相关账面价值相比较，确认相应的减值损失；再对包含商誉的资产组或者资产组组合进行减值测试，比较这些相关资产组或者资产组组合的账面价值（包括所分摊的商誉的账面价值部分）与其可收回金额，如相关资产组或者资产组组合的可收回金额低于其账面价值的，则确认商誉的减值损失，资产减值损失一经确认，在以后会计期间均不再转回。

14. 长期待摊费用

长期待摊费用是指公司已经发生但应由本期和以后各期负担的分摊期限在 1 年以上的各项费用，包括以经营租赁方式租入的固定资产发生的改良支出等。长期待摊费用在相关项目的受益期内平均摊销。

15. 长期股权投资、固定资产、在建工程、无形资产及其他资产减值

本公司于会计期末检查长期股权投资、固定资产、在建工程、无形资产及其他资产是否存在《企业会计准则第 8 号——资产减值》第五条规定的各种可能发生减值的迹象，如果发现上述资产存在减值迹象的，则估计其可收回金额。如果资产的可收回金额低于其账面价值，则将资产的账面价值减记至可收回金额，减记的金额确认为资产减值损失，计入当期损益，同时计提相应的资产减值准备。资产减值损失一经确认，在以后会计期间不能转回。本公司对有迹象表明一项资产可能发生减值的，以单项资产为基础估计其可收回金额。如果难以对单项资产的可收回金额进行估计，则按照该资产所属的资产组为基础确定资产组的可收回金额。

16. 资产组的认定

资产组，是指企业可以认定的最小资产组合，其产生的现金流入应当基本上独立于其他资产或者资产组产生的现金流入。公司以资产组产生的主要现金流入是否独立于其他资产或者资产组的现金流入为依据作为资产组的认定标准。同时，在认定资产组时，充分考虑公司管理层管理生产经营活动的方式和对资产的持续使用或者处置的决策方式等。如果几项资产的组合生产的产品（或者其他产出）存在活跃市场的，即使部分或者所有这些产品（或者其他产出）均供内部使用，在符合资产组认定标准的前提下，可将这几项资产的组合认定为一个资产组。如果资产组的现金流入受内部转移价格的影响，则按照公司管理层在公平交易中对未来价格的最佳估计数来确定资产组的未来现金流量。资产组一经确定，各个会计期间均保持一致，不再随意变更。

17. 借款费用

（1）借款费用资本化的确认原则。

借款费用包括因借款发生的利息、折价或溢价的摊销和辅助费用，以及因外币借款而发生的汇兑差额。公司发生的借款费用，可直接归属于符合资本化条件的资产的购建或者生产的，应予以资本化，计入相关资产成本；其他借款费用，在发生时根据其发生额确认为费用，计入当期损益。符合资本化条件的资产，包括需要经过相当长时间的购建或者生产活动才能达到预定可使用或者可销售状态的固定资产、投资性房地产和存货等资产。

借款费用同时满足下列条件，开始资本化：

①资产支出已经发生，资产支出包括为购建或者生产符合资本化条件的资产而以支付现金、转移非现金资产或者承担带息债务形式发生的支出；

②借款费用已发生；

③为使资产达到预计可使用或者可销售状态所必要的购建或者生产活动已经开始。

（2）借款费用资本化的期间。

为购建或者生产符合资本化条件的资产发生的借款费用，满足上述资本化条件的，在该资产达到预定可使用或者可销售状态前所发生的，计入该资产的成本，在达到预定可使用或者可销售状态后所发生的，于发生当期直接计入财务费用。

（3）借款费用资本化金额的计算方法。

在资本化期间内，每一会计期间的利息（包括折价或溢价的摊销）资本化金额，按照下列规定确定：

①为购建或者生产符合资本化条件的资产而借入专门借款的，以专门借款当期实际发生的利息费用，减去将尚未动用的借款资金存入银行取得的利息收入或进行暂时性投资取得的投资收益后的金额确定。

②为购建或者生产符合资本化条件的资产而占用了一般借款的，根据累计资产支出超过专门借款部分的资产支出加权平均数乘以所占用一般借款的资本化率，计算确定一般借款应予资本化的利息金额。

18. 收入实现的确认原则

（1）销售商品：

在公司已将商品所有权上的主要风险和报酬转移给购货方；公司既没有保留通常与所有权相联系的继续管理权，也没有对已售出的商品实施有效控制；收入的金额能够可靠地计量；相关的经济利益很可能流入企业；相关的已发生或将发生的成本能够可靠地计量时，确认销售商品收入的实现。

（2）提供劳务：在资产负债日提供劳务交易的结果能够可靠估计的，采用完工百分比法确认提供劳务的收入。在资产负债表日提供劳务交易的结果不能够可靠估计的，分别按下列情况处理：

①已经发生的劳务成本预计能够得到补偿的，按照已经发生的劳务成本金额确认提供劳务收入，并按相同的金额结转劳务成本。

②已经发生的劳务成本预计不能够得到补偿的，应当将已经发生的劳务成本计入当期损益，不确认提供劳务收入。

（3）让渡资产使用权：让渡资产使用权收入同时满足下列条件的，予以确认：

①相关的经济利益很可能流入企业；

②收入的金额能够可靠地计量。利息收入金额，按照他人使用本企业货币资金的时间和实际利率计算确定。使用费收入金额：按照有关合同或协议约定的收费时间和方法计算确定。

19. 租赁

融资租赁为实质上转移了与资产所有权有关的全部风险和报酬的租赁。融资租赁以外的其他租赁为经营租赁。经营租赁的租金支出在租赁期内的各个期间按直线法确认为相关资产成本或当期损益。

20. 政府补助

（1）确认原则：政府补助同时满足下列条件，予以确认：

①企业能够满足政府补助所附条件；

②企业能够收到政府补助。

（2）计量：政府补助为货币性资产的，按照收到或应收的金额计量。政府补助为非货币性资产的，按照公允价值计量；公允价值不能可靠取得的，按照名义金额计量。

（3）会计处理：与资产相关的政府补助，确认为递延收益，并在相关资产使用寿命内平均分配，计入当期损益。按照名义金额计量的政府补助，直接计入当期损益。与收益相关的政府补助，分别按下列情况处理：

①用于补偿企业以后期间的相关费用或损失的，确认为递延收益，并在确认相关费用的期间，计入当期损益。

②用于补偿企业已发生的相关费用或损失的，直接计入当期损益。

21. 所得税

所得税按资产负债表债务法核算。公司在取得资产、负债时确定其计税基础。资产、负债的账面价值与其计税基础存在差异的，按照规定确认所产生的递延所得税资产或递延所得税负债。公司以很可能取得用来抵扣可抵扣暂时性差异的应纳税所得额为限，确认由可抵扣暂时性差异产生的递延所得税资产。公司对于能够结转以后年度的可抵扣亏损和税款抵减，以很可能获得用来抵扣可抵扣亏损和税款抵减的未来应纳税所得额为限，确认相应的递延所得税资产。资产负债表日，对于当期和以前期间形成的当期所得税负债（或资产），按照税法规定计算的预期应交纳（或返还）的所得税金额计量。对于递延所得税资产和递延所得税负债，根据税法规定，按照预期收回该资产或清偿该负债期间的适用税率计量。

期末公司对递延所得税资产的账面价值进行复核。如果未来期间很可能无法获得足够的应纳税所得额用以抵扣递延所得税资产的利益，减记递延所得税资产的账面价值。在很可能获得足够的应纳税所得额时，减记的金额予以转回。

22. 利润分配方法

根据公司章程，本公司净利润按以下顺序分配：

（1）弥补以前年度亏损；

（2）提取10%法定盈余公积金；

（3）剩余利润根据股东大会决议予以分配。

23. 合并财务报表的编制方法

（1）不同合并方式的会计处理。

企业合并分为同一控制下的企业合并和非同一控制下的企业合并。

①同一控制下的企业合并。

公司在企业合并中取得的资产和负债，按照合并日在被合并方的账面价值计量。公司取得的净资产账面价值与支付的合并对价账面价值（或发行股份面值总额）的差额，调整资本公积；资本公积不足冲减的，调整留存收益。公司编制合并日的合并资产负债表中被合并方的各项资产、负债，按其账面价值计量。合并利润表包括参与合并各方自合并当期期初至合并日所发生的收入、费用和利润。被合并方在合并前实现的净利润，在合并利润表中单列项目反映。合并现金流量表包括参与合并各方自合并当期期初至合并日的现金流量。

②非同一控制下的企业合并公司在购买日对作为企业合并对价付出的资产、发生或承

担的负债按照公允价值计量，公允价值与其账面价值的差额，计入当期损益。公司对合并成本大于合并中取得的被购买方可辨认净资产公允价值份额的差额，确认为商誉。对合并成本小于合并中取得的被购买方可辨认净资产公允价值份额的差额，首先对取得的被购买方各项可辨认资产、负债及或有负债的公允价值以及合并成本的计量进行复核；其次在经复核后，合并成本仍小于合并中取得的被购买方可辨认净资产公允价值份额的，其差额计入当期损益。

（2）合并范围。

合并财务报表的合并范围以控制为基础予以确定。公司将其全部子公司纳入合并财务报表的合并范围。如果公司直接或通过子公司间接拥有被投资单位半数以上的表决权，也将该被投资单位认定为子公司，纳入合并财务报表的合并范围。

（3）少数股东权益和损益的列报。

子公司当期净损益中属于少数股东权益的份额，在合并利润表中净利润项目下以"少数股东损益"项目列示。子公司所有者权益中属于少数股东权益的份额，在合并资产负债表中所有者权益项目下以"少数股东权益"项目列示。

（4）超额亏损的处理。

子公司中少数股东当期亏损超过少数股东在该子公司期初所有者权益中所享有的份额时，如子公司章程或协议规定少数股东有义务承担，并且少数股东有能力予以弥补的，该超额亏损应当冲减该少数股东权益，否则该超额亏损应当冲减母公司所有者权益，子公司在以后期间实现的利润在弥补了由母公司所有者权益所承担的属于少数股东损失之前，应全部归属于母公司所有者权益。

（5）合并程序及方法。

合并财务报表以公司及子公司的财务报表为基础，根据其他有关资料，按照权益法调整对子公司的长期股权投资后，由公司编制。公司统一子公司所采用的会计政策及会计期间，使子公司采用的会计政策、会计期间与公司保持一致。在编制合并会计报表时，遵循重要性原则，抵销母公司与子公司、子公司与子公司之间的内部往来、内部交易及权益性投资项目。

（三）供应商档案

编号	企业名称	开票人	供应商品	开户行及账号	地址及电话	纳税人识别号
1	湖北冶芳纸业有限公司	叶德娴	未涂布原纸	交通银行武汉中华支行 62228342146546788905	湖北省武汉市汉阳县南华路36号 02783568361	914201105632967351
2	河南靖宇纸业有限公司	陈丽华	未涂布原纸	交通银行郑州东街支行 62220638576385678853	河南省郑州市中山屿78号 037157385698	914101003724738022

续表

编号	企业名称	开票人	供应商品	开户行及账号	地址及电话	纳税人识别号
3	湖北德隆纸业有限公司	黄建敏	热敏原纸	中国建设银行大冶爱华支行 62228368934901274293	湖北省江汉区东华爱舍路45号 02757392024	914202815378546384
4	河南诚毅纸业有限公司	董莉莉	热敏原纸	交通银行郑州仙塔支行 62220658393859320542	河南省郑州市中建华34号 037157385738	914101047583929247
5	上海家健生物技术有限公司	谢志玲	显色剂	交通银行上海中山支行 62220489012783902475	上海市黄浦区中建路62号 02147329563	913101014758392925
6	浙江成鸿化学制品有限公司	邱建福	增感剂	交通银行浙江义乌支行 62220128940378940271	浙江省义乌市成功大道32号 057935272842	913307828492194217
7	山东立华化工有限公司	王海燕	染料	交通银行山东青岛支行 62220989347501278450	山东省青岛市远和芳路35号 053256382929	913702006472982922
8	广东华氏造纸助剂有限公司	林燕青	涂布助剂	交通银行广东津泰支行 62228940378023747629	广东省广州市元青路57号 02047238290	914401004763829134
9	郑州百合胶粘剂有限公司	徐海云	胶粘剂	交通银行郑州东街支行 62220638576382912492	河南省郑州市三青宇路42号 037157389245	914101003728294626
10	南宁正德科技有限公司	万丽钦	微胶囊	交通银行广西冶方支行 62220347382929465835	广西壮族自治区南宁市和平路24号 077174859205	914501005638596739
11	湖南汾远化工有限公司	汪丽萍	小麦淀粉	交通银行湖南汉南支行 62228428438572946284	湖南省长沙市南后屿路68号 073156738224	914301005758392928

续表

编号	企业名称	开票人	供应商品	开户行及账号	地址及电话	纳税人识别号
12	山西正远化工有限公司	陈慧容	酚醛树脂	交通银行山西太原支行 62220464782942844563	山西省太原市钟山路 79 号 035157383295	911401007573829537
13	湖北柯泰制造有限公司	徐钦燕	纸箱	交通银行武汉中华支行 62220464633672784754	湖北省武汉市汉阳县中华路 345 号 02783236134	914201007435774358
14	湖北泰达物流有限公司	雷玉华		交通银行武汉中华支行 62220464633667997644	湖北省武汉市汉阳县中华路 87 号 02785748324	914201135676347612

（四）客户档案

编号	顾客名称	采购商品	开户行及账号	地址及电话	纳税人识别号
1	武汉方汇达企业有限公司	POS 用纸、传真纸、压感打印纸	交通银行武汉江宁支行 62220489012774828462	湖北省武汉市江宁区一桥路 42 号 02787326782	914201105676361291
2	武汉晨鸿贸易有限公司	POS 用纸、传真纸、压感打印纸	交通银行武汉武昌支行 62220128940346538245	湖北省武汉市武昌区和平路 102 号 02787326256	914201105676335823
3	湖北省福利彩票中心	彩票纸	交通银行武汉南门支行 62220989347537648292	湖北省武汉市武昌区首义路 115 号 053256357398	914201106472347582
4	广州好影像放映有限公司	电影票	交通银行广东中山支行 62228940378037475822	广东省广州市中山街道 43 号 02047257395	914401004754758394
5	交通银行郑州前浦支行	ATM 机打印单、密码信封、压感打印纸	交通银行郑州前浦支行 62220638576353929475	河南省郑州市石苍道 24 号 037157357395	914101003757382955
6	广西爱佳办公用品有限公司	POS 用纸、传真纸、压感打印纸	交通银行广西建设支行 62220347382947583953	广西省南宁市游洋路 34 号 077174855739	914501005758385336

编号	顾客名称	采购商品	开户行及账号	地址及电话	纳税人识别号
7	湖南省国家税务局	多联发票、传真纸、压感打印纸	交通银行湖南金山支行 6222842843853445 8239	湖南省长沙市和平街道 26 号 073156735538	914301005755758397
8	交通银行山西太原支行	ATM 机打印单、密码信封、压感打印纸	交通银行山西太原支行 6222046478294748 5929	山西省太原市爱丽和平路 46 号 035157384629	911401007575638958
9	河南晨鸣贸易有限公司	POS 用纸、传真纸、压感打印纸	交通银行河南城中支行 6222012894536289 4026	河南省郑州市鑫华道 54 号 037166473982	914101003537492099
10	湖北爱得利用品有限公司	POS 用纸、传真纸、压感打印纸	交通银行武汉建设支行 6222014645829462 9476	湖北省武汉市锦官道 24 号 02783678482	914201105676384931
11	江西数字贸易有限公司	POS 用纸、传真纸、压感打印纸	交通银行江西中建支行 6222012894759820 4752	江西省南昌市西湖西洪路 45 号 079135257678	913601074468457852
12	河北佳佳贸易有限公司	POS 用纸、传真纸、压感打印纸	交通银行河北长安支行 6222016739204639 5902	河北省石家庄长安冶山路 34 号 031135255426	911301028743578543
13	湖北浓荫贸易有限公司	POS 用纸、传真纸、压感打印纸	中国建设银行湖北朝阳支行 6222168770705250 2756	湖北省武汉朝阳区安立路 68 号浓荫大厦 701 室 02786607131	914201053014241244
14	湖南网玲贸易有限公司	POS 用纸、传真纸、压感打印纸	中国建设银行湖南东城支行 6227168770305232 5898	湖南省长沙东北大街网中大厦 23 楼 0073134575942	914101013198540903
15	广东正大贸易有限公司	POS 用纸、传真纸、压感打印纸	中国银行广东海淀支行 6222699231654597 0096	广东省广州市天阳路 220 号 02034508343	915101083150714325
16	陕西华源贸易有限公司	POS 用纸、传真纸、压感打印纸	中国银行陕西东城支行 6222509048703694 6258	陕西省西安市国子监街 101 号 02934572944	917101018540859857
17	北京吉吉号贸易有限公司	POS 用纸、传真纸、压感打印纸	中国工商银行北京西城支行 6222854646465513 4336	北京市西城区坂东一里 28 号 01025412015	911101026564001346

续表

编号	顾客名称	采购商品	开户行及账号	地址及电话	纳税人识别号
18	北京东方贸易有限公司	POS用纸、传真纸、压感打印纸	中国银行北京西城支行 62226992316545964436	北京市西城区南门路971号 01071234936	911101020060704118
19	中国工商银行北京东城支行	ATM机打印单、密码信封、压感打印纸	中国工商银行北京东城支行 62228546464655135774	北京市东城区和宁里143号 01060421167	911101012228911876
20	杭州天发办公用品有限公司	POS用纸、传真纸、压感打印纸	中国农业银行浙江朝阳支行 62273120987443396435	浙江省杭州市东浦路76号 057156346898	913101050000122339
21	北京创伟贸易有限公司	POS用纸、传真纸、压感打印纸	中国工商银行北京东城支行 62228546464655138995	北京市东城区展览路68号 01056525689	911101012211341173
22	南昌腾达贸易有限公司	POS用纸、传真纸、压感打印纸	中国农业银行江西南昌支行 62274120987475454684	江西省南昌市五西路2号莲富大厦16D 079156743540	913301050004002355
23	济南国家税务局	多联发票、传真纸、压感打印纸	中国工商银行济南支行 6222854646465519211	山东省济南市宜宾路59号 053156468329	912501012211119976

（五）2015年销售数据

2015年销售数据　　　　　　　　　　　　单位：箱

POS用纸	数量
传真纸	13 500
压感打印纸	869 790
ATM机打印单	147 000
多联发票	78 000
彩票纸	248 000
电影票	103 000
密码信封	9 400

（六）账龄分析报告

应收账款账龄分析表   单位：元

项目	期末余额	期末审定数账龄分析			
		半年以内	0.5～1年	1～2年	2～3年
武汉方汇达企业有限公司	45 934 200.00	45 934 200.00			
武汉晨鸿贸易有限公司	7 277 400.00	7 277 400.00			
湖北省福利彩票中心	1 825 200.00	1 825 200.00			
广州好影像放映有限公司	3 510 000.00	3 510 000.00			
交通银行郑州前浦支行	2 351 700.00	2 351 700.00			
广西爱佳办公用品有限公司	3 884 400.00	3 884 400.00			
湖南省国家税务局	4 738 500.00	4 738 500.00			
交通银行山西太原支行	4 212 000.00	4 212 000.00			
河南晨鸣贸易有限公司	4 703 400.00	4 703 400.00			
湖北爱得利用品有限公司	3 217 500.00	3 217 500.00			
江西数宇贸易有限公司	3 708 900.00	3 708 900.00			
河北佳佳贸易有限公司	4 048 200.00	4 048 200.00			
广东正大贸易有限公司	3 720 600.00	3 720 600.00			
陕西华源贸易有限公司	3 884 400.00	3 884 400.00			
杭州天发办公用品有限公司	3 556 800.00	3 556 800.00			

其他应收款账龄分析表   单位：元

项目	期末余额	期末审定数账龄分析			
		半年以内	0.5～1年	1～2年	2～3年
员工贷款	45 000.00			45 000.00	
李庆国	2 000.00			2 000.00	

应付账款账龄分析表   单位：元

项目	期末余额	期末审定数账龄分析			
		半年以内	0.5～1年	1～2年	2～3年
湖北冶芳纸业有限公司	9 828 000.00	9 828 000.00			

续表

项目	期末余额	期末审定数账龄分析			
		半年以内	0.5～1 年	1～2 年	2～3 年
上海家健生物技术有限公司	175 500.00	175 500.00			
浙江成鸿化学制品有限公司	365 040.00	365 040.00			
广东华氏造纸助剂有限公司	468 000.00	468 000.00			
郑州百合胶粘剂有限公司	1 391 130.00	1 391 130.00			
南宁正德科技有限公司	154 440.00	154 440.00			
湖南汾远化工有限公司	4 914 000.00	4 914 000.00			
湖北柯泰制造有限公司	1 876 680.00	1 876 680.00			
湖北德隆纸业有限公司	18 954 000.00	18 954 000.00			
山西正远化工有限公司	561 600.00	561 600.00			

（七）上年度审计报告

湖北天宁会计师事务所有限公司

鄂天宁审字 2014 第 20102 号

审计报告

有限公司全体股东：

我们审计了后附的中泰纸业有限公司（以下简称"中泰纸业公司"）的财务报表，包括 2015 年 12 月 31 日的资产负债表，2115 年度的利润表、现金流量表和股东权益变动表以及财务报表附注。

（一）管理层对财务报表的责任

编制和公允列报财务报表是公司管理层的责任，这种责任包括：（1）按照企业会计准则的规定编制财务报表，并使其实现公允反映；（2）设计、执行和维护必要的内部控制，以使财务报表不存在由于舞弊或错误导致的重大错报。

（二）注册会计师的责任

我们的责任是在执行审计工作的基础上对财务报表发表审计意见。我们按照中国注册会计师审计准则的规定执行了审计工作。中国注册会计师审计准则要求我们遵守职业道德守则，计划和执行审计工作以对财务报表是否不存在重大错报获取合理保证。

审计工作涉及实施审计程序，以获取有关财务报表金额和披露的审计证据。选择的审计程序取决于注册会计师的判断，包括对由于舞弊或错误导致的财务报表重大错报风险的评估。在进行风险评估时，注册会计师考虑与财务报表编制和公允列报相关的内部控制，以设计恰当的审计程序，但目的并非对内部控制的有效性发表意见。审计工作还包括评价管理层选用会计政策的恰当性和作出会计估计的合理性，以及评价财务报表的总体列报。

我们相信，我们获取的审计证据是充分、适当的，为发表审计意见奠定了基础。

（三）审计意见

我们认为，公司财务在报表所有重大方面按照企业会计准则的规定编制，公允反映了公司年月日的财务状况以及年度的经营成果和现金流量。

湖北天宁会计师事务所有限公司

中国注册会计师：

（盖章）（签名并盖章）中国注册会计师：

中国·武汉（签名并盖章）

2016 年 2 月 16 日

（八）上年度审定资产负债表

资产负债表

编制单位：中泰纸业股份有限公司　　　　2015 年 12 月 31 日　　　　单位：元

资产	行次	期末余额	年初余额	负债和所有者权益（或股东权益）	行次	期末余额	年初余额
流动资产：				流动负债：			
货币资金	1	86 478 696.25	166 710 958.42	短期借款	32	20 000 000.00	20 000 000.00
以公允价值计量且其变动计入当期损益的金融资产	2			以公允价值计量且其变动计入当期损益的金融负债	33		
应收票据	3	692 569.78	3 263 500.00	应付票据	34	5 968 566.54	3 879 568.25
应收账款	4	30 779 625.38	31 364 720.61	应付账款	35	6 331 984.83	10 463 706.68
预付款项	5	12 636 000.00	10 475 698.18	预收款项	36	0.00	1 026 675.00
应收利息	6			应付职工薪酬	37	455 226.00	418 152.60
应收股利	7			应交税费	38	1 218 104.92	730 862.95
其他应收款	8	54 500.00	0.00	应付利息	39		
存货	9	55 131 141.08	47 412 781.33	应付股利	40		
一年内到期的非流动资产	10			其他应付款	41	−26 951.40	164 336.95
其他流动资产	11			一年内到期的非流动负债	42		
流动资产合计	12	285 772 532.49	259 227 658.54	其他流动负债	43		
非流动资产：				流动负债合计	44	33 946 930.89	44 683 302.43
可供出售金融资产	13			非流动负债：			
持有至到期投资	14			长期借款	45		
长期应收款	15			应付债券	46		

续表

资产	行次	期末余额	年初余额	负债和所有者权益（或股东权益）	行次	期末余额	年初余额
长期股权投资	16			长期应付款	47		
投资性房地产	17			专项应付款	48		
固定资产	18	34 092 221.91	39 317 449.35	预计负债	49		
在建工程	19	4 088 000.00	0.00	递延收益	50		
工程物资	20			递延所得税负债	51		
固定资产清理	21			其他非流动负债	52		
生产性生物资产	22			非流动负债合计	53		
油气资产	23			负债合计	54	33 946 930.89	44 683 302.43
无形资产	24	19 831 720.00	21 161 266.84	所有者权益（或股东权益）：			
开发支出	25			实收资本（或股本）	55	100 000 000.00	100 000 000.00
商誉	26			资本公积	56	155 000 000.00	155 000 000.00
长期待摊费用	27			减：库存股	57		
递延所得税资产	28	168 446.41	142 436.58	其他综合收益	58		
其他非流动资产	29			盈余公积	59	5 671 572.88	2 188 482.38
非流动资产合计	30	58 180 388.32	60 621 152.77	未分配利润	60	49 334 417.04	17 977 027.00
				所有者权益（或股东权益）合计	61	310 005 989.92	275 165 508.89
资产合计	31	343 952 920.81	319 848 811.31	负债和所有者权益（或股东权益）合计	62	343 952 920.81	319 848 811.31

（九）上年度审定利润表

利润表

编制单位：中泰纸业股份有限公司　　　　2015 年 12 月　　　　　　单位：元

项目	行次	本期金额	上期金额
一、营业收入	1	381 643 600.00	339 662 804.00
减：营业成本	2	320 660 081.24	307 833 677.99
营业税金及附加	3	1 063 365.41	1 042 098.10
销售费用	4	4 219 808.39	4 135 412.22

续表

项目	行次	本期金额	上期金额
管理费用	5	5 740 215.14	5 625 410.84
财务费用	6	2 783 200.00	3 005 856.00
资产减值损失	7		
加：公允价值变动收益（损失以"－"填列）	8		
投资收益（损失以"－"填列）	9		
其中：对联营企业和合营企业的投资收益	10		
二、营业利润（亏损以"－"填列）	11	46 441 206.71	17 196 338.97
加：营业外收入	12		
其中：非流动资产处置利得	13		
其中：非流动资产处置损失	14		
减：营业外支出	15		
其中：非流动资产处置损失	16		
三、利润总额（亏损总额以"－"号填列）	17	46 441 206.71	17 196 338.97
减：所得税费用	18	11 610 301.68	4 299 084.74
四、净利润（净亏损以"－"号填列）	19	34 830 905.03	12 897 254.23
五、其他合收益的税后净额	20		
（一）以后不能重分类进损益的其他综合收益			
1. 重新计量设定受益计划净负债或净资产导致的变动			
2. 权益法下在被投资单位不能重分类进损益的其他综合收益中享有的份额			
（二）以后将重分类进损益的其他综合收益	21		
1. 权益法下在被投资单位以后将重分类进损益的其他综合收益中享有的份额			
2. 可供出售金融资产公允价值变动损益			
3. 持有至到期投资重分类为可供出售金融资产损益			
4. 现金流经套期损益的有效部分			
5. 外币财务报表折算差额			
六、综合收益总额	22	34 830 905.03	12 897 254.23
七、每股收益：	23		
（一）基本每股收益	24		
（二）稀释每股收益	25		

（十）资产负债表

资产负债表

编制单位：中泰纸业股份有限公司　　　2016 年 12 月 31 日　　　　　　　单位：元

资产	行次	期末余额	年初余额	负债和所有者权益	行次	期末余额	年初余额
流动资产：				流动负债：			
货币资金	1	174 672 935.49	186 478 696.25	短期借款	32	0.00	20 000 000.00
以公允价值计量且其变动计入当期损益的金融资产	2	0.00	0.00	以公允价值计量且其变动计入当期损益的金融负债	33	0.00	0.00
应收票据	3	0.00	692 569.78	应付票据	34	13 104 000.00	5 968 566.54
应收账款	4	98 561 736.00	30 779 625.38	应付账款	35	38 688 390.00	6 331 984.83
预付款项	5	0.00	12 636 000.00	预收款项	36	0.00	0.00
应收利息	6	0.00	0.00	应付职工薪酬	37	519 282.00	455 226.00
应收股利	7	0.00	0.00	应交税费	38	3 393 447.58	1 218 104.92
其他应收款	8	47 000.00	54 500.00	应付利息	39	0.00	0.00
存货	9	85 012 633.62	55 131 141.08	应付股利	40	0.00	0.00
一年内到期的非流动资产	10	0.00	0.00	其他应付款	41	−26 951.40	−26 951.40
其他流动资产	11	0.00	0.00	一年内到期的非流动负债	42	0.00	0.00
流动资产合计	12	358 294 305.11	285 772 532.49	其他流动负债	43	0.00	0.00
非流动资产：				流动负债合计	44	55 678 168.18	33 946 930.89
可供出售金融资产	13	0.00	0.00	非流动负债：		0.00	0.00
持有至到期投资	14	0.00	0.00	长期借款	45	0.00	0.00
长期应收款	15	0.00	0.00	应付债券	46	0.00	0.00
长期股权投资	16	0.00	0.00	长期应付款	47	0.00	0.00
投资性房地产	17	2 000 000.00	0.00	专项应付款	48	0.00	0.00
固定资产	18	34 307 406.65	34 092 221.91	预计负债	49	0.00	0.00
在建工程	19	0.00	4 088 000.00	递延收益	50	0.00	0.00
工程物资	20	0.00	0.00	递延所得税负债	51	0.00	0.00
固定资产清理	21	0.00	0.00	其他非流动负债	52	0.00	0.00
生产性生物资产	22	0.00	0.00	非流动负债合计	53	0.00	0.00
油气资产	23	0.00	0.00	负债合计	54	55 678 168.18	33 946 930.89
无形资产	24	18 502 173.16	19 831 720.00	所有者权益：			
开发支出	25	0.00	0.00	实收资本	55	100 000 000.00	100 000 000.00

资产	行次	期末余额	年初余额	负债和所有者权益	行次	期末余额	年初余额
商誉	26	0.00	0.00	资本公积	56	155 000 000.00	155 000 000.00
长期待摊费用	27	0.00	0.00	减：库存股	57	0.00	0.00
递延所得税资产	28	502 866.00	168 446.41	其他综合收益	58	0.00	0.00
其他非流动资产	29	0.00	0.00	盈余公积	59	10 463 832.16	5 671 572.88
非流动资产合计	30	55 312 445.81	58 180 388.32	未分配利润	60	92 464 750.58	49 334 417.04
				所有者权益合计	61	357 928 582.74	310 005 989.92
资产合计	31	413 606 750.92	343 952 920.81	负债和所有者权益合计	62	413 606 750.92	343 952 920.81

（十一）利润表

利润表

编制单位：中泰纸业股份有限公司 　　　　　　　2016 年 　　　　　　　　单位：元

项目	行次	本期金额	上期金额
一、营业收入	1	414 830 000.00	381 643 600.00
减：营业成本	2	341 127 746.00	320 660 081.24
营业税金及附加	3	1 023 109.02	1 063 365.41
销售费用	4	4 305 926.93	4 219 808.39
管理费用	5	5 919 678.82	5 740 215.14
财务费用	6	-778 254.62	2 783 200.00
资产减值损失	7	1 383 308.38	735 723.11
加：公允价值变动收益（损失以"-"填列）	8	1 602 412.18	
投资收益（损失以"-"填列）	9	0.00	
其中：对联营企业和合营企业的投资收益	10	0.00	
二、营业利润（损失以"-"填列）	11	63 450 897.65	46 441 206.71
加：营业外收入	12	0.00	
其中：非流动资产处置利得	13		
减：营业外支出	14	0.00	
其中：非流动资产处置损失	15		
三、利润总额（损失以"-"填列）	16	63 450 897.65	46 441 206.71
减：所得税费用	17	15 528 304.83	11 610 301.68
四、净利润（净亏损以"-"填列）	18	47 922 592.82	34 830 905.03

续表

项目	行次	本期金额	上期金额
五、其他综合收益的税后净额	19	0.00	0.00
（一）以后不能重分类进损益的其他综合收益	20		
1. 重新计量设定受益计划净负债或净资产导致的变动			
2. 权益法下在被投资单位不能重分类进损益的其他综合收益中享有的份额			
（二）以后将重分类进损益的其他综合收益	21		
1. 权益法下在被投资单位以后将重分类进损益的其他综合收益中享有的份额			
2. 可供出售金融资产公允价值变动损益			
3. 持有至到期投资重分类为可供出售金融资产损益			
4. 现金流经套期损益的有效部分			
5. 外币财务报表折算差额			
六、综合收益总额	22	47 922 592.82	0.00
七、每股收益：	23		
（一）基本每股收益	24	0.48	0.35
（二）稀释每股收益	25	0.48	0.35

（十二）现金流量表

现金流量表

编制单位：中泰纸业股份有限公司　　　　2016 年 12 月　　　　　　　　单位：元

项目	本期金额	上期金额
一、经营活动产生的现金流量：		0.00
销售商品、提供劳务收到的现金	416 858 476.64	0.00
收到的税费返还	0.00	0.00
收到其他与经营活动有关的现金	16 650.00	0.00
经营活动现金流入小计	416 875 126.64	0.00
购买商品、接受劳务支付的现金	362 580 545.72	0.00
支付给职工以及为职工支付的现金	6 820 041.60	0.00

续表

项目	本期金额	上期金额
支付的各项税费	23 394 579.39	0.00
支付的其他与经营活动有关的现金	14 926 825.45	0.00
经营活动现金流出小计	407 721 992.16	0.00
经营活动产生的现金流量净额	9 153 134.48	0.00
二、投资活动产生的现金流量:		
收回投资所受到的现金	0.00	0.00
取得投资收益所受到的现金	0.00	0.00
处置固定资产、无形资产和其他长期资产所收到的现金净额	0.00	0.00
处置子公司及其他营业单位收到的现金净额	0.00	0.00
收到其他与投资活动有关的现金	0.00	0.00
投资活动现金流入小计	0.00	0.00
购建固定资产、无形资产和其他长期资产所支付的现金	1 750 000.00	0.00
投资所支付的现金	7 765.24	0.00
取得子公司及其他营业单位支付的现金净额	0.00	0.00
支付的其他与投资活动有关的现金	0.00	0.00
投资活动现金流出小计	1 757 765.24	0.00
投资活动产生的现金流量净额	− 1 757 765.24	0.00
三、筹资活动产生的现金流量		
吸收投资所收到的现金	0.00	0.00
借款所收到的现金	0.00	0.00
收到的其他与筹资活动有关的现金	900 870.00	0.00
筹资活动现金流入小计	900 870.00	0.00
偿还债务所支付的现金	20 000 000.00	0.00
分配股利、利润或偿付利息所支付的现金	102 000.00	0.00
支付的其他与筹资活动有关的现金	0.00	0.00
筹资活动现金流出小计	20 102 000.00	0.00
筹资活动产生的现金流量净额	− 19 201 130.00	0.00
四、汇率变动对现金的影响额	0.00	0.00
五、现金及现金等价物净增加额	− 11 805 760.76	0.00
加：期初现金及现金等价物余额	186 478 696.25	0.00
六、期末现金及现金等价物余额	174 672 935.49	0.00

（十三）所有者权益（股东权益）变动表

所有者权益（股东权益）变动表

编制单位：中泰纸业股份有限公司

单位：元

项目	本年金额							上年金额（略）
	实收资本	资本公积	减：库存股	其他综合收益	盈余公积	未分配利润	所有者权益合计	
一、上年末余额	100 000 000.00	155 000 000.00			5 671 572.88	49 334 417.04	310 005 989.92	
加：会计政策变更	0.00	0.00			0.00	0.00	0.00	
前期差错更正	0.00	0.00			0.00	0.00	0.00	
二、本年初余额					5 671 572.88	49 334 417.04	49 334 417.04	310 005 989.92
三、本年增减变动金额（减少以"-"填列）	0.00	0.00			0.00	4 792 259.28	43 130 333.54	47 922 592.82
（一）综合收益总额	0.00	0.00			0.00	0.00	47 922 592.82	47 922 592.82
（二）所有者投入和减少资本	0.00							
1. 所有者投入资本	0.00							
2. 股份支付计入所有者权益的金额								
3. 其他								
（三）利润分配					4 792 259.28	−4 792 259.28		
1. 提取盈余公积					4 792 259.28	−4 792 259.28		

续表（略）

项目	本年金额							上年金额
	实收资本	资本公积	减：库存股	其他综合收益	盈余公积	未分配利润	所有者权益合计	
2. 对所有者（或股东）的分配								
3. 其他								
（四）所有者权益内部结转	0.00	0.00			0.00	0.00		
1. 资本公积转增资本（或股本）								
2. 盈余公积转增资本（股本）								
3. 盈余公积弥补亏损								
4. 其他								
四、本年末余额	100 000 000.00	155 000 000.00			10 463 832.16	92 464 750.58	357 928 582.74	

（十四）财务报表附注

财务报表附注

一、公司基本情况

（一）公司概况

公司名称：中泰纸业股份有限公司

公司住所：湖北省武汉市汉阳区创业路 56 号

经营期限：2004 年 3 月 1 日至 2024 年 2 月 29 日

注册资本：10 000 万元

法人代表：王伟丰

（二）经营范围

商务信息用纸的研发、生产、销售（以上经营范围涉及许可经营项目的，应在取得有关部门的许可后方可经营）。

（三）公司历史沿革

本公司前身是 2004 年 3 月 1 日经武汉市工商行政管理局批准成立的中泰纸业有限公司，成立时注册资本 7 500 万元，企业性质为有限责任公司。2008 年 8 月 5 日，经中泰纸业有限公司全体股东一致同意，中泰纸业有限公司以截至 2008 年 7 月 31 日经亚伟会计师事务所审计的账面净资产 9 375 万元按 1∶0.8 的比例折股为 7 500 万股，以整体变更方式设立中泰纸业股份有限公司，注册资本 7 500 万元。2009 年 3 月 5 日根据公司 2008 年第一次临时股东大会决议，并经中国证券监督管理委员会《关于核准中泰纸业股份有限公司公开发行股票的批复》的核准，公司向社会公开发行普通股（A 股）2 500 万股，每股面值 1 元，增加股本 2 500 万元，并于 2009 年 3 月 25 日在深圳证券交易所挂牌上市交易，同时公司变更了营业执照，注册资本变更为人民币 10 000 万元。变更后：发起人股本为人民币 7 500 万元，占变更后股本总额的 75%；社会公众股股本为人民币 2 500 万元，占变更后股本总额的 25%。

（四）公司组织结构

公司设立了股东大会、董事会和监事会。公司下设审计委员会、证券部、投资部、人力资源部、财务部、研发部、生产部、销售部、采购部。

（五）会计准则的声明

公司以持续经营为基础，根据实际发生的交易和事项，按照《企业会计准则——基本准则》和其他各项会计准则的规定进行确认和计量，在此基础上编制财务报表。公司所编制的财务报表符合企业会计准则的要求，真实、完整地反映了公司的财务状况、经营成果、股东权益变动和现金流量等有关信息。

二、公司主要会计政策、会计估计和合并会计报表的编制方法

1. 记账基础和计价原则

本公司会计核算以权责发生制为基础，采用借贷记账法记账。除按公允价值计量的资产外，各项资产均按取得时的历史（实际）成本入账，在资产发生资产减值时，则计提相应的资产减值准备。

2. 会计年度

本公司会计年度自公历每年 1 月 1 日起至 12 月 31 日止。

3. 记账本位币

本公司以人民币为记账本位币。

4. 现金等价物的确定标准

本公司在编制现金流量表时所确定的现金等价物，是指本公司持有的期限短（一般是指从购买日起 3 个月内到期）、流动性强、易于转换为已知金额现金、价值变动风险很小的投资。

5. 外币业务核算方法

（1）对外发生的外币业务，按外币业务发生时即期汇率折合本位币记账。期末，对外币货币性项目按资产负债表日即期汇率进行调整，除与购建或生产符合资本化条件的资产相关的汇兑差额予以资本化外，其余均计入当期损益。

（2）本公司以外币为记账本位币的子公司在编制折合人民币财务报表时，所有资产、负债类项目按照合并财务报表日即期汇率折算为母公司记账本位币，所有者权益类项目除"未分配利润"项目外，均按照发生时的即期汇率折算为母公司记账本位币。利润表中收入和费用项目按照合并财务报表期间即期汇率平均汇率折算为母公司记账本位币。对境外子公司的现金流量表，按照合并财务报表期间即期汇率平均汇率折算为母公司记账本位币。由于折算汇率不同产生的折算差额，在折合人民币资产负债表所有者权益类设"外币报表折算差额"项目反映，在折合人民币现金流量表设"外币报表折算差额"项目反映。

6. 金融工具的确认与计量

（1）分类：金融工具分为下列五类：

①以公允价值计量且其变动计入当期损益的金融资产或金融负债，包括交易性金融资产或交易性金融负债、指定为公允价值计量且其变动计入当期损益的金融资产或金融负债；

②持有至到期投资；

③货款和应收款项；

④可供出售金融资产；

⑤其他金融负债。

（2）初始确认和后续计量。

①以公允价值计量且其变动计入当期损益的金融资产或金融负债：按照取得时的公允价值作为初始确认金额，相关的交易费用在发生时计入当期损益。支付的价款中包含已宣告发放的现金股利或债券利息，单独确认为应收项目。持有期间取得的利息或现金股利，确认为投资收益。资产负债表日，将其公允价值变动计入当期损益。

②持有至到期投资：按取得时的公允价值和相关交易费用之和作为初始确认金额。支付的价款中包含已宣告发放债券利息的，单独确认为应收项目。持有期间按照实际利率法确认利息收入，计入投资收益。处置持有至到期投资时，将所取得价款与该投资账面价值之间的差额计入投资收益。

③应收款项：按从购货方应收的合同或协议价款作为初始入账金额。单项金额重大的应收款项持有期间采用实际利率法，按摊余成本进行后续计量。

④可供出售金融资产：按取得该金融资产的公允价值和相关费用之和作为初始确认金额。支付的价款中包含了已宣告发放的债券利息或现金股利的，单独确认为应收项目。持有期间取得的利息或现金股利，计入投资收益。期末，可供出售金融资产以公允价值计量，且公允价值变动计入其他综合收益。处置可供出售金融资产时，将取得的价款与该金融资产账面价值之间的差额，计入投资损益；同时，将原直接计入所有者权益的公允价值变动累计额对应处置部分的金额转出，计入投资损益。

⑤其他金融负债：按其公允价值和相关交易费用之和作为初始入账金额，除《企业会计准则第 22 号——金融工具确认与计量》第三十三条规定的三种情况外，按摊余成本进行后续计量。

（3）主要金融资产和金融负债的公允价值确定方法。

①存在活跃市场的金融资产或金融负债，以活跃市场中的报价作为其公允价值。

②金融工具不存在活跃市场的，采用估值技术确定其公允价值。

③初始取得或衍生的金融资产或承担的金融负债，以市场交易价格作为确定其公允价值的基础。

④公司采用未来现金流量折现法确定金融工具公允价值的，使用合同条款和特征在实质上相同的其他金融工具的市场收益率作为折现率。没有标明利率的短期应收款项和应付款项的现值与实际交易价格相差很小的，按照实际交易价格计量。

（4）金融资产减值的处理。

期末，对于持有至到期投资和应收款项，有客观证据表明其发生了减值的，根据其账面价值与预计未来现金流量现值之间差额计算确认减值损失。

①对于单项金额重大的持有至到期投资和应收款项，单独进行减值测试，有客观证据表明其发生了减值的，根据其未来现金流量现值低于其账面价值的差额，确认减值损失，计提减值准备。

②对于单项金额非重大的持有至到期投资和应收款项以及经单项测试后未减值的单项金额重大的持有至到期投资和应收款项，按类似信用风险特征划分为若干组合，再按这些组合在资产负债表日余额的一定比例计算确定减值损失，计提减值准备（具体见本会计政策之第 7 项"应收款项坏账确认标准、坏账损失的核算方法"）。期末，如果可供出售金融资产的公允价值发生较大幅度下降，或在综合考虑各种相关因素后，预期这种下降趋势属于非暂时性的，认定该可供出售金融资产已发生减值，并确认减值损失。在确认减值损失时，将原直接计入所有者权益的公允价值下降形成的累计损失一并转出，计入减值损失。

7. 应收款项坏账确认标准、坏账损失的核算方法

（1）坏账确认的标准。

①债务人破产或死亡，以其破产财产或遗产依法清偿后，仍然不能收回的款项。

②债务人逾期未履行偿债义务，并且具有明显特征表明确实不能收回的款项。以上确实不能收回的款项，报经董事会批准后作为坏账转销。

（2）坏账损失的核算方法。

①对于单项金额重大的应收账款、其他应收款及备用金性质的应收款项，单独进行减值测试。有客观证据表明其发生了减值的，根据其未来现金流量现值低于其账面价值的差额，确认减值损失，计提坏账准备。以后如有客观证据表明价值已恢复，且客观上与确认

该损失后发生的事项有关，原确认的减值损失予以转回，计入当期损益。对应收票据和预付账款，本公司单独进行减值测试，有客观证据表明其发生减值的，根据未来现金流量现值低于其账面价值的差额，确认为资产损失，计提坏账准备。

②对于单项金额重大经测试未发生减值的以及单项金额非重大的应收账款、其他应收款，按账龄特征评估其信用风险，划分为五个组合，再按这些应收款项组合在资产负债表日余额的一定比例计算确定减值损失，计提坏账准备。坏账准备计提比例见下表。

账龄	提取比例（%）
半年以内（含半年，以下类推）	2
半年～1 年	5
1～2 年	10
2～3 年	30
3 年以上	100

本公司与控股子公司之间的往来不计提坏账准备。

8. 存货核算方法

（1）本公司存货是指在生产经营过程中持有以备销售，或者仍然处在生产过程，或者在生产或提供劳务过程中将消耗的材料或物资等，包括各类原材料、在产品、产成品等。

（2）存货计量：按照成本进行初始计量。存货成本包括采购成本、加工成本和其他成本。发出存货的计价方法：按照月末一次加权平均法进行核算。

（3）存货的盘存制度：采用永续盘存制。

（4）期末存货按成本与可变现净值孰低计价，存货期末可变现净值低于账面成本的，按差额计提存货跌价准备。可变现净值，是指在日常活动中，存货的估计售价减去至完工时估计将要发生的成本、估计的销售费用以及相关税费后的金额。可变现净值的确定依据及存货跌价准备计提方法：

①存货可变现净值的确定依据：为生产而持有的材料等，其生产的产成品的可变现净值高于成本的，该材料仍然应当按照成本计量；材料价格的下降表明产成品的可变现净值低于成本的，该材料应当按照可变现净值计量。为执行销售合同或者劳务合同而持有的存货，其可变现净值应当以合同价格为基础计算。企业持有存货的数量多于销售合同订购数量的，超出部分的存货的可变现净值应当以一般销售价格为基础计算。

②存货跌价准备的计提方法：期末存货原材料按类别，其他存货按单个项目的成本高于其可变现净值的差额提取存货跌价准备。

9. 固定资产的标准、分类、计价、折旧政策

（1）固定资产的确认标准。

固定资产是指同时具有下列特征的有形资产：

①为生产商品、提供劳务、出租或经营管理而持有的；

②使用寿命超过一个会计年度。

（2）固定资产分类。

本公司固定资产分为房屋建筑物、机器设备、运输设备、办公及其他经营用设备四类。

（3）固定资产计价。

购置或新建固定资产按其成本作为入账价值，其中，外购的固定资产的成本包括买价、进口关税等，以及为使固定资产达到预定可使用状态前所发生的可直接归属于该资产的其他支出。自行建造固定资产的成本，由建造该项资产达到预定可使用状态前所发生的必要支出构成。投资者投入的固定资产，按投资合同或协议约定的价值作为入账价值。

（4）折旧方法。

本公司固定资产折旧按原值扣除其预计净残值5%和减值准备后，按预计使用寿命采用年限平均法分类计提。各类固定资产的预计使用寿命和年折旧率如下表所示。

资产类别	使用年限（年）	预计残值率（%）	年折旧率（%）
机器设备	10	5	9.50
办公设备及其他	5	5	19.00
运输设备	10	5	9.50
房屋及建筑物	20～40	5	2.375～4.75

（5）固定资产后续支出。

固定资产后续支出在符合：①与该固定资产有关的经济利益很可能流入企业；②该固定资产的成本能够可靠地计量时，计入固定资产成本。

10. 在建工程核算方法

在建工程以实际成本计价。其中为工程建设项目而发生的借款利息支出和外币折算差额在固定资产达到预计可使用状态前计入工程成本。在建工程在达到预计使用状态之日起不论工程是否办理竣工决算均转入固定资产，对于未办理竣工决算手续的待办理完毕后再作调整。

11. 无形资产核算方法

（1）无形资产的确认标准：本公司将企业拥有或者控制的没有实物形态，并且与该资产相关的预计未来经济利益很可能流入企业、该资产的成本能够可靠计量的可辨认非货币性资产确认为无形资产。

（2）初始计量：分别按以下方式进行初始计量。

①外购无形资产的成本，包括购买价款、进口关税和其他税费以及直接归属于使该项资产达到预定用途所发生的其他支出。

②投资者投入的无形资产，按照投资合同或协议约定的价值作为成本，但合同或协议约定价值不公允的除外。

（3）无形资产的摊销。

本公司每年年度终了，将对使用寿命有限的无形资产的使用寿命及未来经济利益消耗方式进行复核。无形资产的预计使用寿命及未来经济利益的预期消耗方式与以前估计不同的，将改变其摊销期限和摊销方法。

12. 长期股权投资的核算方法

长期股权投资按取得时的实际成本作为初始投资成本，初始投资成本按以下原则确定：

（1）企业合并形成的长期股权投资：

①同一控制下的企业合并，以支付现金、转让非现金资产或承担债务方式作为合并对价的，在合并日按照取得被合并方所有者权益账面价值的份额作为长期股权投资的初始投资成本。

以发行权益性证券作为合并对价的，在合并日按照取得的被合并方所有者权益账面价值的份额作为长期股权投资的初始投资成本。

②非同一控制下的企业合并，在购买日按照《企业会计准则第 20 号——企业合并》确定的合并成本作为长期股权投资的初始投资成本。

（2）除企业合并形成的长期股权投资以外，其他方式取得的长期股权投资，按照下列规定确定其初始投资成本：

①以支付现金取得的长期股权投资，按照实际支付的购买价款作为初始投资成本。初始投资成本包括与取得长期股权投资直接相关的费用、税金及其他必要支出。

②以发行权益性证券取得的长期股权投资，按照发行权益性证券的公允价值作为初始投资成本。

③投资者投入的长期股权投资，按照投资合同或协议约定的价值作为初始投资成本，但合同或协议价值不公允的除外。

④通过非货币性资产交换取得的长期股权投资，其初始投资成本按照《企业会计准则第 7 号——非货币性资产交换》确定。

⑤通过债务重组取得的长期股权投资，其初始投资成本按照《企业会计准则第 12 号——债务重组》确定。

（3）长期股权投资的核算方法。

①成本法核算：能够对被投资单位实施控制的长期股权投资，采用成本法核算。采用成本法核算时，追加或收回投资调整长期股权投资的成本。被投资单位宣告分派的现金股利或利润，确认为当期投资收益。该确认的投资收益，仅限于被投资单位接受投资后产生的累积净利润的分配额，所获得的利润或现金股利超过上述数额的部分作为初始投资成本收回。

②权益法核算：对被投资单位共同控制或有重大影响的长期股权投资，采用权益法核算。采用权益法核算时，公司取得长期股权投资后，按照应享有或应分担的被投资单位实现的净损益的份额，确认投资损益并调整长期股权投资的账面价值。公司确认被投资单位发生的净亏损，以长期股权投资的账面价值以及其他实质上构成对被投资单位净投资的长期权益减记至零为限，公司负有承担额外损失义务的除外。被投资单位以后实现净利润的，公司在收益分享额弥补未确认的亏损分担额后，恢复确认收益分享额。公司在确认应享有被投资单位净损益的份额时，以取得投资时被投资单位各项可辨认资产等的公允价值为基础，对被投资单位的净利润进行调整后确认。如果被投资单位采用的会计政策及会计期间与公司不一致的，按照公司的会计政策及会计期间对被投资单位的财务报表进行调

整，并据以确认投资损益。

13. 商誉

商誉是指在非同一控制下的企业合并中，购买方的合并成本大于合并中取得的被购买方可辨认净资产公允价值份额的差额。初始确认后的商誉，应当以其成本扣除累计减值准备后的金额计量。公司在每年年度终了对企业合并所形成的商誉进行减值测试。在对包含商誉的相关资产组或者资产组组合进行减值测试时，如与商誉相关的资产组或者资产组组合存在减值迹象的，则先对不包含商誉的资产组或者资产组组合进行减值测试，计算可收回金额，并与相关账面价值相比较，确认相应的减值损失；再对包含商誉的资产组或者资产组组合进行减值测试，比较这些相关资产组或者资产组组合的账面价值（包括所分摊的商誉的账面价值部分）与其可收回金额，如相关资产组或者资产组组合的可收回金额低于其账面价值的，则确认商誉的减值损失，资产减值损失一经确认，在以后会计期间均不再转回。

14. 长期待摊费用

长期待摊费用是指公司已经发生但应由本期和以后各期负担的分摊期限在 1 年以上的各项费用，包括以经营租赁方式租入的固定资产发生的改良支出等。长期待摊费用在相关项目的受益期内平均摊销。

15. 长期股权投资、固定资产、在建工程、无形资产及其他资产减值

本公司于会计期末检查长期股权投资、固定资产、在建工程、无形资产及其他资产是否存在《企业会计准则第 8 号——资产减值》第五条规定的各种可能发生减值的迹象，如果发现上述资产存在减值迹象的，则估计其可收回金额。如果资产的可收回金额低于其账面价值，则将资产的账面价值减记至可收回金额，减记的金额确认为资产减值损失，计入当期损益，同时计提相应的资产减值准备。资产减值损失一经确认，在以后会计期间不能转回。本公司对有迹象表明一项资产可能发生减值的，以单项资产为基础估计其可收回金额。如果难以对单项资产的可收回金额进行估计，则按照该资产所属的资产组为基础确定资产组的可收回金额。

16. 资产组的认定

资产组，是指企业可以认定的最小资产组合，其产生的现金流入应当基本上独立于其他资产或者资产组产生的现金流入。公司以资产组产生的主要现金流入是否独立于其他资产或者资产组的现金流入为依据作为资产组的认定标准。同时，在认定资产组时，充分考虑公司管理层管理生产经营活动的方式和对资产的持续使用或者处置的决策方式等。如果几项资产的组合生产的产品（或者其他产出）存在活跃市场的，即使部分或者所有这些产品（或者其他产出）均供内部使用，在符合资产组认定标准的前提下，可将这几项资产的组合认定为一个资产组。如果资产组的现金流入受内部转移价格的影响，则按照公司管理层在公平交易中对未来价格的最佳估计数来确定资产组的未来现金流量。资产组一经确定，各个会计期间均保持一致，不再随意变更。

17. 借款费用

（1）借款费用资本化的确认原则。

借款费用包括因借款发生的利息、折价或溢价的摊销和辅助费用，以及因外币借款而发生的汇兑差额。公司发生的借款费用，可直接归属于符合资本化条件的资产的购建或者生产的，应予以资本化，计入相关资产成本；其他借款费用，在发生时根据其发生

额确认为费用，计入当期损益。符合资本化条件的资产，包括需要经过相当长时间的购建或者生产活动才能达到预定可使用或者可销售状态的固定资产、投资性房地产和存货等资产。

借款费用同时满足下列条件，开始资本化：

①资产支出已经发生，资产支出包括为购建或者生产符合资本化条件的资产而以支付现金、转移非现金资产或者承担带息债务形式发生的支出；

②借款费用已发生；

③为使资产达到预计可使用或者可销售状态所必要的购建或者生产活动已经开始。

（2）借款费用资本化的期间。

为购建或者生产符合资本化条件的资产发生的借款费用，满足上述资本化条件的，在该资产达到预定可使用或者可销售状态前所发生的，计入该资产的成本，在达到预定可使用或者可销售状态后所发生的，于发生当期直接计入财务费用。

（3）借款费用资本化金额的计算方法。

在资本化期间内，每一会计期间的利息（包括折价或溢价的摊销）资本化金额，按照下列规定确定：

①为购建或者生产符合资本化条件的资产而借入专门借款的，以专门借款当期实际发生的利息费用，减去将尚未动用的借款资金存入银行取得的利息收入或进行暂时性投资取得的投资收益后的金额确定。

②为购建或者生产符合资本化条件的资产而占用了一般借款的，根据累计资产支出超过专门借款部分的资产支出加权平均数乘以所占用一般借款的资本化率，计算确定一般借款应予资本化的利息金额。

18. 收入实现的确认原则（2017 年已颁布新准则，此处沿用软件里原有资料，具体新准则内容见本书第 210 页）

（1）销售商品：

在公司已将商品所有权上的主要风险和报酬转移给购货方；公司既没有保留通常与所有权相联系的继续管理权，也没有对已售出的商品实施有效控制；收入的金额能够可靠地计量；相关的经济利益很可能流入企业；相关的已发生或将发生的成本能够可靠地计量时，确认销售商品收入的实现。

（2）提供劳务：在资产负债日提供劳务交易的结果能够可靠估计的，采用完工百分比法确认提供劳务的收入。在资产负债表日提供劳务交易的结果不能够可靠估计的，分别按下列情况处理：

①已经发生的劳务成本预计能够得到补偿的，按照已经发生的劳务成本金额确认提供劳务收入，并按相同的金额结转劳务成本。

②已经发生的劳务成本预计不能够得到补偿的，应当将已经发生的劳务成本计入当期损益，不确认提供劳务收入。

（3）让渡资产使用权：让渡资产使用权收入同时满足下列条件的，予以确认：

①相关的经济利益很可能流入企业；

②收入的金额能够可靠地计量。利息收入金额，按照他人使用本企业货币资金的时间和实际利率计算确定。使用费收入金额：按照有关合同或协议约定的收费时间和方法计算确定。

19. 租赁（2019 年已颁布新准则，此处沿用软件里原有资料）

融资租赁为实质上转移了与资产所有权有关的全部风险和报酬的租赁。融资租赁以外的其他租赁为经营租赁。经营租赁的租金支出在租赁期内的各个期间按直线法确认为相关资产成本或当期损益。

20. 政府补助

（1）确认原则：政府补助同时满足下列条件，予以确认：

①企业能够满足政府补助所附条件；

②企业能够收到政府补助。

（2）计量：政府补助为货币性资产的，按照收到或应收的金额计量。政府补助为非货币性资产的，按照公允价值计量；公允价值不能可靠取得的，按照名义金额计量。

（3）会计处理：与资产相关的政府补助，确认为递延收益，并在相关资产使用寿命内平均分配，计入当期损益。按照名义金额计量的政府补助，直接计入当期损益。与收益相关的政府补助，分别按下列情况处理：

①用于补偿企业以后期间的相关费用或损失的，确认为递延收益，并在确认相关费用的期间，计入当期损益。

②用于补偿企业已发生的相关费用或损失的，直接计入当期损益。

21. 所得税

所得税按资产负债表债务法核算。公司在取得资产、负债时确定其计税基础。资产、负债的账面价值与其计税基础存在差异的，按照规定确认所产生的递延所得税资产或递延所得税负债。公司以很可能取得用来抵扣可抵扣暂时性差异的应纳税所得额为限，确认由可抵扣暂时性差异产生的递延所得税资产。公司对于能够结转以后年度的可抵扣亏损和税款抵减，以很可能获得用来抵扣可抵扣亏损和税款抵减的未来应纳税所得额为限，确认相应的递延所得税资产。资产负债表日，对于当期和以前期间形成的当期所得税负债（或资产），按照税法规定计算的预期应缴纳（或返还）的所得税金额计量。对于递延所得税资产和递延所得税负债，根据税法规定，按照预期收回该资产或清偿该负债期间的适用税率计量。

期末公司对递延所得税资产的账面价值进行复核。如果未来期间很可能无法获得足够的应纳税所得额用以抵扣递延所得税资产的利益，减计递延所得税资产的账面价值。在很可能获得足够的应纳税所得额时，减记的金额予以转回。

22. 利润分配方法

根据公司章程，本公司净利润按以下顺序分配：

（1）弥补以前年度亏损；

（2）提取 10% 法定盈余公积金；

（3）剩余利润根据股东大会决议予以分配。

三、税项

1. 主要税种及税率

税种	计税依据	税率（%）
增值税	应税收入	17

续表

税种	计税依据	税率（%）
企业所得税	应纳税所得额	25
城市维护建设税	流转税额	7
教育费附加	流转税额	3
地方教育费附加	流转税额	2

2. 报表项目注释

货币资金：

单位：元

项目	期末数	期初数
银行存款	168 096 538.91	18 348 826.34
库存现金	24 396.58	6 432.78
其他货币资金	6 552 000.00	2 984 000.00

其他货币资金：银行承兑汇票信用保证金 6 552 000.00 元，保证期限在半年内。

应收票据：

单位：元

项目	期末数	期初数
银行承兑汇票	0.00	692 569.78
商业承兑汇票		

期末未存在未到期银行承兑汇票。

应收账款：

单位：元

账龄	期末数			期初数		
	账面余额		坏账准备	账面余额		坏账准备
	金额	比例		金额	比例	
0.5 年以内	100 573 200.00	100%	2 011 464.00	31 407 781.00	100%	628 155.62
0.5 ~ 1 年						

续表

账龄	期末数			期初数		
	账面余额		坏账准备	账面余额		坏账准备
	金额	比例		金额	比例	
1~2 年						
2~3 年						
3 年以上						
合计	100 573 200.00	100%	2 011 464.00	31 407 781.00	100%	628 155.62

本期无本报告期前已全额计提坏账准备，或计提坏账准备的比例较大，但在本期又全额收回或转回，或在本期收回或转回比例较大的应收账款。

本报告期无核销的应收账款情况。

本报告期应收账款中无持有本公司股权 5%（含 5%）以上表决权股份的股东单位情况。

本报告期无应收关联方账款情况。

应收账款金额前五名情况：

单位名称	金额（元）	年限	占应收账款总额比例（%）
武汉方汇达企业有限公司	45 934 200.00	0.5 年以内	45.67
武汉晨鸿贸易有限公司	7 277 400.00	0.5 年以内	7.24
湖南省国家税务局	4 738 500.00	0.5 年以内	4.71
河南晨鸣贸易有限公司	4 703 400.00	0.5 年以内	4.68
交通银行山西太原支行	4 212 000.00	0.5 年以内	4.19
合计	66 865 500.00		66.49

预付账款：

项目	期末数	期初数
0.5 年以内	0.00	12 636 000.00 元
0.5~1 年		

其他应收款：属于内部员工借、贷款，不计提坏账准备。

存货。

存货明细情况：

单位：元

项目	期末数			期初数		
	账面余额	跌价准备	账面价值	账面余额	跌价准备	账面价值
原材料	33 402 280.80		33 402 280.80	24 702 714.05		24 702 714.05
库存商品	51 216 215.39		51 216 215.39	30 269 106.30		30 269 106.30
周转材料	352 180.00		352 180.00	6 500.00		6 500.00
生产成本	41 957.43		41 957.43	152 820.73		152 820.73

本公司未计提存货跌价准备。

投资性房地产：

项目	期末数	期初数
投资性房地产（成本）	2 000 000.00 元	0.00

投资性房地产是出租公司在用资产转入。

本投资性房地产以公允价值入账。

固定资产：

单位：元

项目名称	期初余额	本期借方	本期贷方	期末余额	备注
一、固定资产原价合计	63 480 580.00	5 838 000.00	457 326.00	68 861 254.00	
其中：房屋、建筑物	12 057 580.00	5 838 000.00	457 326.00	17 438 254.00	
机械设备	50 058 000.00			50 058 000.00	
运输工具	800 000.00			800 000.00	
办公设备	565 000.00			565 000.00	
二、累计折旧合计	29 388 358.09	59 738.18	5 225 227.44	34 553 847.35	
其中：房屋、建筑物	1 312 517.80	59 738.18	286 367.52	1 539 147.14	
机械设备	27 344 181.81		4 755 509.88	32 099 691.69	
运输工具	436 999.77		75 999.96	512 999.73	

续表

项目名称	期初余额	本期借方	本期贷方	期末余额	备注
办公设备	294 658.71		107 350.08	402 008.79	
三、减值准备合计					
其中：房屋、建筑物					
机械设备					
运输工具					
办公设备					
四、账面价值合计	34 092 221.91	5 897 738.18	5 682 553.44	34 307 406.65	
其中：房屋、建筑物	10 745 062.20	5 897 738.18	743 693.52	15 899 106.86	
机械设备	22 713 818.19		4 755 509.88	17 958 308.31	
运输工具	363 000.23		75 999.96	287 000.27	
办公设备	270 341.29		107 350.08	162 991.21	

本期固定资产增加额系在建工程转入。

本期无融资租赁情况。

期末无持有待售的固定资产情况。

无未办妥产权证书的固定资产。

未对固定资产计提减值准备。

在建工程：

项目	期末数	期初数
办公楼	0.00	4 088 000.00 元

本期在建工程全部转入固定资产。

无形资产：

单位：元

项目名称	期初余额	本期借方	本期贷方	期末余额	备注
一、原价合计	25 941 371.00			25 941 371.00	
土地使用权	25 291 803.00			25 291 803.00	

续表

项目名称	期初余额	本期借方	本期贷方	期末余额	备注
商标权	649 568.00			649 568.00	
二、累计摊销额合计	6 109 651.00		1 329 546.84	7 439 197.84	
土地使用权	6 006 803.00		1 264 590.00	7 271 393.00	
商标权	102 848.00		64 956.84	167 804.84	
三、减值准备累计金额合计					
土地使用权					
商标权					
四、账面价值合计	19 831 720.00		1 329 546.84	18 502 173.16	
土地使用权	19 285 000.00		1 264 590.00	18 020 410.00	
商标权	546 720.00		64 956.84	481 763.16	

截至 2016 年 12 月 31 日，无形资产不存在减值情况。

递延所得税资产：

单位：元

项目	期末数	期初数
资产减值准备产生的递延所得税资产	502 866.00	168 446.41

短期借款：

项目	期末数	期初数
经营周转借款	0.00	20 000 000.00 元

期末不存在到期未偿还的借款。

相关的利息已支付。

应付票据：

单位：元

项目	期末数	期初数
银行承兑汇票	13 104 000.00	5 968 566.54

下一期间将到期的汇票金额为 13 104 000.00 元。

截至2016年12月31日，应付票据中无应付持有本公司5%（含5%）股权的股东及其他关联方的款项。

应付账款：

单位：元

项目	期末数	期初数
0.5年以内	38 688 390.00	6 331 984.83
0.5~1年		
1~2年		
2~3年		
3年以上		
合计	38 688 390.00	6 331 984.83

应付职工薪酬：

单位：元

项目	期初余额	本期增加	本期减少	期末余额	备注
工资	446 300.00	6 054 300.00	5 991 500.00	509 100.00	
福利费		27 000.00	27 000.00		
住房公积金		116 640.00	116 640.00		
社会保险费		533 271.60	533 271.60		
其中：医疗保险		157 609.80	157 609.80		
失业保险		52 536.60	52 536.60		
养老保险		291 600.00	291 600.00		
工伤保险		13 138.20	13 138.20		
生育保险		18 387.00	18 387.00		
工会经费	8 926.00	121 086.00	119 830.00	10 182.00	
职工教育经费		30 000.00	30 000.00		

福利费及职工教育经费按实际发生额据实列支。

应付职工薪酬的工资已于2017年1月发放。

应交税费：

单位：元

项目	期初余额	本期增加	本期减少	期末余额
1. 应交企业所得税	573 576.32	15 862 724.42	14 707 853.59	1 728 447.15
2. 应交增值税（转出未交增值税）	0.00	0.00	8 525 908.38	−8 525 908.38
3. 应交城市建设费	40 463.68	596 813.59	533 214.74	104 062.53
4. 应交教育费附加	17 341.58	255 777.26	228 520.61	44 598.23
5. 应交地方教育费附加	8 670.79	170 518.17	149 456.81	29 732.15
6. 应交个人所得税	0.00	31 682.36	31 682.36	0.00
7. 未交增值税	578 052.55	8 525 908.38	7 617 353.41	1 486 607.52

股本：

项目	期初数	本次变动减少					期末数
		发行新股	送股	公积金转股	其他	合计	
股份总数	100 000 000.00						100 000 000.00

股本业经湖北天宁会计师事务所有限公司 2009 年天验字第 20526 号验资报告审验。

资本公积：

单位：元

项目	期初数	本期增加	本期减少	期末数
其他资本公积	155 000 000.00			155 000 000.00

盈余公积：

单位：元

项目	期初数	本期增加	本期减少	期末数
法定盈余公积	5 671 572.88	4 792 259.28		10 463 832.16

未分配利润：

单位：元

项目	金额	提取或分配比例
年初未分配利润	49 334 417.04	
加：本年净利润	47 922 592.82	
减：提取法定盈余公积	4 792 259.28	10%
期末未分配利润	92 464 750.58	

营业收入、营业成本。
（1）明细情况：

单位：元

项目	本期发生额	上期发生额
主营业务收入	414 815 000.00	381 643 600.00
其他业务收入	15 000.00	
主营业务成本	341 127 746.00	320 660 081.24

（2）产品明细：

单位：元

产品名称	本期发生额		上期发生额	
	营业收入	营业成本	营业收入	营业成本
POS 用纸	20 300 000	17 195 705	18 900 000	16 085 786.00
传真纸	135 415 000	113 461 690	121 770 600	104 540 140.00
压感打印纸	157 725 000	122 725 626	147 843 000	118 999 576.00
ATM 机打印单	21 840 000	18 782 450	20 580 000	17 884 846.00
多联发票	13 125 000	10 565 315	11 700 000	9 491 850.00
彩票纸	32 890 000	30 244 450	32 240 000	29 738 889.00
电影票	17 700 000	14 252 710	15 450 000	12 418 169.00
密码信封	15 820 000	13 899 800	13 160 000	11 500 825.24

营业税金及附加：

项目	本期发生额（元）	上期发生额（元）	计缴标准（%）
城市维护建设税	596 813.59	647 265.90	流转税的7%
教育费附加	255 777.26	277 399.67	流转税的3%
地方教育费附加	170 518.17	138 699.84	流转税的2%
合计	1 023 109.02	1 063 365.41	

上一年度的地方教育费附加计税标准为流转税的1.5%。

公允价值变动损益：

单位：元

项目	期初数	本期增加	本期减少	期末数
公允价值变动损益	0.00	1 602 412.18	1 602 412.18	0.00

销售费用：

单位：元

项目	本期发生额	上期发生额
差旅费	8 500.00	8 600.00
业务招待费	43 950.00	42 450.00
电话费	37 662.37	36 152.60
汽车费用	26 500.00	27 130.00
广告费	3 600 000.00	3 600 000.00
职工薪酬	557 489.60	473 650.83
折旧	31 824.96	31 824.96
合计	4 305 926.93	4 219 808.39

管理费用：

单位：元

项目	本期发生额	上期发生额
办公费	2 860.00	845.00
差旅费	56 280.00	54 790.00

续表

项目	本期发生额	上期发生额
业务招待费	25 400.00	25 000.00
电话费	16 141.02	15 629.05
汽车费用	11 180.00	10 070.00
职工薪酬	2 859 439.68	2 705 146.00
折旧	832 894.68	832 894.68
无形资产摊销	1 329 546.84	1 329 546.84
税金	158 180.23	152 610.56
水电费	109 056.37	98 583.01
其他	200.00	100.00
审计费	500 000.00	500 000.00
维修费	18 500.00	15 000.00
合计	5 919 678.82	5 740 215.14

财务费用：

单位：元

项目	本期发生额	上期发生额
利息支出	104 224.14	3 608 950.00
减：利息收入	900 870.00	845 000.00
汇兑损失		
减：汇兑收益		
手续费	18 391.24	19 250.00
合计	−778 254.62	2 783 200.00

资产减值损失：

单位：元

项目	本期发生额	上期发生额
坏账损失	1 383 308.38	628 155.62

所得税费用：

单位：元

项目	本期发生额	上期发生额
应交所得税费用	15 528 304.83	11 610 301.68

第二章 审计计划

引导案例

"重要性水平"为何如此重要[①]

H公司于2004年上市，主要从事环保机械设备的生产和销售以及新能源技术的研究开发。随着中国经济的持续快速发展，城市化进程和工业化进程的不断增加，环境污染日益严重，国家对环保的重视程度越来越高。空气净化、污水处理、新能源开发利用等是当前亟须解决的全球性问题，也是环保行业势在必行的重要工作。H公司在环保行业有较高的知名度，在国内外都有比较稳定的客户群。

2013年10月，H公司聘请JH会计师事务所为其提供2013年度财务报表审计服务。审计师在具体审计时，部分审计发现：（1）H公司与其出资者J公司之间的预付货款10万元，其他应收款15万元，这两笔业务均没有实质经济内容支持。审计师认为均低于重要水平，没有继续查证，也没有适当披露。（2）审计师发现H公司2013年度有一笔资产减值恢复，冲回了原来计提的资产减值准备，由于该笔资金金额不大（低于重要性水平），审计师发表了无保留意见的审计报告。然而，实际情况是H公司故意在盈利年度多计提资产减值准备，以备出现亏损时恢复资产进行盈余管理。因为重要性水平的数据标准，导致H公司管理层的财务舞弊行为未能被审计师识破！

随着审计方法由详细审计转变为抽样审计，"重要性"在注册会计师的审计中运用得越来越频繁。重要性作为注册会计师在审计计划阶段须运用职业判断并做出决策的关键指标，在整个审计工作中承担着不可替代的责任。那么何为重要性水平？应该如何确定重要性水平才能避免案例中的审计失败出现？

第一节 初步业务活动

一、初步业务活动的目的和内容

（一）初步业务活动的目的

在本期审计业务开始时，注册会计师需要开展初步业务活动，以实现三个主要目的：

[①] 笔者根据相关资料整理。

（1）具备执行业务所需要的独立性和能力；（2）不存在因管理层诚信问题而可能影响注册会计师保持该项业务意愿的事项；（3）与被审计单位之间不存在对业务约定条款的误解。

（二）初步业务活动的内容

注册会计师应当开展下列初步业务活动：（1）针对保持客户关系和具体审计业务实施相应的质量控制程序；（2）评价遵守相关职业道德要求的情况；（3）就审计业务约定条款达成一致意见。

针对保持客户关系和具体审计业务实施相应的质量控制程序，并且根据实施相应程序的结果作出适当的决策是注册会计师控制审计风险的重要环节。《中国注册会计师审计准则第 1121 号——对财务报表审计实施的质量控制》及《质量控制准则第 5101 号——会计师事务所对执行财务报表审计和审阅、其他鉴证和相关服务业务实施的质量控制》含有与客户关系和具体业务的接受及保持相关的要求，注册会计师应当按照其规定开展初步业务活动。

评价遵守相关职业道德要求的情况也是一项非常重要的初步业务活动。质量控制准则含有包含独立性在内的有关职业道德要求，注册会计师应当按照其规定执行。虽然保持客户关系及具体审计业务和评价道德的工作贯穿审计业务的全过程，但是这两项活动需要安排在其他审计工作之前，以确保注册会计师已具备执行业务所需要的独立性和业务胜任能力，且不存在因管理层诚信问题而影响会计师保持该项业务的意愿等情况。在连续审计的业务中，这些初步业务活动通常是在上期审计工作结束后不久或将要结束时就已经开始了。

在作出接受或保持客户关系及具体审计业务的决策后，注册会计师应当按照《中国注册会计师审计准则第 1111 号——就审计业务约定条款达成一致意见》的规定，在审计业务开始前，与被审计单位就审计业务约定条款达成一致意见，签订或修改审计业务约定书，以避免双方就审计业务的理解产生分歧。

二、审计的前提条件

承接鉴证业务的条件之一是《中国注册会计师鉴证业务基本准则》中提及的标准适当，且能够为预期使用者获取。标准是指用于评价或计量鉴证对象的基准，当涉及列报时，还包括列报与披露的基准。适当的标准使注册会计师能够运用职业判断对鉴证对象作出合理一致的评价或计量。就审计准则而言，适用的财务报告编制基础为注册会计师提供了用以审计财务报表（包括公允反映，如相关）的标准。如果不存在可接受的财务报告编制基础，管理层就不具有编制财务报表的恰当基础，注册会计师也不具有对财务报表进行审计的适当标准。

1. 确定财务报表编制基础的可接受性

在确定编制财务报表所采用的财务报告编制基础的可接受性时，注册会计师需要考虑下列相关因素：第一，被审计单位的性质（例如，被审计单位是商业企业、公共部门实体还是非营利组织）；第二，财务报表的目的（例如，编制财务报表是用于满足广大财务报表使用者共同的财务信息需求，还是用于满足财务报表特定使用者的财务信息需求）；第三，财务报表的性质（例如，财务报表是整套财务报表还是单一财务报表）；第四，法律法规是否规定了适用的财务报表编制基础。

按照某一财务报表编制基础编制，旨在满足广大财务报表使用者共同的财务信息需求的财务报表，称为通用目的财务报表。按照特殊目的编制基础编制的财务报表，称为特殊目的财务报表，旨在满足财务报表特定使用者的财务信息需求。对于特殊目的财务报表，预期财务报表使用者对财务信息的需求，决定适用的财务报告编制基础。《中国注册会计师审计准则第 1601 号——对按照特殊目的编制基础编制的财务报表审计的特殊考虑》规范了如何确定旨在满足财务报表特定使用者的财务信息需求的财务报告编制基础的可接受性。

2. 通用目的编制基础

如果财务报告准则由经授权或获取认可的准则制定机构制定和发布，供某类实体使用，只要这些机构遵循一套既定和透明的程序（包括认真研究和仔细考虑广大利益相关者的观点），则认为财务报告准则对于这类实体编制通用目的财务报表是可接受的。这些财务报告准则主要有：国际会计准则理事会发布的国际财务报告准则、国际公共部门会计准则理事会发布的国际公共部门会计准则和某一国家或地区经授权或获得认可的准则制定机构，在遵循一套既定和透明的程序（包括认真研究和仔细考虑广大利益相关者的观点）的基础上发布的会计准则。

在规范通用目的的财务报表编制的法律法规中，这些财务报告准则通常被界定为适用的财务报告编制基础。

3. 就管理层的责任达成一致意见

按照审计准则的规定执行审计计划的前提是管理层已认可并理解其承担的责任。审计准则并不超过法律法规对这些责任的规定。然而，独立审计的理念要求注册会计师不对财务报表的编制或被审计单位的相关内部控制承担责任，并要求注册会计师合理预期能够获取审计所需要的信息（在管理层能够提供或获取的信息范围内）。因此，管理层认可并理解其责任，这一前提对执行独立审计工作是至关重要的。

（1）按照适用的财务报告编制基础编制财务报表，并使其实现公允反映（如适用）。大多数财务报告编制基础包括与财务报表列报相关的要求，对于这些财务报告编制基础，在提到"按照适用的财务报告编制基础编制财务报表"时，编制包括列报。实现公允列报的报告目标非常重要，因而在与管理层达成一致意见的执行审计工作的前提中需要特别提及公允列报，或需要特别提及管理层负有确保财务报表根据财务报告编制基础编制并使其实现公允反映的责任。

（2）设计、执行和维护必要的内部控制，以使财务报表不存在由于舞弊或错误导致的重大错报。由于内部控制的固有限制，无论其如何有效，也只能合理保证被审计单位实现其财务报告目标。注册会计师按照审计准则的规定执行的独立审计工作，不能代替管理层维护编制财务报表所需的内部控制。因此，注册会计师需要就管理层认可并理解其与内部控制有关的责任与管理层达成共识。

（3）向注册会计师提供必要的工作条件。包括允许注册会计师接触与编制财务报表相关的所有信息（如记录、文件和其他事项），向注册会计师提供审计所需要的其他信息，允许注册会计师在获取审计证据时不受限制地接触其认为必要的内部人员和其他相关人员。

（4）确认的形式。按照《中国注册会计师审计准则第 1341 号——书面声明》的规定，注册会计师应当要求管理层就其履行的某些责任提供书面声明。因此，注册会计师需要获取针对管理层责任的书面声明、其他审计准则要求的书面声明，以及在必要时需要获取用于支持其他审计证据（用于支持财务报表或者一项或多项具体认定）的书面声明。注册会计师需要使管理层意识到这一点。

如果管理层不认可其责任，或不同意提供书面声明，注册会计师将不能获取充分、适当的审计证据。在这种情况下，注册会计师承接此类审计业务是不恰当的，除非法律法规另有规定。如果法律法规要求承接此类审计业务，注册会计师可能需要向管理层解释这种情况的重要性及其对审计报告的影响。

三、审计业务约定书

审计业务约定书是指会计师事务所与被审计单位签订的，用以记录和确认审计业务的委托关系、审计目标和范围、双方的责任以及报告的格式等事项的书面协议。会计师事务所承接任何审计业务，都应与被审计单位签订审计业务约定书。

（一）审计业务约定书的基本内容

审计业务约定书的具体内容和格式可能因被审计单位的不同而不同，但应当包括以下主要内容：

（1）财务报表审计的目标和范围；

（2）注册会计师的责任；

（3）管理层的责任；

（4）指出用于编制财务报表适用的财务报告编制基础；

（5）提及注册会计师拟出具的审计报告的预期形式和内容，以及对在特定情况下出具的审计报告可能不同于预期审计形式和内容的说明。

（二）审计业务约定书的特殊考虑

1. 考虑特定需要

如果情况需要，注册会计师还应当考虑在审计业务约定书中列明下列内容：

（1）详细说明审计工作的范围，包括提及适用的法律法规、审计准则，以及注册会计师协会发布的职业道德守则和其他公告；

（2）对审计业务结果的其他沟通形式；

（3）说明由于审计和内部控制的固有限制，即使审计工作按照审计准则的规定得到恰当的计划和执行，仍不可避免地存在某些重大错报未被发现的风险；

（4）计划和执行审计工作的安排，包括审计项目组构成；

（5）管理层确认将提供书面声明；

（6）管理层同意告知注册会计师及时提供财务报表草稿和其他所有附带信息，以使注册会计师能够按照预定的时间表完成审计工作；

（7）管理层同意告知注册会计师在审计报告日至财务报表报出日之间注意到的可能影

响财务报表的事实；

（8）收费的计算基础和收费安排；

（9）管理层确认收到审计业务约定书并同意其中的条款；

（10）在某些方面对聘用其他注册会计师和专家工作的安排；

（11）对涉及审计的内部审计人员和被审计单位其他员工工作的安排；

（12）在首次审计的情况下，与前任注册会计师（如存在）沟通的安排；

（13）说明对注册会计师责任可能存在的限制；

（14）注册会计师与被审计单位之间需要达成进一步协议的事项；

（15）向其他机构或人员提供审计工作底稿的义务。

2. 组成部分的审计

如果母公司的注册会计师同时也是组成部分注册会计师，需要考虑下列因素，决定是否向组成部分单独致送审计业务约定书：

（1）组成部分注册会计师的委托人；

（2）是否对组成部分单独出具审计报告；

（3）与审计委托相关的法律法规的规定；

（4）母公司占组成部分的所有权份额；

（5）组成部分管理层相对于母公司的独立程度。

3. 连续审计

对于连续审计，注册会计师应当根据具体情况评估是否需要对审计业务约定条款作出修改，以及是否需要提醒被审计单位注意现有的条款。

注册会计师可以决定不在每期都致送新的审计业务约定书或其他书面协议。然而，下列因素可能导致注册会计师修改审计约定条款或提醒被审计单位现有的业务约定条款：

（1）有迹象表明被审计单位误解审计目标和范围；

（2）需要修改约定条款或增加特别条款；

（3）被审计单位高级管理人员近期发生变动；

（4）被审计单位所有权发生重大变动；

（5）被审计单位业务的性质或规模发生重大变化；

（6）法律法规的规定发生变化；

（7）编制财务报表采用的财务报告编制基础发生变更；

（8）其他报告要求发生变化。

4. 审计业务约定条款的变更

（1）变更审计业务约定条款的要求。在完成审计业务前，如果被审计单位或委托人要求将审计业务变更为保证程度较低的业务，注册会计师应当确定是否存在合理理由予以变更。

下列原因可能导致被审计单位要求变更业务：①环境变化对审计服务的需求产生影响；②对原来要求的审计业务的性质存在误解；③无论是管理层施加的还是其他情况引起的审计范围受到限制。上述第①和第②项通常被认为是变更业务的合理理由，但如果有迹象表明该变更要求与错误的、不完整的或者不能令人满意的信息有关，注册会计师不应认为该变更是合理的。

如果没有合理的理由，注册会计师不同意变更审计业务约定条款，而管理层又不允许继续执行原审计业务，注册会计师应当：①在适用的法律法规允许的情况下，解除审计业务约定；②确定是否有约定义务或其他义务向治理层、所有者或监管机构等报告该事项。

（2）变更为审阅业务或相关服务业务的要求。在同意将审计业务变更为审阅业务或相关服务业务前，接受委托按照审计准则执行审计工作的注册会计师，除考虑上述（1）中提及的事项外，还需要评估变更业务对法律责任或业务约定的影响。

如果注册会计师认为将审计业务变更为审阅业务或相关服务业务具有合理理由，截至变更日已执行的审计工作可能与变更后的业务相关，相应地，注册会计师需要执行的工作和出具的审计报告适用于变更后的业务。为避免引起报告使用者的误解，对相关服务业出具的报告不应提及原审计业务和在原审计业务中已执行的程序。只有将审计业务变更为执行商定程序业务，注册会计师才可在报告中提及已执行的程序。

第二节　总体审计策略和具体审计计划

审计业务分为总体审计策略和具体审计计划两个层次。图 2-1 列示了计划审计工作的两个层次。注册会计师应当针对总体审计策略中所识别的不同事项，制订具体审计计划，并考虑通过有效利用审计资源以实现审计目标。值得注意的是，虽然制定总体审计策略的过程通常在具体审计计划之前，但是两项计划具有内在紧密联系，对其中一项的决定可能会影响甚至改变对另一项的决定。例如，注册会计师在了解被审计单位及其环境的过程中，注意到被审计单位对主要业务的处理依赖复杂的自动化信息系统，因此计算机信息系统的可靠性及有效性对其经营、管理、决策以及编制可靠的财务报告具有重大影响。对此，注册会计师可能会在具体审计计划中制定相应的审计程序，并相应调整总体审计策略的内容，作出利于信息风险管理专家工作的决定。

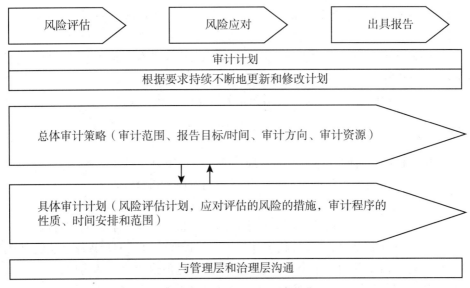

图 2-1　审计计划的两个层次

一、总体审计策略

注册会计师应当为审计工作制定总体审计策略。总体审计策略用于确定审计范围、时间安排和方向，并指导具体审计计划的制订。在制定总体审计策略时，应当考虑以下主要事项：

（一）审计范围

在确定审计范围时，需要考虑下列具体事项：

（1）编制拟审计的财务信息所依据的财务报告编制基础，包括是否需要将财务信息调整至按照其他财务报告编制基础编制；

（2）特定业务的报告要求，如某些行业监管机构要求提交的报告；

（3）预期审计工作涵盖的范围，包括应涵盖的组成部分的数量及所在地点；

（4）母公司和集团组成部分之间存在的控制关系的性质，以确定如何编制合并财务报表；

（5）由组成部分注册会计师审计组成部分的范围；

（6）拟审计的经营分部的性质，包括是否需要具备专门知识；

（7）外币折算，包括外币交易的会计处理、外币财务报表的折算和相关信息的披露；

（8）除为合并目的执行的审计工作之外，对个别财务报表进行法定审计的需求；

（9）内部审计工作的可获得性及注册会计师拟信赖内部审计工作的程度；

（10）被审计单位使用服务机构的情况，以及注册会计师如何取得有关服务机构内部控制设计和运行有效性的证据；

（11）对利用在以前审计工作中获取的审计证据（如获取的与风险评估程序和控制测试相关的审计证据）的预期；

（12）信息技术对审计程序的影响，包括数据的可获得性和对使用计算机辅助审计技术的预期；

（13）协调审计工作与中期财务信息审阅的预期涵盖范围和时间安排，以及中期审阅所获取的信息对审计工作的影响；

（14）与被审计单位人员的时间协调和相关数据的可获得性。

（二）报告目标、时间安排及所需沟通的性质

为计划报告目标、时间安排及所需沟通，需要考虑下列事项：

（1）被审计单位对外报告的时间表，包括中间阶段和最终阶段；

（2）与管理层和治理层举行会谈，讨论审计工作的性质、时间安排和范围；

（3）与管理层和治理层讨论注册会计师拟出具的报告的类型和时间安排以及沟通的其他事项（口头沟通或书面沟通），包括审计报告、管理建议书和向治理层通报的其他事项；

（4）与管理层讨论预期就整个审计业务中审计工作的进展进行的沟通；

（5）与组成部分注册会计师沟通拟出具的报告的类型和时间安排，以及与组成部分审计相关的其他事项；

（6）项目组成员之间沟通的预期性质和时间安排，包括项目组会议的性质和时间安排，以及复核已执行工作的时间安排；

（7）预期是否需要和第三方进行其他沟通，包括与审计相关的法定或约定的报告责任。

（三）审计方向

总体审计策略的制定应当包括影响审计业务的重要因素，以确定项目组工作方向，包括确定适当的重要性水平，初步识别可能存在较高的重大错报风险的领域，初步识别重要的组成部分和账户余额，评价是否需要针对内部控制的有效性获取审计证据，识别被审计单位、所处行业、财务报告要求及其他相关方面最近发生的重大变化等。

在确定审计方向时，注册会计师需要考虑下列事项：

（1）重要性方面。具体包括：

①为计划目的确定重要性；

②为组成部分确定重要性且与组成部分的注册会计师沟通；

③在审计过程中重新考虑重要性；

④识别重要的组成部分和账户余额。

（2）重大错报风险较高的审计领域。

（3）评估的财务报表层次的重大错报风险对指导、监督及复核的影响。

（4）项目组人员的选择（在必要时包括项目质量控制复核人员）和工作分工，包括向重大错报风险较高的审计领域分派具备适当经验的人员。

（5）项目预算，包括考虑为重大错报风险可能较高的审计领域分配适当的工作时间。

（6）如何向项目组成员强调在收集和评价审计证据过程中保持职业怀疑的必要性。

（7）以往审计中对内部控制运行有效性进行评价的结果，包括识别的控制缺陷的性质及应对措施。

（8）管理层重视设计和实施健全的内部控制的相关证据，包括这些内部控制得以适当记录的证据。

（9）业务交易量规模，以基于审计效率的考虑确定是否依赖内部控制。

（10）对内部控制重要性的重视程度。

（11）影响被审计单位经营的重大发展变化，包括信息技术和业务流程的变化、关键管理人员变化，以及收购、兼并和分立。

（12）重大的行业发展情况，如行业法规变化和新的报告规定。

（13）会计准则及会计制度的变化。

（14）其他重大变化，如影响被审计单位的法律环境的变化。

（四）审计资源

注册会计师应当在总体审计策略中清楚地说明审计资源的规划和调配，包括确定执行审计业务所必需的审计资源的性质、时间安排和范围。

（1）向具体审计领域调配的资源，包括向高风险领域分派有适当经验的项目组成员、就复杂的问题利用专家工作等；

（2）向具体审计领域分配资源的多少，包括分派到重要地点进行存货监盘的项目组成员的人数、在集团审计中复核组成部分注册会计师工作的范围、向高风险领域分配的审计时间预算等；

（3）何时调配这些资源，包括是在期中审计阶段还是在关键的截止日期调配资源等；

（4）如何管理、指导、监督这些资源，包括预期何时召开项目组预备会和总结会、预期项目合伙人和经理如何进行复核、是否需要实施项目质量控制复核等。

二、具体审计计划

注册会计师应当为审计工作制订具体审计计划。具体审计计划比总体审计策略更加详细，其内容包括为获取充分、适当的审计证据以将审计风险降至可接受的低水平，项目组成员拟实施的审计程序的性质、时间安排和范围。可以说，为获取充分、适当的审计证据，而确定审计程序的性质、时间安排和范围是具体审计计划的核心。具体审计计划应当包括风险评估程序、计划实施的进一步审计程序和计划其他审计程序。

（一）风险评估程序

具体审计计划应当包括按照《中国注册会计师审计准则第 1211 号——通过了解被审计单位及其环境识别和评估重大错报风险》的规定，为了充分识别和评估财务报表重大错报风险，注册会计师计划实施的风险评估程序的性质、时间安排和范围。

（二）计划实施的进一步审计程序

具体审计计划应当包括按照《中国注册会计师审计准则第 1231 号——针对评估的重大错报风险采取的应对措施》的规定，针对评估的认定层次的重大错报风险，注册会计师计划实施的进一步审计程序的性质、时间安排和范围。进一步审计程序包括控制测试和实质性程序。

需要强调的是，随着审计工作的推进，对审计程序的计划会一步步深入，并贯穿于整个审计过程。例如，计划风险评估程序通常在审计开始阶段进行，计划进一步审计程序则需要依据风险评估程序的结果进行。因此，为达到制订具体计划的要求，注册会计师需要完成风险评估程序，识别和评估重大错报风险，并针对评估的认定层次的重大错报风险，计划实施进一步审计程序的性质、时间和范围。

通常，注册会计师计划的进一步审计程序可以分为进一步审计程序的总体方案和拟实施的具体审计程序（包括进一步审计程序的具体性质、时间安排和范围）两个层次。进一步审计程序的总体方案主要是指注册会计师针对各类交易、账户余额和披露决定采用的总体方案（包括实质性方案和综合性方案）。具体审计程序是对进一步审计程序的总体方案的延伸和细化，它通常包括控制测试和实质性程序的性质、时间安排和范围。在实务中，注册会计师通常单独制定一套包括这些具体程序的"进一步审计程序表"，待具体实施审计程序时，注册会计师将基于所计划的具体审计程序，进一步记录所实施的审计程序及结果，并最终形成有关进一步审计程序的审计工作底稿。

另外，完整、详细的进一步审计程序的计划包括对各类交易、账户余额和披露实施的具体审计程序的性质、时间安排和范围，包括抽样的样本量等。在实务中，注册会计师可以统筹安排进一步审计程序的先后顺序，如果对某类交易、账户余额和披露已经做出计划，则可以先行安排工作，与此同时再制定其他交易、账户余额和披露的进一步审计程序。

（三）计划其他审计程序

具体审计程序应当包括根据审计准则的规定，注册会计师对审计业务需要实施的其他审计程序，计划的其他审计程序可以包括上述进一步程序的计划中没有涵盖的、根据其他审计准则的要求注册会计师应当执行的既定程序。

在审计计划阶段中，除了按照《中国注册会计师审计准则第 1211 号——通过了解被审计单位及其环境识别和评估重大错报风险》进行计划工作外，注册会计师还需要兼顾其他准则中规定的、针对特定项目在审计计划阶段应执行的程序及记录要求。例如，《中国注册会计师审计准则第 1141 号——财务报表审计中与舞弊相关的责任》《中国注册会计师审计准则第 1324 号——持续经营》《中国注册会计师审计准则第 1142 号——财务报表审计中对法律法规的考虑》《中国注册会计师审计准则第 1323 号——关联方》等准则中对注册会计师针对这些特定项目在审计计划阶段应当执行的程序及其记录作出了规定。当然，由于被审计单位所处行业、环境各不相同，特别项目可能也有所不同。例如，有些企业可能涉及环境事项、电子商务等，在实务中注册会计师应根据被审计单位的具体情况确定特定项目并执行相应的审计程序。

三、审计过程中对计划的更改

计划审计工作并非审计业务的一个孤立阶段，而是一个持续的、不断修正的过程，贯穿于整个审计业务的始终。由于未预期事项、条件的变化或在实施审计程序中获取的审计证据等原因，在审计过程中，注册会计师应当在必要时对总体审计策略和具体审计计划作出更新和修改。

审计过程可以分为不同阶段，通常前面阶段的工作结果会对后面阶段的工作计划产生一定的影响，而在后面阶段的工作过程中又可能发现需要对已制订的相关计划进行相应的更新和修改。通常来说，这些更新和修改可能涉及比较重要的事项。例如，对重要性水平的修改，对某类交易、账户余额和披露的重大错报风险的评估和进一步审计程序（包括总体方案和拟实施的具体审计程序）的更新和修改等。一旦计划被更新和修改，审计工作就应当进行相应的修正。

例如，如果在制订审计计划时，注册会计师基于对材料采购交易的相关控制的设计和执行获取的审计证据，认为相关控制设计合理并得以执行，因此未将其评价为高风险领域并且计划执行控制测试。但是在执行控制测试时获得的审计证据与审计计划阶段获得的审计证据相矛盾，注册会计师认为该类交易的控制没有得到有效执行，此时，注册会计师可能需要修正对该类交易的风险评估，并基于修正的评估风险修改计划的审计方案，如采用实质性方案。

四、指导、监督与复核

注册会计师应当制订计划，确定对项目组成员的指导、监督以及对其工作进行复核的性质、时间安排和范围。项目组成员的指导、监督以及对其工作进行复核的性质、时间安排和范围主要取决于下列因素：

（1）被审计单位的规模和复杂程度；

（2）审计领域；

（3）评估的重大错报风险；

（4）执行审计工作的项目组成员的专业素质和胜任能力。

注册会计师应在评估重大错报风险的基础上，计划对项目组成员工作的指导、监督与复核的性质、时间安排和范围。当评估的重大错报风险增加时，注册会计师通常会扩大指导与监督的范围，增强指导与监督的及时性，执行更详细的复核工作。在计划复核的性质、时间安排和范围时，注册会计师还应考虑单个项目组成员的专业素质和胜任能力。

第三节　重　要　性

一、重要性的含义

财务报表编制基础通常从编制和列报财务报表的角度阐释重要性概念。财务报表编制基础可能以不同的术语解释重要性，但通常而言，重要性概念可从下列方面进行理解：

（1）如果合理预期错报（包括漏报）单独或汇总起来可能影响财务报表使用者依据财务报表作出的经济决策，则通常认为错报是重大的；

（2）对重要性的判断是根据具体环境作出的，并受错报的金额或性质的影响，或受两者共同作用的影响；

（3）判断某事项对财务报表使用者是否重大，是在考虑财务报表使用者整体共同的财务信息需求的基础上作出的。由于不同财务报表使用者对财务信息的需求可能差异很大，因此不考虑错报对个别财务报表使用者可能产生的影响。

在审计开始时，就必须对重大错报的规模和性质作出一个判断，包括确定财务报表整体的重要性和特定交易类别、账户余额和披露的重要性水平。当错报金额高于整体重要性水平时，就很可能被合理预期，将对使用者根据财务报表作出的经济决策产生影响。

注册会计师使用整体重要性水平（将财务报表作为整体）的目的有：（1）决定风险评估程序的性质、时间安排和范围；（2）识别和评估重大错报风险；（3）确定进一步审计程序的性质、时间安排和范围。在整个业务过程中，随着审计工作的进展，注册会计师应当根据所获得的新信息更新重要性。在形成审计结论阶段，要使用整体重要性水平和为了特定交易类别、账户余额和披露而确定的较低金额的重要性水平来评价已识别的错报对财务报表的影响和对审计报告中审计意见的影响。

二、重要性水平的确定

在计划审计工作时，注册会计师应当确定一个合理的重要性水平，以发现在金额上重大的错报。注册会计师在确定计划的重要性水平时，需要考虑对被审计单位及其环境的了解、审计的目标、财务报表各项目的性质及其相互关系、财务报表项目的金额及其波动幅度。

(一) 财务报表整体的重要性

由于财务报表审计的目标是注册会计师通过执行审计工作对财务报表发表审计意见，因此，注册会计师应当考虑财务报表整体的重要性。只有这样，才能得出财务报表是否公允反映的结论。注册会计师在制定总体审计策略时，应当确定财务报表整体的重要性。

确定多大的错报会影响财务报表使用者所作决策，是注册会计师运用职业判断的结果。很多注册会计师根据所在会计师事务所的惯例及自己的经验，考虑重要性。

确定重要性需要运用职业判断。通常先选定一个基准，再乘以某一百分比作为财务报表整体的重要性。在选择基准时，需要考虑的因素包括：

(1) 财务报表要素（如资产、负债、所有者权益、收入和费用）；

(2) 是否存在特定会计主体的财务报表使用者特别关注的项目（如为了评价财务业绩，使用者可能更关注利润、收入或净资产）；

(3) 被审计单位的性质、所处的生命周期阶段以及所处行业和经济环境；

(4) 被审计单位的所有权结构和融资性质（例如，如果被审计单位仅通过债务而非权益进行融资，财务报表使用者可能更关注资产及资产的索偿权，而非被审计单位的收益）；

(5) 基准的相对波动性。

适当的基准取决于被审计单位的具体情况，包括各类报告收益（如税前利润、营业收入、毛利和费用总额）以及所有者权益或净资产。对于以营利为目的的实体，通常以经营性业务的税前利润作为基准。如果经常性业务的税前利润不稳定，选用其他基准可能更加合适，如毛利或营业收入。就选定的基准而言，相关的财务数据通常包括前期财务成果和财务状况、本期最新的财务成果和财务状况、本期的预算和预测结果。当然，本期最新的财务成果和财务状况、本期的预算和预测结果需要根据被审计单位的重大变化（如重大的企业并购）和被审计单位所处行业及经济环境情况的相关变化等做出调整。例如，当按照经常性业务的税前利润的一定百分比确定被审计单位财务报表整体的重要性时，如果被审计单位本年度税前利润因情况变化出现意外增加或减少，注册会计师可能认为按照近几年经常性业务的平均税前利润确定财务报表整体的重要性更加合适。

表2-1举例说明了一些实务中较为常用的基准。

表 2 - 1 　　　　　　　　　　　　　常用的基准

被审计单位的情况	可能选择的基准
（1）企业的盈利水平保持稳定	经常性业务的税前利润
（2）企业近年来经营状况大幅度波动，盈利和亏损交替发生，或者由正常盈利变为微利或微亏，或者本年度税前利润因情况变化而出现意外增加或减少	过去3~5年经常性业务的平均税前利润或亏损（取绝对值），或其他基准，例如营业收入
（3）企业为新设企业，处于开办期，尚未开始经营，目前正在建造厂房及购买机器设备	总资产
（4）企业处于新兴行业，目前侧重于抢占市场份额，扩大企业知名度和影响力	营业收入
（5）开放式基金，致力于优化投资组合、提高基金净值，为基金持有人创造投资价值	净资产
（6）国际企业集团设立的研发中心，主要为集团下属各企业提供研发服务，并以成本加成的方式向相关企业收取费用	成本与营业费用总额
（7）公益性质的基金会	捐赠收入或捐赠支出总额

在通常情况下，对于以营利为目的的企业，利润可能是大多数财务报表使用者最为关注的财务指标，因此，注册会计师可能考虑选取经常性业务的税前利润作为基准。但是在某些情况下，例如企业处于微利或微亏状态时，采用经常性业务的税前利润为基准确定重要性可能影响审计的效率和效果。注册会计师可以考虑采用以下方法确定基准：

（1）如果微利或微亏状态是由宏观经济环境的波动或企业自身经营的周期性所导致，可以考虑采用过去3~5年经常性业务的平均税前利润作为基准；

（2）采用财务报表使用者关注的其他财务指标作为基准，如营业收入、总资产等。

注册会计师要注意的是，如果被审计单位的经营规模较上年度没有重大变化，通常使用替代性基准确定的重要性不宜超过上年度的重要性。

注册会计师为被审计单位选择的基准在各年度中通常会保持稳定，但是并非必须保持一贯不变。注册会计师可以根据经济形势、行业状况和被审计单位具体情况的变化对采用的基准做出调整。例如，被审计单位处在新设立阶段时注册会计师可能采用总资产作为基准，被审计单位处在成长期时注册会计师可能采用营业收入作为基准，被审计单位处在成熟期后注册会计师可能采用经常性业务的税前利润作为基准。

为选定的基准确定百分比需要运用职业判断。百分比和选定的基准之间存在一定的联系，如经常性业务的税前利润对应的百分比通常比营业收入对应的百分比要高。例如，对以营利为目的的制造行业实体，注册会计师可能认为经常性业务的税前利润的5%是适当的，而对非营利组织，注册会计师可能认为总收入或费用总额的1%是适当的。百分比无论是高一些还是低一些，只要符合具体情况，都是适当的。

在确定百分比时，除了考虑被审计单位是否为上市公司或公众利益实体外，其他因素也会影响注册会计师对百分比的选择，这些因素包括但不限于：

（1）财务报表使用者的范围；

（2）被审计单位是否由集团内部关联方提供融资或是否有大额对外融资（如债券或银行贷款）；

（3）财务报表使用者是否对基准数据特别敏感（如具有特殊目的财务报表使用者）。

注册会计师在确定重要性水平时，不需要考虑与具体项目计量相关的固有不确定性。例如，财务报表含有高度不确定性的大额估计，注册会计师并不会因此而确定一个比不含有该估计的财务报表更高或更低的财务报表整体重要性。

（二）特定类别交易、账户余额或披露的重要性水平

根据被审计单位的特定情况，下列因素表明存在一个或多个特定类别的交易、账户类别或披露，其发生的错报金额虽然低于财务报表整体的重要性，但合理预期将影响财务报表使用者依据财务报表作出的经济决策。

（1）法律法规或适用的财务报表编制基础是否影响财务报表使用者对特定项目（如关联方交易、管理层和治理层的薪酬）计量或披露的预期；

（2）与被审计单位所处行业相关的关键性披露（如制药企业的研究与开发成本）；

（3）财务报表使用者是否特别关注财务报表中单独披露的业务的特定方面（如新收购的业务）。

在根据被审计单位的特定情况考虑是否存在上述交易、账户余额或披露时，了解治理层和管理层的看法和预期通常是有用的。

（三）实际执行的重要性

实际执行的重要性，是指注册会计师确定的低于财务报表整体重要性的一个或多个金额，旨在将未更正和未发现错报的汇总数超过财务报表整体的重要性的可能性降至适当的低水平。如果适用，实际执行的重要性还指注册会计师确定的低于特定类别的交易、账户余额或披露的重要性水平的一个或多个金额。

仅为发现单项重大的错报而计划审计工作将忽视这样一个事实，即单项非重大错报的汇总数可能导致财务报表出现重大错报，更不用说还没有考虑可能存在的未发现错报。确定财务报表整体的实际执行的重要性（根据定义可能是一个或多个金额），旨在将财务报表中未更正和未发现错报的汇总数超过财务报表整体的重要性的可能性降至适当的低水平。

确定实际执行的重要性并非简单机械的计算，需要注册会计师运用职业判断，并考虑下列因素的影响：

（1）对被审计单位的了解（这些了解在实施风险评估程序的过程中得到更新）；

（2）前期审计工作中识别出的错报的性质和范围；

（3）根据前期识别出的错报对本期错报作出的预期。

通常而言，实际执行的重要性通常为财务报表整体重要性的50% ~75%。

如果存在下列情况，注册会计师可能考虑选择较低的百分比来确定实际执行的重要性：

（1）首次接受委托的审计项目；

（2）连续审计项目，以前年度审计调整较多；

（3）项目总体风险较高，例如处于高风险行业、管理层能力欠缺、面临较大市场竞争压力或业绩压力等；

（4）存在或预期存在值得关注的内部控制缺陷。

如果存在下列情况，注册会计师可能考虑选择较高的百分比来确定实际执行的重要性：

（1）连续审计项目，以前年度审计调整较少；

（2）项目总体风险为低等到中等，例如处于非高风险行业、管理层有足够能力、面临较低的市场竞争压力和业绩压力等；

（3）以前期间的审计经验表明内部控制运行有效。

审计准则要求注册会计师确定低于财务报表整体重要性的一个或多个金额作为实际执行的重要性，注册会计师无须通过将财务报表整体的重要性平均分配或按比例分配至各个报表项目的方法来确定实际执行的重要性。例如，根据以前期间的审计经验和本期审计计划阶段的风险评估结果，注册会计师认为可以以财务报表整体重要性的75%作为大多数报表项目的实际执行的重要性；与营业收入项目相关的内部控制缺陷，而且以前年度审计中存在审计调整，因此考虑以财务报表整体重要性的50%作为营业收入项目的实际执行的重要性，从而有针对性地对高风险领域执行更多的审计计划。

（四）审计过程中修改的重要性

由于存在下列原因，注册会计师可能需要修改财务报表整体的重要性和特定类别的交易、账户余额或披露的重要性水平（如适用）：（1）审计过程中情况发生重大变化（如决定处置被审计单位的一个重要组成部分）；（2）获取新信息；（3）通过实施进一步审计程序，注册会计师对被审计单位及其经营所了解的情况发生变化。例如，注册会计师在审计过程中发现，实际财务成果与最初确定财务报表整体的重要性时使用的预期本期财务成果相比存在着很大差异，则需要修改重要性。

（五）在审计中运用实际执行的重要性

实际执行的重要性在审计中的作用主要体现在以下几个方面：

（1）注册会计师在计划审计工作时可以根据实际执行的重要性确定对哪些类型的交易、账户余额和披露实施进一步的审计程序，即通常选取金额超过实际执行的重要性的财务报表项目，因为这些财务报表项目有可能导致财务报表出现重大错报。但是，这不代表注册会计师可以对所有金额低于实际执行的重要性的财务报表项目不实施进一步的审计程序，这主要出于以下考虑：

①单个金额低于实际执行的重要性的财务报表项目汇总起来可能金额重大（可能远远超过财务报表整体的重要性），注册会计师需要考虑汇总后的潜在错报风险；

②对于存在低估风险的财务报表项目，不能仅仅因为其金额低于实际执行的重要性而不实施进一步审计程序；

③对于识别出存在舞弊风险的财务报表项目，不能因为其金额低于实际执行的重要性

而不实施进一步审计程序。

（2）运用实际执行的重要性确定进一步审计程序的性质、时间安排和范围。例如，在实施实质性分析程序时，注册会计师确定的已记录金额与预期值之间的可接受差异额通常不超过实际执行的重要性；在运用审计抽样实施细节测试时，注册会计师可以将可容忍错报的金额设定为等于或低于实际执行的重要性。

三、错报

（一）错报的定义

错报，是指某一财务报表项目的金额、分类、列报或披露，与按照适用的财务报告编制基础应当列示的金额、分类、列报或披露之间存在的差异；或根据注册会计师的判断，为使财务报表在所有重大方面实现公允反映，需要对金额、分类、列报或披露作出的必要调整。错报可能是由于错报或舞弊导致的。

错报可能由下列事项导致：

（1）收集或处理用以编制财务报表的数据时出现错误；

（2）遗漏某项金额或披露；

（3）由于疏忽或明显误解有关事实导致作出不正确的会计估计；

（4）注册会计师认为管理层对会计估计作出不合理的判断或对会计政策不恰当的选择和运用。

（二）累积识别出的错报

注册会计师可能将低于某一金额的错报界定为明显微小的错报，对这类错报不需要累积，因为注册会计师认为这些错报的汇总数明显不会对财务报表产生重大影响。"明显微小"不等同于"不重大"。明显微小错报的金额的数量级，与按照《中国注册会计师审计准则第1221号——计划和执行审计工作时的重要性》确定的重要性的数量级相比，是完全不同的（明显微小错报的数量级更小）。这些明显微小的错报，单独或者汇总起来，无论从规模、性质或其发生的环境来看都是微不足道的。如果不确定一个或多个错报是否明显微小，就不能认为这些错报是明显微小的。

注册会计师需要在制定审计策略和审计计划时，确定一个明显微小错报的临界值，低于该临界值的错报视为明显微小的错报，可以不累积。《中国注册会计师审计准则第1251号——评价审计过程中识别的错报》第十六条规定，注册会计师应当在审计工作底稿中记录设定的某一金额，低于该金额的错报视为明显微小。确定该临界值需要注册会计师运用职业判断。在确定明显微小错报的临界值时，注册会计师可能考虑以下因素：

（1）以前年度审计识别出的错报（包括已更正和未更正错报）的数量和金额；

（2）重大错报风险的评估结果；

（3）被审计单位治理层和管理层对注册会计师与其沟通错报的期望；

（4）被审计单位的财务指标是否勉强达到监管机构的要求或投资者的期望。

注册会计师对上述因素的考虑，实际上是在确定审计过程中对错报的过滤程度。注册会计师的目标是要确保不累积的错报（即低于临界值的错报）连同累积的未更正错报不会汇总成为重大错报。如果注册会计师预期被审计单位存在数量较多、金额较小的错报，可能考虑采用较低的临界值，以避免大量低于临界值的错报积少成多构成重大错报。如果注册会计师预期被审计单位错报数量较少，则可能采用较高的临界值。

注册会计师可能将明显微小错报的临界值确定为财务报表整体重要性的3%～5%，也可能低一些或高一些，但通常不超过财务报表整体重要性的10%，除非注册会计师认为有必要单独为重分类错报确定一个更高的临界值。如果注册会计师不确定一个或多个错报是否明显微小，就不能认为这些错报是微小的。

为了帮助注册会计师评价审计过程中累积的错报的影响以及与管理层和治理层沟通错报事项，将错报区分为事实错报、判断错报和推断错报可能是有用的。

（1）事实错报。事实错报是毋庸置疑的错报。这类错报产生于被审计单位收集和处理数据的错误、对事实的忽略或误解，或故意舞弊行为。例如，注册会计师在审计测试中发现购入固定资产的实际价值为25 000元，但账面记录的金额却为20 000元。因此，固定资产被低估5 000元，这里被低估的5 000元就是已识别的对事实的具体错报。

（2）判断错报。由于注册会计师认为管理层对会计估计作出不合理的判断或不恰当地选择和运用会计政策而导致的差异。这类错报产生于两种情况：一是管理层和注册会计师对会计估计值的判断差异，例如，由于包含在财务报表中的管理层作出的估计值超出了注册会计师确定的一个合理范围，导致出现差异；二是管理层和注册会计师对选择与运用会计政策的判断差异，由于注册会计师认为管理层选用会计政策造成错报，管理层却认为选用会计政策适当，导致出现判断差异。

（3）推断错报。注册会计师对整体存在的错报作出的最佳估计数，涉及根据在审计样本中识别出的错报来推断总体的错报。推断错报通常是指通过测试样本估计出总体的错报减去在测试中发现的已经识别的具体错报。例如，应收账款年末余额为3 000万元，注册会计师测试样本发现样本金额有150万元被高估，高估部分为样本账面金额的20%，据此注册会计师推断总体的错报仅为600万元（即3 000×20%），那么上述150万元就是已识别的具体错报，其余450万元即为推断误差。

（三）对审计过程识别出的错报的考虑

错报可能不会孤立发生，一项错报的发生还可能表明存在其他错报。例如，注册会计师识别出由于内部控制失效而导致的错报，或被审计单位广泛运用不恰当的假设及评估方法而导致的错报，均可能表明还存在其他错报。

抽样风险和非抽样风险可能导致某些错报未被发现。审计过程中累积错报的汇总数接近按照《中国注册会计师审计准则第1221号——计划和执行审计工作时的重要性》的规定确定的重要性，则表明存在比可接受的低风险水平更大的风险，即可能未被发现的错报连同审计过程中累积错报的汇总数，可能超过重要性。

注册会计师可能要求管理层检查某类交易、账户余额或披露，以使管理层了解注册会计师识别出的错报的产生原因，并要求管理层采取措施以确定这些交易、账户余额或披露实际发生错报的金额，以及对财务报表作出适当的调整。例如，在从审计样本中识别出的错报推断总体错报时，注册会计师可能提出这些要求。

拓展案例

审计计划严密查出"小金库"①

S 集团，中国煤炭行业的"巨无霸"。

看着眼前一张张漂亮的利润报表和财务账单，第一次走进 S 集团，30 岁的审计员李某为这个"煤业航母"巨大的体量而感到震撼。

2009 年，煤炭市场行情高涨，煤炭企业经营顺风顺水。当年，审计署启动了对该集团的审计。本是一项例行的常规审计，可审计署某特派办的审计人员却不敢有丝毫麻痹大意。此间，一条若隐若现的"黑金"交易利益链，引起了李某和同事的警觉。紧盯错综复杂的利益交换网，审计小组辗转北京、新疆、湖南三地。经过反复调查审计，意外发现"小金库"。

一、子公司业绩不正常

利润报表一片红，财务账单件件清晰规范，置身于 S 集团庞大的财务体系中，虽然"睁大了眼睛找漏洞"，可进驻一段时间以来，李某和同事还是没发现什么大问题。突然，一个奇怪的现象引起了审计人员的注意。当年，S 集团下属公司大都业绩较好，利润丰厚，唯有一家叫北京 G 的下属公司收益平平，甚至还有亏损（G 公司主要负责为 S 集团相关单位提供技术及后勤支持，除主业经营外，近几年还开展了其他业务）。

"这不符合常理，不是正常情况。"丰富的审计经验提醒李某和他的同事，在煤炭行业全线飘红的情况下，G 公司业绩如此之差，十有八九存在其他情况。他们决定进驻 G 公司，一探究竟。

进驻 G 公司之初，情况千头万绪，审计小组既要围绕主营业务，查看其为集团公司提供服务的情况，又要对其他业务进行调查。为尽快打开局面，他们研究决定审计计划，以资金为主线，通过调查 G 公司近几年业务经营情况，寻找审计线索。

二、来路不明的巨款

起初，并没有异常情况，可随着审计不断深入，李某和同事还是发现了破绽：在既没有借款合同，也没有对应业务的情况下，同是 S 集团下属的 S 新疆公司莫名其妙地向 G 公司汇款 2 000 万元。

这到底是一笔什么钱？为什么从新疆公司来？G 公司这笔来路不明的巨款，引起了审计人员的格外关注，随即决定继续追踪，查个水落石出。

向 G 公司了解情况，有关人员均讳莫如深，称不知情，且相互推诿责任。财务经理推给财务总监，财务总监推给分管的副总经理，而副总经理却称"这件事只有总经理清楚，可是他出国了"。

怎么办？是等知情人回来，还是尽快找到新的突破口，李某和同事面临选择。

"不能等，得想办法自己动手，尽快查清来源！"大伙儿知道，如果等下去，意味着给当事人更多的应对时间，如果其中有猫腻儿，有限的线索可能都会失去。他们一致决定，直赴新疆，从 S 新疆公司入手查账。

三、计划严密，步步为营

审计人员在 S 新疆公司展开调查。很快查明 G 公司所得的 2 000 万元汇款的确来自 S 新

---

① 笔者根据相关资料整理。

疆公司，且是 S 新疆公司的一笔账外资金。与此同时，更有价值的发现是，S 新疆公司董事长竟然还是 G 公司的法人代表。

进一步调查后，审计人员发现，这笔神秘的汇款先是从 S 新疆公司的账外资金户以往来款名义汇到 S 新疆公司账户，再由 S 新疆公司汇入 G 公司账户，都以 G 公司资金供应紧张、暂时借给其用于资金周转为由，由 S 新疆公司董事长指令汇出。

李某和同事趁热打铁，开始全面清理这 2 000 万元的源头——S 新疆公司账外资金户。他们发现，该账户中往来资金不但数额巨大，而且出入频繁。此外，根据资金流向，审计小组还发现，其中有 4 000 万元资金来自两家无业务往来的民营企业。

那么，在 S 新疆公司账外资金户中，来自民营企业的 4 000 万元又有何来路？

四、真相到来

经过对两家民营企业的调查，真相逐步浮出水面。原来，在 2007 年 10 月和 2008 年 3 月，S 新疆公司先后与两家民营企业签订协议，将 S 集团一宗储量近 12 亿吨优质工业动力用煤的采矿权进行了低价转让，仅收取了 4 000 万元转让费。这笔转让费没有汇入其公司账户，而是直接汇入了 S 新疆公司的账外资金户。

从一笔莫名其妙的资金入手，李某和同事咬定线索不放松，经过反复论证调查，终于在新疆有了重大发现，一个庞大的"小金库"及资金流动链初步呈现出来。

实训二　审计计划阶段模块

一、实训目的

（1）熟练掌握审计业务约定书的编制和重要性水平的初步判断。

（2）了解总体审计策略和具体审计计划包括的内容。

二、实训要求

根据实训一所列示的报表、审计材料及本实训所列示的审计材料编制审计业务约定书，确定报表层次重要性水平，填写总体审计策略和具体审计计划。

三、实训操作流程及实训资料

（一）审计业务约定书

（1）注意事项。

根据委托方基本信息＋受托方基本信息可以编制此表，委托方和受托方信息具体见实训一。

（2）根据前述资料填写审计业务约定书。

审计业务约定书

甲方：＿＿＿＿＿＿＿＿＿＿＿＿＿＿＿＿＿＿＿＿＿＿＿

乙方：＿＿＿＿＿＿＿＿＿＿＿＿＿＿＿＿＿＿＿＿＿＿＿

兹由甲方委托乙方对＿＿＿年度财务报表进行审计，经双方协商，达成以下约定：

一、审计的目标和范围

1. 乙方接受甲方委托，对甲方按照企业会计准则编制的＿＿＿年＿月＿日的资产负债表，年度的利润表、所有者权益（或股东权益）变动表和现金流量表以及财务报表附注（以下统称"财务报表"）进行审计。

2. 乙方通过执行审计工作，对财务报表的下列方面发表审计意见：（1）财务报表是否在所有重大方面按照企业会计准则的规定编制；（2）财务报表是否在所有重大方面公允反映了甲方＿＿＿年＿月＿日的财务状况以及＿＿＿年度的经营成果和现金流量。

二、甲方的责任

1. 根据《中华人民共和国会计法》及《企业财务会计报告条例》，甲方及甲方负责人有责任保证会计资料的真实性和完整性。因此，甲方管理层有责任妥善保存和提供会计记录（包括但不限于会计凭证、会计账簿及其他会计资料），这些记录必须真实、完整地反映甲方的财务状况、经营成果和现金流量。

2. 按照企业会计准则的规定编制和公允列报财务报表是甲方管理层的责任，这种责任包括：（1）按照企业会计准则的规定编制财务报表，并使其实现公允反映；（2）设计、执行和维护必要的内部控制，以使财务报表不存在由于舞弊或错误导致的重大错报。

3. 及时为乙方的审计工作提供与审计有关的所有记录、文件和所需的其他信息（在＿＿＿年＿月＿日之前提供审计所需的全部资料，如果在审计过程中需要补充资料也应及时提供），并保证所提供资料的真实性和完整性。

4. 确保乙方不受限制地接触其认为必要的甲方内部人员和其他相关人员。

5. 甲方管理层必要时，还包括治理层对其作出的与审计有关的声明予以书面确认。

6. 为乙方派出的有关工作人员提供必要的工作条件和协助，乙方将于外勤工作开始前提供主要事项清单。

7. 按照本约定书的约定及时足额支付审计费用以及乙方人员在审计期间的交通、食宿和其他相关费用。

8. 乙方的审计不能减轻甲方及甲方管理层的责任。

三、乙方的责任

1. 乙方的责任是在执行审计工作的基础上对甲方财务报表发表审计意见。乙方根据《中国注册会计师审计准则》（以下简称《审计准则》）的规定执行审计工作。《审计准则》要求注册会计师遵守中国注册会计师职业道德守则，计划和执行审计工作以对财务报表是否不存在重大错报获取合理保证。

2. 审计工作涉及实施审计程序，以获取有关财务报表金额和披露的审计证据。选择的审计程序取决于乙方的判断，包括对由于舞弊或错误导致的财务报表重大错报风险的评估。在进行风险评估时，乙方考虑与财务报表编制和公允列报相关的内部控制，以设计恰当的审计程序，但目的并非对内部控制的有效性发表意见。审计工作还包括评价管理层选用会计政策的恰当性和作出会计估计的合理性，以及评价财务报表的总体列报。

3. 由于审计和内部控制的固有限制，即使按照审计准则的规定适当地计划和执行审计工作，仍不可避免地存在财务报表的某些重大错报可能未被乙方发现的风险。

4. 在审计过程中，乙方若发现甲方存在乙方认为值得关注的内部控制缺陷，应以书面形式向甲方治理层或管理层通报。但乙方通报的各种事项，并不代表已全面说明所有可能存在的缺陷或已提出所有可行的改进建议。甲方在实施乙方提出的改进建议前应全面评估其影响。未经乙方书面许可，甲方不得向任何第三方提供乙方出具的沟通文件。

5. 按照约定时间完成审计工作，出具审计报告。乙方应于＿＿＿年＿月＿日前出具审计报告。

6. 除下列情况外，乙方应当对执行业务过程中知悉的甲方信息予以保密：（1）法律法规允许披露，并取得甲方的授权；（2）根据法律法规的要求，为法律诉讼、仲裁准备文件或提供证据，以及向监管机构报告发现的违法行为；（3）在法律法规允许的情况下，在法律诉讼、仲裁中维护自己的合法权益；（4）接受注册会计师协会或监管机构的执业质量检查，答复其询问和调查；（5）法律法规、执业准则和职业道德规范规定的其他情形。

四、审计收费

1. 本次审计服务的收费是以＿＿＿为基础计算的。乙方预计本次审计服务的费用总额为人民币＿＿＿万元。

2. 甲方应于本约定书签署之日起＿＿＿日内支付＿＿＿％的审计费用，其余款项于＿＿＿结清。

3. 如果由于无法预见的原因，致使乙方从事本约定书所涉及的审计服务实际时间较本约定书签订时预计的时间有明显增加或减少时，甲乙双方应通过协商，相应调整本部分第1段所述的审计费用。

4. 如果由于无法预见的原因，致使乙方人员抵达甲方的工作现场后，本约定书所涉及的审计服务中止，甲方不得要求退还预付的审计费用；如上述情况发生于乙方人员完成现场审计工作，并离开甲方的工作现场之后，甲方应另行向乙方支付人民币＿＿＿元的补偿费，该补偿费应于甲方收到乙方的收款通知之日起＿＿＿日内支付。

5. 与本次审计有关的其他费用（包括交通费、食宿费等）由甲方承担。

五、审计报告和审计报告的使用

1. 乙方按照中国注册会计师审计准则规定的格式和类型出具审计报告。

2. 乙方向甲方致送审计报告一式＿＿＿份。

3. 甲方在提交或对外公布乙方出具的审计报告及其后附的已审计财务报表时，不得对其进行修改。当甲方认为有必要修改会计数据、报表附注和所作的说明时，应当事先通知乙方，乙方将考虑有关的修改对审计报告的影响，必要时，将重新出具审计报告。

六、本约定书的有效期间

本约定书自签署之日起生效，并在双方履行完毕本约定书约定的所有义务后终止。但其中第三项第6段、第四、五、七、八、九、十项并不因本约定书终止而失效。

七、约定事项的变更

如果出现不可预见的情况，影响审计工作如期完成，或需要提前出具审计报告，甲、乙双方均可要求变更约定事项，但应及时通知对方，并由双方协商解决。

八、终止条款

1. 如果根据乙方的职业道德及其他有关专业职责、适用的法律法规或其他任何法定的要求，乙方认为已不适宜继续为甲方提供本约定书约定的审计服务，乙方可以采取向甲方提出合理通知的方式终止履行本约定书。

2. 在本约定书终止的情况下，乙方有权就其于终止之日前对约定的审计服务项目所做的工作收取合理的费用。

九、违约责任

甲、乙双方按照《中华人民共和国合同法》的规定承担违约责任。

十、适用法律和争议解决

本约定书的所有方面均应适用中华人民共和国法律进行解释并受其约束。本约定书履行地为乙方出具审计报告所在地，因本约定书引起的或与本约定书有关的任何纠纷或争议（包括关于本约定书条款的存在、效力或终止，或无效之后果），双方协商确定采取以下第____种方式予以解决：

（1）向有管辖权的人民法院提起诉讼；

（2）提交当地仲裁委员会仲裁。

十一、双方对其他有关事项的约定

本约定书一式两份，甲、乙双方各执一份，具有同等法律效力。

授权代表：   授权代表：
　　年　月　日   年　月　日

（二）总体审计策略

（1）注意事项。

根据基本常识和表格间的索引关系填写，只需填写审计范围及重要性部分表格。

（2）根据前述资料填写总体审计策略。

总体审计策略

被审计单位：　　　　编制：　　　　日期：　　　　索引号：
会计期间：　　　　　复核：　　　　日期：　　　　页　数：

一、审计范围

报告要求	内容
适用的财务报告编制基础（包括是否需要将财务信息按照其他财务报告编制基础进行转换）	
适用的审计准则	
与财务报告相关的行业特别规定	
由组成部分注册会计师审计的组成部分的范围	

二、审计时间安排

（一）报告时间要求

审计工作	时间
1. 提交审计报告草稿	
2. 签署正式审计报告	
3. 公布已审计报表和审计报告	

（二）执行审计工作的时间安排

审计工作	时间
1. 制定总体审计策略	
2. 制订具体审计计划	
3. 存货监盘	

（三）沟通的时间安排

沟通	时间
与管理层的沟通	
与治理层的沟通	
项目组会议（包括预备会和总结会）	
与注册会计师的专家的沟通	
与组成部分注册会计师的沟通	
与前任注册会计师的沟通	

三、影响审计业务的重要因素

（一）重要性

重要性	索引号
财务报表整体重要性	
特别类别的交易、账户余额或披露的一个或多个重要性水平（如适用）	
实际执行的重要性	
明显微小错报的临界值	

（二）可能存在较高重大错报风险的领域

可能存在较高重大错报风险的领域	索引号

（三）识别重要组成部分

可能存在较高重大错报风险的领域	索引号

（四）识别重要的交易、账户余额和披露及相关认定

重要的交易、账户余额和披露及相关认定	索引号

四、人员安排

（一）项目组主要成员

姓名	职级	主要职责

（二）质量控制复核人员

姓名	职级	主要职责

五、对专家或有关人士工作的利用

（一）对专家工作的利用

利用领域	专家名称	主要职责及工作范围	索引号

（二）对内部审计工作的利用

利用领域	拟利用的内部审计工作	索引号

（三）对组成部分注册会计师工作的利用

组成部分注册会计师名称	利用其工作范围及程度	索引号

（四）对被审计单位使用服务机构的考虑

六、其他事项

（三）具体审计计划

（1）注意事项。

根据表格之间的勾稽关系填写，只需填写工作底稿索引号。

（2）根据前述资料填写具体审计计划。

具体审计计划（新）

被审计单位：
会计期间：
编制人及复核人员签字：

编制人：	日期：
复核人：	日期：
项目质量控制复核人：	日期：

目　　录

1. 风险评估程序

1.1　一般风险评估程序

风险评估程序	执行人及日期	工作底稿索引号
向管理层询问有关被审计单位业务、经营环境及内部控制的变化情况等		

2. 了解被审计单位及其环境（不包括内部控制）

记录对被审计单位及其环境的了解（对内部控制的了解见以下第 3 部分）、信息来源及风险评估程序。

2.1 行业状况、法律环境与监管环境以及其他外部因素

审计程序	执行人及日期	工作底稿索引号

2.2 被审计单位的性质

审计程序	执行人及日期	工作底稿索引号

2.3 会计政策的选择和运用

审计程序	执行人及日期	工作底稿索引号

2.4 目标、战略及相关经营风险

审计程序	执行人及日期	工作底稿索引号

2.5 财务业绩的衡量和评价

审计程序	执行人及日期	工作底稿索引号

3. 了解内部控制

3.1 整体层面

记录被审计单位在此方面所具有的控制，以及项目组为评价该控制的设计和是否得到执行（以下简称"设计和执行"）所实施的审计程序及其结果。表格中列示的对内部控制要素了解的方面为参考内容。

为评价与组织结构、职权与责任的分配相关的控制的设计和执行实施的审计程序	工作底稿索引号	执行人及日期
控制环境		
风险评估		
控制活动调查		
了解和评价信息系统与沟通		
对管理层的监督调查		

3.2 业务层面

各个主要循环	工作底稿索引号	执行人及日期
销售和收款		
采购和付款		
生产和仓储		
投资和筹资		
工薪和人事		

4. 对风险评估及审计计划的讨论

日期:
参加人员:
讨论项目:

5. 评估的重大错报风险
5.1 评估的财务报表层次的重大错报风险

具体审计计划中的对应部分索引号	风险描述

确定的总体应对措施：

5.2 评估的认定层次的重大错报风险

风险编号	识别的重大错报风险		是否为特别风险及原因	重大错报风险水平
	交易	相关账户及列报		

6. 计划的进一步的审计程序

	销售和收款循环	采购和付款循环	生产和仓储循环	投资和筹资循环	工薪和人事循环
控制测试					
执行人及日期					
索引号					
实质性测试					
执行人及日期					
索引号					

（四）重要性

（1）注意事项。

根据前述利润表（见实训一）中营业利润填写重要性水平。

（2）根据前述资料填写重要性。

重要性

被审计单位：　　　　　　编制：　　　　日期：　　　　　　索引号：
会计期间：　　　　　　　复核：　　　　日期：　　　　　　页　数：

一、财务报表整体的重要性

选择基准	选择基准时考虑的因素	确定经验百分比	确定重要性

二、实际执行的重要性

财务报表整体的重要性	实际执行的重要性	说明

三、特定类别的交易、账户余额或披露的重要性水平

是否存在特定类别的交易、账户余额或披露？其发生的错报金额虽然低于财务报表整体的重要性，但合理预期可能影响财务报表使用者依据财务报表作出的经济决策吗？	是　　　否	

如是，完成以下内容：

交易、账户余额或披露	较低的重要性水平	较低的实际执行的重要性水平

四、明显微小错报的临界值

财务报表整体的重要性	明显微小错报的临界值	说明

五、修改重要性
（一）修改财务报表整体的重要性

最初确定的财务报表整体的重要性	修改后的财务报表整体的重要性	说明

（二）修改特定类别的交易、账户余额或披露的重要性水平

交易、账户余额或披露	最初确定的特定类别的交易、账户余额或披露的重要性水平	修改后的特定类别的交易、账户余额或披露的重要性水平	说明

（三）修改财务报表整体的实际执行的重要性

最初确定的财务报表整体的实际执行的重要性	修改后的财务报表整体的实际执行的重要性	说明

（四）修改特定类别的交易、账户余额或披露的实际重要性水平

交易、账户余额或披露	最初确定的特定类别的交易、账户余额或披露的实际执行的重要性水平	修改后的特定类别的交易、账户余额或披露的实际执行的重要性水平	说明

六、修改重要性对之前确定的进一步审计程序的性质、时间安排和范围的影响

第三章 审计证据

审计证据不足引发的官司

助理人员小张经注册会计师王玲的安排，前往广生公司验证存货的账面余额。在盘点前，小张在过道上听几个工人在议论，得知存货中可能存在不少无法出售的变质产品。对此，小张对存货进行实地抽点，并比较库存量与最近销量。抽点结果表明，存货数量合理，收发也较为有序。由于该产品技术含量较高，小张无法鉴别出存货中是否有变质产品，于是，他不得不询问该公司的存货部高级主管。高级主管的答复是，该产品绝无质量问题。

小张在盘点工作结束后，开始编制工作底稿。在备注中，小张将听说有变质产品的事填入其中，并建议在下一阶段的存货审计程序中，应特别注意是否存在变质产品。王玲在复核工作底稿时，再一次向小张详细了解了存货盘点情况，特别是有关变质产品的情况。对此，还特别对当时议论此事的工人进行询问。但这些工人矢口否认了此事。于是，王玲与存货部高级主管商讨后，得出结论，认为"存货价值公允且均可出售"。底稿复核后，王玲在备注栏后填写了"变质产品问题经核实尚无证据，但下次审计时应加以考虑"。由于广生公司总经理抱怨王玲前几次出具了有保留意见的审计报告，使得他们的贷款遇到了不少麻烦。审计结束后，注册会计师王玲对该年的财务报表出具了无保留意见的审计报告。

两个月后，广生公司资金周转不灵，主要是存货中存在大量变质产品无法出售，致使到期的银行贷款无法偿还。银行拟向会计师事务所索赔，认为注册会计师在审核存货时，具有重大过失。债权人在法庭上出示了王玲的工作底稿，认为注册会计师明知存货被高估，但迫于总经理的压力，没有揭示财务报表中存在问题，因此，应该承担银行的贷款损失。

注册会计师应当获取充分、适当的审计证据，以得出合理的审计结论，作为形成审计意见的基础。因此，注册会计师需要确定什么构成审计证据、如何获取审计证据、如何确定已收集的证据是否充分适当、收集的审计证据如何支持审计意见。上述内容构成了注册会计师审计工作的基本要求。

第一节 审计证据的性质

一、审计证据的含义

审计证据是指注册会计师为了得出审计结论、形成审计意见而使用的所有信息。审计证据包括构成财务报表基础的会计记录所含有的信息和其他信息。证据是一个适用性较广的概念，不仅注册会计师执行审计工作需要证据，科学家和律师也需要证据。在科学实验中，科学家获取证据，以得出关于某项理论的结论；在法律案件中，法官需要根据严密确凿的证据，以提出审判结论；注册会计师必须在每项审计工作中获取充分、适当的审计证据，以满足发表审计意见的要求。

（一）会计记录中含有的信息

依据会计记录编制财务报表是被审计单位管理层的责任，注册会计师应当测试会计记录以获取审计证据。会计记录主要包括原始凭证、记账凭证、总分类账和明细分类账、未在记账凭证中反映的对财务报表的其他调整，以及支持成本分配、计算、调节和披露的手工计算表和电子数据表。上述会计记录是编制财务报表的基础，构成注册会计师执行财务报表审计业务所需获取的审计证据的重要部分。这些会计记录通常是电子数据，因而要求注册会计师对内部控制予以充分关注，以获取这些记录的真实性、准确性和完整性。进一步说，电子形式的会计记录可能只能在特定时间获取，如果不存在备份文件，特定期间之后有可能无法再获取这些记录。

会计记录取决于相关交易的性质，它既包括被审计单位内部生成的手工或电子形式的凭证，也包括从与被审计单位进行交易的其他企业收到的凭证。除此之外，会计记录还可能包括：

（1）销售发运单和发票、顾客对账单以及顾客的汇款通知单；

（2）附有验货单的订购单、购货发票和对账单；

（3）考勤卡和其他工时记录、工薪单、个别支付记录和人事档案；

（4）支票存根、电子转移支付记录、银行存款单和银行对账单；

（5）合同记录，如租赁合同和分期付款销售协议；

（6）记账凭证；

（7）分类账账户调节表。

将这些会计记录作为审计证据时，其来源和被审计单位内部控制的相关强度（对内部生成的证据而言）都会影响会计师对这些原始凭证的信赖程度。

（二）其他信息

会计记录中含有的信息本身并不足以提供充分的审计证据作为对财务报表发表审计意见的基础，注册会计师还应当获取用作审计证据的其他信息。可用作审计证据的其他信息包括注册会计师从被审计单位内部或外部获取的会计记录以外的信息，如被审计单位会议记录、内部控制手册、询证函的回函、分析师的报告、与竞争者的比较数据等；通过询问、观察和检查等审计程序获取的信息，如通过检查存货获取存货存在的证据等；自身编制或获取的可以通过合理推断得出结论的信息，如注册会计师编制的各种计算表、分析表等。

财务报表依据的会计记录中包含的信息和其他信息共同构成了审计证据，两者缺一不可。如果没有前者，审计工作无法进行；如果没有后者，可能无法识别重大错报风险。只有将两者结合在一起，才能将审计风险降至可接受水平，为注册会计师发表审计意见提供合理基础。

必要审计证据的性质与范围取决于注册会计师对何种证据与实现审计目标相关做出的职业判断。这种判断受到重要性评估水平、与特定认定相关的审计风险、总体规模以及影响账户余额的各类经常性或非经常性交易的影响。

注册会计师要获取不同来源和不同性质的审计证据，不过，审计证据很少是绝对的，从性质上来看反而是说服性的，并能佐证会计记录中所记录信息的合理性。因此，在确定报表公允表达时，注册会计师最终评价的正是这种累计的审计证据。注册会计师将不同来源和不同性质的审计证据综合起来考虑，这样能够反映出结果的一致性，从而佐证会计记录中记录的信息。如果审计证据不一致，而且这种不一致可能是重大的，注册会计师应当扩大审计程序的范围，直到不一致得到解决，并针对账户余额或各类交易获得必要保证。

二、审计证据的充分性与适当性

注册会计师应当保持职业怀疑态度，运用职业判断，评价审计证据的充分性和适当性。

（一）审计证据的充分性

审计证据的充分性是对审计证据数量的衡量，主要与注册会计师确定的样本量有关。例如，对某个审计项目实施某一选定的审计程序，从200个样本项目中获得的审计证据要比从100个样本项目中获得的证据更充分。获取的审计证据应当充分，足以将与每个重要认定相关的审计风险限制在可接受水平。

注册会计师需要获取的审计证据的数量受其对重大错报风险评估的影响（评估的重大错报风险越高，需要的审计证据可能越多），并受审计证据质量的影响（审计证据质量越高，需要的审计证据可能越少）。然而，注册会计师仅靠获取更多的审计证据可能无法弥补其质量上的缺陷。

（二）审计证据的适当性

审计证据的适当性，是对审计证据质量的衡量，即审计证据在支持审计意见所依据的结论方面具有的相关性和可靠性。相关性和可靠性是审计证据适当性的核心内容，只有相关且可靠的审计证据才是高质量的。

1. 审计证据的相关性

相关性，是指用作审计证据的信息与审计程序的目的和所考虑的相关认定之间的逻辑联系。用作审计证据的信息的相关性可能受测试方向的影响。例如，如果某审计程序的目的是测试应付账款的多计错报，则测试已记录的应付账款可能是相关的审计程序。如果某审计程序的目的是测试应付账款的漏记错报，则测试已记录的应付账款很可能不是相关的审计程序，相关的审计程序可能是测试期后支出、未支付发票、供应商结算单及发票未到的收货报告单等。

特定的审计程序可能只为某些认定提供相关的审计证据，而与其他认定无关。例如，检查期后应收账款收回的记录和文件可以提供有关存在和计价的审计证据，但未必提供与截止测试相关的审计证据。类似地，有关某一特定认定（如存货的存在认定）的审计证据能替代与其他认定（如该存货的计价认定）相关的审计证据。但是，不同来源或不同性质的审计证据可能与同一认定相关。

控制测试旨在评价内部控制在防止或发现并纠正认定层次重大错报方面的运行有效性。设计控制测试以获取相关审计证据，包括识别一些显示控制运行的情况（特征或属性），以及显示控制未恰当运行的偏差情况。然后，注册会计师可以测试这些情况是否存在。

实质性程序旨在发现认定层次重大错报，包括细节测试和实质性分析程序。设计实质性程序包括识别与测试目的相关的情况，这些情况构成相关认定的错报。

2. 审计证据的可靠性

审计证据的可靠性是指证据的可信程度。例如，注册会计师亲自检查存货所获得的证据，就比被审计单位管理层提供给注册会计师的存货数据更可靠。

审计证据的可靠性受其来源和性质的影响，并取决于获取审计证据的具体环境。注册会计师在判断审计证据的可靠性时，通常会考虑下列原则：

（1）从外部独立来源获取的审计证据比从其他来源获取的审计证据更可靠。从外部独立来源获取的审计证据未经被审计单位有关职员之手，从而减少了伪造、更改凭证或业务记录的可能性，因而其证明力最强。此类证据如银行询证函回函、应收账款询证函回函、保险公司等机构出具的证明等。相反，从其他来源获取的审计证据，由于证据提供者与被审计单位存在经济或行政关系等原因，其可靠性受到质疑。此类证据如被审计单位内部的会计记录、会议记录等。

（2）内部控制有效时内部生成的审计证据比内部控制薄弱时内部生成的审计证据更可靠。如果被审计单位有着健全的内部控制且在日常管理中得到一贯的执行，会计记录的可信赖程度将会增加。如果被审计单位的内部控制薄弱，甚至不存在任何内部控制，被审计单位内部凭证记录的可靠性就大为降低。例如，如果与销售业务相关的内部控制有效，注册会计师就能从销售发票和发货单中取得比内部控制不健全时更加可靠的审计证据。

（3）直接获取的审计证据比间接获取或推论得出的审计证据更加可靠。例如，注册会计师观察某项内部控制的运行得到的证据比询问被审计单位某项内部控制的运行得到的证据更可靠。间接获取的审计证据有被涂改及伪造的可能性，降低了可信赖程度。推论得出的审计证据，其主观性较强，人为因素较多，可信赖程度也受到影响。

（4）以文件、记录形式（无论是纸质、电子或其他介质）存在的审计证据比口头形式的审计证据更可靠。例如，会议的同步书面记录比对讨论事项事后的口头表述更可靠。口头证据本身不足以证明事实的真相，仅仅提供了一些重要线索，为进一步调查确认所用。如注册会计师在对应收账款进行账龄分析后，可以向应收账款负责人询问逾期应收账款收回的可能性。如果该负责人的意见与注册会计师自行估计的坏账损失基本一致，则这一口头证据就可成为证实注册会计师对有关坏账损失判断的重要证据。但在一般情况下，口头证据往往需要得到其他相应证据的支持。

（5）从原件获取的审计证据比从传真或复印件获取的审计证据更可靠。注册会计师可审查原件是否有被涂改或伪造的迹象，排除伪证，提高证据的可信赖程度。而传真件或复印件容易是篡改或伪造的结果，可靠性较低。

注册会计师在按照上述原则评价审计证据的可靠性时，还应当注意出现的重要例外情况。例如，审计证据虽然是从独立的外部来源获得，但如果该证据是由不知情者或不具备资格者提供，审计证据也可能是不可靠的。同样，如果注册会计师不具备评价证据的专业能力，那么即使是直接获取的证据，也可能不可靠。

3. 充分性和适当性之间的关系

充分性和适当性是审计证据的两个重要特征，两者缺一不可，只有充分且适当的审计证据才是有证明力的。

注册会计师需要获取的审计证据的数量也受审计证据质量的影响。审计证据质量越高，需要的审计证据数量可能越少。也就是说，审计证据的适当性会影响审计证据的充分性。例如，被审计单位内部控制健全时生成的审计证据更可靠，注册会计师只需获取适量的审计证据，就可以为发表审计意见奠定合理的基础。

需要注意的是，尽管审计证据的充分性和适当性相关，但如果审计证据的质量存在缺陷，那么注册会计师仅靠获取更多的审计证据可能无法弥补其质量上的缺陷。例如，注册会计师应当获取与销售收入完整性相关的证据，实际获取的却是有关销售收入真实性的证据，审计证据与完整性目标不相关，即使获取的证据再多，也证明不了收入的完整性。同样的，如果注册会计师获取的证据不可靠，那么证据数量再多也难以起证明作用。

4. 评价充分性和适当性的特殊考虑

（1）对文件记录可靠性的考虑。

审计工作通常不涉及鉴定文件记录的真伪，注册会计师也不是鉴定文件记录真伪的专家，但应当考虑用作审计证据的信息的可靠性，并考虑与这些信息生成和维护相关控制的有效性。

如果在审计过程中识别出的情况使其认为文件记录可能是伪造的，或文件记录中的某些条款已发生变动，注册会计师应当做出进一步调查，包括直接向第三方询证，或考虑利用专家的工作以评价文件记录的真伪。例如，如发现某银行询证函回函有伪造或篡改的迹象，注册会计师应当做进一步的调查，并考虑是否存在舞弊的可能性。必要时，应当通过适当方式聘请专家予以鉴定。

（2）使用被审计单位生成信息时的考虑。

注册会计师为获取可靠的审计证据，实施审计程序时使用的被审计单位生成的信息需要足够完整和准确。例如，通过用标准价格乘以销售量来对收入进行审计时，其有效性受到价格信息准确性和销售量数据完整性和准确性的影响。类似地，如果注册会计师打算测试总体（如付款）是否具备某一特性（如授权），若选取测试项目的总体不完整，则测试结果可能不太可靠。

如果针对这类信息的完整性和准确性获取审计证据是所实施审计程序本身不可分割的组成部分，则可以与对这些信息实施的审计程序同时进行。在其他情况下，通过测试针对生成和维护这些信息的控制，注册会计师也可以获得关于这些信息准确性和完整性的审计证据。然而，在某些情况下，注册会计师可能确定有必要实施追加的审计程序。

在某些情况下，注册会计师可能确定打算将被审计单位生成的信息用于其他审计目的，例如，注册会计师可能打算将被审计单位的业绩评价用于分析程序，或利用被审计单位用于监控活动的信息，如内部审计报告等。在这种情况下，获取的审计证据的适当性受到该信息对于审计目的而言是否足够精确和详细的影响。例如，管理层的业绩评价对于发现重大错报可能不够精确。

（3）证据相互矛盾时的考虑。

如果针对某项认定从不同来源获取的审计证据或获取的不同性质的审计证据能够相互印证，与该项认定相关的审计证据则具有更强的说服力。例如，注册会计师通过检查委托加工协议发现被审计单位有委托加工材料，且委托加工材料占存货比重较大，经发函询证后证实委托加工材料确实存在，委托加工协议和询证函回函这两个不同来源的审计证据相互印证，证明委托加工材料真实存在。

如果从不同来源获取的审计证据或获取的不同性质的审计证据不一致，表明某项审计证据可能不可靠，注册会计师应当追加必要的审计程序。上述案例中，如果注册会计师发函询证后证实委托加工材料已加工完成并返回被审计单位，委托加工协议和询证函回函这两个不同来源的证据不一致，委托加工材料是否真实存在受到质疑。这时，注册会计师应追加审计程序，确认委托加工材料收回后是否未入库或被审计单位收回后予以销售而未入账。

（4）获取审计证据时对成本的考虑。

注册会计师可以考虑获取审计证据的成本与所获取信息的有用性之间的关系，但不应以获取审计证据的困难程度和成本为由减少不可替代的审计程序。在保证获取充分、适当的审计证据的前提下，控制审计成本也是会计师事务所增强竞争能力和获取能力所必需的，但为了保证得出的审计结论、形成的审计意见是恰当的，注册会计师不应将获取审计证据的成本高低和难易程度作为减少不可替代的审计程序的理由。例如，在某些情况下，存货监盘是证实存货存在认定的不可替代的审计程序，注册会计师在审计中不得以检查成本高和难以实施为由而不执行该程序。

第二节 审 计 程 序

一、审计程序的作用

注册会计师面临的主要决策之一，就是通过实施审计程序，获取充分、适当的审计证据，以满足对财务报表发表意见。受到成本的约束，注册会计师不可能检查和评价所有可能获取的证据，因此对审计证据充分性、适当性的判断是非常重要的。注册会计师利用审计程序获取审计证据涉及以下四个方面的决策：（1）选用何种审计程序；（2）对选定的审计程序，应当选取多大的样本规模；（3）应当从总体中选取哪些项目；（4）何时执行这些程序。

审计程序是指注册会计师在审计过程中的某个时间，对将要获取的某类审计证据如何进行收集的详细指令。在设计审计程序时，注册会计师通常使用规范的措辞或术语，以使审计人员能够准确理解和执行。例如，注册会计师为了验证 Y 公司应收账款 2016 年 12 月 31 日的存在，取得 Y 公司编制的应收账款明细账，对应收账款进行函证。

注册会计师在选定了审计程序后，确定的样本规模可能在所测试的总体规模内随机变化。假定应收账款明细账合计有 500 家客户，注册会计师对应收账款明细账中 300 家客户进行函证。

在确定样本规模之后，注册会计师应当确定测试总体中的哪个或哪些项目。例如，注册会计师对应收账款明细账中余额较大的前 200 家客户进行函证，其余客户按一定比例抽取函证。抽取方法是从第 10 家客户开始，每隔 20 家抽取一家，与选取的大额客户重复的顺序递延。

注册会计师执行函证程序的时间可选择在资产负债表日（2019 年 12 月 31 日）后任意时间，但通常受审计完成时间、审计证据的有效性和审计项目组人力充足性的影响。

二、审计程序的种类

在审计过程中，注册会计师可根据需要单独或综合运用以下审计程序，以获取充分、适当的审计证据。

（一）检查

检查是指注册会计师对被审计单位内部或外部生成的，以纸质、电子或其他介质形式存在的记录和文件进行审查，或对资产进行实物审查。检查记录或文件可以提供不同可靠程度的审计证据，审计证据的可靠性取决于记录或文件的性质和来源，而在检查内部记录或文件时，其可靠性则取决于生成该记录或文件的内部控制的有效性。将检查用作控制测试的一个例子，是检查记录以获取关于授权的审计证据。

某些文件是表明一项资产存在的直接审计证据，如构成金融工具的股票或债券，但检查此类文件并不一定能提供有关所有权或计价的审计证据。此外，检查已执行的合同可以提供与被审计单位运用会计政策（如收入确认）相关的审计证据。

检查有形资产可为其存在提供可靠的审计证据，但不一定能够为权利和业务或计价等认定提供可靠的审计证据，对个别存货项目进行的检查，可与存货监盘一同实施。

（二）观察

观察是指注册会计师查看相关人员正在从事的活动或实施的程序。例如，注册会计师对被审计单位人员执行的存货盘点或控制活动进行观察。观察可以提供执行有关过程或程序的审计证据，但观察所提供的审计证据仅限于观察发生的时点，而且被观察人员的行为可能因被观察而受到影响，这也会使观察提供的审计证据受到限制。

（三）询问

询问是指注册会计师以书面或口头的方式，向被审计单位内部或外部的知情人员获取财务信息和非财务信息，并对答复进行评价的过程。作为其他审计程序的补充，询问广泛应用于整个审计过程中。

知情人员对询问的答复可能为注册会计师提供尚未获悉的信息或佐证证据。另外，对询问的答复也可能提供与注册会计师已获取的其他信息存在重大差异的信息，例如，关于被审计单位管理层凌驾于控制之上的可能性的信息。在某些情况下，对询问的答复为注册会计师修改审计程序或实施追加的审计证据提供了基础。

尽管对通过询问获取的审计证据予以佐证通常特别重要，但在询问管理层意图时，获取的支持管理层意图的信息可能是有限的，在这种情况下，了解管理层过去所声称意图的实现情况、选择某项特别措施时声称的原因以及实施某项具体措施的能力，可以为佐证通过询问获取的证据提供相关信息。

针对某些事项，注册会计师可能认为有必要向管理层和治理层（如适用）获取书面声明，以证实对口头询问的答复。

（四）函证

函证是指注册会计师直接从第三方（被询证者）获取书面答复以作为审计证据的过程，书面答复可以采用纸质、电子或其他介质等形式。当针对的是与特定账户余额及其项目相关的认定时，函证常常是相关的程序。但是，函证不必仅仅局限于账户余额。例如，注册会计师可能要求对被审计单位与第三方之间的协议和交易条款进行函证。注册会计师可能在询证函中询问协议是否做过修改，如果做过修改，要求被询证者提供相关的详细信息。此外，函证程序还可以用于获取不存在某些情况的审计证据，如不存在可能影响被审计单位收入确认的"背后协议"。

（五）重新计算

重新计算是指注册会计师对记录或文件中的数据计算的准确性进行核对。重新计算可通过手工方式或电子方式进行。

（六）重新执行

重新执行是指注册会计师独立执行原本作为被审计单位内部控制组成部分的程序或控制。

（七）分析程序

分析程序是指注册会计师通过分析不同财务数据之间以及财务数据与非财务数据之间的内在关系，对财务信息作出评价。分析程序还包括在必要时对识别出的、与其他相关信息不一致或与预期值差异重大的波动或关系进行调查。

上述审计程序基于审计的不同阶段和目的单独或组合起来，可作风险评估程序、控制测试和实质性程序。

第三节 函 证

一、函证决策

注册会计师应当确定是否有必要实施函证以获取认定层次的充分、适当的审计证据。在作出决策时，注册会计师应当考虑以下三个因素。

（一） 评估的认定层次重大错报风险

评估的认定层次重大错报风险水平越高，注册会计师对通过实质性程序获取的审计证据的相关性和可靠性的要求越高。因此，随着评估的认定层次重大错报风险的增高，注册会计师就要设计实质性程序获取更加相关和可靠的审计证据，或者更具说服力的审计证据。在这种情况下，函证程序的运用对于提供充分、适当的审计证据可能是有效的。

评估的认定层次重大错报风险水平越低，注册会计师需要从实质性程序中获取的审计证据的相关性和可靠性的要求越低。例如，被审计单位可能有一笔正在按照商定还款计划时间表偿还的银行借款，假设注册会计师在以前年度已对其条款进行了函证。如果注册会计师实施的其他工作（包括必要时进行的控制测试）表明借款的条款没有改变，并且这些工作使得未偿还借款余额发生重大错报风险被评估为低水平时，注册会计师实施的实质性程序可能只限于测试还款的详细情况，而不必再次向债权人直接函证这笔借款的余额和条款。

如果认定某项风险属于特别风险，注册会计师需要考虑是否通过函证特定事项以降低检查风险。例如，与简单的交易相比，异常或复杂的交易可能导致更高的错报风险。如果被审计单位从事了异常的或复杂的、容易导致较高重大错报风险的交易，除检查被审计单位持有的文件凭证外，注册会计师可能还需考虑是否向交易对方函证交易的真实性和详细条款。

（二） 函证程序针对的认定

函证可以为某项认定提供审计证据，但是对不同的认定，函证的证明力是不同的。在函证应收账款时函证可能为存在、权利和义务认定提供相关可靠的审计证据，但是不能为计价与分摊认定（应收账款涉及的坏账准备计提）提供证据。

对特定认定，函证的相关性受注册会计师选择函证信息的影响。例如，在审计应付账款完整性认定时，注册会计师需要获取没有重大未记录负债的证据。相应地，向被审计单位主要供应商函证，即使记录显示应付余额为零，相对于选择大金额的应付账款进行函证，这在检查未记录负债方面通常更有效。

（三） 实施除函证以外的其他审计程序

针对同一项认定可以从不同来源获取审计证据或获取不同性质的审计证据。

这里的其他审计程序是指除函证程序以外的其他审计程序。注册会计师应当考虑被审计单位的经营环境、内部控制的有效性、账户或余额的性质、被询证者处理询证函的习惯做法及回函的可能性等，以确定函证的内容、范围、时间和方式。例如，如果被审计单位与应收账款存在有关的内部控制设计良好并有效运行，注册会计师可适当减少函证的样本量。

除上述三个因素外，注册会计师还可以考虑下列因素以确定是否选择函证程序作为实质性程序：

（1）被询证者对函证事项的了解。如果被询证者对所函证的信息具有必要的了解，其提供的回复可靠性更高。

（2）预期被询证者回复询证函的能力或意愿。例如，在下列情况下，被询证者可能不会回复，也可能只是随意回复或可能试图限制对其回复的依赖程度：

①被询证者可能不愿承担回复询证函的责任；

②被询证者可能认为回复询证函成本太高或消耗太多时间；

③被询证者可能对因回复询证函而可能承担的法律责任有所担心；

④被询证者可能以不同币种核算交易；

⑤回复询证函不是被询证者日常经营的重要部分。

（3）预期被询证者的客观性。如果被询证者是被审计单位的关联方，则其回复的可靠性会降低。

二、函证的内容

（一）函证的对象

1. 银行存款、借款及与金融机构往来的其他重要信息

注册会计师应当对银行存款（包括零余额账户和在本期内注销的账户）、借款及与金融机构往来的其他重要信息实施函证程序，除非有充分证据表明某一银行存款、借款及金融机构往来的其他重要信息对财务报表不重要且与之相关的重大错报风险很低。如果不对这些项目实施函证程序，注册会计师应当在审计工作底稿中说明理由。

2. 应收账款

注册会计师应当对应收账款实施函证程序，除非有充分证据表明应收账款对财务报表不重要，或函证很可能无效。如果认为函证很可能无效，注册会计师应当实施替代审计程序，获取相关、可靠的审计证据。如果不对应收账款函证，注册会计师应当在审计工作底稿中说明理由。

3. 函证的其他内容

注册会计师可以根据具体情况和实际需要对下列内容（包括但不限于）实施函证：

（1）交易性金融资产；

（2）应收票据；

（3）其他应收款；

（4）预付账款；

（5）由其他单位代为保管、加工或销售的存货；

（6）长期股权投资；

（7）应付账款；

（8）预收账款；

（9）保证、抵押或质押；

（10）或有事项；

（11）重大或异常的交易。

可见，函证通常适用于账户余额及其组成部分（如应收账款明细账），但是不一定限

于这些项目。例如，为确认合同条款是否发生变动及变动细节，注册会计师可以函证被审计单位与第三方签订的合同条款。注册会计师还可向第三方函证是否存在影响被审计单位收入确认的背后协议或某项重大交易的细节。

（二）函证程序实施的范围

如果采用审计抽样的方式确定函证程序的范围，无论采用统计抽样方法，还是非统计抽样方法，选取的样本应当足以代表总体。根据对被审计单位的了解、评估的重大错报风险以及所测试总体的特征等，注册会计师可以确定从总体中选取特定项目进行测试。选取的特定项目可能包括：

（1）金额较大的项目；

（2）账龄较长的项目；

（3）交易频繁但期末余额较小的项目；

（4）重大关联方交易；

（5）重大或异常的交易；

（6）可能存在争议、舞弊或错误的交易。

（三）函证的时间

注册会计师通常以资产负债表日为截止日，在资产负债表日后适当时间内实施函证。如果重大错报风险评估为低水平，注册会计师可选择资产负债表日前适当日期为截止日实施函证，并对所函证项目自该截止日起至资产负债表日止发生的变动实施实质性程序。

根据评估的重大错报风险，注册会计师可能会决定函证非期末的某一日的账户余额，例如，当审计工作将在资产负债表日之后很短的时间内完成时，可能会这么做。对于各类在年末之前完成的工作，注册会计师应当考虑是否有必要针对剩余期间获取进一步的审计证据。

以应收账款为例，注册会计师通常在资产负债表日后某一天函证资产负债表日的应收账款余额。如果在资产负债表日前对应收账款余额实施函证，注册会计师应当针对询证函指明的截止日期与资产负债表日之间实施进一步的实质性程序，或将实质性程序和控制测试结合使用，以将期中测试得出的结论合理延伸至期末。实质性程序包括测试该期间发生的影响应收账款余额的交易或实施分析程序等。控制测试包括测试销售交易、收款交易及与应收账款冲销有关的内部控制的有效性等。

（四）管理层要求不实施函证时的处理

当被审计单位管理层要求对拟函证的某些账户余额或其他信息不实施函证时，注册会计师应当考虑该项要求是否合理，并获取审计证据予以支持。如果认为管理层的要求合理，注册会计师应当实施替代审计程序，以获取与这些账户余额或其他信息相关的充分、适当的审计证据。如果认为管理层的要求不合理，且被其阻挠而无法实施函证，注册会计师应当视为审计范围受到限制，并考虑对审计报告可能产生的影响。

分析管理层要求不实施函证的原因，注册会计师应当保持职业怀疑态度，并考虑：

（1）管理层是否诚信；

（2）是否可能存在重大的舞弊或错误；

（3）替代审计程序能否提供与这些账户余额或其他信息相关的充分、适当的审计证据。

三、询证函的设计

（一）设计询证函的总体要求

注册会计师应当根据特定审计目标设计询证函。询证函的设计服从于审计目标的需要。通常，在针对账户余额的存在认定获取审计证据时，注册会计师应当在询证函中列明相关信息，要求对方核对确认。但在针对账户余额的完整性认定获取审计证据时，注册会计师则需要改变询证函的内容设计或者采用其他审计程序。

例如，在函证应收账款时，询证函中不列出账户余额，而是要求被询证者提供余额信息，这样才能发现应收账款低估错报。再如，在对应收账款的完整性获取审计证据时，根据被审计单位的供货商明细表向被审计单位的主要供货商发出询证函，就比从应付账款明细表中选择询证对象更容易发现未入账的负债。

（二）设计询证函需要考虑的因素

在设计询证函时，注册会计师应当考虑所审计的认定以及可能影响函证可靠性的因素。可能影响函证可靠性的因素主要包括：

（1）函证的方式。函证的方式有两种：积极式函证和消极式函证。不同的函证方式，其提供审计证据的可靠性不同。

（2）以往审计或类似业务的经验。在判断实施函证程序的可靠性时，注册会计师通常会考虑以前年度审计或类似审计业务的经验，包括回函率、以前年度审计中发现的错报以及回函所提供信息的准确程度等。当注册会计师根据以往经验认为，即使询证函设计恰当，回函率仍很低，应考虑从其他途径获取审计证据。

（3）拟函证信息的性质。信息的性质是指信息的内容和特点。注册会计师应当了解被审计单位与第三方之间交易的实质，以确定哪些信息需要进行函证。例如，对那些非常规合同或交易，注册会计师不仅应对账户余额或交易金额作出函证，还应当考虑对交易或合同的条款实施函证，以确定是否存在重大口头协议、客户是否有自由退货的权利、付款方式是否有特殊安排等。

（4）选择被询证者的适当性。注册会计师应当向所询证信息知情的第三方发送询证函。例如，以公允价值计量且其变动计入当期损益的金融资产、以摊余成本计量的金融资产、以公允价值计量且其变动计入其他综合收益的金融资产及长期股权投资，注册会计师通常向股票、债券专门保管或登记机构发函询证或向接受投资的一方发函询证；对应收票据，通常向出票人或承兑人发询证函；对其他应收款，向形成其他应收款的有关方发询证函；对预付账款、应付账款，通常向供货单位发函询证；对委托贷款，通常向有关的金融机构发函询证；对预收账款，通常向购货单位发函询证；对保证、抵押或质押，通常向有关金融机构发函询证；对或有事项，通常向律师等发函询证；对重大或异常的交易，通常向有关的交易方发函询证。

函证所提供的审计证据的可靠性还受到被询证者的能力、独立性、客观性、回函者是否有权回函等要素的影响。注册会计师在设计询证函、评价函证结果以及确定是否需要实施其他审计程序时，应当考虑回函者的能力、知识、动机、回函意愿等方面的信息或有关回函者是否保持客观和公正的信息。当存在重大、异常、在期末前发生的、对财务报表产生重大影响的交易，而被询证者在经济上依赖于被审计单位时，注册会计师应当考虑被询证者可能被驱使提供不正确的回函。

（5）被询证者易于回函的信息类型。询证者所函证信息是否便于被询证者回答，将影响回函率和所获取审计证据的性质。例如，某些被询证者的信息可能便于对形成账户余额的每笔交易进行函证，而不是对账户余额本身进行函证。此外，被询证者可能并不总是能够证实特定类型的信息，例如应收账款余额，但是却可能能够证实余额当中的单笔发票的余额。

询证函通常应当包括被审计单位管理层的授权，授权被询证者向注册会计师提供有关信息。对获得被审计单位管理层授权的询证函，被询证者可能更愿意回函，在某些情况下，如果没有被授权，被询证者甚至不能够回函。

（三）积极与消极的函证方式

注册会计师可采用积极或消极的函证方式，也可将两种方式组合使用。

1. 积极的函证方式

注册会计师应当要求被询证者在所有情况下必须回函，确认询证函所列示信息是否正确，或填列询证函要求的信息。积极的函证方式又分为两种：一种是在询证函中列明拟函证的账户余额或其他信息，要求被询证者确认所函证的款项是否正确。通常认为，对这种询证函的回复能够提供可靠的审计证据。但是，其缺点是被询证者可能对所列示信息根本不加以验证就予以回函确认。注册会计师通常难以发觉是否发生了这种情形。为了避免这种风险，注册会计师可以采用另外一种询证函，即在询证函中不列明账户余额或其他信息，而要求被询证者填写有关信息或提供进一步信息。由于这种询证函要求被询证者作出更多的努力，可能会导致回函率降低，进而导致注册会计师执行更多的替代程序。

在采用积极的函证方式时，只有注册会计师收到回函，才能为财务报表认定提供审计证据。注册会计师没有收到回函，可能是由于被询证者根本不存在，或是由于被询证者没有收到询证函，也可能是由于被询证者没有理会询证函，因此，无法证明所函证信息是否正确。

2. 消极的函证方式

如果采用消极的函证方式，注册会计师要求被询证者仅在不同意询证函列示信息的情况下才予以回函。对消极式询证函而言，未收到回函并不能明确表明预期的被询证者已经收到询证函或已经证实了询证函中包含的信息的准确性。因此，未收到消极式询证函的回函提供的审计证据，远不如积极式询证函的回函提供的审计证据有说服力。如果询证函中的信息对被询证者有利，回函的可能性就会相对较小。例如，被审计单位的供应商如果认为询证函低估了被审计单位的应付账款余额，则其更有可能回函；如果高估了该余额，则回函的可能性很小。因此，注册会计师在考虑这些余额是否可能被低估时，向供应商发出消极式询证函可能是有用的程序，但是，利用这种程序收集该余额高估的证据就未必有效。

当同时存在下列情况时，注册会计师可考虑采用消极的函证方式：

（1）重大错报风险评估为低水平；

（2）涉及大量余额较小的账户；

（3）预期不存在大量的错误；

（4）没有理由相信被函证者不认真对待函证。

3. 两种方式的结合使用

在实务中，注册会计师也可将这两种方式结合使用。以应收账款为例，当应收账款的余额是由少量的大额应收账款和大量的小额应收账款构成时，注册会计师可以对所有的或抽取的大额应收账款样本项目采用积极的函证方式，而对抽取的小额应收账款样本项目采用消极的函证方式。

四、函证的实施与评价

（一）对函证过程的控制

注册会计师应当对函证的全过程保持控制。

1. 函证发出前的控制措施

询证函经被审计单位盖章后，应当由注册会计师直接发出。

为使函证程序能有效地实施，在询证函发出前，注册会计师需要恰当地设计询证函，并对询证函上的各项资料进行充分核对，注意事项可能包括：

（1）询证函中填列的需要被询证者确认的信息是否与被审计单位账簿中的有关记录保持一致。对于银行存款的函证，需要银行确认的信息是否与银行对账单等保持一致。

（2）考虑选择的被询证者是否适当，包括被询证者对被询证信息是否知情、是否具有客观性、是否拥有回函的授权等。

（3）是否已在询证函中正确填列被询证者直接向注册会计师回函的地址。

（4）是否已将部分或全部被询证者的名称、地址与被审计单位有关记录进行核对，以确保询证函中的名称、地址等内容的准确性。可以执行的程序包括但不限于：通过拨打公共查询电话核实被询证者的名称和地址；将被询证者的名称和地址信息与被审计单位持有的相关合同等文件核对；对于供应商或客户，可以将被询证者的名称、地址与被审计单位收到或开具的增值税专用发票中的对方单位名称、地址进行核对。

2. 通过不同方式发出询证函时的控制措施

根据注册会计师对舞弊风险的判断，以及被询证者的地址和性质、以往回函情况、回函截止日期等因素，询证函的发出和收回可以采用邮寄、跟函、电子形式函证（包括传真、直接回访网站等）等方式。

（1）通过邮寄方式发出询证函时采取的控制措施。

为避免询证函被拦截、篡改等舞弊风险，在邮寄询证函时，注册会计师可以在核实由被审计单位提供的被询证者的联系方式后，不使用被审计单位本身的邮寄设施，而是独立寄发出询证函（如直接在邮局投递）。

（2）通过跟函的方式发出询证函时采取的控制措施。

如果注册会计师认为跟函的方式（即注册会计师独自或在被审计单位员工的陪伴下亲自将询证函送至被询证者，在被询证者核对并确认回函后，亲自将回函带回的方式）能够获取可靠信息，可以采取该方式发送并收回询证函。如果被询证者同意注册会计师独自前往执行函证程序，注册会计师可以独自前往。如果注册会计师跟函时需要被审计单位员工陪伴，注册会计师需要在整个过程中保持对询证函的控制，同时，对被审计单位和被询证者之间串通舞弊的风险保持警觉。

在我国目前的实务操作中，由于被审计单位之间的商业惯例还比较认可印章原件，所以邮寄和跟函方式更为常见。如果注册会计师根据具体情况选择通过电子方式发送询证函，在发函前就可以基于对特定询证方式所存在的风险的评估，考虑相应的控制措施。

（二）积极式函证未收到回函时的处理

如果在合理的时间内没有收到询证函回函，注册会计师应当考虑必要时再次向被询证者寄发询证函。

如果未能得到被询证者的回应，注册会计师应当实施替代审计程序，在某些情况下，注册会计师可能识别出认定层次重大错报风险，且取得积极式函证回函是获取充分、适当的审计证据的必要程序。这些情况可能包括：

（1）可获取的佐证管理层认定的信息只能从被审计单位外部获得；

（2）存在特定舞弊风险因素，例如，管理层凌驾于内部控制之上、员工和（或）管理层串通使注册会计师不能信赖从被审计单位获取的审计证据。

如果注册会计师认为取得积极式函证回函是获取充分、适当的审计证据的必要程序，则替代程序不能提供注册会计师所需要的审计证据。在这种情况下，如果未获取回函，注册会计师应当确定其对审计工作和审计意见的影响。

（三）评价函证的可靠性

函证所获取的审计证据的可靠性主要取决于注册会计师设计询证函、实施函证程序和评价函证结果等程序的适当性。

拓展案例

电商企业审计证据难获取[①]

网购更新了线下交易形式，买卖双方在电商平台完成下单、在线支付及确认付款等一系列行为，相应的凭证全部以电磁化形式存储在电子凭证中。基于此，对于电商企业的审计，审计人员需要对电子审计证据尤为关注，以便实现对交易行为真实性、交易金额准确性的认知。

电商平台需要全天候保持运营，交易数据时间横跨全天 24 小时，因此审计人员需要获取的数据内容变多，审计范围扩大，需要对平台实行动态的全流程持续审计取证，确保审计风险疑点的全覆盖。除此之外，网购交易的审计范围不单局限于财务交易数据本身，同样也涉及企业的内部控制系统有效性在内的文档或网站等非数字类审计资源，这也是电

---

① 宋彦君.云审计在电商审计风险防范中的运用研究［D］.北京交通大学硕士学位论文，2019.

商行业审计区别于以往零售实体业务审计的一大特征。

另外，网购交易的所有数据信息均以电磁化的形式存储于企业的 ERP 系统中。然而不能否认的是，数据舞弊在面对篡改、删除或修改失误时，相较于纸质存储形态，电子存储格式下的数据漏洞被察觉的可能性降低——去痕迹化是电商审计证据区别于传统审计证据的最大特点。由此为审计证据的真实完整性的确认增添了难度系数。

由此可见，电商企业的审计范围已经脱离了纯粹的财务交易数据的审计，拓展到以内部系统控制为原点的整体经营状况的审计。由于审计数据的无纸化以及审计证据的时效性，电商审计证据难以获取。

实训三 风险评估模块

一、实训目的

了解被审计单位及其环境，以销售收款循环为例，了解内部控制审计，评价内部控制。

二、实训要求

根据实训一所列示的报表、审计材料及本实训所列示的审计材料，了解被审计单位及其环境，以销售收款循环为例，了解内部控制审计，评价内部控制。

三、实训操作流程及实训资料

（一）了解被审计单位及其环境

1. 注意事项

索引号 1201（即了解被审计单位及其环境 1）从受托方信息查看（受托方信息见前述实训一）；索引号 1202（即了解被审计单位及其环境 2）根据受托方信息以及审计材料里面的供销、采购合同登记情况；索引号 1203（即了解被审计单位及其环境 3）根据审计材料里的财务制度；索引号 1205（即了解被审计单位及其环境 5）结合本表的其他给定信息进行判断。

2. 实训资料

（1）了解被审计单位及其环境 1。

了解被审计单位及其环境1

被审单位：　　　　编制：　　　　日期：　　　　　索引号：
会计期间：　　　　复核：　　　　日期：　　　　　页　次：

项目	描述
一、公司所处行业状况、法律环境与监管环境以及其他外部因素	
1. 行业状况	
（1）所在行业的市场供求与竞争	
被审计单位的主要产品是什么？所处什么行业？	
行业的总体发展趋势是什么？	
行业处于哪一总体发展阶段（例如，起步、快速成长、成熟或衰退阶段）？	
市场需求、市场容量和价格竞争如何？	
行业上下游关系如何？	
谁是被审计单位最重要的竞争者？它们所占的市场份额是多少？	
被审计单位及其竞争者主要的竞争优势是什么？	
（2）生产经营的季节性和周期性	
行业是否受经济周期波动影响，以及采取了什么行动使波动的影响最小化？	
行业生产经营和销售是否受季节影响？	
（3）产品生产技术的变化	
本行业的核心技术是什么？	
受技术发展影响的程度如何？	
行业是否开发了新的技术？	
被审计单位在技术方面是否具有领先地位？	
（4）能源供应与成本	
能源消耗在成本中所占的比重是多少？能源价格的变化对成本有什么影响？	
（5）行业的关键指标和统计数据	
行业产品平均价格、产量是多少？	
被审计单位业务的增长率和财务业绩与行业的平均水平及主要竞争者相比如何？存在重大差异的原因是什么？	

续表

项目	描述
竞争者是否采取了某些行动,如购并活动、降低销售价格、开发新技术等,从而对被审计单位的经营活动产生影响?	
2. 法律环境及监管环境	
(1) 适用的会计准则、会计制度和行业特定惯例	
被审计单位属于上市公司、外商投资企业还是其他企业?相应地适用的会计准则或会计制度是什么?例如,企业会计准则还是《企业会计制度》或者《小企业会计制度》?	
是否仍采用行业核算办法?	
(2) 对经营活动产生重大影响的法律法规及监管活动	
国家对该行业是否有特殊监管要求?	
(3) 对开展业务产生重大影响的政府政策,包括货币、财政、税收和贸易等政策	
现行货币政策、财政政策、关税和贸易限制或税务法规对被审计单位经营活动产生怎样的影响?	
(4) 与被审计单位所处行业和所从事经营活动相关的环保要求	
是否存在新出台的法律法规(如新出台的有关产品责任、劳动安全或环境保护的法律法规等)?对被审计单位有何影响?	
3. 其他外部因素	
当前的宏观经济状况如何(萧条、景气),以及未来的发展趋势如何?	
利率和资金供求状况如何影响被审计单位的经营活动?	
目前国内或本地区的经济状况(如增长率、通货膨胀、失业率、利率等)如何影响被审计单位的经营活动?	
被审计单位的经营活动是否受到汇率波动或全球市场力量的影响?	
总体情况及潜在风险描述:	

（2）了解被审计单位及其环境2。

了解被审计单位及其环境2

被审单位：　　　　　编制：　　　　　日期：　　　　　索引号：
会计期间：　　　　　复核：　　　　　日期：　　　　　页　次：

项目	描述/了解结果
二、被审计单位的性质	
1. 所有权结构	
（1）被审计单位的所有权结构	
（2）所有者	
（3）控股母公司	
控股母公司的所有权性质、管理风格及其对被审计单位经营活动及财务报表可能产生的影响	
控股母公司与被审计单位在资产、业务、人员、机构、财务等方面是否分开？是否存在占用资金等情况？	
控股母公司是否施加压力，要求被审计单位达到其设定的财务业绩目标	
2. 治理结构	
（1）获取或编制被审计单位治理结构图	
（2）对图示内容作出详细解释说明	
董事会的构成和运作情况	
董事会内部是否有独立董事，独立董事的人员构成	
治理结构中是否设有审计委员会或监事会及其运作情况等	
3. 组织结构	
（1）获取或编制被审计单位组织结构图	
（2）对图示内容作出详细解释说明	
组织结构是否复杂？是否可能导致重大错报风险	
财务报表合并、商誉减值、长期股权投资核算以及特殊目的实体核算等问题	
4. 经营活动	
（1）主营业务的性质	

续表

项目	描述/了解结果
（2）主要产品及描述	
（3）与生产产品或提供劳务相关的市场信息	
主要客户和合同、付款条件	
利润率、市场份额、竞争者	
出口、定价政策、产品声誉、质量保证、营销策略和目标	
（4）业务的开展情况	
业务分部的设立情况	
产品和服务的交付情况	
衰退或扩展的经营活动情况	
（5）联盟、合营与外包情况	
（6）从事电子商务的情况（是否通过互联网销售产品、提供服务或从事营销活动）	
（7）地区与行业分布	
是否涉及跨地区经营和多种经营	
各个地区和各行业分布的相对规模以及相互之间是否存在依赖关系	
（8）生产设施、仓库的地理位置及办公地点	
（9）关键客户	
销售对象是少量的大客户还是众多的小客户	
是否有被审计单位高度依赖的特定客户（如超过销售总额 10% 的顾客）	
是否有造成高回收性风险的若干客户或客户类别	
是否与某些客户订立了不寻常的销售条款或条件	
（10）重要供应商	
主要供应商名单	
是否签订长期供应合同	
原材料供应的可靠性和稳定性	
付款条件	

项目	描述/了解结果
原材料是否受重大价格变动的影响	
（11）劳动用工情况	
分地区用工情况	
劳动力供应情况	
工资水平、退休金和其他福利、股权激励或其他奖金安排	
适用的劳动用工事项相关法规	
（12）研究与开发活动及其支出	
从事的研究与开发活动	
研发支出占收入比重	
与同行业相比情况	
（13）关联方交易	
哪些客户或供应商是关联方	
对关联方和非关联方是否采用不同的销售和采购条款	
关联方交易以及定价政策	
5. 投资活动	
（1）近期拟实施或已实施的并购活动与资产处置情况	
被审计单位的并购活动或某些业务的终止，如何与目前的经营业务相协调	
被审计单位的并购活动或某些业务的终止，是否会引发进一步的经营风险	
（2）证券投资、委托贷款的发生与处置	
（3）资本性投资活动	
固定资产和无形资产投资	
近期发生的或计划发生的投资变动	
重大的资本承诺	
（4）不纳入合并范围的投资	
6. 筹资活动	
（1）债务结构和相关条款，包括担保情况及表外融资	

续表

项目	描述/了解结果
获得的信贷额度是否可以满足营运需要	
得到的融资条件及利率是否与竞争对手相似？如不相似，原因何在	
是否存在违反借款合同中限制性条款的情况	
是否承受重大的汇率与利率风险	
（2）固定资产的租赁	
（3）关联方融资	
（4）实际受益股东（名称、国籍、商业声誉、经验，以及可能对被审单位产生的影响）	
（5）衍生金融工具的运用	
衍生金融工具用于交易目的还是套期目的	
衍生金融工具的种类	
使用衍生金融工具的范围	
总体情况及潜在风险描述：	

（3）了解被审计单位及其环境3。

了解被审计单位及其环境3

被审单位：　　　　编制：　　　　日期：　　　　索引号：
会计期间：　　　　复核：　　　　日期：　　　　页　次：

三、被审计单位对会计政策的选择和运用

1. 被审计单位选择和运用的会计政策

会计事项	被审计单位选择和运用的会计政策	对会计政策选择和运用的评价
发出存货成本的计量		
长期股权投资的后续计量		
固定资产的初始计量		
无形资产的确定		

续表

会计事项	被审计单位选择和运用的会计政策	对会计政策选择和运用的评价
非货币性资产交换的计量		
收入的确认		
借款费用的处理		
合并政策		

2. 会计政策变更的情况

原会计政策	变更后会计政策	变更日期	变更原因	对变更的处理（调整列报等）	对变更的评价

3. 披露

被审计单位是否按照适用的会计准则和会计制度对会计政策的选择和运用进行了恰当的披露	

总体情况及潜在风险描述：

（4）了解被审计单位及其环境 5。

了解被审计单位及其环境 5

被审单位：　　　　编制：　　　　日期：　　　　索引号：
会计期间：　　　　复核：　　　　日期：　　　　页　次：

调查内容	调查结果描述
1. 关键业绩指标	
2. 业绩趋势	
3. 预测、预算和差异分析	
4. 管理层和员工业绩考核与激励性报酬政策	
5. 分部信息与不同层次部门的业绩报告	
6. 与竞争对手的业绩比较	
7. 外部机构提出的报告	

总体情况及潜在风险描述：

（二）了解内部控制审计（以销售收款循环为例）

1. 注意事项

索引号 1311 了解和评价控制环境；索引号 1312 了解和评价被审计单位风险评估过程；索引号 1313 了解和评价信息系统与沟通明细表。这三个表属于风险评估的实施程序，一般通过查阅、询问、观察、检查等方式进行，所以本部分根据被审计单位的内控，给予参考。

2. 实训资料

（1）索引号 1311 了解和评价控制环境。

了解和评价控制环境

被审计单位： 编制： 日期： 索引号：
会计期间： 复核： 日期： 页 次：

控制目标	被审计单位的控制	实施的风险评估程序	结论	存在的缺陷
1. 诚信和道德价值观念的沟通与落实				
使员工行为守则及其他政策得到执行				
建立信息传达机制，使员工能够清晰了解管理层的理念				
与公司的利益相关者（如投资者、债权人等）保持良好的关系				
对背离公司规定的行为及时采取补救措施，并将这些措施传达至相应层次的员工				
对背离公司现有控制的行为进行调查和记录				
2. 对胜任能力的重视程度				
员工和管理层的工作压力恰当				
公司岗位责任明确，任职条件清晰				
持续培训员工				
3. 治理层的参与程度				
在董事会内部建立监督机制				
保证董事会成员具备适当的经验和资历，并保持成员的相对稳定性				

续表

控制目标	被审计单位的控制	实施的风险评估程序	结论	存在的缺陷
董事会、审计委员会或类似机构独立于管理层				
审计委员会正常运作				
管理层不能由一个或少数几个控制				
4. 管理层的理念和经营风格				
对非经常的经营风险，管理层采取稳妥措施				
管理层对信息技术的控制给予适当关注				
管理层对财务报告的态度合理				
管理层对于重大的内部控制和会计事项，征询注册会计师的意见				
5. 组织结构				
组织结构合理，具备提供管理各类活动所需信息的能力				
交易授权控制层次适当				
对于分散（分权）处理的交易存在适当的监控				
管理层制定和修订会计系统和控制活动的政策				
保持足够的人力资源，特别是负有监督和管理责任的员工数量充足				
管理层定期评估组织结构的恰当性				
6. 职权与责任的分配				
明确员工的岗位职责，包括具体任务、报告关系及所受限制等并传达到本人				
在被审计单位内部有明确的职责划分和岗位分离				
保持权利和责任的对等				

续表

控制目标	被审计 单位的控制	实施的 风险评估程序	结论	存在的缺陷
对授权交易及系统改善的控制有适当的记录，对数据处理的控制有适当的记录				
7. 人力资源政策与实务				
关键管理人员具备岗位所需的丰富知识和经验				
人事政策中强调员工需保持适当的伦理和道德标准				
人力资源政策与程序清晰，定期发布和更新				

（2）索引号 1312 了解和评价被审计单位风险评估过程。

了解和评价被审计单位风险评估过程

被审计单位：　　　　编制：　　　　日期：　　　　索引号：
会计期间：　　　　　复核：　　　　日期：　　　　页　次：

控制目标	被审计 单位的控制	实施的风险 评估程序	结论	存在的缺陷
1. 建立公司整体目标并传达到相关层次				
2. 具体策略和业务流程层面的目标与整体目标协调				
3. 明确影响整体目标实施的关键因素				
4. 各级管理人员参与制定目标				
5. 建立风险评估方法				
6. 建立风险识别、应对机制，处理具有普遍影响的变化				
7. 对于可能对被审计单位产生迅速、巨大并持久影响的变化，建立相应的识别和应对机制				

续表

控制目标	被审计单位的控制	实施的风险评估程序	结论	存在的缺陷
8. 会计部门建立流程适应会计准则的重大变化				
9. 当被审计单位业务操作发生变化并影响交易记录的流程时，及时通知会计部门				
10. 风险管理部门建立流程以识别经营环境的重大变化				
11. 政策和程序得到有效执行				

（3）索引号 1313 了解和评价信息系统与沟通明细表。

了解和评价信息系统与沟通明细表

被审计单位：　　　　编制：　　　　日期：　　　　索引号：
会计期间：　　　　　复核：　　　　日期：　　　　页　次：

控制目标	被审计单位的控制	实施的风险评估程序	结论	存在的缺陷
1. 信息系统向管理层提供有关被审计单位经营的相关信息				
2. 向适当人员提供的信息充分、具体且及时，保证其能够有效地履行职责				
3. 与财务报告相关的信息系统的开发及改善基于战略考虑，与被审计单位整体层面的信息系统紧密相关，有助于实现被审计单位整体层面和业务流程层面的目标				
4. 提供适当的人力和财力开发必需的信息系统				
5. 监督信息系统的开发、变更和测试工作				
6. 就岗位职责与员工进行有效沟通				

续表

控制目标	被审计单位的控制	实施的风险评估程序	结论	存在的缺陷
7. 针对不恰当事项和行为建立沟通渠道				
8. 组织内部有充分畅通的横向沟通渠道，横向信息沟通完整、及时，并能提供有关人员履行其职责所需的充分信息				
9. 管理层认真听取和采纳员工提出的改进意见				
10. 管理层与客户、供应商、监管者和其他外部人士有效地沟通				
11. 外部人士了解被审计单位的行为守则				
12. 员工职责适当分离，以降低舞弊和不当行为发生的风险				
13. 会计系统中的数据与实物资产定期核对				

（三）评价内部控制（以销售收款循环为例）

1. 注意事项

索引号 1321 - 1 了解内部控制导引表——业务流程层面了解和评价内部控制；索引号 1321 - 2 了解内部控制导引表——业务流程层面了解和评价内部控制；索引号 1321 - 3 了解内部控制设计——业务层面了解和评价内部控制。数据部分从账簿获取，其他通过审计材料：销售与收款内部控制政策和程序、职工信息表等相关资料获取。

索引号 1321 - 4 了解内部控制设计——业务层面了解和评价内部控制以及索引号 1321 - 6 控制执行情况的评价结果——销售与收款循环，需要根据企业对设置的控制，学生进行自行判断；索引号 1321 - 5 穿行测试——销售与收款循环，通过给定的日期等信息查找相应的凭证。

2. 实训资料

（1）索引号 1321 - 1 了解内部控制导引表——业务流程层面了解和评价内部控制。

了解内部控制导引表 1

被审单位：　　　　　编制：　　　　　日期：　　　　　索引号：

会计期间：　　　　　复核：　　　　　日期：　　　　　页　次：

项　　目：

了解本循环内部控制的工作包括：

了解本循环内部控制，形成下列审计工作底稿：

编制要求或参考

1. 在了解控制的设计并确定其是否得到执行时，应当使用询问、检查和观察程序，并记录所获取的信息和审计证据来源。

2. 如果拟利用以前审计获取的有关控制运行有效性的审计证据，应当考虑被审计单位的业务流程和相关控制自上次测试后是否发生重大变化。

3. 审计工作底稿用以记录下列内容：

（2）索引号 1321 - 2 了解内部控制导引表——业务流程层面了解和评价内部控制。

了解内部控制导引表 2

被审计单位：　　　　　编制：　　　　　日期：　　　　　索引号：

会计期间：　　　　　复核：　　　　　日期：　　　　　页　次：

项　　目：

---

1. 受本循环影响的相关交易和账户余额

科目	余额或发生额

续表

2. 主要业务活动	
主要业务活动	是否在本循环中进行了解

3. 了解交易流程

根据对交易流程的了解，记录如下：

主要问题	被审计单位的实际情况

（注：此处应记录在了解内部控制的过程中识别出的非常规交易和重大事项，以及对审计计划的影响）

4. 信息系统

应用软件

信息系统名称	计算机运作环境	来源	初次安装时期

初次安装后对信息系统进行的任何重大修改、开发与维护

信息系统名称	重大修改、开发与维护	更新日期

拟于将来实施的重大修改、开发与维护计划

续表

本年度对信息系统进行的重大修改、开发与维护及其影响

5. 初步结论	
（1）控制设计合理，并得到执行 （2）控制设计合理，未得到执行 （3）控制设计无效或缺乏必要的控制	

6. 沟通事项

是否需要就已识别的内部控制设计或执行方面的重大缺陷，与适当层次的管理层或治理层进行沟通？

事项编号	事项记录	与治理层沟通	与管理层沟通

（3）索引号 1321-3 了解内部控制设计——业务层面了解和评价内部控制。

了解内部控制设计——控制流程

被审单位：	编制：	日期：	索引号：
会计期间：	复核：	日期：	页 次：
项　　目：			

业务涉及的主要人员	
职务	姓名

1. 有关职责分工的政策和程序
（注：此处应记录被审计单位的有关职责分工的政策和程序，并评其是否有助于建立有效的内部控制）

续表

2. 主要业务活动介绍	
主要业务活动	被审计单位具体控制措施
编制说明：	

（4）索引号 1321-4 了解内部控制设计——业务层面了解和评价内部控制。

了解内部控制设计（控制目标及控制活动）

被审计单位：　　　　编制：　　　　日期：　　　　索引号：
会计期间：　　　　复核：　　　　日期：　　　　页次：
项　　目：

主要 业务活动	控制目标	受影响的相关交易和账 户余额及其认定	被审计单位的控制活动	控制活动对实现控 制目标是否有效 （是/否）
编制说明：				

（5）索引号 1321 – 5 穿行测试——销售与收款循环。

穿行测试——销售与收款循环

审计单位：　　　　　　编制：　　　　　日期：　　　　　索引号：
会计期间：　　　　　　复核：　　　　　日期：　　　　　页　次：
项　　目：

1. 销售与收款循环穿行测试——与销售有关的业务活动的控制		
主要业务活动	测试内容	测试结果
销售		
记录应收账款		
收款		

2. 销售与收款循环穿行测试——与新顾客承接有关的业务活动的控制

序号	是否编制顾客申请表（是/否）	是否编制新顾客基本情况表（是/否）	是否取得新顾客信用等级的评定报告（是/否）	是否经信用管理经理审批（是/否）	信用额度是否经恰当审批（是/否）	是否根据经适当审批的文件建立新顾客档案（是/否）

3. 销售与收款循环穿行测试——与比较销售信息报告和相关文件（销售订单）是否相符相关的控制活动

续表

序号	选择的销售信息报告期间	应收账款记账员是否已复核销售信息报告（是/否）	销售订单是否连续编号（是/否）

4. 销售与收款穿行测试——与调整应收账款有关的控制活动

序号	顾客名称	是否编制应收账款账龄报告（是/否）	应收账款调节表编号（日期）	是否与支持文件相符（是/否）	是否经过恰当审批（是/否）	是否已调节应收账款（是/否）

5. 销售与收款循环穿行——与核销坏账或计提特别坏账有关的控制活动

序号	顾客名称	坏账变更申请表编号（日期）	是否与支持文件相符（是/否）	是否经过恰当审批（是/否）	是否已调节应收账款（是/否）

6. 销售与收款循环穿行——与计提坏账准备有关的控制活动

主要业务活动	测试内容	测试结果
计提坏账准备		

7. 销售与收款循环穿行——与退货和索赔有关的控制活动

序号	顾客名称	顾客索赔处理表编号（日期）	生产经理是否确定质量责任（是/否）	技术经理是否确定质量责任（是/否）	财务部是否注明贷款结算质量责任（是/否）	是否经过恰当审批（是/否）	是否已调节应收账款（是/否）

续表

8. 销售与收款循环穿行——与顾客档案更改记录有关的控制活动					
序号	更改申请表号码	更改申请表是否经过恰当审批（是/否）	是否包含在月度顾客信息更改报告中（是/否）	月度顾客信息更改报告是否经恰当复核（是/否）	更改申请表编号是否包含在编号记录表中（是/否）	编号记录表是否经复核（是/否）

9. 销售与收款循环穿行——与顾客档案及时维护有关的控制活动				
序号	顾客名称	档案编号	最近一次与公司发生交易的时间	是否已按照规定对顾客档案进行维护（是/否）

编制说明：

（6）索引号 1321-6 控制执行情况的评价结果——销售与收款循环。

控制执行情况的评价结果

被审计单位：　　　　编制：　　　　日期：　　　　索引号：
会计期间：　　　　复核：　　　　日期：　　　　页　次：
项　目：

主要业务活动	控制目标	受影响的相关交易和账户余额及其认定	被审计单位的控制活动	控制活动对实现控制目标是否有效（是/否）	控制活动是否得到执行（是/否）	是否测试该控制活动运行有效性（是/否）

续表

主要业务活动	控制目标	受影响的相关交易和账户余额及其认定	被审计单位的控制活动	控制活动对实现控制目标是否有效（是/否）	控制活动是否得到执行（是/否）	是否测试该控制活动运行有效性（是/否）
编制说明：						

第四章 审计抽样方法

引导案例

F 公司审计案例①

2019 年 3 月，F 公司向 E 公司发放了一笔 10 万美元的贷款，E 公司是一家主要从事应收账款业务的金融公司。E 公司过去曾和 F 公司发生过几笔小额业务往来，所以对 F 公司比较熟悉。但这次鉴于贷款数额较大，E 公司要求 F 公司的管理当局出具一份经过审计的资产负债表，以决定是否同意发放这笔贷款。

事实上，几个月前，F 公司已经请著名的 D 会计师事务所对该公司 2018 年的资产负债表进行了审计。该事务所在对 F 公司 2018 年 12 月 31 日的资产负债表审计后，签署了无保留审计意见审计报告。并应 F 公司的要求，向它提供了审计报告副本。F 公司出具的经审计过的资产负债表显示，它的总资产已超过了 250 万美元且有近 100 万美元的净资产。

在看了这份资产负债表和审计报告后，E 公司向 F 公司提供了 10 万美元贷款。随后，E 公司又向其发放了两笔总计 6.5 万美元的贷款。在同一时间内，F 公司还以同样的手法，从其他两家当地银行，得到了超过 30 万美元的贷款。

对 E 公司和这两家贷款给 F 公司的银行来说，不幸的事终于发生了。2020 年 1 月，F 公司宣告破产，法庭证词表明，就在资产负债表报告 F 公司拥有 100 万美元净资产的 2018 年年底，公司已处于资不抵债的状态。F 公司的一名会计，以虚构公司巨额会计分录的方法，向审计人员隐瞒了公司濒临破产的事实。其中虚构金额最大的一笔会计分录，是将超过 70 万美元的虚假销售收入，记入应收账款账户的借方。手段是将伪造的 17 张发票记入了 12 月份的销售收入，共 70.6 万美元。

D 会计师事务所的律师为此项疏忽辩护说，审计主要是"抽样测试"，而不是对所有账目进行详细检查。随后又辩解说这 17 张假发票并未包含在被检查的 200 多张发票之内是不足为奇的。

法庭对此裁决指出：虽然通常审计工作是建立在以抽样为基础的原则上的，但鉴于 F 公司会计登记的 12 月份大额销售收入性质可疑，D 会计师事务所有责任对其进行特别检查。对于在日常商业过程中记入账簿的账户来说，用抽样和测试的方式来进行查账就已经足够了……然而，由于环境所决定，被告必须对 12 月的应收账款进行仔细的审查。

抽样技术和方法运用于审计工作，是审计理论和实践的重大突破，实现了审计工作从

---

① 笔者根据相关资料整理。

详细审计到抽样审计的历史性飞跃。但如何正确运用审计抽样，需要对抽样技术有一个深入了解。

第一节　审计抽样原理

一、审计抽样的定义、特征及范围

（一）审计抽样的定义

审计抽样（简称"抽样"）是指注册会计师对具有审计相关性的总体中低于百分之百的项目实施审计程序，使所有抽样单元都有被选取的机会，为注册会计师针对整个总体得出结论提供合理基础。

（二）审计抽样的基本特征

（1）对某类交易或账户余额中低于百分之百的项目实施审计程序。
（2）所有抽样单元都有被选取的机会。
（3）审计测试的目的是评价该账户余额或交易类型的某一特征。

（三）审计抽样的适用范围

（1）风险评估程序通常不涉及审计抽样。
（2）当控制的运行有留下轨迹时，注册会计师可以考虑使用审计抽样实施控制测试。
（3）实施细节测试时，注册会计师可以使用审计抽样获取审计证据。
（4）实施实质性分析程序时，注册会计师的目的不是根据样本项目的测试结果推断有关总体的结论，此时不宜使用审计抽样。

二、其他选取测试项目的方法

注册会计师可以根据具体情况，单独或者综合使用选取测试项目的方法，但所使用的方法应当能够有效地提供充分、适当的审计证据，以实现审计程序的目标。

（一）3 种选取测试项目的方法

在设计审计程序时，注册会计师应当确定用以选取测试项目的适当方法，以获取充分、适当的审计证据，实现审计程序的目标。

注册会计师选取测试项目的方法有 3 种，即选取全部项目测试方法、选取特定项目测试方法和审计抽样。

（二）选取全部项目测试方法

当存在下列情形之一时，注册会计师应当考虑选取全部项目进行测试。

（1）总体由少量的大额项目构成。某类交易或账户余额中所有项目的单个金额都较大时，注册会计师可能需要测试所有项目。

（2）存在特别风险且其他方法未提供充分、适当的审计证据。某类交易或账户余额中所有项目虽然单个金额不大但存在特别风险，则注册会计师也可能需要测试所有项目。存在特别风险的项目主要包括：

①管理层高度参与，或错报可能性较大的交易事项或账户余额；

②非常规的交易事项或账户余额，特别是与关联方有关的交易或余额；

③长期不变的账户余额，例如滞销的存货余额或账龄较长的应收账款余额；

④可疑或非正常的项目，或明显不规范的项目；

⑤以前发生过错误的项目；

⑥期末人为调整的项目；

⑦其他存在特别风险的项目。

（3）由于信息系统自动执行的计算或其他程序具有重复性，对全部项目进行检查符合成本效益原则。注册会计师可运用计算机辅助审计技术选取全部项目进行测试。

（三）选取特定项目测试方法

（1）选取特定项目测试的方法，是指注册会计师从总体中的特定项目中选取一部分进行针对性测试（不属于审计抽样）。

（2）根据对被审计单位的了解、评估的重大错报风险以及所测试总体的特征等，注册会计师可以确定从总体中选取特定项目进行测试。

（3）选取的特定项目可能包括：大额或关键项目；超过某一金额的全部项目；被用于获取某些信息的项目；被用于测试控制活动的项目。

三、抽样的分类

审计抽样的种类很多，其常用的分类方法是：按抽样决策的依据不同，将审计抽样划分为统计抽样和非统计抽样；按抽样所了解的总体特征不同，分为属性抽样和变量抽样。

（一）统计抽样和非统计抽样

统计抽样是指同时具备下列特征的抽样方法。第一，随机选取样本；第二，运用概率论评价样本结果。不同时具备上述两个特征的抽样方法为非统计抽样。注册会计师在执行审计测试时，既可以运用统计抽样，也可以运用非统计抽样，还可以结合使用这两种抽样技术。不论采用哪种抽样技术，都要求注册会计师在设计、执行抽样计划和评价抽样结果中合理运用专业判断。这两种技术只要运用得当，都可以获取充分、适当的证据。

注册会计师应当根据具体情况结合职业判断，确定究竟是使用统计抽样还是使用非统计抽样，以获取最有效的审计证据。非统计抽样可能会比统计抽样投入的成本小，但统计抽样的效果可能比非统计抽样要好，也比较精确。

在非统计抽样中，注册会计师全凭主观判断和个人经验来确定样本规模和评价样本结果。但是，非统计抽样只要运用得当，也可以达到和统计抽样一样的效果。统计抽样的产生并不意味着非统计抽样的消亡。

当然，运用统计抽样具有下列优势：

（1）统计抽样能够科学地确定抽样规模。

（2）采用统计抽样，总体各项目被抽中的机会是均等的，可以防止主观臆断；

（3）统计抽样能够量化，计算抽样误差在预定的范围内的概率有多大，并可以根据抽样推断的要求，把这种误差控制在预先给定的范围之内。

（4）相对于非统计抽样，统计抽样更有利于促使审计抽样工作规范化。

（二）属性抽样和变量抽样

统计抽样在实务中具体可以分为属性抽样和变量抽样两种。

属性抽样是一种用来对总体中某一事项发生率得出结论的统计抽样方法，在审计中的用途是测试某一控制的偏差率（即是否违背内部控制），以支持注册会计师评估的控制的有效性。因此，根据控制测试的目的和特点所采用的审计抽样通常称为属性抽样。

变量抽样是指用来估计总体金额或者总体中错误金额而采取的一种方法。根据实质性的目的和特点所采用的审计抽样称为变量抽样。在实务中，经常存在同时进行控制测试和实质性测试的情况，此审计抽样称为双重目的抽样。属性抽样和变量抽样的主要区别如表 4-1 所示。

表 4-1 属性抽样和变量抽样的区别

抽样方法	测试环节	测试特征和目的
属性抽样	控制测试	对总体中某一事件发生率得出结论的统计抽样方法，其目的是测试控制的偏差率
变量抽样	细节测试	对总体金额得出结论的统计抽样方法，其目的是测试错报金额

四、抽样风险和非抽样风险

使用审计抽样时，审计风险既可能受抽样风险的影响，又可能受非抽样风险的影响。注册会计师在运用抽样技术进行审计时，有两方面的不确定因素，其中一方面的因素与抽样有关，另一方面的因素则与抽样无关。

（一）抽样风险

抽样风险是指注册会计师根据样本得出的结论，和对总体全部项目实施与样本相同的审计程序得出的结论存在差异的可能性。

抽样风险分为两种类型。

1. 影响审计效果的抽样风险

在控制测试中，主要面临信赖过度风险。所谓信赖过度风险指的是，在实施控制测试时，注册会计师推断的控制有效性高于实际有效性的风险。

在细节测试中，主要面临误受风行。所谓误受风险主要指的是，在实施细节测试中，注册会计师推断某一重大错报不存在而实际上却存在的风险。

此类抽样风险会影响审计效果，并可能导致注册会计师发表不恰当审计意见，是最危险的抽样风险。

2. 影响审计效率的抽样风险

在控制测试中，主要面临信赖不足风险。所谓信赖不足风险，是指在实施控制测试时，注册会计师推断的控制有效性低于其实际有效性的风险。

在细节测试中，主要面临误拒风险。所谓误拒风险，指的是在实施细节测试时，注册会计师推断存在某一重大错报而实际上不存在的风险。

此类抽样风险一般会导致注册会计师执行额外的审计程序，因而影响审计效率。信赖不足风险和误拒风险属于保守型风险，出现这两种风险时，审计效率虽然不高，但其效果往往都可以得到保证。

（二）非抽样风险

非抽样风险是指由于某些与样本规模无关的因素而导致注册会计师得出错误结论的可能性。

注册会计师的人为错误如未能发现样本中的偏差或错报，采用不适当的审计程序或误解审计证据而没有发现偏差或错报，都有可能导致非抽样风险。

抽样风险与非抽样风险对审计工作的影响具体如表 4 – 2 所示。

表 4 – 2 抽样风险、非抽样风险对审计工作的影响

审计测试	抽样风险的种类	对审计工作的影响
控制测试	信赖过度风险	效果
	信赖不足风险	效率
细节测试	误受风险	效果
	误拒风险	效率

注：两种测试中的非抽样风险对审计效率和效果都有影响。

（三）对抽样风险和非抽样风险的控制

由于抽样风险与样本量呈反方向关系，样本量越大，抽样风险越低，所以，无论是控制测试还是细节测试，注册会计师都可以通过扩大样本量降低抽样风险。非抽样风险虽然无法量化，但可以通过培训、对业务进行指导、监督与复核等措施降低非抽样风险。

五、审计抽样的基本步骤

在使用审计抽样时，注册会计师的目标是，为得出有关抽样总体的结论提供合理基础。注册会计师在控制测试和细节测试中使用审计抽样，主要分为 4 个阶段进行：样本设

计阶段；选取样本阶段；实施审计程序阶段；评价样本结果阶段。

（一）样本设计阶段

注册会计师在设计样本时，应当考虑以下基本因素。

1. 审计程序的目的

审计抽样必须紧紧围绕审计测试程序的目的而展开。一般而言，控制测试的目的是获取关于某项控制运行是否有效的证据；而细节测试则是为了确定某类交易或账户余额的金额是否正确，获取与存在的错报有关的证据。

2. 抽样总体

界定抽样总体时，应当确保抽样总体的适当性和完整性。适当性是指抽样总体必须符合特定审计程序的目的。例如，假定审计程序的目的是检查应收账款余额是否有多计，抽样总体应为应收账款明细账；假定审计程序的目的是审查应付账款余额是否少计，则抽样总体不仅应包括应付账款明细账，还应包括期后付款、未付发票以及能够提供应付账款少计证据的其他项目。完整性是指抽样总体必须包括符合审计目标的某类交易或账户余额的全部项目。

界定抽样总体后，注册会计师应当考虑抽样总体的特征。对于控制测试，注册会计师在考虑总体特征时，需要根据对相关控制的了解或对总体中少量项目的检查来评估预期偏差率。注册会计师作出这种评估，旨在设计审计样本和确定样本规模。例如，如果预期偏差率高得无法接受，注册会计师通常决定不实施控制测试。同样，对于细节测试，注册会计师需要评估总体中的预期错报，如果预期错报很高，注册会计师在实施细节测试中对总体进行百分百的检查或使用较大的样本规模可能较为适当。

3. 分层

分层是指将一个总体划分为多个子总体的过程，每个子总体由一组具有相同特征（通常为货币金额）的抽样单位组成。分层可以降低每层各项目的变异性，从而在抽样风险没有成比例增加的前提下减少样本规模。

4. 抽样单位

抽样单位是指构成总体的个体项目，注册会计师应当根据审计程序的目的和客户的具体情况确定抽样单位。注册会计师依据不同的要求和方法，从总体中选取若干抽样单位，便构成不同的样本。

在实施细节测试时，特别是测试高估时，将构成某类交易或账户余额的每一货币单位（如人民币）作为抽样单元，采用金额加权选样方法，通常效率很高。在这种方法下，注册会计师通常从总体中选取特定货币单位，然后检查包含这些货币单位的特定项目。这种方法可与系统选样方法结合使用，且在使用计算机辅助审计技术选取测试项目时效率最高。

5. 样本规模

注册会计师可以运用统计公式或职业判断，确定样本规模（即样本量）。无论使用哪种方法确定样本规模，注册会计师都应当确定足够的样本规模，以将抽样风险降至可接受的低水平。

样本规模受可接受的抽样风险水平的影响。当注册会计师可接受的抽样风险水平越低，需要的样本规模就越大。在确定样本规模时，注册会计师应当考虑能否将抽样风险降至可接受的低水平。

注册会计师对总体的预计偏差率或错报金额的评估，对设计样本规模和确定样本规模也有影响。在实施控制测试时，注册会计师通常根据对相关控制的设计和执行情况的了解，或根据从总体中抽取少量项目进行检查的结果，对拟测试总体的预计偏差率进行评估。在实施细节测试时，注册会计师通常对总体的预计错报金额进行评估。注册会计师评估的总体的预计偏差率或错报金额越高，需要的样本规模就越大。

可容忍误差与样本规模存在反向关系。在实施控制测试时，可容忍误差即可容忍偏差率是指注册会计师设计的偏离规定的内部控制程序的比率，注册会计师试图对总体中的实际偏差率不超过该比率获取适当水平的保证。在实施实质性程序时，可容忍误差即可容忍错报，是指注册会计师设定的货币金额，注册会计师试图对总体中的实际错报不超过该货币金额获取适当水平的保证。

（二）选取测试项目

在选取测试项目时，注册会计师应当使总体中的所有单元均有被选取的机会，以使样本能够代表总体，从而保证由抽样结果推断的总体特征具有合理性和可靠性。在统计抽样中，注册会计师应当随机选取样本项目，以使每一个抽样单元以已知概率被选中。抽样单元可能是实务项目（例如发票），也可能是货币单位。在非统计抽样中，注册会计师应当运用职业判断选取样本项目。由于抽样的目的是对整个总体得出结论，注册会计师应当尽量选取具有总体典型特征的样本项目，并在选取测试项目时避免偏见。

这里介绍三种选取测试项目的方法，分别是随机选样法、系统选样法以及随意选样法。

1. 随机选样法

随机选样法是指对总体或次级总体的所有项目，按随机规则选取样本。例如，采用随机数表来选取样本。随机数表的实例如表4-3所示。

表4-3　　　　　　　　　随机数表（部分列示）

列号	（1）	（2）	（3）	（4）	（5）
1	10480	15011	01536	02011	81647
2	22368	46573	25595	85313	30995
3	24130	48360	22527	97265	76393
4	42167	93093	06243	61680	07856
5	37570	39975	81837	16656	06121
6	77921	06907	11008	42751	27756
7	99562	72905	56420	69994	98872
8	96301	91977	05463	07972	18876
9	89759	14342	63661	10281	17453

续表

列号	（1）	（2）	（3）	（4）	（5）
10	85475	36857	53342	53988	53060
11	28018	69578	88231	33276	70997
12	63553	40961	48235	03427	49626
13	09429	93069	52636	92737	88974
14	10365	61129	87529	85689	48237
15	07119	97336	71048	08178	77233

表 4 - 3 中的每一个数都是运用随机方法随机选出的 5 位数。假定注册会计师对某公司连续编号为 500 ~ 5000 的现金支票进行随机选样，希望选取一组样本量为 20 的样本。首先，注册会计师确定只用随机数表的前 4 位数来与现金支票一一对应。其次，确定第 5 列第 1 行为起点，选好路线为第 5 列，第 4 列，第 3 列，第 2 列，第 1 列，依次进行。最后按照规定的一一对应关系和起点及选号路线，选出 20 个数码：3099，785，612，2775，1887，1745，4962，4823，1665，4275，797，1028，3327，817，2559，2252，624，1100，546，624，1100，546，4823。凡前 4 位数在 500 以下或 5000 以上的，因为支票号码没有一一对应关系，均不入选。选出 20 个数码后，按此数码选取号码与其对应的 20 张支票作为选定样本进行审查。

2. 系统选样法

系统选样法又称等距选样法，是指首先计算选样间隔，确定选样起点，然后再根据间隔顺序选取样本的一种选样方法。例如，注册会计师希望采用系统选样法从 2 000 张凭证中选出 100 张作为样本，首先计算出选样间隔为 20 （2 000 ÷ 100），假定注册会计师确定随机起点为 542，则注册会计师每隔 20 张凭证选取一张，共选取 100 张凭证作为样本即可。如 542 为第一张，则往下的顺序为 522，502……往上的顺序为 562，582……

系统选样法使用方便，并可用于无限总体，但使用系统选样法要求总体必须是随机排列的，否则容易发生较大的偏差。

3. 随意选样法

随意选样法是指不考虑金额大小、资料取得的难易程度以及个人偏好，以随意的方式选取样本。随意选样的缺点在于很难完全无偏见地选取测试项目。

（三）实施审计程序

注册会计师应当针对选取的每个项目，实施适合于特定审计目的的审计程序。

如果选取的项目不适合实施审计程序，注册会计师通常使用替代项目。例如，在测试付款授权时选取了一张作废的支票，并确信支票已经按照适当程序作废，因而不构成偏差，注册会计师需要适当选择一个替代项目进行检查。

如果未能对某个选取的项目实施设计的审计程序或适当的替代程序，注册会计师应当将该项目视为控制测试中对规定的控制的一项偏差，或者细节测试中的一项错报。

（四）评价抽样结果

注册会计师在对样本实施计划审计程序后，需要对样本结果进行评价，具体步骤为分析样本偏差或错报，推断总体偏差或错报，形成审计结论。

1. 分析样本偏差或错报

注册会计师应当调查识别出的所有偏差或错报的性质和原因，并评价其对审计程序的目的和审计的其他方面可能产生的影响。

2. 推断总体偏差或错报

在实施控制测试时，由于样本的偏差率就是整个总体的推断偏差。因此，无须推断总体偏差率。

在实施细节测试时，注册会计师应当根据样本中发现的错报金额推断总体错报金额，并考虑推断错报对特定审计程序的目的及审计的其他方面产生的影响。如果某项错报被确认为异常，注册会计师在推断总体错报时，可以将其排除在外。但是，如果某项错报没有更正，注册会计师除需推断异常错报外还需要考虑所有异常错报的影响。

3. 形成审计结论

在计算偏差率，考虑抽样风险，分析偏差的性质和原因之后，注册会计师需要运用职业判断得出结论。如果样本结果及其他相关审计证据支持计划评估的控制有效性，从而支持计划的重大错报风险水平，注册会计师可能不需要修改计划的实质性程序。如果样本结果不支持计划的控制运行有效性和重大错报风险水平，注册会计师通常有两种选择：第一，进一步测试其他控制，以支持计划的控制运行有效性和重大错报风险的评估水平；第二，提高重大错报风险评估水平，并修改计划的实质性程序的性质、时间安排及范围。

第二节　审计抽样在控制测试中的运用

内部控制是被审计单位为了合理保证财务报告的可靠性、经营的效率和效果以及对法律法规的遵守，由治理层、管理层和其他人员设计与执行的政策及程序。有效的内部控制制度在运行过程中，有些会留下运行轨迹，如书面证据；而有的不会留下运行轨迹。对于留下运行轨迹的内部控制制度，且审计人员拟信赖该内部控制时，可以采用审计抽样——属性抽样方法进行控制测试。

审计人员在了解被审计单位的内部控制之后，识别出留下运行轨迹的内部控制部分，并识别出控制有效运行的质量特征（即属性），然后运用属性抽样方法对所识别的特征是否存在进行测试，即将被审计单位的业务活动运行情况与该业务活动所制定的内部控制既有标准相比较，判断被测试控制的偏差发生率或控制未有效运行的频率。例如某项业务是否经批准或某一凭证是否有规范性签章等。因此，抽样结果只有两种："对"与"错"或"是"与"否"，再通过样本偏差率水平的计算对总体的某种属性的发生频率进行统计推断，以支持注册会计师评估内部控制的有效性。

一、属性抽样的基本概念

属性抽样是指在一定的可容忍偏差率水平和可接受的信赖过度风险的条件下，通过计算样本差错率来对总体的某种"差错"（属性）的发生率进行推断的统计抽样审计方法。

（一）偏差

审计人员对拟信赖的控制进行测试时，识别出某项控制留下的轨迹，并将该轨迹与既有的内部控制制度进行符合性测试，以识别出该项活动偏离既定控制的情况。注册会计师应根据实际情况，恰当地定义偏差。例如，可将"偏差"定义为赊销合同未经授权批准、采购付款业务的验收手续不全、会计记录复核程序未执行等。

在控制测试中，主要以比率的形式来评价偏差情况。主要有可容忍偏差率和总体偏差率两个指标。

（二）可容忍偏差率

可容忍偏差率是指注册会计师设定的最大偏差数与样本量的比值，如果在控制测试中实际发现的偏差数超过这一比率，则减少或取消对内部控制的信赖。可容忍偏差率的设定受测试项目的重要程度影响，是职业判断的结果。测试项目越重要，则发生偏差代表的情况越严重，可容忍的偏差率越低。在进行控制测试时，当总体偏差率超过可容忍偏差率时，注册会计师将降低对内部控制的可信赖程度。

前面提及，注册会计师一般对其拟信赖的内部控制才实施控制测试。因此，在实务中，可容忍偏差率较高就被认为不恰当。通常认为，当偏差率为 3% ~ 7% 时，控制有效性的估计水平较高；当偏差率超过 20% 时，由于估计控制运行无效，注册会计师不需进行控制测试。

（三）预计的总体偏差率

预计的总体偏差率的确定有两种方法，第一种方法通过上年测试结果、内部控制的设计和控制环境等因素对预计总体偏差率进行评估；第二种方法则是通过在抽样总体中选取一个较小的初始样本，以初始样本的偏差率作为预计总体偏差率的估计值。预计总体偏差率与可容忍偏差率的关系为：预计的总体偏差率不应超过可容忍偏差率，如果预计的总体偏差率高于可容忍偏差率，意味着控制有效性很低，注册会计师通常决定不实施控制测试，而是实施更多的实质性程序。

（四）总体属性

总体属性，指的是总体本身所固有的某种质的特征或质的规定性，一般只能用质量指标例如发生次数或发生频率来表示。运用属性抽样时，注册会计师应保证总体的同质性，即属性相同的才归为一个总体。如果被审计单位是一家贸易公司，其出口和内销业务的处理方式不同，则在对被审计单位进行控制测试时，应分别评价出口和内销两种不同的控制情况，因而出现两个独立的总体。

（五）可接受的信赖过度风险

可接受的信赖过度风险是抽样风险之一，与信赖不足风险相对。由于控制测试是控制是否有效运行的主要证据来源，因此，可接受的信赖过度风险应确定在相对较低的水平上。在控制测试中，通常将信赖过度风险定为5%～10%的区间是可接受的，即实务中，注册会计师一般将信赖过度风险确定为10%，特别重要的测试则可以将信赖过度风险确定为5%。可信赖程度与风险是互补的，如注册会计师认为5%的信赖过度风险是可接受的，即认为从样本推断总体的内部控制是有效的可靠性为95%。而实际上内部控制制度是无效的风险为5%，注册会计师可以接受该风险（见表4-4）。

表4-4 属性抽样风险矩阵

抽样结果	实际运行状况达到预期信赖程度	实际运行状况未达到预期信赖程度
肯定	正确的决定	信赖过度风险
否定	信赖不足风险	正确的决定

资料来源：刘明辉，史德刚. 审计（第七版）[M]. 大连：东北财经大学出版社，2019（7）.

二、属性抽样的方法

属性抽样的最终任务是在一定的可信赖程度下，测定和估计总体差错率不超过可容忍偏差率水平。属性抽样的方法主要有固定样本规模抽样、停—走抽样和发现抽样三种。

（一）固定样本规模抽样

固定样本规模抽样是一种使用最为广泛的属性抽样，常用于估计审计对象总体中某种偏差发生的比率。

一般情况下，固定样本规模抽样的基本步骤如下：

（1）确定控制测试的目标。注册会计师实施控制测试的目的一般是检查某一循环中控制程序的运行情况。注册会计师必须首先确定是针对哪项认定而实施测试程序，明确控制测试的目标。

（2）基于测试目标定义偏差。注册会计师在执行控制测试前，首先必须结合被审计单位的情况，针对某项认定详细了解控制目标和内部控制政策与程序之后，识别出内部控制有效运行的特征（属性），同时识别控制未得到有效运行时可能出现的异常情况。如果测试中发现某项交易或程序偏离了对设定控制的预期执行，即确认为一项偏差。

以购货付款业务为例，设定的内部控制要求每笔支付都应附有发票、收据、验收报告和订购单等证明文件，且均盖上"已付"戳记。因此，对于每张发票、收据、验收报告和订购单，凡企业款项支付中出现下列特征的，均可以定义为偏差：

①缺乏盖有"已付"戳记的发票和验收报告等证明文件；

②发票、验收报告等证明文件之间的内容不相符；

③发票、验收报告等证明文件的计算有误；

④要素不全的发票；

⑤涂改、伪造的发票。

（3）定义审计对象总体。审计对象总体是作为样本来源的全部被审计事项的整个数据集合。在确定审计对象总体时，首先要确保总体的适当性，即符合特定的审计目标。如对发运商品的设定控制为必须开单才可发运。则测试的总体不能仅包含已开单的项目，还应包含所有的发运商品，无论是否已开单。其次要确保总体的完整性，即项目内容完整，测试期间完整。例如，注册会计师从档案中选取付款证明，前提是所有的付款证明已归档，这样的总体才是完整的。最后，要确保总体的同质性，即总体中的所有项目应该具有同样的特征。

（4）确定抽样方法。选取样本时，应首先保证样本的代表性，才能根据样本的测试结果推断有关总体的结论是可靠的。因此，在选取样本项目时，应当使总体中所有项目被选取的概率是相同的。统计抽样方法包括简单随机选样、系统选样等。计算机辅助审计技术可以提高选样的效率。

（5）确定样本规模。样本规模是指从总体中选取样本项目的数量。样本规模过小，注册会计师就无法获取充分的审计证据；样本规模过大，就会增加审计工作量，降低审计效率，也就失去了审计抽样的意义。因此，恰当的样本规模是实施审计抽样得出可靠审计结论的前提。

样本量（n）＝可接受的信赖过度风险系数（R）÷可容忍偏差率（TR）

控制测试中常用的风险系数如表4－5所示。

表4－5　　　　　　　　控制测试中常用的风险系数

发现差错数	信赖过度风险	
	10%	5%
0	2.4	3.0
1	3.9	4.8
2	5.4	6.3
3	6.7	7.8
4	8.0	9.2
5	9.3	10.6
6	10.6	11.9
7	11.8	13.2
8	13.0	14.5

例如，注册会计师确定的可容忍偏差率为4%，可接受的信赖过度风险为5%，且预期最多发现偏差的数量为1。所需的样本量计算如下：

$$N = R \div TR = 4.8 \div 4\% = 120$$

其中，风险系数 4.8 是根据预期发现偏差数为 1、信赖过度风险为 5% ，从表中查得。

（6）选取样本并进行审计。按照定义的偏差特征对选取的样本实施适当的审计程序，以发现并记录样本中存在的控制偏差。

（7）评价抽样结果。在对样本实施一定的审计程序后，应将查出的控制偏差加以汇总，依据计算总体偏差率，考虑抽样风险，分析偏差的性质及原因等步骤评价抽样结果，以推断出总体情况——是否支持计划评估的控制有效性，是否支持计划评估的重大错报风险水平。在评价抽样结果时，不仅要考虑偏差的次数，而且要考虑差错的性质。在此过程中，注册会计师都需要运用职业判断。

①计算总体偏差率。

将样本中发现的偏差数量汇总后除以样本规模，就可以计算出样本偏差率。样本偏差率是注册会计师估计总体偏差率的其中一种方法。因而，在控制测试中一般无须另外推断总体偏差率。

总体偏差率上限（MDR）＝可接受的信赖过度风险系数（R）÷样本量（n）

实务中，多数样本可能不会出现控制偏差，因为注册会计师通常是基于拟信赖内部控制才实施控制测试，即预期控制有效运行。如果在样本中发现偏差，注册会计师需要分析偏差的性质和产生原因，考虑控制偏差对审计工作的影响。

②考虑抽样风险。

根据上例，通过样本审计，发现偏差数为 0 ，那么在可接受的信赖过度风险仍为 5% 的情况下，通过表 4 – 5 查得可接受的信赖过度风险系数为 3 ，则：

$$MDR = 3 \div 120 = 2.5\%$$

这意味着，在可接受的信赖过度风险为 5% 的情况下，即有 95% 的把握保证总体实际偏差率不超过 2.5% ，由于注册会计师设定的可容忍偏差率为 4% ，因此可以得出结论，总体的实际偏差率超过可容忍偏差率的风险很小，总体可以接受。也就是说，样本结果证实审计人员对控制运行有效性的估计和评估的重大错报风险水平是适当的。

反之，如果样本审计结果的偏差数为 2 ，通过计算得出总体偏差率上限为 5.25% ，大于可容忍偏差率 4% ，说明样本结果不支持计划评估的控制有效性，从而不支持计划的重大错报风险评估水平，总体不能接受。此时注册会计师应当修正重大错报风险评估水平，并增加实质性程序的数量。

③分析偏差的性质和原因。

如果在样本审计中发现了偏差，注册会计师要分析偏差的性质和原因。一方面侧重关注偏差是否跟舞弊有关。如果偏差跟舞弊有关，注册会计师应提高重大错报风险评估水平，增加对相关账户的实质性程序。另一方面，应考虑已识别的偏差是否对财务报表造成直接影响。如果所识别的偏差导致财务报表中的金额错报，注册会计师应当确定实施的控制测试能否提供适当的审计证据，是否需要增加控制测试或是否需要使用实质性程序应对潜在的重大错报风险。

（8）书面说明抽样程序，运用职业判断得出总体结论。注册会计师应填写控制测试汇总表、控制测试程序表及控制过程表等工作底稿，书面说明前述 7 个步骤作为样本推断总体结论的基础。

（二）停—走抽样

前已述及，注册会计师进行控制测试的前提是拟信赖被审计单位的内部控制，预期控制有效运行。因此，实务中多数样本可能不会出现控制偏差。如果注册会计师预期偏差率的设定远大于实际偏差率，通过固定样本量抽样方法，将选取过多的样本，从而降低了审计效率。可见，预期偏差率为零或非常低的审计总体，可采用固定样本规模抽样的一种特殊形式——停—走抽样。在这种方法下，样本量不固定，而是边抽样边评价，如果与预期不符，再扩大样本规模，直至注册会计师对审查结果满意为止。这种方法有利于提高工作效率，降低审计费用。

停—走抽样法的基本步骤如下：

（1）确定可容忍偏差和可接受的信赖过度风险水平。

（2）在预期偏差个数为 0 的情况下，通过控制测试风险系数表查得风险系数，运用公式确定初始样本规模。

（3）进行停—走抽样决策。通常是利用停—走抽样决策表进行决策。

例如，假定注册会计师确定的可容忍偏差率为 5%，可接受的信赖过度风险为 10%，预期发现的偏差个数为 0，则查得控制测试风险系数为 2.4，则：

$$样本量（n）= 2.4 \div 5\% = 48$$

如果注册会计师在 48 个项目中找出 0 项偏差，则与注册会计师的预期相符，可停止抽样，计算总体偏差率，考虑抽样风险，运用职业判断得出总体结论。

如果注册会计师在 48 个项目中发出了 1 项偏差，则查得发现偏差数为 1，信赖过度风险为 10% 的控制测试风险系数为 3.9，依此计算总体偏差率为：

$$总体偏差率 = 3.9 \div 48 = 8.12\%$$

这个结果大于可容忍偏差率 5%，因此，注册会计师需要将样本量扩大到 78 个，即增加样本量 30 个（78 − 48）。

$$样本量（n）= 3.9 \div 5\% = 78$$

如果对增加的 30 个样本审计后没有发现偏差，可以停止抽样。此时注册会计师可有90% 的把握确信总体偏差率不超过 5%。

值得注意的是，如果注册会计师边抽样边评价，一直得不到满意的结果，应考虑以样本偏差率作为总体偏差率，改用固定样本规模抽样。

（三）发现抽样

发现抽样是在既定的可信赖程度下，在假定误差以既定的误差率存在于总体之中的情况下，从所选取的样本中应至少查出一项偏差的抽样方法。发现抽样也是属性抽样的一种特殊形式，主要用于查找重大舞弊事项。它的理论依据是：假如总体中存在着一定发生率的舞弊事项，那么，在相当容量的样本中，至少可以发现一个舞弊事项。若对样本的审查结果没有发现舞弊事项，则可以得出结论：在某一可接受的信赖过度风险下，总体中舞弊事项的发生率不超过原先假定的发生率。我们知道，若总体中存在着发生率很低（如0.1%）的舞弊事项，那么采用抽样审计方法不能确保我们一定能发现这种行为。但发现抽样却能以较高的可信度，保证我们发现总体中存在的发生率较低（如 1%）的舞弊事项。所以，当怀疑总体中存在着某种舞弊事项时，适合采用发现抽样方法。

发现抽样的步骤与固定样本规模抽样方法基本相同，只是需要说明以下几点：

第一，发现抽样与停—走抽样一样，首先应当把总体预计偏差率确定为零，因为发现抽样是发现发生概率极小的误差。然后基于所确定的可接受的信赖过度风险，通过控制测试风险系数表查得风险系数，再结合可容忍偏差率，求得样本规模。如注册会计师对某企业现金收支凭证进行审查，在可接受的信赖过度风险为5%，预计总体偏差为零，可容忍偏差率为2%时，查表计算得到样本规模为150。

第二，在审查样本的过程中，如果发现了一张假凭证，则注册会计师就达到了发现抽样审计的目的，这时就可以停止抽样程序，对总体进行彻底的检查。这是发现抽样的特点。如果在全部149张凭证中没有发现假凭证，那么注册会计师就可以95%的可信度，保证总体中舞弊事项的发生率在2%以下。换言之，这时注册会计师有95%的把握确信总体中不存在假凭证或假凭证的发生率在2%以下。可见，发现抽样适用于总体容量较大但差错率较低的情况，尤其是怀疑被审计单位存在舞弊行为的情况下，采用这种方法最为有效。

<u>知识拓展 4 - 1</u>

信息技术对审计抽样的影响

传统的手工会计系统，审计线索包括凭证、日记账、分类账和报表。注册会计师通过顺查和逆查的方法来审查记录，检查和确定其是否正确地反映了被审计单位的经济业务，检查企业的会计核算是否合理、合规。当企业业务量足够大的时候，为了提高审计效率，抽样成为重要审计技术。而在信息技术环境下，从业务数据的具体处理过程到报表的输出，都由计算机按照程序指令完成，由原来手工下的"信息孤岛"发展成信息技术环境下的"信息互联"。在此情况下，注册会计师获取信息的全面性和便捷性得到提高，但信息系统的复杂度、信息系统的科学性等问题倒逼注册会计师改进审计技术。面对海量的交易、数据和财务信息，传统的审计技术在抽样针对性和样本覆盖程度方面的局限性越来越突出。一方面，信息技术的运用改变了企业的运作模式和工作方式，传统审计技术针对的问题特征可能已经消失，或者发生了改变，注册会计师的经验无法简单移植，从而丧失了针对性；另一方面，面对海量数据，传统的抽样方式难以覆盖大量的数据，对于不同来源的数据缺乏深刻的洞察力，覆盖性方面也难以提供更强的审计信息。

第三节 审计抽样在细节测试中的运用

实施细节测试时，最常用的统计抽样方法包括传统变量抽样和货币单元抽样。

一、变量抽样

变量抽样是指注册会计师用来估计总体金额所处区间的一种统计抽样方法。传统变量抽样主要包括三种具体的方法：均值估计抽样、差额估计抽样和比率估计抽样，每种方法推断总体错报的方法各不相同。

（一）均值估计抽样

均值估计抽样是指通过抽样审查确定样本平均值，再根据样本平均值推断总体平均值和总值的一种变量抽样方法。使用这种方法时，注册会计师先计算样本中所有项目审定金额的平均值，然后用这个样本平均值乘以总体规模，得出总体金额的估计值。总体估计金额和总体账面金额之间的差额就是推断的总体错报。例如，注册会计师从总体规模为1 000个、账面金额为1 000 000元的存货项目中抽取200个项目作为样本，在确定了正确的采购价格并重新计算了价格与数量的乘积后，注册会计师将200个样本项目的审定金额加总后除以200，确定样本项目的平均审定金额为980元。然后计算估计的存货金额为980 000元（即980×1 000）。推断的总体错报就是20 000元（即1 000 000 – 980 000）。

（二）差额估计抽样

差额估计抽样是以样本实际金额与账面金额的平均差额来估计总体实际金额与账面金额的平均差额，然后再以这个平均差额乘以总体规模，从而求出总体的实际金额与账面金额的差额（即总体错报）的一种方法。差额估计抽样的计算公式如下：

平均错报 = 样本实际金额与账面金额的差额 ÷ 样本规模

推断的总体错报 = 平均错报 × 总体规模

使用这种方法时，注册会计师先计算样本项目的平均错报，然后根据该样本平均错报推断总体。例如，注册会计师从总体规模为1 000个的存货项目中选取了200个项目进行检查。总体的账面金额总额为1 040 000元，注册会计师逐一比较200个样本项目的审定金额和账面金额并将账面金额（208 000元）和审定金额（196 000元）之间的差额，本例为12 000元除以样本项目个数200，得到样本平均错报60元，然后用这个平均错报乘以总体规模，计算出总体错报为60 000元（即60×1 000）。

（三）比率估计抽样

比率估计抽样是指以样本的实际金额与账面金额之间的比率关系来估计推断总体实际金额与账面金额之间的比率关系，然后再以这个比率乘以总体的账面金额，从而得出估计的总体实际金额的一种抽样方法。比率估计抽样法的计算公式如下：

比率 = 样本审定金额 ÷ 总体账面金额

估计的总体实际金额 = 总体账面金额 × 比率

推断的总体错报 = 估计的总体实际金额 – 总体账面金额

如果上例中注册会计师使用比率估计抽样，样本的审定金额与样本的账面金额的比例则为0.94（196 000 ÷ 208 000），注册会计师用总体的账面金额乘以该比例0.94，得到估计的存货余额977 600元（1 040 000 × 0.94）。推断的总体错报则为62 400元（1 040 000 – 977 600）。

如果未对总体进行分层，注册会计师通常不适用均值估计抽样，因为此时所需的样本规模可能太大，以至于对一般的审计而言不符合成本效益原则。比率估计抽样和差额估计抽样都要求样本项目错在错报。如果样本项目的审定金额和账面金额之间没有差异，这两种方法使用的公式所隐含的机理就会产生错误的结论。

二、货币单元抽样

（一）概念

货币单元抽样是一种运用属性抽样原理对货币金额而不是对发生率得出结论的统计抽样方法，它是概率比例规模抽样方法的分支，有时也被称为金额单元抽样、累计货币金额抽样及综合属性变量抽样等。货币单元抽样以货币单元作为抽样单元。例如，总体包括100 个应收账款明细账户，共有余额 200 000 元。若采用货币单元抽样，则认为总体含有200 000 个抽样单元，而不是 100 个。

（二）优缺点

1. 优点

货币单元抽样的优点主要包括：（1）货币单元抽样以属性抽样原理为基础，注册会计师可以很方便地计算样本规模和评价样本结果，因而通常比传统变量抽样更易于使用；（2）货币单元抽样在确定所需样本规模时无须直接考虑总体的特征（如变异性），因为总体中每一个货币单元都有相同的规模，而传统变量抽样的样本规模是在总体项目共有特征的变异性或标准差的基础上计算的；（3）货币单元抽样中，项目被选取的概率与其货币金额大小成比例，因而无须通过分层减少变异性，而传统变量抽样通常需要对总体进行分层以减少样本规模；（4）在货币单元抽样中使用系统选样法选取样本时，如果项目金额等于或大于选样间距，货币单元抽样将自动识别所有单个重大项目，即该项目一定被选中；（5）如果注册会计师预计不存在错报，货币单元抽样的样本规模通常比传统变量抽样方法更小；（6）货币单元抽样的样本设计更容易，且可在能够获得完整的最终总体之前开始选取样本。

2. 缺点

货币单元抽样的主要缺点如下：（1）货币单元抽样不适用于测试总体的低估，因为账面金额小但被严重低估的项目被选中的概率低，如果在货币单元抽样中发现低估，注册会计师在评价样本时需要特别考虑；（2）对零余额或负余额的选取需要在设计时给予特别考虑，例如，准备对应收账款进行抽样，注册会计师可能需要将贷方余额分离出去，作为一个单独的总体，如果检查零余额的项目对审计目标非常重要，注册会计师需要单独对其进行测试，因为零余额的项目在货币单元抽样中不会被选取；（3）当发现错报时，如果风险水平一定，货币单元抽样在评价样本时可能高估抽样风险的影响，从而导致注册会计师更有可能拒绝一个可接受的总体账面金额；（4）在货币单元抽样中，注册会计师通常需要逐个累计总体金额，以确定总体是否完整并与财务报表一致，不过如果相关会计数据以电子形式储存，就不会额外增加大量的审计成本；（5）当预计总体错报的金额增加时，货币单元抽样所需的样本规模也会增加，这种情况下，货币单元抽样的样本规模可能大于传统变量抽样所需的规模。

拓展案例

美国 N 公司财务舞弊案[①]

　　S 是 N 公司的缔造者，被誉为变革美国理疗业的灵魂人物。他创造性地提出将理疗和恢复性治疗等手术辅助环节从医院中独立出来运作的构想，并探索出一套低成本、高疗效的诊所运营模式。从 20 世纪 90 年代开始，S 带领 N 公司疯狂扩张，终于让 N 公司旗下的理疗诊所像麦当劳一样开遍美国的每一个角落。截至 2002 年，N 公司在全球拥有 1 229 家诊所、203 家外科手术中心和 117 家疗养院，成为全美最大的保健服务商。S 是一个开拓进取的创业者，却也是一个独断专行、刚愎自用之徒。在 N 公司，他实行独裁式的强权管理。曾与其共事过的董事和高管人员对 S 敬畏有加，"在 N 公司，你根本分不清 CEO 的职能和董事会的职能有何区别"。董事们即便"懂事"，也不敢管事，任凭 S 左右公司的重大决策。此外，S 及其同伙还投资了数十家医疗企业，编织成一张以 S 为中心的复杂的关联交易网，成为他们中饱私囊的"提款机"。

　　然而，S 的理疗帝国于 2003 年 3 月轰然倒塌。2002 年 8 月，N 公司的首席执行官（CEO）S 和首席财务官（CFO）O 按照《萨班斯—奥克斯利法案》的要求，宣誓他们向美国证券交易委员会（SEC）提交的 2002 年第二季度的财务资料真实可靠。宣誓后，O 寝食不安。慑于安然和世界通信假假丑闻曝光后社会公众的反响和压力，2003 年 3 月 18 日，不堪重负的 O 终于向司法部门投案自首，供出 N 公司的会计造假黑幕。原来从 1997 ~ 2002 年 6 月 30 日，N 公司通过凭空贷记"契约调整"的手法，虚构了近 25 亿美元的利润总额，虚构金额为实际利润的 247 倍；虚增资产总额 15 亿美元，其中包括固定资产 10 亿美元，现金 3 亿美元。已经抖露出的 25 亿美元虚假利润使 N 公司成为仅次于世界通信的第二大"会计造假大王"。

　　N 公司为掩饰会计造假，可谓是处心积虑，曾经动员了几乎整个高管层，共同对付安永会计师事务所（以下简称"安永"）。其别有用心的欺骗行为具体表现在：（1）为了避免直接调增收入，他们设计了"契约调整"这一收入备抵账户，利用该账户依赖主观判断，且在会计系统中不留交易轨迹的特点，加大虚假收入的审计难度；（2）编造虚假会计分录时，N 公司利用了许多过渡账户，虚构的利润通过频繁借贷，最终虚增了固定资产、无形资产甚至是现金账户；（3）N 公司的会计人员对安永审查各个报表科目所用的重要性水平了如指掌，并千方百计将造假金额化整为零，确保造假金额不超过安永确定的"警戒线"。这样，即使虚假分录被抽样审计所发现，他们也可以"金额较小，达不到重要性水平"为由予以搪塞。

　　在审计抽样的过程中运用重要性原则，能指导注册会计师对样本的选择，提高审计效率，合理地保障审计质量。但众多的舞弊案显示，一些为注册会计师所熟悉的老客户，可能因为太了解审计所运用的重要性水平而别有用心地设计会计造假的应对和规避措施。N 公司的会计人员中不乏曾在安永执业的注册会计师。在他们的指导下，结合长年对注册会计师们的观察和与他们博弈的经验，别有用心的舞弊分子不难了解安永在各个科目上所能

---

　　① 黄世忠，叶丰滢. 美国南方保健公司财务舞弊案例剖析——萨班斯—奥克斯利法案颁布后美国司法部督办的第一要案 [J]. 会计研究，2003（6）.

容忍的最大误差，甚至可以知晓安永习惯的抽样起点金额。"重要性"这条基准线一旦被客户所掌握，审计与审计规避的"游戏"就开始上演了。

可见，统计抽样所遵循的重要性原则不能一味依靠特定的比率（比率区间）计算重要性水平或因循长年使用的重要性水平，否则很容易让舞弊者有机可乘，导致审计失败。那么，注册会计师还可以采用哪些标准进行统计抽样？如何在性质和金额两个方面进行权衡判断？

❀❀❀❀❀❀❀❀❀❀❀❀❀❀❀❀❀❀❀❀❀❀❀❀❀❀❀❀❀❀❀❀

实训四　控制测试模块

一、实训目的

（1）了解控制测试的步骤及方法。
（2）熟练掌握采购与付款循环、生产与存货循环的控制测试。

二、实训要求

根据所列示的控制政策和程序、账簿和记账凭证等资料，按照审计方案要求对采购与付款循环、生产与存货循环展开控制测试。

三、实训操作流程及实训资料

关于控制测试阶段的实训，软件中仅提供了采购与付款循环、生产与存货循环、人力资源与工薪循环以及筹资与投资循环的相关内容。我们重点掌握采购与付款循环、生产与存货循环这两大循环的控制测试实训。

（一）控制测试导引表

1. 注意事项

实训中，控制测试导引表一般不要求填写，但同学们需要根据示例了解该表的统领作用。每进行一个循环的控制测试，需要填写一份导引表。

2. 实训资料

<table>
<tr><td colspan="3" align="center">控制测试导引表</td></tr>
<tr><td>被审计单位：中泰纸业股份有限公司</td><td>编制：张媛</td><td>日期：2017 - 01 - 14
会计期间：2016 年度</td></tr>
<tr><td>索引号：</td><td></td><td></td></tr>
<tr><td>复核：李清河</td><td></td><td>日期：2017 - 01 - 16</td></tr>
<tr><td>页次：_____</td><td></td><td>项目：_____</td></tr>
<tr><td colspan="3">测试本循环控制运行有效性的工作包括：</td></tr>
<tr><td colspan="3">测试本循环控制运行有效性形成下列审计工作底稿：</td></tr>
<tr><td colspan="3">编制要求或参考：</td></tr>
</table>

（二）控制测试汇总表

1. 注意事项

控制测试汇总表主要记录注册会计师测试的控制活动及结论。需要注意的是，如果注册会计师不拟对与某些控制目标相关的控制活动实施控制测试，或是控制测试的结论不够理想，则应直接执行实质性程序，或适当扩大实质性程序范围，对相关交易和账户余额的认定进行测试，以获取足够的保证程度。每进行一个循环的控制测试，需要填写一份汇总表。

2. 实训资料

（1）各个循环的控制政策和程序。

在软件中进入"编制工作底稿"—"审计材料"—"控制政策和程序"。

（2）控制测试汇总表。

注册会计师应该了解企业在每个循环所设计的控制活动的规范性标准，再将被审计单位依交易循环而制定的控制政策和程序与规范性标准相比较，最终对被审计单位的内部控制有效性做出评价。

控制测试汇总表

被审计单位：中泰纸业股份有限公司　　　　编制：张媛　　　　日期：2017 – 01 – 14

索引号：　　　　　　　　　　　　　　　　　　　　　　　　会计期间：2016 年度

复核：李清河　　　　　　　　　　　　　　　　　　　　　　日期：2017 – 01 – 16

页次：＿＿＿＿　　　　　　　　　　　　　　　　　　　　　　项目：＿＿＿＿＿＿＿

1. 了解内部控制的初步结论

（1）控制设计合理，并得到执行　　　　　　　　□

（2）控制设计合理，未得到执行　　　　　　　　□

（3）控制设计无效或缺乏必要的控制　　　　　　□

2. 控制测试结论

控制目标	被审计单位的控制活动	控制活动对实现控制目标是否有效（是/否）	控制活动是否得到执行（是/否）	控制活动是否有效运行（是/否）	控制测试结果是否支持风险评估结论（支持/不支持）

3. 相关交易和账户余额的总体审计方案

（1）对未进行测试的控制目标的汇总。

根据计划实施的控制测试，我们未对下述控制目标、相关的交易和账户余额及其认定进行测试

业务循环	主要业务活动	控制目标	相关交易和账户余额及其认定	原因

（2）对未达到控制目标的主要业务活动的汇总。

根据控制测试的结果，我们确定下述控制运行无效，在审计过程中不予信赖，拟实施实质性程序获取充分、适当的审计证据

业务循环	主要业务活动	控制目标	相关交易和账户余额及其认定	原因

续表

(3) 对相关交易和账户余额的审计方案。 根据控制测试的结果，制定下列审计方案							
受影响的交易、账户余额	完整性(控制测试结果/需从实质性程序中获取的保证程度)	发生/存在(控制测试结果/需从实质性程序中获取的保证程度)	准确性/计价和分摊(控制测试结果/需从实质性程序中获取的保证程度)	截止(控制测试结果/需从实质性程序中获取的保证程度)	权利和义务(控制测试结果/需从实质性程序中获取的保证程度)	分类(控制测试结果/需从实质性程序中获取的保证程度)	列报(控制测试结果/需从实质性程序中获取的保证程度)

4. 沟通事项
是否需要就已识别的内部控制设计、执行以及运行方面的重大缺陷，与适当层次的管理层或治理层进行沟通

事项编号	事项记录	与治理层的沟通	与管理层的沟通

编制说明：

（三）控制测试程序

1. 注意事项

控制测试程序是控制测试的核心环节，主要记录注册会计师在控制测试阶段执行的控制测试程序。控制测试程序的执行以企业的业务活动环节展开。

2. 实训资料

（1）各个循环的控制政策和程序（见软件）。

软件中进入"编制工作底稿"—"审计材料"—"控制政策和程序"。

（2）控制测试过程。

控制测试过程是针对各个业务活动所执行的测试程序的详细记录。

（3）控制测试程序。

结合企业的控制政策和程序文件，执行询问等控制测试程序，并完成控制测试程序的记录工作。

控制测试程序

被审计单位：中泰纸业股份有限公司　　编制：张媛　　　　日期：2017 – 01 – 15

索引号：　　　　　　　　　　　　　　　　　　　　　　会计期间：2016 年度

复核：李清河　　　　　　　　　　　　　　　　　　　　日期：2017 – 01 – 16

页数：_____

业务活动一：

（1）询问程序

（2）其他测试程序

控制目标	被审计单位的控制活动	控制测试程序	执行控制的频率	所测试的项目数量	索引号

业务活动二：

（1）询问程序

（2）其他测试程序

控制目标	被审计单位的控制活动	控制测试程序	执行控制的频率	所测试的项目数量	索引号

业务活动三：

（1）询问程序

（2）其他测试程序

控制目标	被审计单位的控制活动	控制测试程序	执行控制的频率	所测试的项目数量	索引号

（四）控制测试过程

1. 注意事项

控制测试过程是控制测试程序的详细记录，与控制测试程序交叉索引。由于循环不同，表格内容亦不同。这里本书仅列示生产与存货循环的控制测试过程。

2. 实训资料

（1）存货明细账和记账凭证（见软件）。

选择测试的期间，根据存货明细账查找相关的记账凭证，再从记账凭证查看原始凭证内容。

（2）控制测试过程。

控制测试过程——生产与存货循环

被审计单位：中泰纸业股份有限公司　　　　编制：万志鑫　　　　日期：2017 - 01 - 15
索引号：2102 - 4　　　　　　　　　　　　　　　　　　　　　　会计期间：2016 年度
复核：李清河　　　　　　　　　　　　　　　　　　　　　　　　日期：2017 - 01 - 16
页数：_____　　　　　　　　　　　　　　　　　　　　　　　　项目：_____

1. 与材料验收和仓储有关的业务活动的控制

主要业务活动	测试内容	测试项目 1	测试项目 2	测试项目 3	测试项目 4	测试项目 5	测试项目 6
材料验收	入库单编号（日期）						
	入库内容						
	相对应的采购订单编号（日期）						
	验收单与采购订单是否一致（是/否）						
	单价在人民币_____元以上的材料，是否经质检经理签字（是/否，如适用）						
	采购材料信息是否已正确输入系统（是/否）						
仓储	仓储经理是否复核输入信息（是/否）						
	系统是否已更新（是/否）						

2. 与计划和安排生产有关的业务活动的控制

续表

主要业务活动	测试内容	测试项目1	测试项目2	测试项目3	测试项目4	测试项目5	测试项目6
计划和安排生产	测试期间						
	是否编制月底生产计划书（是/否）						
	月度生产计划书是否得到适当审批（是/否）						
	生产通知单编号（日期）						
	生产通知单所载内容是否包含在月度生产计划书内（是/否）						
	日生产加工指令单编号（日期）						
	完工日期						

3. 与存货实物流转有关的业务活动控制

主要业务活动	测试内容	测试项目1	测试项目2	测试项目3
原材料领用	生产通知单编号（日期）			
	日生产加工指令单编号（日期）			
	原材料领用申请单编号（日期）			
	原材料领用申请单项目是否与生产加工指令单相符（是/否）			
	原材料领用申请单信息是否得到审批（是/否）			
	原材料出库单编号（日期）			
	原材料出库单是否得到复核确认（是/否）			
	原材料耗用是否与生产记录日报表内容相符（是/否）			
	转账凭证编号（日期）			
	转账凭证是否得到适当复核（是/否）			

续表

主要 业务活动	测试内容	测试 项目 1	测试 项目 2	测试 项目 3
产成品 入库	产成品验收单编号（日期）			
	产成品入库单编号（日期）			
	产成品入库单是否得到复核确认（是/否）			
	出运通知单编号（日期）			
产成品 出库	产成品出库单编号#（日期）			
	产成品出库单、销售订单、出运通知单、送货单内容相符 （是/否）			
	送货单编号（日期）			
	送货单是否经适当签字（是/否）			

4. 与生产成本归集和分配有关的业务活动的控制

主要 业务活动	测试内容	测试 项目 1	测试 项目 2	测试 项目 3	测试 项目 4	测试 项目 5	测试 项目 6
生产 成本归集	测试期间						
	生产成本计算表中材料成 本是否与当月出库量一致 （是/否）						
	生产成本结转凭证编号						
	转账凭证是否经适当审核 （是/否）						
	是否正确计入相关明细账						
销售 成本结转	测试期间						
	销售成本结转凭证编号						
	销售数量是否与系统内数 据一致（是/否）						
	转账凭证是否经适当审核 （是/否）						

第五章　审计工作底稿

L会计师事务所审计程序失当受证监会处罚①

2016年7月22日，中国证监会对上海A股份有限公司（以下简称"A公司"）违规信息披露发布行政处罚决定。A公司是国内规模较大的、具有专业证券投资咨询资质的公司之一，也是第一批获证监会投资咨询资格认证的企业。经过证监会的深入调查，发现A公司2013年主要涉及使用操纵性应计进行盈余管理，较少涉及真实活动盈余管理。对于应计项目的盈余管理方式，只要注册会计师通过检查、询问、函证等审计程序即可识别，然而作为当事会计师事务所——L会计师事务所（以下简称"L所"）却对A公司2013年年报出具无保留意见，很明显存在严重失职现象。因此，中国证监会同时决定责令L所改正违法行为，没收其业务收入70万元，并处以210万元罚款；对直接负责的注册会计师给予警告，并分别处以10万元罚款。

注册会计师认为自己不存在失职现象，然而，审计工作底稿的不完整却暴露了其审计过程的不积极作为。如2013年12月，A公司对部分客户以非标准价格销售软件产品，经查该售价主要是以"打新股""理财"为名进行营销，虚增2013年销售收入2 872 486.68元。相关注册会计师称关注到非标准价格销售的情况，并获取了销售部门的审批单。但是，相关过程没有在审计工作底稿中予以记录。同时，审计工作底稿程序表中"获取产品价格目录，抽查售价是否符合价格政策"的程序未见执行记录。

再如A公司将应归属于2013年的年终奖跨期计入2014年的成本费用，导致2013年少计成本费用24 954 316.65元。审计工作底稿未描述或记录针对审计报告报出日前已发放的2013年年终奖执行的审计程序，以及其未被计入2013年成本费用的合理性解释。审计工作底稿"应付职工薪酬"程序表中第8项应执行的审计程序记录：检查应付职工薪酬的期后付款情况，并关注在资产负债表日至财务报表批准报出日之间，是否有确凿证据表明需要调整资产负债表日原确认的应付职工薪酬。但对应的审计工作底稿明细表中未记录此程序的执行情况。

从该案例中看到，审计工作底稿反映了注册会计师审计的全过程，是审计中的重要材料。那么审计工作底稿包括哪些内容？如何编制审计工作底稿？

---

① 卓继民. 卷入证券欺诈案的会计师事务所 [J]. 经理人，2017 (4)：42–49.

第一节 审计工作底稿概述

审计工作底稿在计划和执行审计工作中发挥着关键作用。它提供了审计工作实际执行情况的记录，并形成审计报告的基础。审计工作底稿也可用于质量控制复核、监督会计师事务所对审计准则的遵循情况以及第三方的检查等。当会计师事务所因执业质量而涉及诉讼或有关监管机构进行执行质量检查时，审计工作底稿能够提供证据，证明会计师事务所是否按照《中国注册会计师审计准则》的规定执行了审计工作。

一、审计工作底稿的概念

审计工作底稿是指审计人员在执行审计业务过程中，专门记载被审事项主要情况的书面文件和获取的资料。审计工作底稿形成于审计的实施过程，也综合反映了整个审计过程。与审计证据不同，审计工作底稿具有以下特点：

（1）审计工作底稿是审计证据的载体，记录审计人员对审计证据所作出的分析、判断，结合专业判断得出审计意见和结论。

（2）审计工作底稿以审计证据为基础，注重记录审计过程中发现的问题、线索及审计人员的审计工作程序和步骤。

审计工作底稿可以由审计人员编制而成，也可以由被审计单位或者其他第三方提供，经审计人员审核后形成。前者称为编制，后者称为取得。

二、审计工作底稿的作用

审计工作底稿对于组织审计工作、编制审计报告等具有十分重要的作用。

（一）审计工作底稿是编写审计报告的基础

审计报告是审计工作的重要成果，是审计人员根据所搜集的审计证据经过一系列的专业判断而形成的。但审计人员不可能凭借记忆来掌握审计全过程搜集的审计证据和作出的专业判断。而审计工作底稿汇集了审计证据、审计事项、取证方法、实施程序及审计人员的分析和判断记录，可以直接作为审计报告的编写基础。

（二）审计工作底稿是组织、协调和指导审计工作的工具

审计工作通常需要若干审计人员联合作业，分工负责，同时进行。审计人员在审计工作中需要了解由其他审计人员执行的与自己审计事项有关的项目，客观上需要有一个沟通渠道。而审计工作底稿对审计过程的进展情况、发现的问题，以及所做的分析和判断都进行了详细的记录，这就为审计人员之间相互了解情况、协调工作、避免重复劳动提供了工具。同时，有了审计工作底稿，审计组负责人可以通过复核、审查审计工作底稿来指导审计工作和调整审计工作分工，有利于提高工作效率。

（三）审计工作底稿为审计质量的控制与监督奠定了基础

审计质量是审计人员工作质量和审计结果质量的总称，而审计结果质量又依赖于审计工作质量，严格控制审计工作质量是保证审计质量的关键。

审计工作质量很大程度体现在审计工作底稿上，要控制审计工作质量，必须对审计工作底稿的编制和复核有一整套严格的程序。审计工作底稿记载了审计人员的任务完成情况和遇到的各种问题，审计组负责人可从中掌握全面情况，以便及时检查、指导、协调和评价。审计工作底稿使审计质量的控制与监督落到了实处。

（四）审计工作底稿对未来审计业务具有参考备查的作用

由于对一个企业的会计报表审计是每年连续进行的，因此一个年度的审计工作底稿可以作为下一个年度审计的参考。一般地，当年度会计报表审计开始时，首先要仔细阅读上一年的审计工作底稿，了解该企业的内部控制薄弱环节、要求企业调整的会计事项有哪些、重点审计的内容是什么、有哪些或有负债、审计报告是哪种类型等，都可以作为编制本年度审计计划的参考。

（五）审计工作底稿是评价、考核审计人员工作能力和明确审计责任的重要依据

根据独立审计准则实施必要的审计程序，发表客观公正的审计意见是审计人员的审计责任。审计人员在审计过程中是否执行了独立审计准则，选择的审计程序是否恰当、合理，所作出的专业判断是否准确等都直接反映在审计工作底稿中。因此，要考核一名审计人员的工作能力，可以通过审阅其审计工作底稿来评价其专业判断能力和工作水平。一旦对某项审计业务有异议，则可通过审核其工作底稿来明确审计人员的责任。一般来说，只要在审计工作底稿上显示出审计人员是按照审计准则，采用了适当的审计程序，收集了充分、适当的审计证据，认真进行了专业判断，应可以减轻审计人员的责任。

（六）审计工作底稿为审计人员熟悉审计工作、培训学习和进行审计理论研究提供了重要资料

审计工作底稿结合审计内容记录了各类、各项审计事项的审计程序、方法，以及审计人员所做的分析与判断等，本身就是一份非常生动的案例教材，对审计人员熟悉审计工作和培训学习大有益处。此外，同类审计业务具有一定的共同性，同一被审计单位的审计业务有一定的连续性，当年度的审计工作底稿对以后年度的审计业务有很大的参考价值。大量的审计工作底稿，也是进行审计科研，改进和规范审计实务的重要参考资料。

三、审计工作底稿的种类

（1）审计工作底稿按来源，可分为自制和外部取得两类：

①自制工作底稿。审计人员通过编制方式形成的审计工作底稿，包括审计计划阶段编制的审计工作底稿、审计实施阶段形成的审计工作底稿、审计报告阶段形成的审计工作

底稿。

②外部取得的审计工作底稿。被审计单位依据审计人员对审计资料的基本要求，为审计工作提供资料。审计人员对所取得的资料实施必要的审计程序，并注明所取得资料的来源，最后作出相应的审计记录并签名，从而形成审计工作底稿。

（2）审计工作底稿按照其用途，可以分为以下三类：

①综合类工作底稿。综合类工作底稿是指审计人员在审计计划阶段和审计报告阶段为规划、控制和总结整个审计工作，并为最终发表审计意见所形成的审计工作底稿。主要包括审计业务约定书、审计计划、审计总结、未审计会计报表、试算平衡表、审计差异调整表、审计报告底稿、管理建议书、被审计单位声明书以及审计人员对整个审计工作进行组织管理的所有记录和资料。一般来说，综合类工作底稿比较多的在审计人员的办公地完成。

②业务类工作底稿。业务类工作底稿是指审计人员在审计实施阶段为执行具体审计程序所形成的工作底稿。主要包括审计人员对某一审计循环或者审计项目进行符合性测试或实质性测试所做的记录和资料，如各类业务循环符合性测试工作底稿，各资产、负债、权益、损益类项目实质性测试工作底稿，期后事项工作底稿等。业务类工作底稿通常在审计外勤工作时完成。

③备查类工作底稿。备查类工作底稿是指审计人员在审计过程中编制获取的对审计工作仅具有备查作用的审计工作底稿。主要包括被审计单位的设立批准书、营业执照、章程、董事会会议纪要、重要的经济合同、相关内部控制以及调查和评价记录报告等资料的复印件或者摘录。

备查类工作底稿随被审计单位有关情况的变化而不断更新，因此审计人员应将上述资料详细列明目录清单，并将更新文件、资料随时补充。

审计人员在将上述资料归档为备查类工作底稿的同时，还应根据具体需要，将其中与具体审计项目有关的内容复印、摘录或综合后归入业务类工作底稿的具体审计项目之后。

备查类工作底稿常常由被审计单位或第三者提供或代为编制，审计人员应对所取得的有关文件资料标明其来源。

（3）按审计工作阶段，可以分为审计计划阶段的工作底稿、审计实施阶段的工作底稿和审计报告阶段的工作底稿。

①审计计划阶段的工作底稿。审计计划阶段的工作底稿是指审计人员在具体实施审计程序之前，了解被审计单位的基本情况，分析被审计单位的业务情况，确定审计风险和制定审计计划中所形成的工作底稿。主要包括总体审计策略、具体审计计划、预备会会议纪要、业务约定书、被审计单位提交的资料清单、前期审计报告和未经审计的财务报表等。

②审计实施阶段的工作底稿。审计实施阶段的工作底稿是指审计人员在实施审计过程中采用检查、盘点、观察、询问、函证、计算、分析性复核等方法获取审计证据所形成的工作底稿。主要包括各种业务循环符合性测试工作底稿，如询证函回函和声明、核对表、分析表、问题备忘录以及对资产负债表及损益表项目开展实质性程序的相关工作记录。

③审计报告阶段的工作底稿。审计报告阶段的工作底稿是指审计人员在实施必要审计程序后，根据取得的审计证据进行调整、汇总、分析、评价，形成审计意见所编制的工作底稿。主要包括审计差异调整表、试算平衡表、管理层声明书原件、审计报告底稿、管理

建议书、总结会会议纪要、重大事项概要等。

审计工作底稿按审计阶段划分不是绝对的。有些审计调整、分析工作可以在审计实施阶段完成，也可以在审计报告阶段完成。如果在审计报告阶段，发现某些问题需要追加取证，应当重新实施某些审计程序。

<u>知识拓展 5 - 1</u>

审计程序、审计证据与工作底稿

审计程序是指在整个审计过程中采取的一系列系统性工作流程和步骤。执行审计程序的过程，实际上就是收集审计证据的过程，是对所获取的资料、数据和相关信息进行判定。而判定的每一个细节和测试过程，都是审计的痕迹，这些痕迹本身就形成一个又一个审计证据。注册会计师发表的任何审计意见，都要以审计证据为支撑，用审计证据和事实来说话，所以必须将审计证据当成审计工作的核心，当成审计工作的灵魂来看待。但灵魂不能单独存在，必须要有载体，这个载体就是审计工作底稿。审计工作底稿是记录整个审计过程所执行的每一个程序、每一个工作细节，以及在每一个程序和工作细节中收集到的审计证据等的载体。审计程序、审计证据与审计工作底稿三者之间是相辅相成的关系。

资料来源：傅贵勤，马文静，韩长艳. 审计程序、审计证据与工作底稿 [J]. 中国内部审计，2017（8）：87 - 89.

第二节　审计工作底稿的要素和范围

一、确定审计工作底稿的要素和范围时考虑的因素

在确定审计工作底稿的格式、要素和范围时，审计人员应当考虑下列因素：

（1）被审计单位的规模和业务复杂程度。通常来说，对大型被审计单位进行审计形成的审计工作底稿，通常比对小型被审计单位进行审计形成的审计工作底稿要多；对业务复杂的被审计单位进行审计形成的审计工作底稿，通常比对业务简单的被审计单位进行审计形成的审计工作底稿要多。

（2）拟实施审计程序的性质。通常，不同的审计程序会使得审计人员获取不同性质的审计证据，由此审计人员可能会编制不同的审计工作底稿。例如，审计人员编制的有关函证程序的审计工作底稿（包括询证函及回函、有关不符事项的分析等）和存货监盘程序的审计工作底稿（包括盘点表、审计人员对存货的测试记录等）在内容、格式及范围方面是不同的。

（3）识别出的重大错报风险。识别和评估的重大错报风险水平的不同可能导致审计人员实施的审计程序和获取的审计证据不尽相同。例如，如果审计人员识别出应收账款存在较高的重大错报风险，而其他应收款的重大错报风险较低，则审计人员可能对应收账款实施较多的审计程序并获取较多的审计证据，因而对测试应收账款的记录会比针对测试其他

应收款记录的内容多且范围广。

（4）已获取的审计证据的重要程度。审计人员通过执行多项审计程序可能会获取不同的审计证据，有些审计证据的相关性和可靠性较高，有些质量则较差，审计人员可能区分不同的审计证据进行有选择性的记录，因此，审计证据的重要程度也会影响审计工作底稿的格式、内容和范围。

（5）识别出的例外事项的性质和范围。有时审计人员在执行审计程序时会发现例外事项，由此可能导致审计工作底稿在格式、内容和范围方面的不同。例如，某个函证的回函表明存在不符事项，如果在实施恰当的追查后发现该例外事项并未构成错报，审计人员可能只在审计工作底稿中解释发生该例外事项的原因及影响；反之，如果该例外事项构成错报，审计人员可能需要执行额外的审计程序并获取更多的审计证据，由此编制的审计工作底稿在内容和范围方面可能有很大不同。

（6）当从已执行审计工作或获取审计证据的记录中不易确定结论或结论的基础时，记录结论或结论基础的必要性。在某些情况下，特别是在涉及复杂的事项时，审计人员仅将已执行的审计工作或获取的审计证据记录下来，并不容易使其他有经验的审计人员通过合理的分析，得出审计结论或结论的基础。此时审计人员应当考虑是否需要进一步说明并记录得出结论的基础（即得出结论的过程）及该事项的结论。

（7）审计方法和使用的工具。审计方法和使用的工具可能影响审计工作底稿的格式、内容和范围。例如，如果使用计算机辅助审计技术对应收账款的账龄进行重新计算，通常可以针对总体进行测试，而采用人工方式重新计算时，则可能会针对样本进行测试，由此形成的审计工作底稿会在格式、内容和范围方面有所不同。

考虑以上因素有助于审计人员确定审计工作底稿的格式、内容和范围是否恰当。审计人员在考虑以上因素时需注意，根据不同情况确定审计工作底稿的格式、内容和范围均是为达到审计准则中所述的编制审计工作底稿的目的，特别是提供证据的目的。例如，细节测试和实质性分析程序的审计工作底稿所记录的审计程序有所不同，但两类审计工作底稿都应当充分、适当地反映审计人员执行的审计程序。

二、审计工作底稿的要素

由审计人员自行编制的审计工作底稿主要包括以下几项要素：

（1）被审计单位名称。每一张审计工作底稿都应该写上被审计单位名称，确保审计工作底稿归档后的查询工作。如果被审计单位下面有分（子）公司或者内部的车间、部门，则应该仔细标注，如"××公司—××子公司""××公司—××车间"。

（2）审计项目名称。每张审计工作底稿都应该写明审计的内容，例如审查的是某一损益表项目，如主营业务成本；或者某一业务循环，如生产与存货循环的控制性测试。

（3）审计项目时点或者期间。在审计工作底稿应依据所审计项目的时间特征，予以标注，如资产负债表项目按时点标注；损益表项目按期间标注（见表 5–1）。

表 5 – 1   试算表

被审计单位名称＿＿＿＿＿＿

会计期间或截止日＿＿＿＿＿＿

	签名	日期	索引号
编制人			
复核人			页次

索引号	报表项目名称	未审金额	调整金额		重分类金额		审定金额	上年审定金额
			借方	贷方	借方	贷方		

（4）审计过程及其结果的记录。审计人员应将其实施的审计程序所达到的审计目标的过程记录在审计工作底稿上。每张审计工作底稿都应该有经过审计人员审计的轨迹或者专业判断的记录。如果审计工作底稿中仅是抄录了被审计单位账簿上的会计记录，而没有审计人员的职业判断过程记录，或是依据会计记录所作出的审计结论，则该审计工作底稿的作用将大打折扣。

（5）审计标识及其说明。在审计工作底稿上运用审计标识，可以大大提高编制审计工作底稿的效率，且有助于信息的明晰性和便捷性，前提是审计标识的含义清晰易懂。审计单位可以依据工作需要，在整套审计底稿前编制好一张审计标识表，那么在每张工作底稿上运用这些标识时，可以不必注明所用标识的含义，这样有利于标识的前后一致。例如：

∧：纵加核对

＜：横加核对

B：与上年结转数核对一致

T：与原始凭证核对一致

G：与总分类账核对一致

S：与明细账核对一致

T/B：与试算平衡表核对一致

C：已发询证函

C＼：已收回询证函

（6）索引号及页次。为了便于整理和查阅，在每张审计工作底稿上都要注明索引号及页次，如 A1、J1 等，以说明其在审计工作底稿中的放置位置。索引号应在审计工作底稿目录表中查到，页次是指同一索引号下不同审计工作底稿的顺序编号。为了保证审计工作底稿之间的清晰勾稽关系，工作底稿中包含的信息通常需要与其他相关工作底稿中的相关信息进行交叉索引，例如，现金盘点表与列示所有现金余额的导引表进行交叉索引。利用计算机编制工作底稿时，可以采用电子索引和链接，随着审计工作的推进，链接表还可予以自动更新。例如，审计调整表可以链接到试算平衡表，当新的调整分录编制完成后，计算机会自动更新试算平衡表，为相关调整分录插入索引号。同样，评估的固有风险或控制风险可以与针对特定风险领域设计的相关审计程序进行交叉索引。

在实务中，审计人员可以按照所记录的审计工作的内容层次进行编号。例如，固定资产汇总表的编号为 C1，按类别列示的固定资产明细表的编号为 C1－1，房屋建筑物的编号为 C1－1－1，机器设备的编号为 C1－1－2，运输工具的编号为 C1－1－3，其他设备的编号为 C1－1－4。相互引用时，需要在审计工作底稿中交叉注明索引号。

例如：固定资产的原值、累计折旧及净值的总额应分别与固定资产明细表的数字互相勾稽。表 5－2、表 5－3 是从固定资产汇总表工作底稿及固定资产明细表工作底稿中节选的部分，以作相互索引的示范。

表 5－2　　　　　　　　　　　固定资产审定表

被审计单位：＿＿＿＿＿＿＿＿　　　索引号：＿＿＿＿＿＿C1＿＿＿＿＿＿

项目：＿＿＿＿固定资产＿＿＿＿　　　财务报表截止日/期间：＿＿＿＿＿＿＿

编制：＿＿＿＿＿＿＿＿＿＿　　　　复核：＿＿＿＿＿＿＿＿＿＿＿＿

日期：＿＿＿＿＿＿＿＿＿＿　　　　日期：＿＿＿＿＿＿＿＿＿＿＿＿

项目名称	期末未审数	账项调整		重分类调整		期末审定数	上期末审定数
		借方	贷方	借方	贷方		
一、固定资产原值	×××					×××G	×××
二、累计折旧	×××					×××G	×××
三、固定资产净值	×××					×××T/B∧	×××B∧

表 5－3　　　　　　　　　　　固定资产明细表

被审计单位：＿＿＿＿＿＿＿＿　　　索引号：＿＿＿＿＿＿C1－1＿＿＿＿＿

项目：＿＿＿＿固定资产＿＿＿＿　　　财务报表截止日/期间：＿＿＿＿＿＿＿

编制：＿＿＿＿＿＿＿＿＿＿　　　　复核：＿＿＿＿＿＿＿＿＿＿＿＿

日期：＿＿＿＿＿＿＿＿＿＿　　　　日期：＿＿＿＿＿＿＿＿＿＿＿＿

项目名称	期末未审数	账项调整		重分类调整		期末审定数	上期末审定数
		借方	贷方	借方	贷方		
一、固定资产原值							

续表

项目名称	期末未审数	账项调整		重分类调整		期末审定数	上期末审定数
		借方	贷方	借方	贷方		
其中：房屋、建筑物	×××			×××		×××S	×××
机器设备	×××		×××			×××S	×××
运输工具	×××					×××S	×××
其他设备	×××					×××S	×××
小计	×××∧		×××∧	×××∧		×××<C1∧	×××B∧
二、累计折旧							
其中：房屋、建筑物	×××			×××		×××S	×××
机器设备	×××	×××				×××S	×××
运输工具	×××					×××S	×××
其他设备	×××					×××S	×××
小计	×××∧	×××∧		×××∧		×××<C1∧	×××B∧
三、固定资产净值							
其中：房屋、建筑物	×××					×××S	×××
机器设备	×××					×××S	×××
运输工具	×××					×××S	×××
其他设备	×××					×××S	×××
小计	×××∧					×××C1∧	×××B∧

（7）编制者姓名及编制日期。审计工作底稿的编制者必须在其编制的审计工作底稿上签名和注明编制的日期。

（8）复核者姓名及复核日期。审计工作底稿的复核者必须在复核过的审计工作底稿上签名和注明复核日期。如果有多级复核，每级复核者都应签名和注明复核日期。

（9）其他应说明事项。其他应说明事项即审计人员根据其专业判断，认为应在审计工作底稿中予以记录的其他相关事项。

第三节　审计工作底稿的编制与归档

一、审计工作底稿的编制要求

1. 编制审计工作底稿的基本要求

审计人员在编制审计工作底稿时，应当做到内容完整、格式规范、标识一致、记录清晰、结论明确。

（1）内容完整。即构成审计工作底稿的基本内容必须完整无缺，所附审计证据应该齐全。

（2）格式规范。审计工作底稿在结构设计上应当合理，并有一定的逻辑性。审计组织一般都有印刷好的具有一定格式的工作底稿，审计人员应严格按照格式编制工作底稿。但要求格式规范并非意味着格式统一。

（3）标识一致。前已述及，审计人员在审计工作底稿中可以使用各种审计标识，但应说明其含义，并保持前后一致。

（4）记录清晰。首先，审计工作底稿所记录的审计人员的审计思路应该清晰；其次，审计工作底稿的记录应该文字工整、记录清楚、数字整洁、便于识别。

（5）结论明确。审计人员对会计报表的总体意见是根据各具体审计事项的具体审计结论综合而成的。审计人员对每一具体审计事项的审计工作完成后，应有明确的审计结论，并列示于审计工作底稿上。

2. 取得审计工作底稿的基本要求

审计人员可直接从被审计单位或其他有关单位取得相关资料，也可以要求被审计单位有关人员代为编制有关会计账项的明细分类或汇总底稿，甚至可以要求被审计单位就有关事项提供声明，诸如从被审计单位取得的有关法律性文件、合同与章程，要求被审计单位编制的存货盘点清单等。

对于上述审计资料，审计人员必须做到：

（1）注明资料来源。其目的是划清责任，谁提供资料，谁就应当对资料的真实性负责。同时，也有利于审计人员辨别资料的可信性和证明力。

（2）实施必要的审计程序。如对有关法律性文件的复印件审阅并同原件核对一致。审计人员只有在实施了必要的审计程序后，才能作为自己的审计工作底稿。

（3）形成相应的审计记录。审计人员在对他人提供的资料审阅或核对后，应形成相应的文字记录并签名，方能形成审计工作底稿。

二、审计工作底稿的复核

（一）复核审计工作底稿的作用

复核审计工作底稿不仅是审计准则的要求，也是质量控制准则的要求。一张审计工作底稿往往由一名专业人员独立完成，编制者对有关资料的引用、对有关事项的判断、对会计数据的加计验算等都可能出现误差，因此，在审计工作底稿编制完成后，通过一定的程序，经过多层次的复核显然是十分必要的。审计组织应结合本单位实际情况制定出实用有效的审计工作底稿复核制度，也即对有关复核人级别、复核程序与要点、复核人职责等所作出的明文规定。

复核审计工作底稿具有以下三个方面的作用：

（1）可以减少或消除人为的审计误差，降低审计风险，提高审计质量。

（2）能够及时发现和解决问题，保证审计计划顺利执行，并不断地协调审计进度、节约审计时间、提高审计效率。

（3）便于上级管理部门对审计人员进行审计质量监控和工作业绩考评。

（二）复核审计工作底稿的基本要求

根据我国《质量控制基本准则》的要求，会计师事务所应当建立多层次的审计工作底稿复核制度，而不同层次的复核人可能有不同的复核重点，但就复核工作的基本要点来看，不外乎以下几点：（1）所引用的有关资料是否翔实、可靠；（2）所获取的审计证据是否充分、适当；（3）审计判断是否有理有据；（4）审计结论是否恰当。

复核审计工作底稿是会计师事务所进行审计项目质量控制的一项重要程序，必须有严格和明确的规则。一般来说，复核审计工作底稿应遵循以下基本要求：

（1）做好复核记录，对审计工作底稿中存在的问题和疑点要明确指出，并以文字记录于审计工作底稿中。

（2）复核人必须签名和签署日期，这样有利于划清审计责任，也有利于上级复核人对下级复核人的监督。

（3）书面表示复核意见。

（4）督促编制人及时修改、完善审计工作底稿。

（三）审计工作底稿的复核制度

为了保证审计工作底稿复核工作的质量，会计师事务所应建立多层次的审计工作底稿复核制度。我国会计师事务所一般建立三级复核制度。所谓审计工作底稿三级复核制度，就是会计师事务所制定的以主任会计师、部门经理（或签字注册会计师）和项目负责人为复核人，对审计工作底稿进行逐级复核的一种复核制度。

项目负责人复核是第一级复核，称为详细复核。它要求项目负责人对下属审计助理人员形成的审计工作底稿逐张复核，发现问题及时指出，并督促审计人员及时修改完善。部门经理（或签字注册会计师）是第二级复核，称为一般复核。它是在项目负责人完成了详细复核之后，再对审计工作底稿中重要会计账项的审计、重要审计程序的执行以及审计调整事项等进行复核。部门经理复核既是对项目负责人复核的一种再监督，也是对重要审计事项的重点把关。主任会计师（或合伙人）是最后一级复核，又称重点复核。它是对审计过程中的重大会计审计问题、重大审计调整事项及重要的审计工作底稿所进行的复核。主任会计师复核既是对前面两级复核的再监督，也是对整个审计工作的计划、进度和质量的重点把握。

三、审计工作底稿的归档

审计工作底稿对于明确审计责任、评价审计工作质量、为后续审计提供参考都具有重要的意义。《质量控制准则第5101号——会计师事务所对执行财务报表审计和审阅、其他鉴证和相关服务业务实施的质量控制》要求会计师事务所制定有关及时完成最终业务档案归整工作的政策和程序。审计工作底稿的归档期限为审计报告日后60天内。如果注册会计师未能完成审计业务，审计工作底稿的归档期限为审计业务中止后的60天内。

因此，审计工作底稿形成后，审计人员必须按照一定的要求予以归档，形成审计档案。审计档案是会计师事务所审计工作的重要历史资料，是会计师事务所应上级检查的重要凭证，应当妥善保管。

（一）审计档案的分类

审计档案按其使用期限的长短和作用大小可以分为永久性档案和当期档案两类。

1. 永久性档案

永久性档案是指由那些记录内容相对稳定、具有长期使用价值，并对以后审计工作具有重要影响和直接作用的审计工作底稿所组成的审计档案。永久性档案主要由综合类工作底稿和备查类工作底稿组成。在这些工作底稿中，有些记录内容十分重要，如审计报告书副本；有些记录内容可供以后年度直接使用，如重要的法律性文件、合同及协议等。因此，应把它们归入永久性档案进行管理。

2. 当期档案

当期档案又称一般档案，是指由那些记录内容在各年度之间经常发生变化，只供当期审计使用和下期审计参考的审计工作底稿所组成的审计档案。当期档案主要由业务类工作底稿组成，如符合性测试工作底稿、具体会计账项实质性测试的工作底稿等。这些工作底稿所记录的内容，在各年度之间是不同的，因此，主要供当期审计使用。

（二）审计档案的所有权与保管

审计工作底稿虽然是审计人员对其执行的审计工作所做的完整记录，但在我国，注册会计师不能独立于会计师事务所之外承揽审计业务，审计业务必须以会计师事务所的名义承接，审计业务约定书也是由会计师事务所签订的。因此，审计工作底稿的所有权属于承接该项业务的会计师事务所。

会计师事务所应当建立审计档案保管制度，对审计档案妥善保管，以保证审计档案的安全、完整。审计档案保管制度主要包括审计档案的整理、装订办法；审计档案的存放、排列方法；审计档案的查阅、借阅规定；审计档案的保管期限及销毁规定等。

审计档案的保管期限可视不同档案类别而有所不同。对于永久性档案，应当长期保存。若会计师事务所中止了对被审计单位的后续审计服务，那么，其永久性档案的保管年限与最近一年当期档案的保管年限相同。对当期档案，应当自审计报告签发之日起，至少保存 10 年。对于最低保存年限届满的审计档案，会计师事务所可以决定将其销毁。但在销毁之前，应当按规定履行必要的手续。

（三）审计档案的保密与查阅

审计档案的内容涉及被审计单位的商业秘密，审计组织为被审计单位保守商业秘密是审计职业道德的基本要求。因此，会计师事务所应当建立严格的审计工作底稿保密制度，对审计工作底稿中涉及的商业秘密保密，并落实专人管理。但由于下列情况需要查阅审计工作底稿的，不属于泄密：

（1）法院、检察院及其他部门因工作需要，在按规定办理了必要手续后，可依法查阅审计档案中的有关审计工作底稿。

（2）注册会计师协会对执业情况进行检查时，可查阅审计档案。

（3）不同会计师事务所的注册会计师，因审计工作的需要，并经委托人同意，在下列情况下，办理了有关手续后，可以要求查阅审计档案：

①被审计单位更换会计师事务所。若出现此情况，后任注册会计师可以查阅前任注册会计师的审计档案。

②审计合并会计报表。基于合并会计报表审计业务的需要，母公司所聘请的注册会计师可以调阅子公司所聘注册会计师的审计档案。

③联合审计。若审计工作需要两个或两个以上的会计师事务所共同进行，应允许参与审计的事务所共同查阅和使用审计工作底稿。

拥有审计工作底稿的会计师事务所应当对要求查阅者提供适当的协助，并根据有关审计工作底稿的性质和内容，决定是否允许要求查阅者阅览其审计工作底稿及复印或摘录其中的有关内容。审计工作底稿中的内容被查阅者引用后，因为查阅者的误用而造成的后果，与拥有审计工作底稿的会计师事务所无关。

拓展案例

A 会计师事务所销毁审计档案[①]

总部设在美国得克萨斯州休斯敦的 AR 公司经营电力和天然气、能源和商品运输以及为全球客户提供财务和风险管理服务等，其中能源交易业务量居全美之首，是世界最大的能源商品和服务公司之一。2001 年 10 月 16 日，AR 公司突然宣布，该公司第三季度亏损 6.38 亿美元，净资产因受外部合伙关系影响减少 12 亿美元。AR 公司股价随即迅速下跌，并引来美国证券交易委员会（SEC）和多家律师事务所的关注。10 月 22 日，AR 公司承认，SEC 的质询已升格为正式调查。11 月 8 日，AR 公司向 SEC 递交文件，修改过去 5 年的财务状况申明，宣布自 1997 年以来通过非法手段虚报利润 5.86 亿美元，并未将内部巨额债务和损失如实报告。11 月 21 日，AR 公司又宣布，延期偿还 6.9 亿美元的债务。此后，AR 公司的股价一路下跌，到 11 月 29 日已跌至 26 美分，市值仅有 2.68 亿美元。一年前 AR 公司股价还曾高达 90 美元，市值近 800 亿美元。在 AR 公司承认有重大舞弊行为后不到 2 个月内，AR 公司股价便跌破 1 美元，市值缩水，致使大批中小投资者倾家荡产，许多与 AR 公司有着资金业务往来的公司受到巨大影响。

AR 公司自 1985 年成立以来，其财务报表一直由 A 会计师事务所（以下简称 "A"）审计。在 AR 事件曝光后，AR 公司 2001 年 11 月向 SEC 提交了 8-K 报告，对过去 5 年财务报表的利润、股东权益、资产总额和负债总额进行了重大的重新表述，并明确提醒投资者：1997～2000 年经过审计的财务报表不可信赖。换言之，AR 公司经过 A 审计的财务报表并不能公允地反映其经营业绩、财务状况和现金流量，得到 A 认可的内部控制也不能确保 AR 公司财务报表的可靠性，A 的报告所描述的财务图像和内部控制的有效性，严重偏离了 AR 公司的实际情况。

丑闻曝光后，A 迅速开除负责 AR 公司审计的大卫·邓肯，同时解除了休斯敦其他三位资深合伙人的职务。在沸沸扬扬的 AR 事件中，最让会计职业界意想不到的是，

A 居然销毁数以千计的审计档案。A 销毁审计中最重要的证据，是对会计职业道德的公然挑衅，也暴露出其缺乏守法意识。从 A 的角度看，销毁审计档案的事实，极有可能使 AR 事件由单纯的审计失败案件升级为刑事案件。销毁审计档案不仅使 A 的信誉丧失殆尽，而且加大了 A 串通舞弊的嫌疑。如果这仅仅是一件因判断失误而造成的审计失败，A 不至于做销毁审计档案的事。唯一可能的是，被销毁的审计档案藏有见不得阳光的勾当！

通过本章学习，说说审计档案的作用，并谈谈 A 销毁审计档案将会造成什么后果。

实训五　厘清各实务操作实训内容，做好实质性测试准备

一、实训目的

（1）了解审计程序每个阶段工作底稿的内容；
（2）熟练掌握控制测试阶段和实质测试阶段工作底稿的填制方法。

二、实训要求

根据实训平台中所提供的案例——中泰纸业股份有限公司，获取和编制相关材料，结合审计数据，编制工作底稿。具体编制方法查看各章节的实训，这里主要列示每个阶段的工作底稿。

三、实训操作流程及实训资料

（一）审计计划阶段的工作底稿

序号	索引号	摘要
1	G1	审计业务约定书
2	G2	总体审计策略
3	G3	具体审计计划
4	G4	重要性

（二）风险评估阶段的工作底稿

序号	索引号	摘要
1	1101	风险评估项目组讨论纪要
2	1201	了解被审计单位及其环境（一）
3	1202	了解被审计单位及其环境（二）
4	1203	了解被审计单位及其环境（三）
5	1203 – 1	会计政策调查表
6	1204	了解被审计单位及其环境（四）
7	1205	了解被审计单位及其环境（五）
8	1205 – 1	比率趋势分析表
9	1206	了解被审计单位及其环境程序
10	1311	了解和评价控制环境
11	1312	了解和评价被审计单位风险评估过程
12	1313	了解和评价信息系统与沟通明细表
13	1314	控制活动调查明细表
14	1315	对管理层的监督调查明细表
15	1316	了解和评价整体层面内部控制汇总表
16	1321 – 1	了解内部控制导引表——业务流程层面了解和评价内部控制（销售与收款循环）
17	1321 – 2	了解内部控制汇总表——业务流程层面了解和评价内部控制（销售与收款循环）
18	1321 – 3	了解内部控制设计——业务流程层面了解和评价内部控制（销售与收款循环）
19	1321 – 4	评价内部控制设计——业务层面了解和评价内部控制（销售与收款循环）
20	1321 – 5	穿行测试——销售与收款循环

（三）控制测试阶段的工作底稿

序号	索引号	摘要
1	2101 – 1	控制测试导引表（采购与付款循环）

序号	索引号	摘要
2	2101－2	控制测试汇总表（采购与付款循环）
3	2101－3	控制测试程序（采购与付款循环）
4	2101－4	控制测试过程（采购与付款循环）
5	2102－1	控制测试导引表（生产与存货循环）
6	2102－2	控制测试汇总表（生产与存货循环）
7	2102－3	控制测试程序（生产与存货循环）
8	2102－4	控制测试过程（生产与存货循环）

（四）实质性测试阶段的工作底稿

序号	索引号	摘要
1	3111－1	货币资金审定表
2	3111－2	货币资金明细表
3	3111－3	货币资金凭证抽查表
4	3111－4－1	银行询证函（交通银行）
5	3111－4－2	银行询证函（工商银行）
6	3111－5	库存现金盘点表
7	3111－6	银行存款函证结果汇总表
8	3112－1	应收票据审定表
9	3112－2	应收票据明细表
10	3112－3	应收票据凭证抽查表
11	3113－1	应收账款审定表
12	3113－2	应收账款明细表
13	3113－3	应收账款凭证抽查表
14	3113－4－01	企业询证函（武汉方汇达企业有限公司）
15	3113－4－02	企业询证函（广州好影像放映有限公司）
16	3113－4－03	企业询证函（广西爱佳办公用品有限公司）
17	3113－4－04	企业询证函（湖南省国家税务局）
18	3113－4－05	企业询证函（交通银行山西太原支行）
19	3113－4－06	企业询证函（河南晨鸣贸易有限公司）
20	3113－4－07	企业询证函（河北佳佳贸易有限公司）

第六章 销售与收款循环审计

从本章至第九章进入实务操作部分，阐述各类交易和账户余额的审计。这四章所述各业务循环以一般制造业为背景。

财务报表审计组织方式大致可以分为两种：一种称为账户法，是对财务报表的每个账户余额单独进行审计；另一种称为循环法，将财务报表分成几个循环进行审计，把紧密联系的交易种类和账户余额归入同一循环中，按业务循环组织实施审计。对控制测试通常采用循环法实施，而对交易和账户余额的实质性程序，既可采用账户法实施，也可采用循环法实施。但由于控制测试通常采用循环法实施，为有利于实质性程序与控制测试的衔接，提倡采用循环法。

在本书中，我们主要介绍销售与收款循环，采购与付款循环，生产与存货循环。由于货币资金与各个循环密切相关，并且货币资金的业务和内部控制又有着不同于其他业务循环的鲜明特征，所以将货币资金审计单独安排一章。各循环之间的关系如图 6-1 所示。

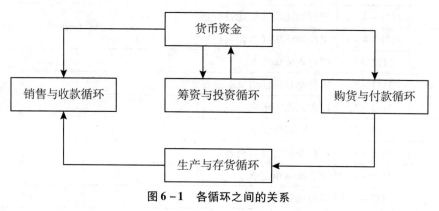

图 6-1 各循环之间的关系

引导案例

L 公司虚增营业收入案例[①]

L 公司创办于 2000 年 9 月，最初的注册资本仅有 52 万元。公司以其拥有的国兰生产基地，培育和销售各种品种的兰花。其培育的兰花共有七大种类，主要为春兰、蕙兰、建兰（四季兰）、寒兰、墨兰（报岁兰）、春剑、莲瓣兰等。L 公司从 2000 年至今已有多年的发展史，而公司创始人从事兰花事业也逾三十多年，可谓是其终身付出的事业。为了满足公司不断发展的前景，2001 年 9 月，公司进行了整体改制，更名为福建 L 股份有限公司，表 6-1 是截止到 2014 年 9 月 30 日时福建 L 股份有限公司的股权结构，其注册资本已达到 1.5 亿元。

---

① 笔者根据相关资料整理。

表 6-1　　　　　　　　重大资产重组实施前福建 L 股份有限公司的股权结构　　　　　单位：元

序号	股东	持有股份（股）	股份比例（%）	股份性质
1	连城 S 农业发展有限公司	66 607 650	44.4051	境内非国有法人股
2	厦门市 Y 投资管理合伙企业（有限合伙）	30 169 350	20.1129	境内非国有法人股
3	中小企业（天津）C 合伙企业（有限合伙）	10 448 250	6.9655	境内非国有法人股
4	F. V. Limited	10 056 450	6.7043	境外法人股
5	D 有限公司	6 214 200	4.1428	境外法人股
6	X 集团有限公司	5 629 500	3.753	境外法人股
7	绍兴 T 股权投资合伙企业（有限合伙）	75 388 000	3.592	境内非国有法人股
8	上海 H 投资中心（有限合伙）	4 710 750	3.1405	境内非国有法人股
9	北京 Y 创业投资有限公司	4 310 325	2.87355	国有法人股
10	吉林省 G 创业投资有限责任公司	4 310 325	2.87355	国有法人股
11	天津 T 科技风险投资股份有限公司	2 155 200	1.4368	境内非国有法人股

资料来源：福建 J 林业股份有限公司发布的《重大资产重组方案报告书（草案）》。

2014 年 5 月，福建 J 林业股份有限公司（以下简称"福建 J"）因筹划并购福建 L 股份有限公司部分股权这一重大事项，而发布了停牌公告，28 日，并购部分股权的工作就由福建 J 组建的工作组紧锣密鼓地展开了。由其公告中表明该次并购的部分股权，其中 60% 的股权以股份方式支付，以现金支付剩余的 20%，总共占据福建 L 股份有限公司股权总数的近 80%（详细股权结构见表 6-2）。从停牌发布并购的公告，到发出终止本次重大资产重组的公告，这其中只隔了半年的时间，从图 6-2 可以看出从筹划到撤回整个事件发生的过程。

表 6-2　　　　　　重大资产重组实施后福建 L 股份有限公司的股权结构

序号	股东	持有股份（股）	股份比例（%）
1	福建 J 林业股份有限公司	117 000 000	78.00
2	连城 S 农业发展有限公司	33 000 000	22.00
合计		150 000 000	100.00

资料来源：福建 J 林业股份有限公司发布的《重大资产重组方案报告书（草案）》。

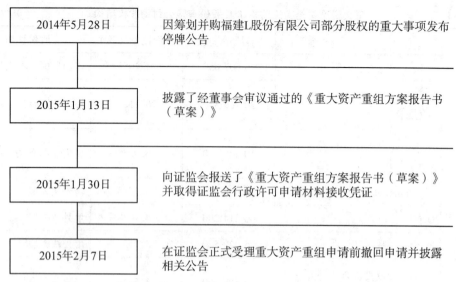

图 6 - 2　福建 J 并购福建 L 股份有限公司部分股权的时间发展图

经由福建 J 董事会审议通过，其后向证监会报送的《重大资产重组方案报告书（草案）》中写明了福建 L 股份有限公司 2012 年度、2013 年度以及 2014 年度 1~9 月的营业收入分别为 177 377 491.72 元、186 013 693.61 元、158 593 486.80 元。然而，经调查这两年一期的实际营业收入分别为 149 121 841.72 元、158 550 198.61 元、136 446 406.80 元，各年（期）虚增营业收入分别为 28 255 650 元、27 463 495 元、22 147 080 元，虚增比例分别为 15.93%，14.76%，13.96%。上述提供虚假财务信息的行为违反了《中华人民共和国证券法》以及《上市公司重大资产重组管理办法》等相关规定。

表 6 - 3　　　　　　　　　福建 L 股份有限公司营业收入虚增数据　　　　　　　　单位：元

项目	2012 年	2013 年	2014 年（1~9 月）
虚报收入数	177 377 491.72	186 013 693.61	158 593 486.80
实际收入数	149 121 841.72	158 550 198.61	136 446 406.80
虚增数	28 255 650.00	27 463 495.00	22 147 080.00
虚增比例（%）	15.93	14.76	13.96

资料来源：《中国证监会行政处罚决定书（2016）》。

第一节　销售与收款循环的业务活动和相关内部控制

一、销售与收款循环的主要业务活动

销售与收款业务是指企业对外销售商品、产品或提供劳务等收取货币资金的经营业务活动。销售分为现销和赊销两种形式，在此，主要阐述赊销业务活动。赊销业务活动由接受客户订单开始，依次经过批准赊销、供货、装运货物、给客户开发票、记录销售业务、记录收款业务、处理销售退回与折让、坏账处理等业务环节。

（一）销售部门接受客户订单

企业在收到客户的订单后，须经过有关人员详细审查上面的条款与数量，以确定是否能在合理的时间内完成。只有经过批准的订单，才能作为销售的依据。订单批准后，需编制一式多联的销售单。销售单就是将客户订单上的条款转换成一系列具体的指令，作为信用、仓储、运输、开票、记账、收款等职能部门履行职责的依据。

（二）信用管理部门批准赊销

批准赊销是由信用部门来进行的。信用部门接到销货通知后，根据管理当局的赊销政策和授权决定是否批准赊销。对新客户，信用部门应向信用机构查询，了解该客户的信用状况，在对其信用状况进行充分调查的基础上，决定是否批准赊销；对老客户，根据其信用额度的使用情况来确定；当客户仍有未用完的信用额度时，则可在信用额度内批准赊销；如果该笔业务导致客户的信用额度出现不足，则应根据客户以往的信用情况确定是否提高其信用额度。对同意赊销的客户，信用部门应在销售通知单上签字。对不同意赊销的客户，公司将告知客户，并讨论能否使用其他付款方式，比如现销方式。

（三）仓库部门按批准的销售单供货

经过信用部门批准的销售单将传递至仓储部门，仓储部门根据经过批准的销售单发货。它们既是运输部门发运的依据，也是财务部门登记存货账和开具发票的依据。

（四）装运部门（应与仓库部门分离）按销售单装运货物

当产品由仓储部门转交给装运部门时，装运部门必须负责安排货物的装运。装运部门根据经过批准的销售单装运货物，填制提货单等货运文件，并将其送往开具发票的财务部门。

装运人员必须做以下验证：第一，从仓库提取的商品必须附有经批准的销售单；装运的货物与批准的货物是否一致。

（五）财务部门开具发票

开具发票的用途在于通知客户已发出的商品或已提供的劳务的数量。发票一般由财务部门开具。开具发票的员工首先应该核对以下文件：客户的订货单、销售单、提货单。如以上文件完全相符，并符合商品价目表的要求，则可开具销售发票。需要特别注意的是，销售发票应连续编号。

（六）财务部门记录销售业务

开具发票后，财务部门根据销售发票等原始凭证编制记账凭证，登记应收账款、销售收入明细账和总账，以及库存商品明细账和总账。财务部门还应定期编制和寄送应收账款对账单，与客户核对账面记录，如有差异要及时查明原因进行调整。

（七）财务部门记录收款业务

收到客户的货款后，财务部门应编制相应的收款凭证，并及时、完整地予以记录，以确保回收货款的完整性。

（八）销货退回、销售折扣与折让

发生销货退回、销售折扣与折让，必须经授权批准，并分别控制实物流和会计处理。所有销货折让与退回以及应收账款的注销的调整账项都必须填制连续编号的、由一名无权接触现金或保管账户的负责人签字的贷项通知单，并应严格控制贷项通知单的使用。在记录销货退回之前，必须确保商品已经收回并验收入库。贷项通知单应标明已退回商品的验收报告的连续编号。

（九）处理坏账

在应收账款作为坏账处理时，应取得应收账款不能收回的确凿证据，并经管理当局批准后，方可作为坏账，进行相应的会计处理。已冲销的应收账款应登记在备查簿中，加以控制，以防已冲销的应收账款以后又收回时被相关人员贪污。如果欠款客户仍在，应继续进行追款。

二、销售与收款循环涉及的主要凭证、账户和报表项目

在内部控制比较健全的企业，其销售与收款循环通常涉及很多凭证，能够对相关账户和报表项目产生影响。它们主要包括：

（一）原始凭证

（1）顾客订单。顾客要求订购商品的凭证，企业可通过销售人员或其他途径从现有或潜在的顾客那里取得订单。

（2）销售单。列示顾客所订商品名称、规格、数量以及与顾客订单有关的资料表格，是销售方内部处理顾客订单的依据，要连续编号。

（3）装运凭证。在装运货物时编制的，用以反映发出商品的规格、数量、日期及其他有关内容的表格。装运凭证的正联交给顾客，副联（一份或数份）由企业保留。该凭证可用作向顾客开票收款的依据。

（4）销售发票。说明销售详情的表格，包括销售金额、条件和日期，可据此开账单给顾客，并作为记录这笔销售的依据。

（5）汇款通知书。企业会把它与销售发票一起寄给顾客，由顾客在付款时再寄回销货单位。如果顾客没有将其随同货款一并寄回，一般应由接收邮件的人员在处理邮件时代编。企业通常在汇款通知书中列明顾客姓名、销售发票号码及其金额、销货单位开户银行账号等内容。采用汇款通知书能使款项及时存入银行，并加强对资产保管的控制。

（6）贷项通知单。这是用来表示由于销货退回或经批准的折让而引起的应收销货款减

少的凭证，其格式通常与销售发票的格式相同，只不过它不是用来说明应收账款的增加，而是用来证明应收账款的减少。

（7）坏账审批表。这是经股东大会或董事会等权利执行机构批准注销为坏账的应收账款明细表。表中应列明应收账款的金额、账龄、债务人、注销为坏账的原因、批准人的姓名与职务等内容。

（二）记账凭证

（1）转账凭证。根据记录不涉及现金、银行存款等业务的原始凭证编制的记账凭证，是编制有关账户的依据。

（2）收款凭证。根据记录现金、银行存款收入等收款业务的原始凭证编制的记账凭证，是编制"现金""银行存款"等账户的依据。

（3）付款凭证。根据记录销售退回与折让等退款业务的原始凭证编制的记账凭证。

（三）明细账和日记账

1. 应收账款明细账

用来记录每个顾客各项赊销、款项收回、销货退回与折让情况的明细账。各应收账款明细账的余额合计数与应收账款总账的余额相等。

2. 主营业务收入明细账和其他业务收入明细账

分别记录主营业务和其他业务销售情况的明细账，销货金额通常按销售商品的品种、类别予以汇总。

3. 折扣与折让明细账

用来核算按合同规定为了及早收回货款而给予顾客的销售折扣和因商品品种、质量等原因而给予顾客的销售折让的明细账。

4. 现金日记账和银行存款日记账

用来记录应收账款的收回或现销收入，以及其他业务所引起的现金、银行存款收入和支出的序时账。

（四）总账

该循环涉及的总账类账户主要包括"现金""银行存款""应收账款""应收票据"或"预收账款""财务费用""主营业务收入""其他业务收入""主营业务成本""其他业务支出""主营业务税金及附加""应交税金""其他应交款""坏账准备"等。

（五）报表项目

（1）资产负债表项目。该循环涉及的资产负债表项目主要包括"货币资金""应收票据""应收账款""存货""预收账款""应交税金""其他应交款"等。

（2）利润表项目。该循环涉及的利润表项目主要包括"主营业务收入""主营业务成本""主营业务税金及附加""其他业务利润""营业利润""管理费用"等。

（六）其他

1. 已授权的价格表

列示各种可供销售商品的已被授权批准的价格清单。

2. 顾客月末对账单

定期寄送给顾客用于购销双方定期核对账目的报告，旨在便于核对账目。该对账单中应列明与顾客有关的应收账款月初余额、本月各项销货业务的金额、本月已收到的货款、各贷项通知单的数额及月末余额等内容。

以上各项共同构成了销售与收款循环审计的内容。考虑到主营业务成本、存货类和现金类账户也受其他循环的交易种类的影响，因此，这些账户的审计将在后面的相关章节中说明。

三、销售与收款循环的审计目标

销售与收款循环的审计目标具体包括：

（1）已记录的销售业务代表被审计期间内已运出的商品。

（2）已记录的收款业务代表该期间内收到的现销和赊销现金。

（3）已记录的销售调整业务代表该期间内已被授权的折扣、折让和退回，以及坏账。

（4）已记录的应收账款余额代表资产负债表日顾客所欠的金额。

（5）本期发生的销售、收款和销售调整业务均已入账。

（6）所有销售、收款和销售调整业务均已正确入账。

（7）应收账款代表要求顾客付款的法定权利。

（8）应收账款代表对顾客账款的求偿权总数，并与应收账款明细账合计数一致。

（9）坏账准备余额代表对应收账款总额与其净变现价值之间差异的合理估计数。

（10）应收账款在资产负债表上已作适当列报和披露。

（11）被抵押的应收账款在资产负债表上已作适当列报和披露。

（12）销售、销售退回、销售折扣与折让以及坏账费用，在利润表中已被正确确认和归类。

（13）收入确认和坏账准备提取等会计政策已在财务报表附注中做了充分披露。

四、销售收款环节的关键控制

销售收款环节关键内部控制主要包括如下内容。

（一）适当的职责分离

适当的职责分离主要包括以下三项内容：

（1）赊销批准与销售职责要分离；

（2）发货、开票、收款、记账的职责要分离；

（3）坏账应由销售、记账和收款之外的其他人员确认。

（二）恰当的授权审批

（1）赊销要经过有关部门或人员的批准。目的在于确保赊销业务符合企业的赊销政策，降低坏账损失发生的可能性。企业的信用部门或专门人员应负责建立并及时更新有关客户信用的记录，信用额度内的赊销信用部门有权批准，超过这一额度应由更高级别的主管部门负责审批。

（2）货物的发出需要经过有关部门或人员的批准。企业的有关负责部门和人员必须在销售发票和发运凭证上做出恰当的审批。

（3）销售价格、销售折扣与折让的确认须经有关部门或人员批准。目的是保证销货业务按照企业定价政策规定的价格开票收款。

（4）坏账发生须经有关人员确认，坏账损失的处理须经授权批准。

（三）充分的凭证和记录

健全的凭证和记录主要包括：

（1）建立和健全各环节的凭证，比如销货通知单、提货单、销售发票等；

（2）各种凭证应顺序编号；

（3）建立和健全各种账簿并及时登账。

（四）定期核对账簿及记录

（1）定期核对各相关账户的总账和明细账，包括应收账款、主营业务收入等账户的总账与明细账等。

（2）应按月向客户寄送对账单，核对应收账款余额。对不符的情况，应及时处理。核对工作应由出纳、登记销售和应收账款以外的人员进行。

（五）独立复核

由独立的人员对销售与收款业务的记录过程和各种凭证进行复核，是实现内部控制目标不可缺少的一项控制措施。独立的复核人员应在其核查的凭证上签字确认。

第二节　销售与收款循环的控制测试和评估重大错报风险

一、控制测试

销售与收款循环的控制测试主要包括以下内容。

（1）从主营业务明细账中抽取部分业务记录，并与销货通知单、提货单、销售发票进行核对，确定它们的摘要、金额、日期等是否一致。目的在于检查销货业务是否全部、及时、正确地入账，账簿记录中销售业务是否确实发生。如果主营业务明细账中载明的销售业务找不到对应的原始凭证，则表明该笔销售业务可能是虚构的。

（2）抽取部分发票副本，检查以下内容：

①检查一下是否附有销售通知单、提货单和客户订单，并核对销售发票与客户订单、销售通知单、提货单所载明的品名、规格、数量、价格、日期是否一致；

②检查销售发票是否连续编号，作废发票的处理是否正确；检查销售发票上的价格等是否经过批准，以及数量、单价、金额是否正确。

③核对销售发票与客户订单、销货通知单、提货单。主要核对它们所记载的品名、数量等是否一致。

④抽取一定数量的出库单或提货单，与相关的销售发票核对。通过此核对可以发现是否存在已发出的商品未开发票和未记账的情况。

⑤抽取一定数量的销售调整业务的会计凭证，复核有关销货退回、销售折扣与折让及坏账的核准与会计处理。主要复核：有关销货退回、销售折扣与折让以及坏账的业务有无授权审批手续；有关凭证中的计算及金额是否正确。

⑥检查是否定期核对应收账款。观察对账单的寄送情况，并检查顾客回函档案。

⑦观察并询问职责分工情况。审计人员通过实地观察和询问了解该循环中的职责分工情况。

二、评估重大错报风险

被审计单位的收入来源多种多样，处于不同的控制环境，注册会计师应当考虑影响收入交易和余额的重大错报风险，对被审计单位可能发生的重大错报风险保持警觉。

（一）收入交易和余额存在的固有风险

（1）收入的舞弊风险；

（2）收入的复杂性导致错误；

（3）期末收入交易和收款交易的截止错误；

（4）收款未及时入账或计入不正确的账户；

（5）应收账款坏账准备的计提不准确。

（二）在识别和评估与收入确认相关的重大错报风险时，考虑舞弊风险

（1）如果管理层难以实现预期的利润目标，则可能有高估收入的动机或压力（例如，提前确认收入或者记录虚假的收入），因此，收入的发生认定存在舞弊风险的可能性较大，而完整性认定则通常不存在舞弊风险。

（2）识别管理层隐瞒收入的舞弊风险。如果管理层有隐瞒收入而降低税负的动机，则注册会计师需要更加关注与收入完整性认定相关的舞弊风险。

（3）识别管理层提前或推迟确认收入的舞弊风险。如果被审计单位预期难以达到下一年度的销售目标，而已经超额完成本年度的销售目标，就可能倾向于将本期的收入推迟至下一年度确认。

（三）通过实施风险评估程序识别与收入确认相关的舞弊风险

1. 风险评估程序

风险评估程序是指注册会计师为了了解被审计单位及其环境，以识别和评估重大错报风险而实施的审计程序。风险评估程序应当包括询问管理层以及被审计单位内部其他人员、分析程序、观察和检查程序。

2. 实施风险评估程序对注册会计师识别与收入确认相关的舞弊风险至关重要

例如，注册会计师通过了解被审计单位生产经营的基本情况、销售模式和业务流程、与收入相关的生产技术条件、收入的来源和构成、收入交易的特性、收入确认的具体原则、所在行业的特殊事项、重大异常交易的商业理由、被审计单位的业绩衡量等，有助于其考虑收入虚假错报可能采取的方式，从而设计恰当的审计程序以发现这类错报。

3. 注册会计师应当评价通过实施风险评估程序和执行其他相关活动获取的信息是否表明存在舞弊风险因素

例如，如果注册会计师通过实施风险评估程序了解到，被审计单位所处行业竞争激烈并伴随着利润率的下降，而管理层过于强调提高被审计单位利润水平的目标，则注册会计师需要警惕管理层通过实施舞弊高估收入，从而高估利润的风险。

（四）为了达到粉饰财务报表的目的而虚增收入或提前确认收入的舞弊风险

（1）虚构销售交易，包括：

①在无存货实物流转的情况下，通过与其他方（包括已披露或未披露的关联方、非关联方等）签订虚假购销合同，虚构存货进出库，并通过伪造出库单、发运单、验收单等单据，以及虚开商品销售发票虚构收入。

②在多方串通的情况下，通过与其他方（包括已披露或未披露的关联方、非关联方等）签订虚假购销合同，并通过存货实物流转、真实的交易单证票据和资金流转配合虚构收入。

③被审计单位根据其所处行业特点虚构销售交易。例如，从事网络游戏运营业务的被审计单位，以游戏玩家的名义，利用体外资金购买虚拟物品或服务，并予以消费，以虚增收入。

从是否涉及安排货款回笼的角度看，被审计单位可能通过两种方式掩盖虚构的收入。一种是虚构收入后无货款回笼，虚增的应收账款/合同资产通过日后不当计提减值准备或核销等方式加以消化。另一种方法相对复杂和隐蔽，被审计单位会使用货币资金配合货款回笼，并需要解决因虚构收入而带来的虚增资产或虚减负债问题。在这种情况下，虚构收入可能对许多财务报表项目均会产生影响，包括但不限于货币资金、应收账款/合同资产、预付款项、存货、长期股权投资、其他权益工具投资、固定资产、在建工程、无形资产、开发支出、短期借款、应付票据、应付账款、其他应付款、营业收入、营业成本、税金及附加、销售费用等。

被审计单位采用上述第二种方法虚构收入时，相应确认应收账款/合同资产，同时通过虚假存货采购套取其自有资金用于货款回笼，形成资金闭环。但通过虚假存货采购套取的资金金额可能小于虚构收入金额，或者对真实商品进行虚假销售而无须虚构存货，导致虚构收入无法通过上述方法套取的资金实现货款全部回笼，此时，被审计单位还可以采用以下手段：

①通过虚假预付款项（预付商品采购款、预付工程设备款等）套取资金用于虚构收入的货款回笼。

②虚增长期资产采购金额。被审计单位通过虚增对外投资、固定资产、在建工程、无形资产、开发支出等购买金额套取资金，用于虚增收入的货款回笼。形成的虚增长期资产账面价值，通过折旧、摊销或计提资产减值准备等方式在日后予以消化。

③通过被投资单位套取投资资金。被审计单位将资金投入被投资单位，再从被投资单位套取资金用于虚构收入的货款，形成的虚增投资账面价值通过日后计提减值准备予以消化。

④通过对负债不入账或虚减负债套取资金。例如，被审计单位开具商业汇票给子公司，子公司将票据贴现后用于货款回笼。

⑤伪造回款单据进行虚假货款回笼。采用这种方法通常会形成虚假货币资金。

⑥对应收账款/合同资产不当计提减值准备。

⑦被审计单位实际控制人或其他关联方将资金提供给被审计单位客户或第三方，客户或第三方以该笔资金向被审计单位支付货款。资金可能源于被审计单位实际控制人或其他关联方的自有资金，也可能源于对被审计单位的资金占用或通过被审计单位担保取得的银行借款。例如，被审计单位及其控股股东与银行签订现金管理账户协议，将被审计单位的银行账户作为子账户向控股股东集团账户自动归集，实现控股股东对被审计单位的资金占用，控股股东将该资金用于对被审计单位的货款回笼。又如，被审计单位以定期存款质押的方式为关联方提供担保，关联方取得借款后用于货款回笼。

需要注意的是，被审计单位在进行虚构收入舞弊时并不一定采用上述某一种方式，可能采用上述某几种方式的组合。例如，被审计单位生产非标准化产品，毛利率不具有可比性，可能无须虚构大量与虚增收入相匹配的存货采购交易，可以通过实际控制人或其他关联方的体外资金，或以虚增长期资产采购金额套取的资金实现货款回笼。

（2）进行显失公允的交易，包括：

①通过与未披露的关联方或真实非关联方进行显失公允的交易。例如，以明显高于其他客户的价格向未披露的关联方销售商品。与真实非关联方客户进行显失公允的交易，通常会由实际控制人或其他关联方以其他方式弥补客户损失。

②通过出售关联方的股权，使之从形式上不再构成关联方，但仍与之进行显失公允的交易，或与未来或潜在的关联方进行显失公允的交易。

③与同一客户或同受一方控制的多个客户在各期发生多次交易，通过调节各次交易的商品销售价格，调节各期销售收入金额。

（3）在客户取得相关商品控制权前确认销售收入。例如，在委托代销安排下，在被审计单位向委托人转移商品时确认收入，而委托方并未获得对该商品的控制权。又如，在客户取得相关商品控制权前，通过伪造出库单、发运单、验收单等单据，提前确认销售收入。

（4）通过隐瞒退货条款，在发货时全额确认销售收入。

（5）通过隐瞒不符合收入确认条件的售后回购或售后租回协议，而将以售后回购或售后租回方式发出的商品作为销售商品确认收入。

（6）在被审计单位属于代理人的情况下，被审计单位按主要责任人确认收入。例如，被审计单位为代理商，在仅向购销双方提供帮助接洽、磋商等中介代理服务的情况下，按照相关购销交易的总额而非净额（佣金和代理费等）确认收入。又如，被审计单位将虽然签订购销合同但实质为代理的受托加工业务作为正常购销业务处理，按照相关购销交易的总额而非净额（加工费）确认收入。

（7）对于属于在某一时段内履约的销售交易，通过高估履约进度的方法实现当期多确认收入。

（8）当存在多种可供选择收入确认会计政策或会计估计方法时，随意变更所选择的会计政策或会计估计方法。

（9）选择与销售模式不匹配的收入确认会计政策。

（10）通过调整与单独售价或可变对价等相关的会计估计，达到多计或提前确认收入的目的。

（11）对于存在多项履约义务的销售交易，未对各项履约义务单独进行核算，而整体作为单项履约义务一次性确认收入。

（12）对于应整体作为单项履约义务的销售交易，通过将其拆分为多项履约义务，达到提前确认收入的目的。

（五）为了达到报告期内降低税负或转移利润等目的而少计收入或延后确认收入的舞弊风险

（1）被审计单位在将商品发出、收到货款并满足收入确认条件后，不确认收入，而将收到的货款作为负债挂账，或转入本单位以外的其他账户。

（2）被审计单位采用以旧换新的方式销售商品时，以新旧商品的差价确认收入。

（3）对于应采用总额法确认收入的销售交易，被审计单位采用净额法确认收入。

（4）对于属于在某一时段内履约的销售交易，被审计单位未按实际履约进度确认收入，或采用时点法确认收入。

（5）对于属于在某一时点履约的销售交易，被审计单位未在客户取得相关商品或服务控制权时确认收入，推迟收入确认时点。

（6）通过调整与单独售价或可变对价等相关的会计估计，达到少计或推迟确认收入的目的。

（六）通常表明被审计单位在收入确认方面可能存在舞弊风险的迹象

舞弊风险迹象，是指注册会计师在实施审计过程中发现的、需要引起对舞弊风险警觉的事实或情况。

存在舞弊风险迹象并不必然表明发生了舞弊，但了解舞弊风险迹象，有助于注册会计师对审计过程中发现的异常情况产生警觉，从而更有针对性地采取应对措施。

通常表明被审计单位在收入确认方面可能存在舞弊风险的迹象举例如下：

（1）销售客户方面出现异常情况，包括：

①销售情况与客户所处行业状况不符。例如，客户所处行业景气度下降，但对该客户的销售却出现增长；又如，销售数量接近或超过客户所处行业的需求。

②与同一客户同时发生销售和采购交易，或者与同受一方控制的客户和供应商同时发

生交易。

③交易标的对交易对手而言不具有合理用途。

④主要客户自身规模与其交易规模不匹配。

⑤与新成立或之前缺乏从事相关业务经历的客户发生大量或大额的交易，或者与原有客户交易金额出现不合理的大额增长。

⑥与关联方或疑似关联方客户发生大量或大额交易。

⑦与个人、个体工商户发生异常大量的交易。

⑧对应收款项账龄长、回款率低或缺乏还款能力的客户，仍放宽信用政策。

⑨被审计单位的客户是否付款取决于下列情况：

第一，能否从第三方取得融资；

第二，能否转售给第三方（如经销商）；

第三，被审计单位能否满足特定的重要条件。

⑩直接或通过关联方为客户提供融资担保。

（2）销售交易方面出现异常情况，包括：

①在接近期末时发生了大量或大额的交易。

②实际销售情况与订单不符，或者根据已取消的订单发货或重复发货。

③未经客户同意，在销售合同约定的发货期之前发送商品或将商品运送到销售合同约定地点以外的其他地点。

④被审计单位的销售记录表明，已将商品发往外部仓库或货运代理人，却未指明任何客户。

⑤销售价格异常。例如，明显高于或低于被审计单位和其他客户之间的交易价格。

⑥已经销售的商品，在期后有大量退回。

⑦交易之后长期不进行结算。

（3）销售合同、单据方面出现异常情况，包括：

①销售合同未签字盖章，或者销售合同上加盖的公章并不属于合同所指定的客户。

②销售合同中重要条款（例如，交货地点、付款条件）缺失或含糊。

③销售合同中部分条款或条件不同于被审计单位的标准销售合同，或过于复杂。

④销售合同或发运单上日期被更改。

⑤在实际发货之前开具销售发票，或实际未发货而开具销售发票。

⑥记录的销售交易未经恰当授权或缺乏出库单、货运单、销售发票等证据支持。

（4）销售回款方面出现异常情况，包括：

①应收款项收回时，付款单位与购买方不一致，存在较多代付款的情况。

②应收款项收回时，银行回单中的摘要与销售业务无关。

③对不同客户的应收款项从同一付款单位收回。

④经常采用多方债权债务抵消的方式抵消应收款项。

（5）被审计单位通常会使用货币资金配合收入舞弊，注册会计师需要关注资金方面出现的异常情况，包括：

①通过虚构交易套取资金。

②发生异常大量的现金交易，或被审计单位有非正常的资金流转及往来，特别是有非

正常现金收付的情况。

③在货币资金充足的情况下仍大额举债。

④被审计单位申请公开发行股票并上市，连续几个年度进行大额分红。

⑤工程实际付款进度明显快于合同约定付款进度。

⑥与关联方或疑似关联方客户发生大额资金往来。

（6）其他方面出现异常情况，包括：

①采用异常于行业惯例的收入确认方法。

②与销售和收款相关的业务流程、内部控制发生异常变化，或者销售交易未按照内部控制制度的规定执行。

③非财务人员过度参与收入相关的会计政策的选择、运用以及重要会计估计的作出。

④通过实施分析程序发现异常或偏离预期的趋势或关系。

⑤被审计单位的账簿记录与询证函回函提供的信息之间存在重大或异常差异。

⑥在被审计单位业务或其他相关事项未发生重大变化的情况下，询证函回函相符比例明显异于以前年度。

⑦被审计单位管理层不允许注册会计师接触可能提供审计证据的特定员工、客户、供应商或其他人员。

（七）通过实施分析程序，识别被审计单位收入确认舞弊风险

分析程序是一种识别收入确认舞弊风险的较为有效的方法，注册会计师需要重视并充分利用分析程序，发挥其在识别收入确认舞弊中的作用。

在收入确认领域，注册会计师可以实施的分析程序的例子包括：

（1）将本期销售收入金额与以前可比期间的对应数据或预算数进行比较；

（2）分析月度或季度销售量变动趋势；

（3）将销售收入变动幅度与销售商品及提供劳务收到的现金、应收账款、存货、税金等项目的变动幅度进行比较；

（4）将销售毛利率、应收账款周转率、存货周转率等关键财务指标与可比期间数据、预算数或同行业其他企业数据进行比较；

（5）分析销售收入等财务信息与投入产出率、劳动生产率、产能、水电能耗、运输数量等非财务信息之间的关系；

（6）分析销售收入与销售费用之间的关系，包括销售人员的人均业绩指标、销售人员薪酬、差旅费用，运费，以及销售机构的设置、规模、数量、分布等。

（八）对异常或偏离预期趋势或关系的舞弊风险的调查方法

如果发现异常或偏离预期的趋势或关系，注册会计师需要认真调查其原因，评价是否表明可能存在由于舞弊导致的重大错报风险。涉及期末收入和利润的异常关系尤其值得关注，例如在报告期的最后几周内记录了不寻常的大额收入或异常交易。注册会计师可能采取的调查方法举例如下。

执业怀疑要求审慎评价审计证据。审计证据包括支持和印证管理层认定的信息，也包括与管理层认定相互矛盾的信息。审慎评价审计证据是指质疑相互矛盾的审计证据的可

靠性。

在怀疑信息的可靠性或存在舞弊迹象时（例如，在审计过程中识别出的情况使注册会计师认为文件可能是伪造的或文件中某些信息已被篡改），注册会计师需要做出进一步调查，并确定需要修改哪些审计程序或实施哪些追加的审计程序。

应当指出的是，虽然注册会计师需要在审计成本与信息的可靠性之间进行权衡，但是，审计中的困难、时间或成本等事项本身，不能作为省略不可替代的审计程序或满足于说服力不足的审计证据的理由。

（1）如果注册会计师发现被审计单位的毛利率变动较大或与所在行业的平均毛利率差异较大，注册会计师可以采用定性分析与定量分析相结合的方法，从行业及市场变化趋势、产品销售价格和产品成本要素等方面对毛利率变动的合理性进行调查。

（2）如果注册会计师发现应收账款余额较大，或其增长幅度高于销售的增长幅度，注册会计师需要分析具体原因（如赊销政策和信用期限是否发生变化等），并在必要时采取恰当的措施，如扩大函证比例、增加截止测试和期后收款测试的比例等。

（3）如果注册会计师发现被审计单位的收入增长幅度明显高于管理层的预期，可以询问管理层的适当人员，并考虑管理层的答复是否与其他审计证据一致。例如，如果管理层表示收入增长是由于销售量增加造成的，注册会计师可以调查与市场需求相关的情况。

第三节　主营业务收入审计

在完成控制测试之后，注册会计师基于控制测试的结果（即控制运行是否有效），确定从控制测试中已获得的审计证据及其保证程度，确定是否需要对具体计划中设计的实质性程序的性质、时间安排和范围作出适当调整。例如，如果控制测试的结果表明内部控制未能有效运行，注册会计师需要从实质性程序中获取更多的相关审计证据。

在实务中，注册会计师通过计划阶段执行的风险评估程序，已经确定了与已识别重大错报风险相关的认定。下面，我们从风险对应的具体审计目标和相关认定的角度出发，针对主营业务收入的实质性程序进行阐述，这些程序可以从一个或多个认定的角度应对识别的重大错报风险。

一、审计目标与认定对应关系

审计目标与认定对应关系如表6-4所示。

表6-4　　　　　　　　　　审计目标与认定对应关系

审计目标	财务报表认定					
	发生	完整性	准确性	截止	分类	列报
A. 利润表中记录的营业收入已发生，且与被审计单位有关	√					

续表

审计目标	财务报表认定					
	发生	完整性	准确性	截止	分类	列报
B. 所有应当记录的营业收入均已记录		√				
C. 与营业收入有关的金额及其他数据已恰当记录			√			
D. 营业收入已记录于恰当的会计期间				√		
E. 营业收入已记录于恰当的账户					√	
F. 营业收入已按照企业会计准则的规定在财务报表中做出恰当列报						√

二、具体审计目标与财务报表相关认定的实质性程序

具体审计目标与财务报表相关认定的实质性程序如表6－5所示。

表6－5　　　　　　　　　审计目标与相关实质性程序对应关系

审计目标	可供选择的实质性程序（这里以主营业务收入为例）
C	（1）获取或编制主营业务收入明细表
AC/BC	（2）主营业务收入的实质性分析程序
ACD/BCD	（3）检查营业收入的确认条件、方法是否符合企业会计准则，前后期是否一致，关注周期性、偶然的收入是否符合既定收入确认原则、方法
C	（4）获取产品价格目录，抽查售价是否符合价格政策，并注意销售给关联方或关系密切的重要客户的产品价格是否合理，有无以低价或高价结算的现象，相互之间有无转移利润的现象
B	（5）从发运凭证中选取样本，追查至销售发票存根和主营业务收入明细账，以确定是否存在遗漏事项
A	（6）抽取本期一定数量的记账凭证，审查入账日期、品名、数量、单价、金额等是否与发票、发货单、销售合同等一致
AC	（7）结合对应收账款的审计，选择主要客户函证本期销售额
A	（8）对于出口销售，应当将销售记录与出口报关单、货运提单、销售发票等出口销售单据进行核对，必要时向海关函证
D	（9）销售的截止测试

续表

审计目标	可供选择的实质性程序（这里以主营业务收入为例）
A	（10）存在销货退回的，检查手续是否符合规定，结合原始销售凭证检查其会计处理是否正确。结合存货项目审计关注其真实性
C	（11）销售折扣与折让
F	（12）确定主营业务收入列报是否恰当

三、主营业务收入的实质性程序

（1）获取或编制主营业务收入明细表，复核加计是否正确，并与总账数和明细账合计数核对是否相符；检查以非记账本位币结算的主营业务收入的折算汇率及折算是否正确。

（2）检查主营业务收入的确认条件、方法是否符合企业会计准则。

知识拓展 6-1

《企业会计准则第 14 号——收入》的颁布与实施

2017 年 7 月 5 日财政部发布修订稿。

规定在境内外同时上市的企业以及在境外上市并采用国际财务报告准则或企业会计准则编制财务报表的企业，自 2018 年 1 月 1 日起施行；

其他境内上市企业，自 2020 年 1 月 1 日起施行；

执行企业会计准则的非上市企业，自 2021 年 1 月 1 日起施行。

同时，允许企业提前执行。

根据《企业会计准则第 14 号——收入》的规定，企业应当在履行了合同中的履约义务，即在客户取得相关商品控制权时确认收入。取得相关商品控制权，是指能够主导该商品的使用并从中获得几乎全部的经济利益。

当企业与客户之间的合同同时满足下列条件时，企业应当在客户取得商品控制权时确认收入：

①合同各方已批准该合同并承诺将履行各自义务；

②该合同明确了合同各方与所转让商品或提供劳务相关的权利和义务；

③该合同明确了合同各方与所转让商品相关的支付条款；

④该合同具有商业性质，即履行该合同将改变企业未来现金流量的风险、时间分布或金额；

⑤企业因向客户转让商品而有权取得的对价很可能收回。

《企业会计准则》分别对"在某一时段内履行的履约义务"和"在某一时点履行的履约义务"的收入确认作出了规定。

对于在某个时段内履行的履约义务，企业应当在该段时间内按照履约进度确认收入。当履约进度能够合理确定时，采用产出法或投入法确定恰当的履约进度。当履约进度不能合理确定时，企业已经发生的成本预计能够得到补偿的，应当按照已经发生的成本金额确认收入，直到履约进度能够合理确定为止。

对于在某一时点履行的履约义务，企业应当在客户取得相关商品的控制权时确认收入，直到履约进度能够合理确定为止。在判断客户是否已取得商品控制权时，企业应当考虑下列迹象：

①企业就该商品享有现时收款权利，即客户就该商品负有现时付款义务；

②企业已将该商品的法定所有权转移给客户，即客户已拥有该商品的法定所有权；

③企业已将该商品实物转移给客户，即客户已实物占有该商品；

④企业已将该商品所有权上的主要风险和报酬转移给客户，即客户已取得该商品所有权上的主要风险和报酬；

⑤客户已接受该商品；

⑥其他标明客户已取得商品控制权的迹象。

因此，注册会计师需要基于对被审计单位商业模式和日常经营活动的了解，判断被审计单位的合同履约义务是在某一时段内履行还是在某一时点履行，据以评估被审计单位确认产品销售收入的会计政策是否符合《企业会计准则》的规定，并测试被审计单位是否按照其既定的会计政策确认产品销售收入。

注册会计师通常对选取的交易，追查至原始的销售合同与履行合同相关的单据和文件记录，以评价收入确认方法是否符合《企业会计准则》的规定。

知识拓展 6 - 2

特殊交易的会计处理之一

（一）销售退回

（1）企业应该在客户取得相关商品控制权时，按因向客户转让商品而预期有权收取的对价金额（不包含预期因销售退回将退还的金额）确定收入；

（2）按预期因销售退回将退还的金额确认负债；

（3）同时按预期将退回商品转让时的账面价值，扣除收回该商品预计发生的成本（包括退回商品的价值减损）后的余额，确认为一项资产；

（4）按所转让商品转让时的账面价值，扣除上述资产成本的净额结转成本；

（5）每一资产负债表日，企业应重新估计未来销售退回情况，如有变化，应作为会计估计变更进行会计处理。

知识拓展 6 - 3

特殊交易的会计处理之二

（二）预收销售商品

（1）企业向客户预收商品款项的，应先确认为负值（预收账款），待履行了相关履约义务时再转为收入；

（2）当企业预收款项无须退回，且客户可能会放弃其全部或部分合同权利时，企业预期将有权获得与客户所放弃的合同权利相关的金额，应按客户行使合同权利的模式按比例将上述金额确认为收入。否则，企业只有在客户要求其履约义务的可能性极低时，才能将上述负债的相关余额转为收入。

知识拓展 6-4

特殊交易的会计处理之三

（三）售后回购交易

（1）企业因存在与客户的远期安排而负有回购义务或企业享有回购权利的，表明客户在销售时点并未取得商品控制权，企业应作为租赁交易或融资交易进行会计处理。

①回购价格低于原售价的，应视为租赁交易，按《企业会计准则第 21 号——租赁》进行会计处理。

②回购价格不低于原售价的，应视为融资交易，在收到客户款项时确认金融负债，并将该款项和回购价格的差额在回购期间内确认为利息费用等。

③企业到期未行使回购权利的，应该在该回购权利到期时终止确认金融负债，同时确认收入。

（2）企业负有回购义务的，应在合同开始日评估客户是否具有行使该要求的重大经济动因。

①客户具有行使该要求的重大经济动因的，企业应将售后回购作为租赁交易或融资交易进行会计处理。

②客户不具有行使该要求的重大经济动因的，企业应视为销售退回进行会计处理。

③售后回购：企业销售商品的同时承诺有权选择日后再将该商品购回的销售方式。

（3）主营业务收入的实质性分析程序。

第一，将本期的主营业务收入与上期的主营业务收入、销售预算或预测数据等进行比较，分析主营业务收入及其构成的变动是否异常，并分析异常变动的原因；

第二，计算本期重要产品的毛利率，与上期或预测数据比较，检查是否存在异常，各期之间是否存在重大波动，查明原因；

第三，比较本期各月各类主营业务收入的波动情况，分析其变动趋势是否正常，是否符合被审计单位季节性、周期性的经营规律，查明异常现象和重大波动的原因；

第四，将本期重要产品的毛利率与同行业企业进行对比分析，检查是否存在异常；

第五，根据增值税发票申报表或普通发票，估算全年收入，与实际收入金额比较。

（4）获取产品价格目录，抽查售价是否符合价格政策，并注意销售给关联方或关系密切的重要客户的产品价格是否合理，有无以低价或高价结算转移收入、相互之间转移利润的现象。

（5）从发运凭证中选取样本，追查至销售发票存根和主营业务收入明细账，以确定是否存在遗漏事项。

（6）抽取本期一定数量的记账凭证，审查入账日期、品名、数量、单价、金额等是否与销售发票、发运凭证、销售合同等一致。

（7）结合对应收账款实施的函证程序，选择主要客户函证本期销售额。

（8）对于出口销售，应当将销售记录与出口报关单、货运提单、销售发票等出口销单据进行核对，必要时向海关函证。

（9）主营业务收入的截止测试。

截止测试运用于实质性程序，收入的截止测试目的在于确定被审计单位主营业务收入的会计记录归属期是否正确；或者应计入本期或下期的主营业务收入是否被推迟至下期或提前至本期，防止利润操纵行为。

审计过程中，注册会计师检查发票日期、发货日期和记账日期这三个日期是否归属于同一适当会计期间是对主营业务收入实施截止测试的关键。围绕上述三个重要日期，实务中，注册会计师可以考虑选择两条审计路线实施营业收入的截止测试。

第一，以账簿记录为起点。从报表日前后若干天的账簿记录查至记账凭证，检查发票存根与发运凭证，目的是证实已入账收入是否在同一期间已开具发票并发货，有无多记收入。使用这种方法主要是为了防止多计主营业务收入。

第二，以发运凭证为起点。从报表日前后若干天的发运凭证查至发票开具情况与账簿记录，确定主营业务收入是否已记入恰当的会计期间。使用这种方法主要也是为了防止少计主营业务收入。

①存在销货退回的，检查相关手续是否符合规定，结合原始销售凭证检查其会计处理是否正确；结合存货项目审计关注其真实性。

②检查销售折扣与折让。企业在销售交易中，往往会因产品品种不符、质量不符合要求以及结算方面的原因发生销售折扣和折让。尽管引起销售折扣和折让的原因不尽相同，其表现形式也不尽一致，但都是对收入的抵减，直接影响收入的确认和计量。因此，注册会计师应重视折扣与折让的审计。销售折扣与折让的实质性程序主要包括：

第一，获取或编制折扣与折让明细表，复核加计正确，并与明细账合计数核对相符；

第二，取得被审计单位有关折扣与折让的具体规定和其他文件资料，并抽查较大折扣与折让发生额的授权批准情况，与实际执行情况进行核对，检查其是否经授权批准，是否合法、真实；

第三，销售折扣与折让是否及时足额提交对方，有无虚设中介、转移收入、私设账外"小金库"等情况；

第四，检查折扣与折让的会计处理是否正确。

③检查主营业务收入的列报是否恰当。

知识拓展 6-5

增值税税率的调整

2018 年 4 月 4 日，财政部、国家税务总局发布了《财政部 税务总局关于调整增值税税率的通知》。将纳税人发生增值税应税销售行为或者进口货物，原适用 17% 和 11% 税率的，分别调整为 16%、10%。

为实施更大规模减税，深化增值税改革，2019 年 4 月 1 日起，将制造业等行业现行16% 的税率降至 13%，将交通运输业、建筑业等行业现行 10% 的税率降至 9%；保持 6%一档的税率不变。

第四节　应收账款审计

　　应收账款是指企业因销售商品、提供劳务而形成的债权，即由于企业销售商品、提供劳务等原因，应向购货客户或接受劳务的客户收取或代垫的运杂费，是企业在信用活动中所形成的各种债权性资产。赊销，即销售实现时没有立即收取现款，而是获得了要求客户在一定条件下和一定时间内支付货款的权利，就产生了应收账款。因此，应收账款的审计应结合销售交易来进行。应收账款审计一般包括应收账款期末余额和坏账准备两个部分。

一、审计目标与认定对应关系

　　应收账款审计目标与认定对应关系如表6-6所示。

表6-6　　　　　　　　　　应收账款审计目标与认定对应关系

审计目标	财务报表认定				
	存在	完整性	权利和义务	计价和分摊	列报和披露
A. 资产负债表中记录的应收账款是存在的	√				
B. 所有应当记录的应收账款均已记录		√			
C. 记录的应收账款由被审计单位拥有或控制			√		
D. 应收账款以恰当的金额包括在财务报表中，与之相关的计价调整已恰当记录				√	
E. 应收账款已按照企业会计准则的规定在财务报表中作出恰当列报和披露					√

二、审计目标与审计程序对应关系

　　应收账款审计目标与审计程序对应关系如表6-7所示。

表6-7　　　　　　　　　　　　应收账款审计目标与审计程序对应关系

审计目标	可供选择的审计程序
D	（1）获取或编制应收账款明细表
AD/BD	（2）检查涉及应收账款的相关财务指标
D	（3）检查应收账款账龄分析是否正确
ACD	（4）向债务人函证应收账款
A	（5）对应收账款余额实施函证以外的细节测试
D	（6）评价坏账准备计提的适当性
E	（7）检查应收账款是否已按照企业会计准则的规定在财务报表中作出恰当列报和披露

三、应收账款的实质性程序

（一）获取或编制应收账款明细表

（1）复核加计是否正确，并与总账数和明细账合计数进行核对，看其是否相符；结合坏账准备科目与报表数核对是否相符。

（2）检查非记账本位币应收账款的折算汇率及折算是否正确。

（3）分析有贷方余额的项目，查明原因，必要时，作重分类调整。

应收账款明细账的余额一般在借方，表示被审计单位应收而未收的债权。如果某一应收账款明细账的余额在贷方，此时其性质不是应收债权，而是预收账款。需要进行重分类调整。

一般地，重分类调整的对应关系如下：应收账款与预收账款互调；应付账款与预付账款互调；其他应收款与其他应付款互调。

例如，假设应收账款各明细账情况如下：

应收账款——A 200万元

　　　　　——B 700万元

　　　　　——C 1 000万元

　　　　　——D -500万元

　　　　　——E 800万元

应当注意，应收账款——D公司"-500万元"时其经济含义不是应收账款，而是预收账款，因此被审计单位应在编制财务报表时作重分类调整，即：

借：应收账款——D公司 500万元

　　贷：预收账款——D公司 500万元

如果被审计单位不作该笔重分类调整，则资产负债表中应收账款财务报表项目少计了500万元，预收账款财务报表项目少计了500万元。被审计单位未作重分类调整属于审计差异。

同样的道理，如果被审计单位单独设置了预收账款，假定年末"预收账款"各明细账出现以下类似的情况：

预收账款——A 200 万元

　　　　——B 400 万元

　　　　——C −100 万元

　　　　——D 80 万元

那么被审计单位对预收 C 公司"−100 万元"也应作重分类调整，因为此时预收账款贷方"−100 万元"，其经济含义不是预收账款，而是应收账款，被审计单位应作以下重分类调整，即：

借：应收账款——C 公司 100 万元

　　贷：预收账款——C 公司 100 万元

如果被审计单位对该笔业务不作重分类调整，那么注册会计师应当认定其为审计差异。

（4）结合其他应收账款、预收账款等往来项目的明细余额，调查有无同一客户多处挂账、异常余额或与销售无关的其他款项（如代销账户、关联方账户或雇员账户）。如有，应做出记录，必要时做调整。

（5）标识重要的欠款单位，计算其欠款合计数占应收账款余额的比例。

（二）检查涉及应收账款的相关财务指标

（1）复核应收账款借方累计发生额与主营业务收入是否配比，并将当期应收账款借方发生额占销售收入净额的百分比与管理层考核指标比较，如存在差异应查明原因（考虑管理层是否有为达成业绩而虚增收入的可能）。

（2）计算应收账款周转率、应收账款周转天数等指标，并与以前年度指标、同行业同期相关指标对比分析，检查是否存在重大异常。

（三）检查应收账款账龄分析是否正确

（1）获取或编制应收账款账龄分析表，以便了解应收账款的可收回性；

（2）测试应收账款账龄分析表计算的准确性，并将应收账款账龄分析表中合计数与应收账款总分类账余额相比较，调查重大调节项目；

（3）检查原始凭证，如销售发票、运输记录等，测试账龄核算的准确性。

（四）向债务人函证应收账款

1. 应收账款函证要求

（1）注册会计师应当对应收账款实施函证程序，除非有充分证据表明应收账款对财务报表不重要，或函证很可能无效。

（2）如果认为函证很可能无效，注册会计师应当实施替代审计程序，获取相关、可靠的审计证据。

（3）如果不对应收账款函证，注册会计师应当在审计工作底稿中说明理由。

2. 应收账款函证目的

函证应收账款的目的在于证实应收账款账户余额的真实性、正确性，防止或发现被审计单位及其有关人员在销售交易中发生的错误或舞弊行为。

3. 函证的范围和对象

影响函证应收账款数量的多少、范围的因素主要有以下几个方面。

（1）应收账款在全部资产中的重要性。若应收账款在全部资产中所占的比重较大，则函证范围应相应大一些。

（2）被审计单位内部控制的强弱。若内部控制制度较健全，则可以相应缩小函证范围；反之，则应相应扩大函证范围。

（3）以前期间的函证结果。若以前期间函证中发现过重大差异，或欠款纠纷较多，则函证范围应相应扩大一些。

（4）函证方式的选择。若采用积极的函证方式，则可以相应减少函证量；若采用消极的函证方式，则要相应增加函证量。

一般情况下，注册会计师应选择以下项目作为函证对象：大额或账龄较长的项目；与债务人发生纠纷的项目；关联方项目；主要客户（包括关系密切的客户）项目；交易频繁但期末余额较小甚至余额为零的项目；可能产生重大错报或舞弊的非正常的项目。

4. 函证的方式

函证的方式有两种：积极的函证方式和消极的函证方式（见表6-8）。

表6-8　　　　　　　　　　　　积极和消极的函证方式

	积极式函证	消极式函证
回函要求	要求被询证者在所有情况下必须回函，确认询证函所列信息是否正确，或填列询证函要求的信息	要求被询证者只有在不同意询证函列示信息的情况下才予以回函
函证条件	注册会计师一般情况下必须采用积极式函证	注册会计师只有在同时满足以下四个条件时才可以采用消极式函证方式： （1）重大错报风险评估为低水平； （2）涉及大量余额较小的账户； （3）预期不存在大量的错误； （4）没有理由相信被询证者不认真对待函证
回函结论	在采用积极的函证方式时，只有注册会计师收到回函，才能为财务报表认定提供审计证据。 如果未能收到回函，注册会计师应当考虑与被询证者联系，要求对方做出回应或再次寄发询证函。 如果未能得到被询证者的回应，注册会计师应当实施替代审计程序	
结合使用	对大额应收账款采用积极的函证方式，对小额应收账款采用消极的函证方式	

（1）积极式询证函示例。

企业询证函

_____（公司）：

本公司聘请的××会计师事务所正在对本公司××年度财务报表进行审计，按照中国注册会计师审计准则要求，应当询证本公司与贵公司的往来账项等事项。下列数据出自本公司账簿记录，如与贵公司记录相符，请在本函下端"信息证明无误"处签章证明；如有不符，请在"信息不符"处列明不符项目。回函请直接寄至××会计师事务所。

回函地址：

邮编：　　　　电话：　　　　传真：　　　　联系人：

1. 本公司与贵公司的往来账项列示如下：

截止日期	贵公司欠	欠贵公司	备注

2. 其他事项。

本函仅为复核账目之用，并非催款结算。若款项在上述日期之后已经付清，仍请及时函复为盼。

（公司盖章）
年　月　日

结论：

1. 信息证明无误。

（公司盖章）
年　月　日
经办人：

2. 信息不符，请列明不符的详细情况。

（公司盖章）
年　月　日
经办人：

（2）消极式询证函示例。

企业询证函

_____（公司）：

本公司聘请的××会计师事务所正在对本公司××年度财务报表进行审计，按照中国注册会计师审计准则要求，应当询证本公司与贵公司的往来账项等事项。下列数据出自本公司账簿记录，如与贵公司记录相符，则无须回复；如有不符，请直接通知会计师事务所，并请在空白处列明贵公司认为是正确的信息。回函请直接寄至××会计师事务所。

回函地址：

邮编：　　　　电话：　　　　传真：　　　　联系人：

1. 本公司与贵公司的往来账项列示如下：

截止日期	贵公司欠	欠贵公司	备注

2. 其他事项。

本函仅为复核账目之用，并非催款结算。若款项在上述日期之后已经付清，仍请及时函复为盼。

（公司盖章）

年　月　日

××会计师事务所：

上面的信息不正确，差异如下：

（公司盖章）

年　月　日

经办人：

5. 函证时间的选择

（1）通常以资产负债表日为截止日，在资产负债表日后适当时间内实施函证；

（2）当被审计单位的重大错报风险评估为低水平时，注册会计师可选择资产负债表日前适当日期为截止日期实施函证，并对所函证项目自该截止日起至资产负债表日止发生的变动实施其他实质性程序。

6. 函证过程控制

注册会计师通常利用被审计单位提供的应收账款明细账名称和客户地址等资料据以编制询证函，但注册会计师应当对确定需要确认或填列的信息选择适当的被询证者，设计询证函以及发出和跟进（包括收回）询证函保持控制。

注册会计师应当直接控制询证函的发送和回收，回函直接寄至会计师事务所，填制函证结果汇总表。

（1）发函的控制。通过邮寄方式发出询证函，在邮寄询证函时，注册会计师可以在核实由被审计单位提供的被询证者的联系方式后，不使用被审计单位的邮寄设施，而是独立寄发询证函（如直接在邮局投递）。

（2）回函的控制。通过邮寄方式收到的回函，确认被询证者确认的询证函是否是原件，是否与注册会计师发出的询证函是同一份；回函是否由被询证者直接寄给注册会计师；寄给注册会计师的回邮信封或快递信封中记录的发件方名称、地址是否与被询证者的地址一致；回邮信封上寄出方的邮戳显示的发出城市或地区是否与被询证者的地址一致；被询证者加盖在询证函上的印章以及签名中显示的被询证者名称是否与询证函中记载的被询证者的名称一致。在认为必要的情况下，注册会计师还可以进一步与被审计单位持有的其他文件进行核对或亲自前往被询证者处进行核实等；被询证者将回函寄至被审计单位，被审计单位将其转交注册会计师，该回函不能视为可靠的审计证据。在这种情况下，注册会计师可以要求被询证者直接书面回复。

以电子形式收到回函的，注册会计师和回函者采用一定的程序为电子形式的回函创造安全环境，可以降低风险。电子函证程序涉及多种确认发件人身份的技术，如加密技术、电子数码签名技术、网页真实性认证程序。注册会计师可以与被询证者联系以核实回函的来源及内容，如通过电话联系被询证者。必要时，注册会计师可以要求被询证者提供回函原件。

7. 对回函中不符事项的处理

导致不符事项的原因包括：

（1）登记入账的时间不同而导致的不符事项；

（2）记账错误导致的不符事项；

（3）舞弊导致的不符事项。

如果不符事项构成错报，注册会计师应当评价该错报是否表明存在舞弊，并重新考虑所实施审计程序的性质、时间安排和范围。

因登记入账的时间不同而产生的不符事项主要表现为：

（1）询证函发出时，债务人已经付款，被审计单位尚未收到；

（2）询证函发出时，货物已经发出并已做销售记录，但货物仍在途中，债务人未收到；

（3）债务人由于某种原因将货物退回，而被审计单位尚未收到；

（4）债务人对收到的货物的数量、质量及价格等方面有异议而全部或部分拒付货款。

8. 对函证结果的总结和评价

（1）重新考虑对内部控制的原有评价是否适当；控制测试的结果是否适当；分析程序的结果是否适当；相关风险评价是否适当等。

（2）如果函证结果表明没有审计差异，则注册会计师可以合理地推论，全部应收账款总体是正确的。

（3）如果函证结果表明存在审计差异，则注册会计师应当估算应收账款总额中可能出现的累计差错是多少，估算未被选中进行函证的应收账款的累计差错是多少。为取得应收账款累计差错更加准确的估计，也可以进一步扩大函证范围。

（五）确定已收回的应收账款金额

请被审计单位协助，在应收账款账龄明细表上标出至审计时已收回的应收账款金额，对已收回金额较大的款项进行常规检查，如核对收款凭证，银行对账单，销货发票等。并注意凭证发生日期的合理性，分析收款时间是否与合同相关要素一致。

（六）对应收账款余额实施函证以外的细节测试

对函证为回函及未回函应收账款，注册会计师应抽查有关原始凭据，如销售合同、销售订购单、销售发票副本、发运凭证及期后收款的回款单据等，以验证与其相关的应收账款的真实性。

（七）评价坏账准备计提的适当性

（1）取得或编制坏账准备计算表，复核加计正确，与坏账准备总账数、明细账合计数核对相符。将应收账款坏账准备本期计提数与信用减值损失相应明细项目的发生额核对，是否相符。

（2）检查应收账款坏账准备计提和核销的批准程序，取得书面报告等证明文件。评价计提坏账准备所依据的资料、假设及方法；复核应收账款坏账准备是否按经股东（大）会或董事会批准的既定方法和比例提取，其计算和会计处理是否正确。

（3）根据账龄分析表中，选取金额大于____的账户、逾期超过____天的账户，以及认为必要的其他账户（如有收款问题记录的账户，收款问题行业集中的账户）。复核并测试所选取账户期后收款情况。针对所选取的账户，与授信部门经理或其他负责人员讨论其可收回性，并复核往来函件或其他相关信息，以支持被审计单位就此作出的声明。针对坏账准备计提不足情况进行调整。

（4）实际发生坏账损失的，检查转销依据是否符合有关规定，会计处理是否正确。

（5）已经确认并转销的坏账重新收回的，检查其会计处理是否正确。

（6）通过比较前期坏账准备计提数和实际发生数，以及检查期后事项，评价应收账款坏账准备计提的合理性。

（7）检查应收账款是否已按照企业会计准则的规定在财务报表中作出恰当列报和披露，如果被审计单位为上市公司，则其财务报表附注通常应披露期初、期末余额的账龄分析、期末欠款金额较大的单位账款，以及持有5%以上（含5%）股份的股东单位账款等情况。

拓展案例

K农业公司虚增营业收入借壳上市①

广西K农业股份有限公司（以下简称"K农业公司"）由X投资发展有限公司（出资800万元，占比40%）和三位自然人股东（各出资400万元，各占比20%）出资成立，主营生态农业种植，具有一定的市场规模与发展潜力。K农业公司逐步实现了技术化生产、规模化管理、产业化经营、生态化发展的形势，市场反应及销售状况良好，从2011～2014年4月，其销售额逐年增加（见表6-9）。截至评估基准日（2014年4月30日），L会计师事务所对其出具的评估值达到375 863.88万元，股权全部权益值评估结果为430 600.00万元，增值率达686.68%。为了寻求上市发展，K农业公司多次准备进行资产重组，欲"借壳"上市获得融资谋取更大发展。

表6-9　　　　　　　评估基准日前K农业公司财务相关情况　　　　　单位：万元

	2011年	2012年	2013年	2014年4月
营业收入	42 281.38	49 626.97	55 932.76	9 330.75
营业利润	16 069.93	21 430.49	24 120.53	50 094.82
净利润	16 121.57	1 551.75	24 210.28	5 009.48
销售净利率（%）	43.28	43.42	38.12	53.68

资料来源：K农业公司相关财务报告。

___

① 笔者根据相关资料整理。

浙江 B 服饰股份有限公司（以下简称"B 股份公司"）创建于 1985 年，历经数十年已成长为覆盖服装设计、制造、运输、线下销售、材料研发为一体的大型企业集团，形成了以制造生产、品牌经营、服装零售为核心的现代企业经营体系。为了推动企业进一步壮大，拓宽企业融资渠道，经过多年的努力准备，B 股份公司于 2011 年在深圳证券交易所成功上市。受国际经济环境的影响、线上电商平台的市场挤压以及原材料价格、劳动力成本上涨导致的经营成本增加，上市并没有为 B 股份公司带来利好影响，其业务规模、经营状况与盈利能力开始恶化，相关数据见表 6 - 10。从数据可以看出，B 股份公司经营存在困难，持股人信心不足，欲借"让壳"资产重组这一方式重获新生。

表 6 - 10　　　　　　　　　　B 股份公司 2012 ~ 2017 年相关财务数据

	2012 年	2013 年	2014 年	2015 年	2016 年	2017 年
营 业 总 收 入（万元）	65 342.97	65 118.65	548 202.89	40 239.25	37 021.54	34 401.41
净利润（万元）	4 016.3	606.63	- 10 265.81	1 150.41	659.96	- 3 380.70
基本每股收益（元）	0.4300	0.0400	- 0.7300	0.0800	0.0500	- 0.2400

经营过程中，K 农业公司曾多次试图开展资产重组以借助资本市场的力量推动自身产业的进一步扩展，而"让壳"方 B 股份公司因经营日益恶化，寄希望通过并购重组提高盈利能力。

K 农业公司早在 2012 年 6 月便提交首次公开发行（IPO）申请，还成功经历了史上最严厉的 2012 年报财务核查，却于 2014 年 4 月突然撤回 IPO 申请，其目的在于"借壳"上市。因此，B 股份公司于 2014 年 7 月 22 日发布公告摇身一变成为农业股，K 农业公司拟作价 41.7 亿元借 B 股份公司"壳"上市；2014 年 11 月 19 日，K 农业公司召开股东大会商讨资产重组事项；2014 年 11 月 21 日，K 农业公司股东会议商讨并签署终止重大资产重组相关协议；2014 年 11 月 25 日，B 股份公司召开董事会会议审议并通过《关于终止重大资产重组事项决议》以及《关于公司拟向中国证券会申请撤回重大资产重组行政审批申请材料的议案》等相关文件。

2015 年 5 月 14 日，中国证券监督管理委员会正式立案调查 K 农业公司借壳 B 股份公司上市案件。经调查，K 农业公司 2011 ~ 2014 年 4 月 30 日财务报表中的资产总额及营业收入总额均存在虚增造假，具体情况见表 6 - 11。

表 6 - 11　　2011 ~ 2014 年 4 月 30 日 K 农业公司财务报表虚增资产及虚增营业收入情况

虚增项目	2011 年	2012 年	2013 年	2014 年 1 月 1 日 ~ 4 月 30 日
虚增资产（元）	204 451 195.14	339 713 667.53	470 469 226.00	503 309 782.17
占披露当期总资产比例（%）	47.54	53.91	52.87	—

续表

虚增项目	2011 年	2012 年	2013 年	2014 年 1 月 1 日 ~ 4 月 30 日
虚增营业收入（元）	147 524 498. 58	183 114 299. 70	238 408 819. 30	41 289 583. 20
占当期披露营业收入比例（%）	34. 89	36. 90	42. 62	44. 25

资料来源：中国证监会行政处罚决定书。

❀❀❀❀❀❀❀❀❀❀❀❀❀❀❀❀❀❀❀❀❀❀❀❀❀❀❀❀❀❀❀❀❀❀❀

实训六　销售与收款循环模块

一、实训目的

（1）熟练掌握应收账款、主营业务收入审计的要点、方法和程序。
（2）具体掌握应收账款、主营业务收入等审计。

二、实训要求

根据所列示的会计凭证、明细账、总账等资料，按照审计程序，选择适当的审计方法对应收账款、主营业务收入进行审计。

三、实训操作流程及实训资料

（一）应收账款审定表

1. 注意事项

根据前列的四大报表（见实训一）及应收账款总账获取报表数、明细数，结合账龄分析报告对账面余额进行分类填写。此表涉及账项调整，具体是根据存货监盘报告得知销售给武汉方汇达公司的产品是虚构的，应调减。具体可结合题析解释做题。

2. 实训资料

（1）应收账款总账。

应收账款总账   单位：元

年		凭证		摘要	借方	贷方	借或贷	余额
月	日	种类	号数		金额	金额		
1	1	年初		上年结转			借	31 407 781.00
1	31	汇		本期发生额	32 795 100	24 567 617.33	借	39 635 263.67
1	31	月汇		本月合计	32 795 100	24 567 617.33	借	39 635 263.67
1	31	年汇		本年累计	32 795 100	24 567 617.33	借	39 635 263.67
2	28	汇		本期发生额	28 945 800	28 555 363.67	借	40 025 700.00
2	28	月汇		本月合计	28 945 800	28 555 363.67	借	40 025 700.00
2	28	年汇		本年累计	61 740 900	53 122 981	借	40 025 700.00
3	31	汇		本期发生额	359 131 500	35 240 400	借	40 698 450.00
3	31	月汇		本月合计	35 913 150	35 240 400	借	40 698 450.00
3	31	年汇		本年累计	97 654 050	88 363 381	借	40 698 450.00
4	30	汇		本期发生额	45 021 600	44 048 550	借	41 671 500.00
4	30	月汇		本月合计	45 021 600	44 048 550	借	41 671 500.00
4	30	年汇		本年累计	142 675 650	132 411 931	借	41 671 500.00
5	31	汇		本期发生额	34 421 400	41 067 000	借	35 025 900.00
5	31	月汇		本月合计	34 421 400	41 067 000	借	35 025 900.00
5	31	年汇		本年累计	177 097 050	173 478 931	借	35 025 900.00
6	30	汇		本期发生额	38 042 550	28 489 500	借	44 578 950.00
6	30	月汇		本月合计	38 042 550	28 489 500	借	44 578 950.00
6	30	年汇		本年累计	215 139 600	201 968 431	借	44 578 950.00
7	31	汇		本期发生额	27 103 050	26 145 600	借	45 536 400.00
7	31	月汇		本月合计	27 103 050	26 145 600	借	45 536 400.00
7	31	年汇		本年累计	242 242 650	228 114 031	借	45 536 400.00
8	31	汇		本期发生额	40 078 350	22 153 950	借	63 460 800.00
8	31	月汇		本月合计	40 078 350	22 153 950	借	63 460 800.00
8	31	年汇		本年累计	282 321 000	250 267 981	借	63 460 800.00
9	30	汇		本期发生额	35 293 050	33 228 000	借	65 525 850.00
9	30	月汇		本月合计	35 293 050	33 228 000	借	65 525 850.00
9	30	年汇		本年累计	317 614 050	283 495 981	借	65 525 850.00

续表

年		凭证		摘要	借方	贷方	借或贷	余额
月	日	种类	号数		金额	金额		
10	31	汇		本期发生额	40 522 950	25 517 700	借	80 531 100.00
10	31	月汇		本月合计	40 522 950	25 517 700	借	80 531 100.00
10	31	年汇		本年累计	358 137 000	309 013 681	借	80 531 100.00
11	30	汇		本期发生额	37 615 500	28 828 800	借	89 317 800.00
11	30	月汇		本月合计	37 615 500	28 828 800	借	89 317 800.00
11	30	年汇		本年累计	395 752 500	337 842 481	借	89 317 800.00
12	31	汇		本期发生额	43 371 900	32 116 500	借	100 573 200.00
12	31	月汇		本月合计	43 371 900	32 116 500	借	100 573 200.00
12	31	年汇		本年累计	439 124 400	369 958 981	借	100 573 200.00
12	31	年结		结转下年			借	100 573 200.00

（2）存货监盘报告。

存货监盘报告

被审计单位：中泰纸业股份有限公司

编制：张媛　　　　　　日期：2016 年 12 月 31 日　　　　　　索引号：3116－6

会计截止日：2016 年 12 月 31 日

复核：李清河　　　　　　日期：2016 年 12 月 31 日　　　　　　页　次：

一、盘点日期：2016 年 12 月 31 日

二、盘点仓库名称：_____中泰仓库_____

仓库负责人：_____陈美华_____；

仓库记账员：_____汪志刚_____；仓库保管员：_____李大明_____

仓库概况：（描述仓库共__六__间，各仓库的特点）

第一、二间仓库是存放原材料的；第三、四间仓库是存放产成品的；第五间仓库是存放周转材料的；第六间仓库据说是存放杂物的，被审计单位人员不让我们的审计人员进去，我们感觉这很可能有问题，后来在我们的项目负责人和被审单位的会计主管、仓储经理协商之后，同意我们进入第六间仓库观察，进去之后我们发现在杂物中摆放着许多箱子，打开之后发现是传真纸和压感打印纸，经盘点数量分别是133 000 箱、113 000 箱。被审单位的相关负责人解释说这是销售给方汇达公司的产品，由于方汇达公司仓库在建，就暂寄存在被审计单位仓库了。经查阅并未发现对方签收确认文件。

三、监盘参加人员：

监盘人员（湖北天宁会计师事务所有限公司）注册会计师：_____李清河_____

监盘人员（湖北天宁会计师事务所有限公司）注册会计师：_____张媛_____

监盘人员（中泰纸业股份有限公司财务处）：_____赵伟峰、白建勇_____

监盘人员（中泰纸业股份有限公司生产部）：　　邹天华、苏玉钗　　

中泰纸业股份有限公司盘点负责人：　　邹天华、陈美华　　

中泰纸业股份有限公司盘点人员：　　李大明、汪志刚　　

上述人员在监盘过程中，除　　　　　　　　外，自始至终未离开现场。

（3）应收账款明细账——武汉方汇达企业有限公司。

应收账款明细账——武汉方汇达企业有限公司　　　　单位：元

年		凭证		摘要	借方	贷方	借或贷	余额
月	日	种类	号数		金额	金额		
1	1	年初		上年结转			平	0
1	31	月汇		本月合计	0	0	平	0
1	31	年汇		本年累计	0	0	平	0
2	28	月汇		本月合计	0	0	平	0
2	28	年汇		本年累计	0	0	平	0
3	31	月汇		本月合计	0	0	平	0
3	31	年汇		本年累计	0	0	平	0
4	30	月汇		本月合计	0	0	平	0
4	30	年汇		本年累计	0	0	平	0
5	31	月汇		本月合计	0	0	平	0
5	31	年汇		本年累计	0	0	平	0
6	30	月汇		本月合计	0	0	平	0
6	30	年汇		本年累计	0	0	平	0
7	3	记	4	销售产品给武汉方汇达公司	652 275 000		借	652 275 000
7	31	月汇		本月合计	652 275 000	0	借	652 275 000
8	14	记	17	销售产品给武汉方汇达公司	546 975 000	0	借	1 199 250 000
8	31	月汇		本月合计	546 975 000	0	借	1 199 250 000
9	3	记	2	销售产品给武汉方汇达公司	1 026 675 000		借	2 225 925 000
9	30	月汇		本月合计	1 026 675 000	0	借	2 225 925 000
9	30	年汇		本年累计	1 026 675 000		借	2 225 925 000

续表

年		凭证		摘要	借方	贷方	借或贷	余额
月	日	种类	号数		金额	金额		
10	14	记	19	销售产品给武汉方汇达公司	688 545 000		借	2 914 470 000
10	31	月汇		本年合计	688 545 000	0	借	2 914 470 000
10	31	年汇		本年累计	2 914 470 000	0	借	2 914 470 000
11	3	记	4					
11	30	月汇		本月合计	930 150 000	0	借	3 844 620 000
11	30	年汇		本年累计	3 844 620 000	0	借	3 844 620 000
12	14	记	20	销售产品给武汉方汇达公司	748 800 000		借	4 593 420 000
12	31	月汇		本月合计	748 800 000	0	借	4 593 420 000
12	31	年汇		本年累计	4 593 420 000	0	借	4 593 420 000
12	31	年结		结转下年			借	4 593 420 000

3. 根据前述资料填写应收账款审定表

应收账款审定表

被审计单位：中泰纸业股份有限公司　　填制：王力文　　日期：2017 - 01 - 16　　索引号：3113 - 1
会计期间：2016 年度　　　　　　　　复核：李清河　　日期：2017 - 01 - 22　　页　次：

项目	期末未审数	账项调整	重分类调整	期末审定数	上期审定数	索引号
报表数：						
明细数：						
其中：						
账面余额合计						
1 年以内						
1 ~ 2 年						
2 ~ 3 年						
3 ~ 4 年						
坏账准备合计						
1 年以内						

续表

项目	期末未审数	账项调整	重分类调整	期末审定数	上期审定数	索引号
1~2 年						
2~3 年						
3~4 年						
审计说明：						
审计结论：						

（二）应收账款明细表

1. 注意事项

根据应收账款各个明细账填写该表。账龄分析部分结合审计材料——供产销档案及资料——账龄分析报告填写。

2. 实训资料

（1）应收账款各个明细账（略，具体见软件）。

（2）账龄分析报告。

账龄分析报告 单位：元

项目	期末余额	期末审定数账龄分析			
		半年以内	0.5~1 年	1~2 年	2~3 年
武汉方汇达企业有限公司	45 934 200	45 934 200			
武汉晨鸿贸易有限公司	7 277 400	7 277 400			
湖北省福利彩票中心	1 825 200	1 825 200			
广州好影像放映有限公司	3 510 000	3 510 000			
交通银行郑州前浦支行	2 351 700	2 351 700			
广西爱佳办公用品有限公司	3 884 400	3 884 400			
湖南省国家税务局	4 738 500	4 738 500			
交通银行山西太原支行	4 212 000	4 212 000			
河南晨鸣贸易有限公司	4 703 400	4 703 400			
湖北爱得利用品有限公司	3 217 500	3 217 500			
江西数宇贸易有限公司	3 708 900	3 708 900			
河北佳佳贸易有限公司	4 248 200	4 248 200			
广东正大贸易有限公司	3 720 600	3 720 600			
陕西华源贸易有限公司	3 884 400	3 884 400			

编制人：赵伟峰

3. 根据前述资料填写应收账款明细表

应收账款明细表

被审计单位：中泰纸业股份有限公司　　填制：王力文　　日期：2017 - 01 - 16　　索引号：3113 - 2

会计期间：2016 年度　　　　　　　　复核：李清河　　日期：2017 - 01 - 22　　页　次：

项目	期初余额	本期借方	本期贷方	期末余额	调整数	重分类	审定数	期末审定数账龄分析			
								1 年以内	1 ~ 2 年	2 ~ 3 年	3 ~ 4 年
合计											
审计说明：											

（三）应收账款凭证抽查表

1. 注意事项

根据日期和凭证号数搜索查询记账凭证。

2. 实训资料

在记账凭证中点击"查询"，输入日期和凭证号这两个条件进行搜索便可得到结果（记账凭证略，具体见软件）。

3. 根据前述资料填写应收账款凭证抽查表

抽查表

被审计单位：中泰纸业股份有限公司　　填制：王力文　日期：2017 - 01 - 16　　索引号：3113 - 3
会计期间：2016 年度　　　　　　　　复核：李清河　日期：2017 - 01 - 22　　页　次：

序号	凭证日期	凭证号	摘要	对应科目方向	对应科目名称	金额	核对情况（用"是""否"表示）1	2	3	4	5	6	7	8	备注
1	2016 - 9 - 3	2#													
2	2016 - 10 - 4	1#													
3	2016 - 12 - 15	23#													
4	2016 - 11 - 15	20#													
5	2016 - 12 - 21	37#													
6	2016 - 12 - 24	45#													
7	2016 - 12 - 10	16#													
8	2016 - 12 - 28	47#													
9	2016 - 12 - 11	18#													
10	2016 - 11 - 9	14#													

核对说明

1. 原始凭证内容完整	5.
2. 有无授权批准	6.
3. 财务处理正确	7.
4. 金额核对相符	8.

审计说明：

（四）企业询证函

1. 注意事项

根据应收账款明细账查询明细账余额填写。

2. 填写企业询证函（共有武汉方汇达企业等 10 家企业，因而有 10 个表）

企业询证函

编号：TN001

_____（公司）：

本公司聘请的湖北天宁会计师事务所正在对本公司____年度财务报表进行审计，按照中国注册会计师审计准则的要求，应当询证本公司与贵公司的往来账项等事项。请列示截止____年__月__日贵公司与本公司往来款项余额。回函请直接寄至湖北天宁会计师事务所。

回函地址：湖北省武汉市建设西路 27 号

邮箱：430012   电话 027 - 82398876   传真：027 - 8293279   联系人：李清河

本函仅为复核账目之用，并非催款结算，若款项在上述日期之后已经付清，仍请及时函复为盼。

（公司盖章）

2017 年 1 月 17 日

1. 贵公司与本公司的往来账项列示如下：

单位：元

截止日期	贵公司欠	欠贵公司	备注

2. 其他事项。

（公司盖章）

年　月　日

经办人：

（五）往来款函证汇总表

1. 注意事项

只填写比例一列，主要根据表中的账面金额除以本表中所有账面金额之和的商填列。

2. 填写往来款函证汇总表

往来款函证汇总表

被审计单位：中泰纸业股份有限公司　　编制：王力文　　日期：2017 – 01 – 31　　索引号：3113 – 5
会计期间：2016 年度　　　　　　　　　复核：李清河　　日期：2017 – 01 – 31　　页　次：

单位名称	询证函编号	函证方式	函证日期		回函日期	账面金额（元）	比例（%）	回函金额（元）	经调节后是否存在差异	调节表索引号
			第一次	第二次						
武汉方汇达企业有限公司	TN001	邮寄	2017 – 1 – 17	2016 – 1 – 26		45 934 200				
广州好影像放映公司	TN002	邮寄	2017 – 1 – 17		2017 – 1 – 26	3 510 000		3 510 000		
广西爱佳办公用品有限公司	TN003	邮寄	2017 – 1 – 17		2017 – 1 – 31	3 884 400		3 884 400		
湖南省国家税务局	TN004	邮寄	2017 – 1 – 17		2017 – 1 – 27	4 738 500		4 738 500		
交通银行山西太原支行	TN005	邮寄	2017 – 1 – 17		2017 – 1 – 31	4 212 000		4 212 000		
河南晨鸣贸易有限公司	TN006	邮寄	2017 – 1 – 17		2017 – 1 – 31	4 703 400		4 703 400		
河北佳佳贸易有限公司	TN007	邮寄	2017 – 1 – 17		2017 – 1 – 31	4 048 200		4 048 200		
广东正大贸易有限公司	TN008	邮寄	2017 – 1 – 17		2017 – 1 – 29	3 720 600		3 720 600		
陕西华源贸易有限公司	TN009	邮寄	2017 – 1 – 17		2017 – 1 – 29	3 884 400		3 884 400		
武汉晨鸿贸易有限公司	TN010	邮寄	2017 – 1 – 17		2017 – 1 – 30	7 277 400		7 277 400		
审计说明：										

（六）营业收入审定表

1. 注意事项

根据前列的四大报表（见实训一）及主营业务收入总账、明细账获取报表数、明细数；此表涉及的账项调整，是前述应收账款审定表调减的对应科目及金额。具体可结合索引号 3113 - 1（应收账款审定表）题析解释做题。

2. 实训资料

（1）主营业务收入总账。

主营业务收入总账 　　　　　　　　　　　　　　　　　　　　　单位：元

| 年 | | 凭证 | | 摘要 | 借方 | 贷方 | 借或贷 | 余额 |
月	日	种类	号数		金额	金额		
1	1	年初		上年结转				
1	31	汇		本期发生额	28 030 000	28 030 000	平	0
1	31	月汇		本月合计	28 030 000	28 030 000	平	0
1	31	年汇		本年累计	28 030 000	28 030 000	平	0
2	28	汇		本期发生额	29 740 000	29 740 000	平	0
2	28	月汇		本月合计	29 740 000	29 740 000	平	0
2	28	年汇		本年累计	57 770 000	57 770 000	平	0
3	31	汇		本期发生额	32 865 000	32 865 000	平	0
3	31	月汇		本月合计	32 865 000	32 865 000	平	0
3	31	年汇		本年累计	90 635 000	90 635 000	平	0
4	30	汇		本期发生额	38 480 000	38 480 000	平	0
4	30	月汇		本月合计	38 480 000	38 480 000	平	0
4	30	年汇		本年累计	129 115 000	129 115 000	平	0
5	31	汇		本期发生额	34 520 000	34 520 000	平	0
5	31	月汇		本月合计	34 520 000	34 520 000	平	0
5	31	年汇		本年累计	163 635 000	163 635 000	平	0
6	30	汇		本期发生额	34 645 000	3 464 500 000	平	0
6	30	月汇		本月合计	34 645 000	34 645 000	平	0
6	30	年汇		本年累计	198 280 000	198 280 000	平	0
7	31	汇		本期发生额	33 335 000	33 335 000	平	0
7	31	月汇		本月合计	33 335 000	33 335 000	平	0
7	31	年汇		本年累计	231 615 000	231 615 000	平	0
8	31	汇		本期发生额	35 715 000	35 715 000	平	0
8	31	月汇		本月合计	35 715 000	35 715 000	平	

续表

| 年 | | 凭证 | | 摘要 | 借方 | 贷方 | 借或贷 | 余额 |
月	日	种类	号数		金额	金额		
8	31	年汇		本年累计	267 330 000	267 330 000	平	0
9	30	汇		本期发生额	35 165 000	35 165 000	平	0
9	30	月汇		本月合计	35 165 000	35 165 000	平	0
9	30	年汇		本年累计	302 495 000	302 495 000	平	0
10	31	汇		本期发生额	36 190 000	36 190 000	平	0
10	31	月汇		本月合计	36 190 000	36 190 000	平	0
10	31	年汇		本年累计	338 685 000	338 685 000	平	0
11	30	汇		本期发生额	37 140 000	37 140 000	平	0
11	30	月汇		本月合计	37 140 000	37 140 000	平	0
11	30	年汇		本年累计	375 825 000	375 825 000	平	0
12	31	汇		本期发生额	38 990 000	38 990 000	平	0
12	31	月汇		本月合计	38 990 000	38 990 000	平	0
12	31	年汇		本年累计	414 815 000	414 815 000	平	0
12	31	年结		结转下年			平	0

（2）主营业务收入各个明细账。

具体包括 POS 用纸、传真纸、压感打印纸、ATM 机打印单、多联发票、彩票纸、电影票、密码信封，详见软件。

（3）其他业务收入。

营业收入审定表包括其他业务收入，具体详见软件里其他业务收入——出租房产收入。

3. 根据前述资料填写营业收入审定表

营业收入审定表

被审计单位：中泰纸业股份有限公司　填制：王力文　　日期：2017 - 01 - 24　　索引号：3411 - 1
会计期间：2016 年度　　　　　　　复核：李清河　　日期：2017 - 01 - 30　　页　次：

| 项目 | 期末未审数 | 账项调整 | | 期末审定数 | 上期末审定数（元） | 索引号 |
		借方	贷方			
报表数：					381 643 600	
明细数：					381 643 600	

续表

项目	期末未审数	账项调整		期末审定数	上期未审定数（元）	索引号
		借方	贷方			
其中：						
主营业务收入：						
POS 用纸					18 900 000	
传真纸					121 770 600	
压感打印纸					147 843 000	
ATM 机打印单					20 580 000	
多联发票					11 700 000	
彩票纸					32 240 000	
电影票					15 450 000	
密码信封					13 160 000	
其他业务收入：						
出租房产收入					0.00	
审计说明：						
审计结论：						

（七）主营业务收入明细表

1. 注意事项

根据主营业务收入各个明细账填写该表。其中变动%是根据合计数减去上期数的差除以上期数得到的。

2. 实训资料

此表主要使用的实训资料是主营业务收入的各个明细账，具体包括 POS 用纸、传真纸、压感打印纸、ATM 机打印单、多联发票、彩票纸、电影票、密码信封，详见软件。

3. 根据前述资料填写营业收入明细表

主营业务收入明细表

被审计单位：中泰纸业股份有限公司　　　填制：王力文　　　日期：2017 - 01 - 24　　　索引号：3411 - 2
会计期间：2016 年度　　　　　　　　　复核：李清河　　　日期：2017 - 01 - 30　　　页　次：

项目	1月	2月	3月	4月	5月	6月	7月	8月	9月	10月	11月	12月	合计	上期数（元）	变动额	变动%
POS 用纸														18 900 000		

续表

项目	1月	2月	3月	4月	5月	6月	7月	8月	9月	10月	11月	12月	合计	上期数（元）	变动额	变动%
传真纸														121 770 600		
压感打印纸														147 843 000		
ATM机打印单														20 580 000		
多联发票														11 700 000		
彩票纸														32 240 000		
电影票														15 450 000		
密码信封														13 160 000		
合计																
审计说明：																

（八）品种（大类）销售分析表

1. 注意事项

各明细品种的主营业务收入和主营业务成本的本期数及上期数详见财务报表里的财务报表附注——"21. 营业收入，营业成本"；上期数量则参考审计材料——供产销档案——2016 年度销售数据；本期数量是依据每月的销售数量相加的和；变动幅度是依据本期数减去上期数的差除以上期数得到的。

2. 实训资料

（1）财务报表附注里的相关内容。

财务报表附注

......

21. 营业收入、营业成本

......

（2）产品明细。

单位：元

产品名称	本期发生额		上期发生额	
	营业收入	营业成本	营业收入	营业成本
POS 用纸	20 300 000	17 195 705	18 900 000	16 085 786.00
传真纸	135 415 000	113 461 690	121 770 600	104 540 140.00

续表

产品名称	本期发生额		上期发生额	
	营业收入	营业成本	营业收入	营业成本
压感打印纸	157 725 000	12 272 5626	147 843 000	118 999 576.00
ATM 机打印单	21 840 000	18 782 450	20 580 000	17 884 846.00
多联发票	13 125 000	10 565 315	11 700 000	9 491 850.00
彩票纸	32 890 000	30 244 450	32 240 000	29 738 889.00
电影票	17 700 000	14 252 710	15 450 000	12 418 169.00
密码信封	15 820 000	13 899 800	13 160 000	11 500 825.24

（3）2016 年度销售数据。

打开"审计材料—供产销档案—2016 年度销售数据"，点击"详情"得到如下表格。

2016 年度销售数据

产品名称	单位	数量
POS 用纸	箱	13 500
传真纸	箱	869 790
压感打印纸	箱	985 620
ATM 机打印单	箱	147 000
多联发票	箱	78 000
彩票纸	箱	248 000
电影票	箱	103 000
密码信封	箱	94 000

3. 根据前述资料填写品种（大类）销售分析表

品种（大类）销售分析表

被审计单位：中泰纸业股份有限公司　　填制：王力文　　日期：2017 - 01 - 24　　索引号：3411 - 3
会计期间：2016 年度　　　　　　　　复核：李清河　　日期：2017 - 01 - 30　　页　次：

项目 （收入类别/ 产品名称）	本期数				上期数				变动幅度			
	数量	主营业务收入	主营业务成本	毛利率	数量	主营业务收入	主营业务成本	毛利率	数量	主营业务收入	主营业务成本	毛利率
POS 用纸												

续表

项目 (收入类别/ 产品名称)	本期数				上期数				变动幅度			
	数量	主营 业务 收入	主营 业务 成本	毛利率	数量	主营 业务 收入	主营 业务 成本	毛利率	数量	主营 业务 收入	主营 业务 成本	毛利率
传真纸												
压感打印纸												
ATM 机打印单												
多联发票												
彩票纸												
电影票												
密码信封												
合计												
审计说明:												

（九）营业收入凭证抽查表

1. 注意事项

根据日期和凭证号数搜索查询记账凭证。

2. 实训资料

在记账凭证点击"查询"，输入日期和凭证号这两个条件进行搜索便可得到结果（记账凭证略，具体见软件）。

3. 根据前述资料填写营业收入凭证抽查表

抽查表

被审计单位：中泰纸业股份有限公司 　填制：王力文 　日期：2017 - 01 - 24 　索引号：3411 - 4
会计期间：2016 年度 　　　　　　　　复核：李清河 　日期：2017 - 01 - 30 　页 　次：

序号	凭证日期	凭证号	摘要	对应科目		金额	核对情况（用"是""否"表示）								备注
				方向	名称		1	2	3	4	5	6	7	8	
1	2016 - 6 - 10	16#													
2	2016 - 11 - 3	4#													
3	2016 - 3 - 2	3#													
4	2016 - 10 - 21	35#													
5	2016 - 5 - 9	15#													

续表

序号	凭证日期	凭证号	摘要	对应科目		金额	核对情况（用"是""否"表示）								备注
				方向	名称		1	2	3	4	5	6	7	8	
6	2016 – 7 – 28	49#													
7	2016 – 12 – 15	23#													
8	2016 – 3 – 5	7#													
9	2016 – 12 – 4	6#													

核对内容说明：	
1. 原始凭证内容完整	5.
2. 有无授权批准	6.
3. 财务处理正确	7.
4. 金额核对相符	8.
审计说明：	

（十）收入完整性截止测试

1. 注意事项

截止日前，结合日期查找主营业务收入明细账的结转本月销售成本这笔分录，就能获得记账凭证信息，点击"原始凭证"，就可以得到出库单和发票信息；截止日后，主要查找"审计材料—其他—报表日前后部分领料单和出库单"便可得所需信息。完整性认定的测试顺序遵循的是从原始凭证到记账凭证这样的规则。

2. 实训资料

（1）主营业务收入明细账。

主要包含 POS 纸、彩票纸、传真纸这三个主营业务收入明细账，具体见软件。

（2）报表日前后部分领料单和出库单。

具体路径是"审计材料—其他—报表日前后部分领料单和出库单"，详见软件。

（3）根据前述资料填写收入完整性截止测试。

主营业务收入完整性截止测试

被审计单位：中泰纸业股份有限公司　　填制：王力文　日期：2017 – 01 – 24　索引号：3411 – 4 – 1

会计期间：2016 年度　　　　　　　　复核：李清河　日期：2017 – 01 – 30　页　次：

序号	出库单				记账凭证				发票					所载信息是否一致
	日期	号码	品名	数量	日期	编号	数量	金额	日期	品名	客户	数量	金额	
1	2016 – 12 – 17	321672	POS 纸											是　否

续表

序号	出库单				记账凭证				发票					所载信息是否一致
	日期	号码	品名	数量	日期	编号	数量	金额	日期	品名	客户	数量	金额	
2	2016 - 12 - 3	321667	彩票纸											是 否
3	2016 - 12 - 28	321676	传真纸											是 否

截止日前

截止日期：2016 年 12 月 31 日

截止日后

序号	出库单				记账凭证				发票					所载信息是否一致
	日期	号码	品名	数量	日期	编号	数量	金额	日期	品名	客户	数量	金额	
1	2017 - 1 - 5	331703	POS 纸											是 否
2	2017 - 1 - 8	331705	压感打印纸											是 否
3	2017 - 1 - 15	331708	传真纸											是 否

（十一）收入发生截止测试

1. 注意事项

截止日前，根据日期、编号及品名信息在记账凭证里查询搜索便可得到；截止日后可依据"审计材料—其他—报表日后部分销售"这样的路径查询获得。发生认定的测试顺序遵循从记账凭证到原始凭证这样的规则。

2. 实训资料

主要依据相关记账凭证和软件中的审计材料填列，记账凭证和审计材料具体见软件。

根据前述资料填写如下收入发生截止测试表。

主营业务收入截止测试

被审计单位：中泰纸业股份有限公司　填制：王力文　日期：2017 - 01 - 24　索引号：3411 - 4 - 2
会计期间：2016 年度　　　　　　　复核：李清河　日期：2017 - 01 - 30　页　次：

序号	记账凭证				出库单				发票					所载信息是否一致
	日期	编号	数量	金额	日期	号码	品名	数量	日期	品名	客户	数量	金额	
1	2016 - 12 - 10	16#					压感打印纸							是 否

续表

序号	记账凭证				出库单				发票					所载信息是否一致
	日期	编号	数量	金额	日期	号码	品名	数量	日期	品名	客户	数量	金额	
2	2016－12－21	37#					多联发票							是　否
3	2016－12－27	46#					传真纸							是　否

截止日前

截止日期：2016 年 12 月 31 日

截止日后

序号	记账凭证				出库单				发票					所载信息是否一致
	日期	编号	数量	金额	日期	号码	品名	数量	日期	品名	客户	数量	金额	
1	2017－1－6	16#					彩票纸							是　否
2	2017－1－12	24#					压感打印纸							是　否
3	2017－1－16	36#					密码信封							是　否
4	2017－1－4	8#					传真纸							是　否

第七章 采购与付款循环审计

J股份公司营业成本舞弊案[①]

哈尔滨J电机股份有限公司，简称"J股份公司"，于1999年6月18日在深圳证券交易所上市。截止到2018年，该公司拥有的电机产品达两百多个系列、近两千个品种、两百多万个规格，可谓是电机界的"元老"。其生产电机的功率高度覆盖现在使用的常规和非常规功率，并多次获得国家级的荣誉称号。公司还有七家下属公司和一个国家级研发中心。J股份公司生产的产品主要应用于矿机、交通等多个重点行业，其产品出口的国家和地区高达四十多个。而且还通过了国家多个军工质量、环境质量、制造许可和测量体系等质量认证标准。多次获得国家级别、省部级别及市厅级别的奖项。近五年，公司开始重点研发以高效、风电、环保为主的最新一代的高效环保产品。公司多次承担国家专项核心项目，并成功研发高效环保的产品，巩固其行业领先地位。公司重视产品创新和内部升级管理，企业的核心竞争能力也在不断提高，现阶段正朝着产品多样化、效益最大化、产业复合化、管理精准化和企业国际化的目标努力。

公司财务调整的方式一般为虚增利润或者隐瞒成本。本案例中J股份公司在2013年和2014年主要通过虚减主营业务成本、虚减销售费用、虚增存货等方式达到虚增利润的目的。J股份公司的主营业务成本主要是生产各种防爆电机产品的原材料。从报表中得知，J股份公司在2013年披露出来的营业成本为2 113 465 523.67元，其中主营业务成本为2 042 179 598.95元。但是应该披露的营业成本为2 240 859 896.16元，主营业务成本为2 169 573 971.44元。两者的差值为127 394 372.49元，这就说明在2013年，J股份公司虚减了主营业务成本，也就是负债减少，可以变相地增加利润。

半成品存放在车间时，属于在产品，但已经不属于在制品，应该对其办理半成品入库，并结转成本，进而影响公司利润。如果不对其办理产成品和半成品入库，就会直接和间接地少结转成本，J股份公司就是通过这样的方式隐瞒真实成本，达到虚增利润的目的。从报表中可以看出，J股份公司在2014年报表中披露的主营业成本为1 569 246 444.87元，但实际应该披露的主营业成本为1 597 104 767.71元，两者之间的差值为27 858 322.84元，可以看出J股份公司在2014年少结转了主营业务成本，虚减了27 858 322.84元的成本。按照产品的不同型号进行分析，从报表中得出，其中虚增防爆电机成本13 708 230.93元；虚减普通电机成本51 107 122.47元；虚增辊道电机成本153 687.61元；虚增吊车电机成本

---

① 笔者根据相关资料整理。

1 575 023.01 元；虚增配件修理成本 219 139.45 元；虚增屏蔽泵成本 309 364.31 元。

从报表中可以看出，在营业成本的主营业务成本方面，J 股份公司在 2015 年的年报中披露的本期发生额为 1 401 405 480.63 元，但是实际应该披露金额为 1 246 152 785.30 元，两者之间的差值为 155 252 695.33 元，造成虚增成本。从上述得知，2013 年虚减成本 127 394 372.49 元，2014 年虚减成本 27 858 322.84 元，2015 年虚增 155 252 695.33 元，把 2013 年和 2014 年虚减部分进行一次性消化，使得 J 股份公司的成本恢复到正常状态（见表 7 - 1）。

表 7 - 1　　　　　J 股份公司 2013 ~ 2015 年营业成本舞弊情况　　　　　单位：元

	2013 年	2014 年	2015 年
金额	- 127 394 372.49	- 27 858 322.84	155 252 695.33

资料来源：J 股份公司前期会计差错更正后的 2013 ~ 2015 年财务报表及报表附注。

2017 年 12 月 1 日，证监会发布了对 J 股份公司和相关责任人的行政处罚。同时，对 J 股份公司以及其管理层都进行了罚款和警告，但是这些和 J 股份公司财务虚假行为涉及的金额相比，根本不值得一提。

与此同时，J 股份公司由于在 2015 ~ 2016 年连续两年披露的报表显示净利润为负，属于亏损企业，所以在 2017 年 3 月 21 日就开始"带帽"，股票的名称由 J 股份公司变更为"*ST J"。J 股份公司的股价走势图可谓跌宕起伏，大起大落。2013 年到 2014 年 7 月股价小幅降低，2014 年 8 月开始进入疯狂模式，一直到 2015 年 6 月，迎来了 J 股份公司自上市以来的最高股价——每股 26.38 元。J 股份公司用了不到一年的时间，从每股价格不足 8 元，涨了 3.3 倍。但是之后就开始慢慢回落，截止到 2018 年 12 月 17 日，收盘价为 6.79 元，这和 2015 年的历史最高点对比下跌了 74%。

第一节　采购与付款循环的业务活动和相关内部控制

一、采购与付款循环的主要业务活动

企业的采购与付款循环包括购买商品和劳务，以及企业在经营活动中为获取收入而发生的直接、间接的支出。采购业务是企业生产经营活动的起点，本章主要关注与购买货物和劳务、应付账款的支付有关的控制活动以及重大交易。由于固定资产的采购与管理通常由单独的资产管理部门负责，其风险考虑和相关控制与普通原材料等商品采购区别很大，因此，在审计实务中一般单独考虑，本循环未将其包括在内。该循环主要有两种业务类型：一是采购业务；二是现金支出业务。采购与付款循环通常要经过这样的程序：请购—订货—验收—付款。

企业通常通过以下六项程序处理采购业务，并尽可能地将这些程序指派给不同的人员或部门来完成，使每个员工或部门都可独立检查其他员工或部门所完成工作的正确性。

（一）请购商品或劳务

对需要购买的已列入存货清单的项目由仓库负责填写请购单，但对所需要购买的未列入存货清单的项目，通常由使用部门编制请购单。请购单可手工或计算机编制，但由于请购单可由任何部门开出，因此，请购单一般不事先编号，也不需连续编号。不过为了加强控制，每张请购单必须经过对该类支出负预算责任的主管人员签字批准后交给采购部门。

为了提高工作效率，大多数企业均对正常经营所需物资的购买作一般授权，例如，仓库在现有库存达到再订购点时就可以直接提出采购申请，其他部门也可为正常的维修工作和类似工作直接申请采购有关物品。但涉及资本支出和租赁合同的采购等，通常由获得特别授权的指定人员提出请购。

（二）采购部门编制订购单

采购部门在收到采购单后，只能对经过批准的请购单编制订购单。对每张订购单，采购部门应确定最佳的供应来源。对一些主要项目，应采取竞价方式来确定供应商，这样才能保证供货的质量、及时性和成本的低价位。

订购单应正确填写所需要的商品或劳务的种类、数量、价格、厂商的名称和地址。订购单必须预先连续编号并由被授权的采购人员签字。正联交给供应商，其他副联则分别送往企业内部的验收部门、应付凭单部门和开出请购单的部门。为了促使验收部门人员能够仔细验收商品，可以将送往验收部门的订购单中的采购数量抹掉。同时，应独立检查订购单的处理，以确保商品或劳务能够实际收到并且正确入账。该项业务活动与完整性认定有关。

（三）验收部门验收商品

有效的订购单代表企业已授权验收部门接收供应商发来的商品。验收部门人员应该首先核对所收到的商品在名称、规格、数量、到货时间等方面是否与订购单上的要求一致，然后再盘点商品并检查商品是否损坏。验收人员应该对已收货的每张订购单编制一式多联的有预先连续编号的验收单。验收人员将货品送交仓库或其他请购部门时，应取得经过签字的收据，或要求对方在验收单的副联上签收，以确认他们对所采购的资产应付的保管责任，验收人员还应将其中的一联验收单，送交应付凭单部门和采购部门。

采购部门接到验收单后，如果发现货物的数量或质量不符合订单要求，应及时通知供应商。对于数量的短缺，一般要求供应商补齐；若是出现质量问题，则一般要求退货或者折让。如果要求退货的话，采购部门应编制退货通知单并授权运输部门将货物退回，同时将退货通知单副本寄交供应商，运输部门在货物退回以后，应通知采购部门和会计部门，采购部门在货物退回后应编制借项凭单，经主管人员审查后，转交会计部门，用来调整应付账款。而如果要求供应商折让的话，采购部门也应在折让金额确定后，编制借项凭单，通知会计部门调整应付账款。因为退货和折让业务大部分是非常规的，所以应该设置专人定期审查有关退货和折让的业务记录及相关凭证，以确保退货和折让的合理性和真实性。

（四）仓储部门储存已验收的商品存货

由独立部门（一般是仓库）负责接收已验收的货物，并承担保管责任，将已验收商品的保管和采购与其他职责相分离，可以减少未经授权采购和盗用商品的风险。货物入库前，仓储部门应先点验，然后才在验收单的副联上签字。签收之后，仓储部门应将实际入库货物的数量通知会计部门。同时，仓储部门还需为每一种存货贴上标签，并根据存货的品质特征分类存放在设有安全设施的场所（例如存放在加锁的仓储区），限制他人接近并由保安人员适当守卫。这些控制与存货的存在认定相关。

（五）应付凭单部门编制付款凭单

在记录采购交易之前，应付凭单部门应编制付款凭单。此项业务活动包括：

（1）检查供应商发票的内容同相关验收单和订购单是否一致；

（2）核对供应商发票计算的正确性；

（3）编制有预先编号的付款凭单，并附上支持性凭证（包括订购单、验收单以及供应商发票）；

（4）独立检查付款凭单计算的正确性；

（5）在付款凭单上填写应借记的资产或费用账户的名称或代号；

（6）由被授权人员在凭单上签字，以示批准照此凭单付款。

需要注意的是，为采购交易编制付款凭单所要求附上的支持性凭证的种类，随着交易对象的不同而不同。例如，为某些劳务或租赁资产编制凭单时，还需要包含其他种类的支持性凭证（比如合同副本等）；而在其他情况下，例如，每月支付的水电费，只要有账单和供应商发票就可以编制付款凭单，而不需要每月的订购单和验收单。

所有未付款凭单的副联都应该保存在应付凭单档案里，方便日后付款。经适当批准和有预先编号的凭单为记录采购交易提供了依据，因此，这些业务活动与发生、完整性以及准确性认定相关。

（六）财会部门确认与记录负债

在手工系统下，已批准的未付款凭单，应该连同每日汇总表一起送交财会部门，用以编制有关记账凭证和登记有关账簿。会计主管应独立检查财会人员记录的凭单总数与应付凭单部门送来的每日凭单汇总表所列数是否一致。

会计主管应做好以下三项工作：第一，监督为采购交易编制的记账凭证中账户分类的适当性；第二，通过定期核对编制记账凭证的日期与凭单副联的日期，以便监督入账的及时性；第三，定期独立检查应付账款总账余额与应付凭单部门未付款凭单档案中的凭单总和是否一致。

（七）应付凭单部门偿付负债

企业通常由应付凭单部门负责确定在未付款凭单到期日之前偿付负债，并根据具体情况采用适当的结算方式，例如支票结算等。在手工系统下，填写支票有两种方式：一是应付凭单部门将到期的凭单送交财会部门，再由财会部门填写支票；二是由应付凭单部门根据到期凭单填写支票，再连同凭单一起送往财会部门签字。编制和签署支票的有关业务活动包括：

（1）独立检查已签发支票的总额（一般会列示在支票汇总表中）与已处理的付款凭单的总额的一致性。

（2）应由被授权的财会部门的人员负责签署支票。

（3）被授权签署支票人员不但要确定每张支票都附上一张已适当批准的未付款凭单，而且应确定支票收款人姓名、金额与凭单内容是否一致。

（4）支票一经签署就应在凭单和支持性凭证上加盖印戳或打洞以将其注销，并连同支票的副本归入已付款凭单档案，以免重复付款。

（5）支票签署人应控制支票的邮寄。

（6）不得签署无记名支票，更不应签发空白支票。

（7）应使用预先连续编号的支票，保证支出支票存根的完整性和作废支票处理的恰当性。

（8）应确保只有被授权人员才能接近空白支票。

这些业务活动与现金支出交易的发生、完整性和准确性认定有关。

（八）财会部门记录现金支出

在手工系统下，财会人员应根据已签发支票编制付款凭证，同时根据该资料登记银行存款日记账和其他相关账簿。

记录现金支出的有关业务活动包括如下内容：

（1）财会主管应独立检查登记在银行存款日记账和应付账款明细账的金额是否一致，同时与支票汇总表核对是否相符。

（2）定期比较银行存款日记账的记录日期与支票副本日期，据此检查入账的及时性。

（3）独立编制银行存款余额调节表。

二、采购与付款循环中涉及的主要凭证和会计记录

典型的采购与付款循环所涉及的主要凭证和会计记录主要包括以下几种。

（一）请购单

请购单是由产品制造、资产使用等部门的有关人员填写，送交采购部门，申请购买商品、劳务或其他资产的书面凭证。请购单无须连续编号。

（二）订购单

订购单是由采购部门填写，向另一个企业购买订购单上所指定商品、劳务或其他资产的书面凭证。订购单需要预先编制并连续编号。

（三）验收单

验收单是收到商品、资产时所编制的凭证，列示从供应商处收到的商品、资产的种类、数量等内容。验收单一式多联且需要预先连续编号。

（四）卖方发票

卖方发票又称为供应商发票，是供应商开具的，交给买方以明确发运的货物或提供的劳务、应付款金额和付款条件等事项的凭证。

（五）付款凭单

付款凭单是采购方企业的应付凭单部门编制的，载明已收到商品、资产或接受劳务的厂商应付款金额和付款日期的凭证。付款凭单是采购方企业内部记录和支付负债的授权证明文件。

（六）转账凭证

转账凭证是记录转账交易的记账凭证，它是根据有关转账业务（指不涉及库存现金和银行存款收付的各项业务）的原始凭证编制的。

（七）付款凭证

付款凭证包括现金付款凭证和银行存款付款凭证，是指用来记录库存现金和银行存款支出业务的记账凭证。

（八）应付账款明细账

（九）库存现金日记账和银行存款日记账

（十）供应商对账单

供应商对账单是由供货方按月编制的，标明期初余额、本期购买、本期支付给供应商的款项和期末余额的凭证。供应商对账单是供货方对有关交易的陈述，如果不考虑买卖双方在收发货物上可能存在的时间差等因素，其期末余额通常应与采购方相应的应付账款期末余额一致。

三、采购与付款循环的审计目标

（1）所记录的采购都是确定已收到的物品或已接受的劳务，并符合采购方真实意愿。
（2）已发生的采购交易均已记录。
（3）所记录的采购交易估价正确。
（4）采购交易分类正确。
（5）采购交易按正确的日期记录。
（6）采购交易已正确计入应付账款和存货等明细账中，汇总正确。

四、采购与付款循环交易的关键内部控制

（一）采购循环的内部控制

1. 适当的职责分离

适当的职责分离有利于防止、发现并纠正各种错误与舞弊。企业的采购循环也需要适

当的职责分离。因此，企业应当建立采购循环的岗位责任制，明确相关部门和岗位的职责、权限，确保办理采购交易的不相容职务互相分离、互相制约和彼此监督。采购循环的不相容岗位主要包括：请购与审批；询价与确定供应商；采购合同的订立与审批；采购与验收；采购、验收与相关会计记录等。具体来说，企业的采购循环业务涉及采购、验收、保管、付款、记录等多个方面。为了保证采购业务的确是企业生产经营所需并符合企业利益、收到的采购商品安全完整且应付款及时正确地支付给供应商，采购和付款需有明确的分工。尤其采购、验收、付款和记录应由不同的职能部门或人员负责。大宗采购要有竞争性报价，并将采购人员在各个业务环节之间进行轮换。鉴于此，企业必须进行职责分工，主要的职责分工有：（1）提出采购申请与批准采购申请互相独立，以加强对采购的控制；（2）批准请购与采购部门互相独立，以防止采购部门购入过量或不必要物资而损害企业的整体利益；（3）采购审批、合同签订、合同审核互相独立，防止虚列支出；（4）验收部门与财会部门互相独立，保证按实际收到的商品数量登记入账；（5）应付款项记账人员不能接触现金、有价证券和其他资产，以保证应付账款记录真实、正确；内部检查与相关的执行和记录工作相互独立，以保证内部检查独立、有效。

2. 信息传递程序控制

企业应当建立并实施对采购循环内部控制的检查监督制度，其内容主要包括：采购循环相关岗位及人员的设置情况；采购循环授权批准制度的执行情况；应付账款和预付账款的管理情况；有关单据、凭证和文件的使用与保管情况等。建立健全采购与付款循环的内部控制，要求管理层对相关的信息传递程序严格实施有效的控制，这些控制包括：

（1）授权程序。

有效的内部控制要求采购与付款循环的各个环节都必须经过适当的授权批准，主要有：企业内部建立分级采购批准制度，只有经过授权的人员才能提出采购申请；采购申请需经独立于采购和使用部门以外的被授权人批准，以防止采购部门购入过量或不必要的商品，或者为取得回扣等个人私利而牺牲企业的整体利益；签发支票需经过被授权人的签字批准，保证货款以真实的金额向特定债权人及时支付。

（2）文件和记录的使用。

为了满足业务审批、财产保管和便于记录的要求，需合理设计并使用各种文件和记录。收到购货发票时，企业的财会部门应将发票上所记载的商品的规格、数量、价格、条件及运费与订购单、验收单上的有关资料核对，相符后入账；对关键性凭证需预先编号，由经手人按编号归档保存，并由独立人员定期检查存档文件的连续性；订单中需有足够的栏目和空间，详细反映订货的要求；需建立付款凭单制，以付款凭单作为支付货款的依据；需设置采购日记账，以及时完整地记录所有的采购业务；企业需对每一个供应商设立应付款项明细账，并与总账平行登记。

（3）独立检查。

为了确保实际收到的商品符合订购要求，企业需由独立于业务经办的人员对卖方发票、验收单、订购单、请购单进行独立检查。企业应定期核对采购日记账和应付款项明细账，检查付款凭单中各项填写是否与卖方发票一致。需由专人检查采购业务形成的负债的真实性、实有数额及到期日等。企业需按月向供应商取得对账单并与应付账款明细账核对调节，发生差异时查明原因。通过对账确保债务真实正确，维护企业和债权人的双方利益。此外，需检查付款凭单计算的正确性以及付款记账的及时性和正确性。由独立人员按月编制银行存款余额调节表，检查银行存款日记账记录的付款与银行对账单是否一致，定期检查采购日记账与总账、应付款项明细账与总账、银行存款日记账与总账的金额是否一致，出现差异时，应编制调节表进行调节。

3. 实物控制

企业在采购付款循环中的实物控制包括：第一，加强对已验收入库的商品的实物控制。限制非授权人员接近存货，验收部门人员应独立于仓库保管人员，同时加强对发生退货的实物控制，退回的货物要有经审批的合法凭证。第二，限制非授权人员接近各种记录和文件，防止伪造和篡改会计资料。尤其应加强对支票的实物控制，不准让核准和付款的人员接触；对未签发的支票应确保保管安全；作废的支票予以注销或另外加以控制，防止重复开具发票。企业签发支票的控制包括：独立检查已签发支票的总额与所处理的付款凭单总额的一致性；应由被授权的财会人员负责签发支票；每张支票都附有一张已经适当批准的未付款凭单，并确定支票收款人姓名、金额都与凭单内容保持一致；支票一经签发就应在凭单和支持性凭证上用加盖印戳或打洞等方式将其注销，以免重复付款；支票签发人不应签发不记名甚至空白的支票，支票应预先顺序编号，以保证支出支票存根的完整性和作废支票处理的恰当性；应确保只有被授权的人员才能接近未经使用的空白支票。

（二）付款循环的内部控制

鉴于采购和付款交易同属于一个大循环，因此，两者关系密切，付款循环的内部控制原理与采购循环的内部控制是相通的。

通常，企业在付款循环的内部控制方面，主要要注意以下几点：

（1）企业应按照《现金管理暂行条例》和《支付结算办法》等有关货币资金内部控制的规定办理采购的付款业务。

（2）企业财会部门在办理采购的付款业务时，应严格审核采购发票、结算凭证、验收证明等相关凭证的真实性、完整性、合法性及合规性。

（3）企业应建立预付账款及定金的授权批准制度，加强对预付账款及定金的管理。

（4）企业应加强对应付款项的管理，由专人按照约定的付款日期、折扣条件等管理应付款项；对于到期的应付款项，需经有关授权人员审批后方可以办理结算与支付。

（5）企业应建立采购商品的退货管理制度，对退货条件、退货手续、货物出库、退货款项回收等作出明确的规定，以便及时收回退货款。

（6）企业应定期与供应商核对应付款项、预付款项等，若有不符合要求的，应查明原因，及时加以处理。

第二节　采购与付款循环的控制测试和评估重大错报风险

一、控制测试

（1）注册会计师应当通过控制测试获取支持将被审计单位的控制风险评价为中或低的

证据。如果能够获取这些证据，注册会计师就可以接受较高的检查风险，并在很大程度上通过实施实质性分析程序获取进一步的审计证据，同时减少对采购付款循环的交易和相关余额实施细节测试的依赖。

（2）考虑到采购付款交易控制测试的重要性，注册会计师通常对这一循环采用属性抽样审计方法。在测试该循环中大多数属性时，注册会计师通常选择较低的可容忍误差。

（3）注册会计师在实施采购付款循环控制测试时，应抽取请购单、订购单和商品验收单，检查请购单、订购单是否得到适当审批，验收单是否有相关人员的签名，订购单和验收单是否按顺序编号。

有些被审计单位的内部控制要求，应付账款记账员应定期汇总该期间生成的所有订单，并与请购单核对，编制采购信息报告。对此，注册会计师在实施控制测试时，应抽取采购信息报告，检查其是否已经复核，若有不符，是否已经及时调查和处理。

（4）对于编制付款凭单、确认与记录负债这两项主要业务活动，被审计单位的内部控制通常要求应付账款记账员将采购发票所载信息与验收单、订购单进行核对，相符的在发票上加盖"相符"印章。对此，注册会计师在实施控制测试时，应抽取订购单、验收单和采购发票，检查所载信息是否一致，发票上是否加盖了"相符"印戳。

每月末，应付账款主管应编制应付账款账龄分析报告。注册会计师在实施控制测试时，应抽取应付账款调节表，检查调节项目与有效的支持性文件是否相符，以及是否与应付账款明细账相符。

（5）对于付款这项主要业务活动，有些被审计单位的内部控制要求，由应付账款记账员负责编制付款凭证，并附相关单证，提交会计主管审批，在完成对付款凭证及相关单证的复核后，会计主管在付款凭证上签字，作为复核证据，并在所有单证上加盖"核销"印戳。对此，注册会计师在实施控制测试时，应抽取付款凭证，检查其是否经由会计主管复核和审批，并检查款项支付是否得到了适当人员的复核和审批。

二、评估重大错报风险

影响采购付款交易和余额的重大错报风险可能包括以下几个方面。

（1）管理层错报费用支出的偏好和动因。

（2）费用支出的复杂性。

（3）管理层凌驾于控制之上和员工舞弊的风险。

（4）采用不正确的费用支出截止期。

（5）低估被审计单位管理层可能试图低估应付账款。

（6）不正确地记录外币交易。

（7）舞弊和盗窃的固有风险。

（8）延迟向供应商付款。

（9）存货的采购成本没有按照适当的计量属性确认。

（10）存在未记录的权利和义务。

在计算机环境下，采购付款交易的控制应着眼于计算机程序的更改和供应商主要文档中重要数据的变动，因为这会对采购付款、应付账款带来影响，也会影响对差错和例外事项的处理过程与结果。当被审计单位管理层有高估利润的动机时，注册会计师应当主要关注费用的支出和应付账款的低估。重大错报风险主要集中体现在遗漏交易、采用不正确的费用支出截止期，以及错误划分资本性支出和收益性支出。

第三节　应付账款审计

应付账款是企业在正常经营过程中因购买货物或接受劳务等而应付给供应商的款项。可以看出，应付账款业务是随着企业赊购交易的发生而发生的，因此，对应付账款的审计应结合赊购交易来进行。

一、应付账款的审计目标与认定对应关系

应付账款的审计目标与认定对应关系如表 7 – 2 所示。

表 7 – 2　　　　　　　　　　　　应付账款审计目标与认定对应关系

审计目标	财务报表认定				
	存在	完整性	权利与义务	计价与分摊	列报和披露
A. 资产负债表中记录的应付账款是存在的	√				
B. 所有应当记录的应付账款均已记录		√			
C. 资产负债表中记录的应付账款是被审计单位应当履行的现实义务			√		
D. 应付账款以恰当的金额包括在财务报表中，与之相关的计价调整已经恰当记录				√	
E. 应付账款已按照企业会计准则的规定在财务报表中作出恰当的列报和披露					√

二、应付账款的审计目标和实质性程序

（一）应付账款的审计目标与审计程序对应关系

应付账款的审计目标与审计程序对应关系如表 7 – 3 所示。

表7-3   应付账款的审计目标与审计程序对应关系

审计目标	可供选择的审计程序
D	（1）获取或编制应付账款明细表。 ①复核加计正确，并与报表数、总账数和明细账合计数核对是否相符。 ②检查以非记账本位币结算的应付账款的结算及折算是否正确。 ③分析出现借方余额的项目，查明原因，必要时，建议作重分类调整。 ④结合预付账款、其他应付款等往来项目的余额，检查有无同挂的项目、异常余额与购货无关的其他款项（例如关联方或雇员账户），如有，应作出记录，必要时建议作调整
BD	（2）获取并检查被审计单位与其供应商之间的对账单以及被审计单位编制的差异调节表，确定应付账款金额的准确性
AC	（3）检查本期发生的应付账款增减变动，检查相关支持性文件（例如供应商发票、验收单、入库单等），确定会计处理是否正确
AE	（4）检查应付账款长期挂账的原因并作出记录，对确实无须支付的应付账款的会计处理是否正确
B	（5）检查资产负债表日后付款项目，检查银行对账单及有关付款凭证（如银行划款通知、供应商收据等），询问被审计单位内部或外部人员，查找有无未及时入账的应付账款
B	（6）复核截至审计现场工作日未处理的供应商发票，并询问是否存在其他未处理的供应商发票，确认负债记录在正确的会计期间内
AC	（7）实施函证程序。 ①编制应付账款函证结果汇总表，检查回函。 ②调查不符事项，确定是否表明存在错报。 ③如果未回函，实施替代程序。 ④如果认为回函不可靠，评价对评估的重大错报风险以及其他审计程序的性质、时间安排和范围的影响。 ⑤如果管理层不允许寄发询证函： 第一，询问管理层不允许寄发询证函的原因，并就其原因的正当性和合理性收集审计证据； 第二，评价管理层不允许寄发询证函对评估的重大错报风险（包括舞弊风险），以及其他审计程序的性质、时间安排和范围的影响； 第三，实施替代程序，以获取相关、可靠的审计证据； 第四，如果认为管理层不允许寄发询证函的原因不合理，或者实施替代审计程序无法获取相关、可靠的审计证据，与治理层沟通，并确定其对审计工作和审计意见的影响
AB	（8）检查资产负债表日后应付账款明细账贷方发生的相关凭证，关注其购货发票的日期，确认其入账的时间是否合理
AB	（9）结合存货键盘程序，检查被审计单位在资产负债表日前后存货入库资料（验收报告或入库单），检查相关负债是否计入了正确的会计期间

审计目标	可供选择的审计程序
ABCD	（10）如果存在应付关联方的款项： ①了解交易的理由。 ②检查证实交易的支持性文件（例如发票、合同，协议及入库单和运输单据等相关文件）。 ③如果可获取与关联方交易相关的审计证据有限，考虑实施下列程序： 第一，向关联方函证交易的条件和金额，包括担保和其他重要信息； 第二，检查关联方拥有的信息； 第三，向与交易相关的人员和机构（比如银行、律师）函证或与其讨论有关信息。 ④完成"关联方"审计工作底稿
E	（11）检查应付账款是否已按照企业会计准则的规定在报表中作出恰当的列报和披露

（二）函证应付账款

一般情况下，应付账款不需要函证，这是因为函证不能保证发现未入账的应付账款，况且注册会计师能够取得购货发票等外部证据来证明应付账款的余额，这是它与应收账款函证的重要区别。但如果重大错报风险较高、某应付账款明细账户金额较大或被审计单位处于财务困难阶段，则应进行应付账款的函证。

进行函证时，注册会计师应选择较大金额的债权人，以及那些在资产负债表日金额不大甚至为零，但是企业重要供货商的债权人，作为函证对象。函证最好采用积极方式，并具体说明应付金额。同应收账款函证一样，注册会计师必须对函证实施控制，要求债权人直接回函，并根据回函情况编制与分析函证结果汇总表，对未回函的，应考虑是否再次函证。

如果存在未回函的重大项目，注册会计师应采取替代审计程序。比如，可以检查决算日后应付账款明细账及现金和银行存款日记账，核实其是否已经支付，同时，检查该笔债务的相关资料，核实交易事项的真实性。

（三）查找未入账的应付账款

（1）检查债务形成的相关原始凭证，如供应商发票、验收报告或者入库单等，查找有无未及时入账的应付账款，确认应付账款期末余额的完整性。

（2）检查资产负债表日后应付账款明细账贷方发生额的相应凭证，关注其购货发票的日期，确认其入账时间的合理性。

（3）获取被审计单位与其供应商之间的对账单，并将对账单和被审计单位财务记录之间的差异进行调节（如在途款项、在途商品、付款折扣、未记录的负债等），查找有无未入账的应付账款，确定应付账款的准确性。

（4）针对资产负债表日后付款项目，检查银行对账单及有关付款凭证（例如银行汇款通知、供应商收据等），询问被审计单位内部或外部的知情人员，查找有无未及时入账的应付账款。

（5）结合存货监盘程序，检查被审计单位在资产负债表日前后的存货入库资料（验收报告或入库单），检查是否有大额货到单未到的情况，确认相关负债是否计入了正确的会计期间。

如果注册会计师通过这些审计程序发现某些未入账的应付账款，应将有关情况详细计入审计工作底稿，然后根据其重要性确定是否需要建议被审计单位进行相应的调整。

知识拓展

会计准则中债务重组的变化

2019 年 5 月 16 日，财政部发布修订稿《企业会计准则第 12 号——债务重组》，自 2019 年 6 月 17 日起在所有执行企业会计准则的企业范围内施行。企业对 2019 年 1 月 1 日至该准则施行日之间发生的债务重组，应根据该准则进行调整。企业对 2019 年 1 月 1 日之前发生的债务重组，不需要按照该准则的规定进行追溯调整。

新准则下以非现金资产清偿债务的会计处理发生重大变化，债务重组损益以清偿债务账面价值和转让资产账面价值确定。根据财政部《关于修订印发 2019 年度一般企业财务报表格式的通知》，"营业外收支"项目不再包括债务重组利得或损失。对于债权人，债务重组导致的债权终止确认，按金融工具相关准则及财务报表格式的相关规定，应计入"投资收益"项目列报。对于债务人，债务重组中因处置非流动资产（金融工具、长期股权投资和投资性房地产除外）所产生的利得或损失，应在"资产处置收益"项目列报。

拓展案例

K 财务造假案①

K 成立于 1936 年，随后于 1953 年更名为 K 厂，1993 年股份改制，更改为 K 股份有限公司，是第一批在香港上市的股份制模范企业。K 在 1994 年于上海证券交易所上市，一举成为当时该省唯一在境内外资本市场上市的公司。2007 年更名为 K。

公司制造和销售机床产品位于国内领先水平，是制造行业的首选产品。K 先后开发 200 多种新产品，荣获多次科研成果奖。

进入 21 世纪以来，K 的营业收入持续增高。然而，从 2008 年开始，K 的营业利润开始下降，直到 2012 年净利润开始亏损，2013 年 K 利用债务重组和债权转让，扭亏为盈，避免了连续两年亏损的局面。由于机床行业下游需求总量减少且需求结构发生变化，在 2014 年和 2015 年两个会计年度连续亏损。2017 年 1 月 23 日，披露公司 2016 年预计亏损 3.75 亿元。

K 面临退市危机，采用虚增收入、少计提辞退福利和高管薪酬的财务造假手段，来粉饰财务报表。K 财务造假是管理高层集体有规划、有预谋的财务造假。

2013~2015 年，K 利用提前确认收入、虚计收入和虚增合同价格三种财务造假手段虚

---

① 笔者根据相关资料整理。

增收入 48 308.02 万元。表 7-4 进一步整理了 K 2013～2015 年每年虚增收入的具体情况。

表 7-4　　　　　　　　　　K 2013～2015 年虚增收入具体情况　　　　　单位：万元

项目	2013 年	2014 年	2015 年	合计
提前确认收入	7 626.81	4 122.96	14 146.05	25 895.82
虚计收入	12 235.26	7 946.00	2 020.36	22 201.62
虚增合同收入	148.56	62.02	0.00	210.58
合计	20 010.62	12 130.99	16 166.41	48 308.02

资料来源：证监会处罚公告。

第一，提前确认收入。K 财务舞弊期间签订的销售合同，都是在货物未发出之前，就提前确认收入，即在客户未取得产品的控制权的前提下，提前确认为当年的收入，达到虚增利润的目的，此行为违反了收入的确认条件。如表 7-4 所示，经过证监会的调查发现，3 年合计提前确认收入 222 笔，共计 25 895.82 万元。

第二，虚计收入。在 2013～2015 年，K 为虚增当年利润，与客户签订虚假合同，收取定金，将产品发送到自己准备的第三方仓库。K 再通过虚构销售退回或者将产品拆解为零配件重新购入，将产品的定金通过个人账户退回给经销商或者客户，完成虚假销售。在整个交易过程中，客户只需付定金，并不进行提货。K 为避免审计人员发现销售业务中存在的违规行为，一方面虚构合同，另一方面伪造出库单、货运单据等凭证。如表 7-4 所示，2013～2015 年累计虚计收入 22 201.62 万元。

第三，虚增合同价格。K 与客户签订完合同后，单方面将合同的价格抬高，进而虚增收入。如表 7-4 所示，累计虚增合同收入金额达到 210 万元，涉及 24 家客户，机床 66 台。

K 想要虚增利润，一方面是虚增收入，另外一方面就是虚减成本和费用。K 在财务造假过程中，利用少计提员工辞退福利和高管的薪酬，达到虚增利润的目的。其中 2013～2015 年 K 少计费用的具体情况如表 7-5 所示。

表 7-5　　　　　　　　　　K 2013～2015 年少计费用情况　　　　　单位：万元

项目	2013 年	2014 年	2015 年	合计
少计提辞退福利	117.93	1 107.90	1 422.77	2 648.61
少计提高管薪酬	0	100.00	212.26	312.26
合计	117.93	1 207.90	1 635.03	2 960.86

资料来源：证监会处罚公告。

❈❈❈❈❈❈❈❈❈❈❈❈❈❈❈❈❈❈❈❈❈❈❈❈❈❈❈❈❈❈❈❈

实训七　采购与付款循环模块

一、实训目的

（1）熟练掌握应付账款、主营业务成本审计的要点、方法和程序。
（2）具体掌握应付账款、主营业务成本审计。

二、实训要求

根据所列示的会计凭证、明细账、总账等资料，按照审计程序，选择适当的审计方法对应付账款、主营业务成本进行审计。

三、实训操作流程及实训资料

（一）应付账款审定表

1. 注意事项

根据前列的四大报表（见实训一）及应付账款总账获取报表数、明细数。

2. 实训资料

（1）应付账款总账。

应付账款总账　　　　　　　　　　　　　　　　　单位：元

年		凭证		摘要	借方	贷方	借或贷	余额
月	日	种类	号数		金额	金额		
1	年初			上年结转			贷	6 331 984.83
1	31	汇		本期发生额	9 249 163.49	16 864 848.00	贷	13 947 669.34
1	31	月汇		本月合计	9 249 163.49	16 864 848.00	贷	13 947 669.34
1	31	年汇		本年累计	9 249 163.49	16 864 848.00	贷	13 947 669.34
2	28	汇		本期发生额	9 954 289.00	42 981 120.00	贷	46 974 500.34
2	28	月汇		本月合计	9 954 289.00	42 981 120.00	贷	46 974 500.34
2	28	年汇		本年累计	19 203 452.49	59 845 968.00	贷	46 974 500.34
3	31	汇		本期发生额	42 087 708.00	36 112 221.00	贷	40 999 013.34

年		凭证		摘要	借方	贷方	借或贷	余额
月	日	种类	号数		金额	金额		
3	31	月汇		本月合计	42 087 708.00	36 112 221.00	贷	40 999 013.34
3	31	年汇		本年累计	61 291 160.49	95 958 189.00	贷	40 999 013.34
4	30	汇		本期发生额	27 046 592.34	26 705 250.00	贷	40 657 671.00
4	30	月汇		本月合计	27 046 592.34	26 705 250.00	贷	40 657 671.00
4	30	年汇		本年累计	88 337 752.83	122 663 439.00	贷	40 657 671.00
5	31	汇		本期发生额	39 303 576.00	45 782 100.00	贷	47 136 195.00
5	31	月汇		本月合计	39 303 576.00	45 782 100.00	贷	47 136 195.00
5	31	年汇		本年累计	127 641 328.83	168 445 539.00	贷	47 136 195.00
6	30	汇		本期发生额	27 012 195.00	20 124 000.00	贷	40 248 000.00
6	30	月汇		本月合计	27 012 195.00	20 124 000.00	贷	40 248 000.00
6	30	年汇		本年累计	154 653 523.83	188 569 539.00	贷	40 248 000.00
7	31	汇		本期发生额	21 030 750.00	23 710 050.00	贷	42 927 300.00
7	31	月汇		本月合计	21 030 750.00	23 710 050.00	贷	42 927 300.00
7	31	年汇		本年累计	175 684 273.83	212 279 589.00	贷	42 927 300.00
8	31	汇		本期发生额	27 968 850.00	33 302 880.00	贷	48 261 330.00
8	31	月汇		本月合计	27 968 850.00	33 302 880.00	贷	48 261 330.00
8	31	年汇		本年累计	203 653 123.83	245 582 469.00	贷	48 261 330.00
9	30	汇		本期发生额	21 510 450.00	28 410 345.00	贷	55 161 225.00
9	30	月汇		本月合计	21 510 450.00	28 410 345.00	贷	55 161 225.00
9	30	年汇		本年累计	225 163 573.83	273 992 814.00	贷	55 161 225.00
10	31	汇		本期发生额	26 828 100.00	32 193 720.00	贷	60 526 845.00
10	31	月汇		本月合计	26 828 100.00	32 193 720.00	贷	60 526 845.00
10	31	年汇		本年累计	251 991 673.83	306 186 534.00	贷	60 526 845.00
11	30	汇		本期发生额	37 866 285.00	30 644 640.00	贷	53 305 200.00
11	30	月汇		本月合计	37 866 285.00	30 644 640.00	贷	53 305 200.00
11	30	年汇		本年累计	289 857 958.83	336 831 174.00	贷	53 305 200.00
12	31	汇		本期发生额	49 104 900.00	34 488 090.00	贷	38 688 390.00
12	31	月汇		本月合计	49 104 900.00	34 488 090.00	贷	38 688 390.00
12	31	年汇		本年累计	338 962 858.83	371 319 264.00	贷	38 688 390.00
12	31	年结		结转下年			贷	38 688 390.00

（2）应付账款各明细账（详见软件，略）。

3. 根据前述资料填写应付账款审定表

应付账款审定表

被审计单位：中泰纸业股份有限公司　　填制：王力文　　日期：2017－01－26　　索引号：3213－1
会计期间：2016 年度　　　　　　　　　复核：李清河　　日期：2017－01－31　　页　次：

项目	期末未审数	账项调整		重分类调整		期末审定数	上期审定数	索引号
报表数：								
明细数：								
其中：								
审计说明：								
审计结论：								

（二）应付账款明细表

1. 注意事项

根据应付账款各个明细账填写该表。账龄分析部分结合审计材料—供产销档案及资料—账龄分析报告填写。

2. 实训资料

（1）应付账款各明细账（略，具体见软件）。

（2）账龄分析报告。

账龄分析报告　　　　　　　　　　　　　　　　　　　　　单位：元

项目	期末余额	期末审定数账龄分析			
		半年以内	0.5～1 年	1～2 年	2～3 年
湖北冶芳纸业有限公司	9 828 000.00	9 828 000.00			
上海家健生物技术有限公司	175 500.00	175 500.00			
浙江成鸿化学制品有限公司	365 040.00	365 040.00			
广东华氏造纸助剂有限公司	46 800.00	46 800.00			
郑州百合胶粘剂有限公司	1 391 130.00	1 391 130.00			
南宁正德科技有限公司	154 440.00	154 440.00			
湖南汾远化工有限公司	4 914 000.00	4 914 000.00			
湖北柯泰制造有限公司	1 876 680.00	1 876 680.00			
湖北德隆纸业有限公司	18 954 000.00	1 895 400.00			
山西正远化工有限公司	561 600.00	561 600.00			

编制人：赵伟峰

3. 根据前述资料填写应付账款明细表

应收账款明细表

被审计单位：中泰纸业股份有限公司　　填制：王力文　　日期：2017 - 01 - 26　　索引号：3213 - 2
会计期间：2016 年度　　　　　　　　复核：李清河　　日期：2017 - 01 - 31　　页　次：

项目	期初余额	本期借方	本期贷方	期末余额	调整数	重分类	审定数	期末审定数账龄分析			
								1 年以内	1～2 年	2～3 年	3～4 年

续表

项目	期初余额	本期借方	本期贷方	期末余额	调整数	重分类	审定数	期末审定数账龄分析			
								1年以内	1～2年	2～3年	3～4年
合计											
审计说明：											

（三）应付账款凭证抽查表

1. 注意事项

根据日期和凭证号搜索查询记账凭证。

2. 实训资料

在记账凭证中点击"查询"，输入日期和凭证号这两个条件进行搜索便可得到结果（记账凭证略，具体见软件）。

3. 根据前述资料填写应付账款凭证抽查表

抽查表

被审计单位：中泰纸业股份有限公司　　填制：王力文　　日期：2017 - 01 - 26　　索引号：3213 - 3
会计期间：2016 年度　　　　　　　　复核：李清河　　日期：2017 - 01 - 31　　页　次：

序号	凭证日期	凭证号	摘要	对应科目		金额	核对情况（用"是""否"表示）								备注
				方向	名称		1	2	3	4	5	6	7	8	
1	2016 - 12 - 17	36#													

续表

序号	凭证日期	凭证号	摘要	对应科目		金额	核对情况（用"是""否"表示）								备注
				方向	名称		1	2	3	4	5	6	7	8	
2	2016 – 9 – 5	9#													
3	2016 – 6 – 7	7#													
4	2016 – 12 – 14	22#													
5	2016 – 7 – 8	13#													
核对说明															
1. 原始凭证内容完整						5.									
2. 有无授权批准						6.									
3. 财务处理正确						7.									
4. 金额核对相符						8.									
审计说明：															

（四）企业询证函

1. 注意事项

根据应付账款明细账查询明细账余额填写。

2. 填写企业询证函（共有湖北冶芳纸业有限公司等 4 家企业，4 个表）

企业询证函

编号：TN011

＿＿＿＿＿＿（公司）：

　　本公司聘请的湖北天宁会计师事务所正在对本公司＿＿＿年度财务报表进行审计，按照中国注册会计师审计准则的要求，应当询证本公司与贵公司的往来账项等事项。请列示截止＿＿＿年＿月＿日贵公司与本公司往来款项余额。回函请直接寄至湖北天宁会计师事务所。

　　回函地址：湖北省武汉市建设西路 27 号

　　邮箱：430012　　电话 027 – 82398876　　传真：027 – 8293279　　联系人：李清河

　　本函仅为复核账目之用，并非催款结算，若款项在上述日期之后已经付清，仍请及时函复为盼。

（公司盖章）

2017 年 1 月 17 日

1. 贵公司与本公司的往来账项列示如下：

单位：元

截止日期	贵公司欠	欠贵公司	备注

2. 其他事项。

（公司盖章）
年　月　日
经办人：

（五）往来款函证汇总表

1. 注意事项

只填写比例一列，主要根据表中的账面金额除以本表中所有账面金额之和的商填列。

2. 填写往来款函证汇总表

往来款函证汇总表

被审计单位：中泰纸业股份有限公司　　编制：王力文　　日期：2017 - 01 - 31　　索引号：3113 - 5
会计期间：2016 年度　　复核：李清河　　日期：2017 - 01 - 31　　页次：

单位名称	询证函编号	函证方式	函证日期		回函日期	账面金额	比例	回函金额	经调节后是否存在差异	调节表索引号
湖北冶芳纸业有限公司	TN011	邮寄	2017 - 1 - 20		2017 - 1 - 24	9 828 000		9 828 000		
郑州百合胶粘剂有限公司	TN012	邮寄	2017 - 1 - 20		2017 - 1 - 29	1 391 130		1 391 130		
湖南汾远化工有限公司	TN013	邮寄	2017 - 1 - 20		2017 - 1 - 27	4 914 000		4 914 000		
湖北德隆纸业有限公司	TN014	邮寄	2017 - 1 - 20		2017 - 1 - 28	18 954 000		18 954 000		
审计说明：										

（六）营业成本审定表

1. 注意事项

根据前列的四大报表（见实训一）及主营业务成本总账、明细账获取报表数、明细数；此表涉及账项调整，调整分录详见存货审定表 3116 - 1 题析，对库存商品及主营业务成本进行调减。

2. 实训资料

（1）主营业务成本总账。

主营业务成本总账

年		凭证		摘要	借方	贷方	借或贷	余额
月	日	种类	号数		金额	金额		
1	1	年初		上年结转			平	0
1	31	汇		本期发生额	23 210 280.00	23 210 280.00	平	0
1	31	月汇		本月合计	23 210 280.00	23 210 280.00	平	0
1	31	年汇		本年累计	23 210 280.00	23 210 280.00	平	0
2	28	汇		本期发生额	24 914 720.00	24 914 720.00	平	0
2	28	月汇		本月合计	24 914 720.00	24 914 720.00	平	0
2	28	年汇		本年累计	48 125 000.00	48 125 000.00	平	0
3	31	汇		本期发生额	27 551 255.00	27 551 255.00	平	0
3	31	月汇		本月合计	27 551 255.00	27 551 255.00	平	0
3	31	年汇		本年累计	75 676 255.00	75 676 255.00	平	0
4	30	汇		本期发生额	32 148 920.00	32 148 920.00	平	0
4	30	月汇		本月合计	32 148 920.00	32 148 920.00	平	0
4	30	年汇		本年累计	107 825 175.00	107 825 175.00	平	0
5	31	汇		本期发生额	28 425 610.00	28 425 610.00	平	0
5	31	月汇		本月合计	28 425 610.00	28 425 610.00	平	0
5	31	年汇		本年累计	136 250 785.00	136 250 785.00	平	0
6	30	汇		本期发生额	28 798 758.00	28 798 758.00	平	0
6	30	月汇		本月合计	28 798 758.00	28 798 758.00	平	0
6	30	年汇		本年累计	165 049 543.00	165 049 543.00	平	0
7	31	汇		本期发生额	27 209 140.00	27 209 140.00	平	0
7	31	月汇		本月合计	27 209 140.00	27 209 140.00	平	0
7	31	年汇		本年累计	192 258 683.00	192 258 683.00	平	0
8	31	汇		本期发生额	29 299 640.00	29 299 640.00	平	0
8	31	月汇		本月合计	29 299 640.00	29 299 640.00	平	0

续表

年		凭证		摘要	借方	贷方	借或贷	余额
月	日	种类	号数		金额	金额		
8	31	年汇		本年累计	221 558 323.00	221 558 323.00	平	0
9	30	汇		本期发生额	28 259 900.00	28 259 900.00	平	0
9	30	月汇		本月合计	28 259 900.00	28 259 900.00	平	0
9	30	年汇		本年累计	249 818 223.00	249 818 223.00	平	0
10	31	汇		本期发生额	29 552 893.00	29 552 893.00	平	0
10	31	月汇		本月合计	29 552 893.00	29 552 893.00	平	0
10	31	年汇		本年累计	279 371 116.00	279 371 116.00	平	0
11	30	汇		本期发生额	30 190 930.00	30 190 930.00	平	0
11	30	月汇		本月合计	30 190 930.00	30 190 930.00	平	0
11	30	年汇		本年累计	309 562 046.00	309 562 046.00	平	0
12	31	汇		本期发生额	31 565 700.00	31 565 700.00	平	0
12	31	月汇		本月合计	31 565 700.00	31 565 700.00	平	0
12	31	年汇		本年累计	341 127 746.00	341 127 746.00	平	0
12	31	年结		结转下年			平	0

（2）主营业务成本的各个明细账。

具体包括 POS 用纸、传真纸、压感打印纸、ATM 机打印单、多联发票、彩票纸、电影票、密码信封，详见软件。

3. 根据前述资料填写如下营业成本审定表

营业成本审定表

被审计单位：中泰纸业股份有限公司　　填制：王力文　　日期：2017 - 01 - 24　　索引号：3412 - 1

会计期间：2016 年度　　　　　　　　复核：李清河　　日期：2017 - 01 - 30　　页　次：

项目	期末未审数	账项调整		期末审定数	上期未审定数	索引号
		借方	贷方			
报表数：					320 660 081.24	
明细数：					320 660 081.24	
其中：						
POS 用纸					16 085 786.00	

续表

项目	期末未审数	账项调整		期末审定数	上期未审定数	索引号
		借方	贷方			
传真纸					104 540 140. 00	
压感打印纸					118 999 576. 00	
ATM 机打印单					17 884 846. 00	
多联发票					9 491 850. 00	
彩票纸					29 738 889. 00	
电影票					12 418 169. 00	
密码信封					11 500 825. 24	
审计说明：						
审计结论：						

（七）主营业务成本明细表

1. 注意事项

根据主营业务成本各个明细账填写该表。其中变动%是根据合计数减去上期数的差除以上期数得到的。

2. 实训资料

此表主要使用的实训资料是主营业务成本的各个明细账，具体包括 POS 用纸、传真纸、压感打印纸、ATM 机打印单、多联发票、彩票纸、电影票、密码信封，详见软件。

3. 根据前述资料填写如下营业成本明细表

业务成本明细表

被审计单位：中泰纸业股份有限公司　　填制：王力文　　日期：2017 - 01 - 24　　索引号：3412 - 2
会计期间：2016 年度　　　　　　　　复核：李清河　　日期：2017 - 01 - 30　　页　次：

项目	1月	2月	3月	4月	5月	6月	7月	8月	9月	10月	11月	12月	合计	上期数（元）	变动额（元）	变动%
POS 用纸														16 085 786. 00		
传真纸														104 540 140. 00		
压感打印纸														118 999 576. 00		
ATM 机打印单														17 884 846. 00		
多联发票														9 491 850. 00		

续表

项目	1月	2月	3月	4月	5月	6月	7月	8月	9月	10月	11月	12月	合计	上期数（元）	变动额（元）	变动%
彩票纸														29 738 889.00		
电影票														12 418 169.00		
密码信封														11 500 825.24		
合计														320 660 081.24		
审计说明：																

（八）营业成本凭证抽查表

1. 注意事项

根据日期和凭证号搜索查询记账凭证。

2. 实训资料

在记账凭证中点击"查询"，输入日期和凭证号这两个条件进行搜索便可得到结果（记账凭证略，具体见软件）。

3. 根据前述资料填写营业成本凭证抽查表

抽查表

被审计单位：中泰纸业股份有限公司　填制：王力文　日期：2017-01-24　索引号：3412-3
会计期间：2016年度　　　　　　　　复核：李清河　日期：2017-01-31　页　次：

序号	凭证日期	凭证号	摘要	对应科目 方向	对应科目 名称	金额	核对情况（用"是""否"表示） 1	2	3	4	5	6	7	8	备注
1	2016-1-31	69#													
2	2016-4-30	50#													
3	2016-6-30	47#													
4	2016-9-30	52#													
5	2016-12-31	58#													

核对内容说明：

1. 原始凭证内容完整	5.
2. 有无授权批准	6.
3. 财务处理正确	7.
4. 金额核对相符	8.

审计说明：

（九）主营业务成本倒轧表

1. 注意事项

原材料余额是总账中原材料余额与周转材料余额相加所得；直接人工是生产成本 POS 用纸直接人工、生产成本传真纸直接人工、生产成本压感打印纸直接人工、生产成本 ATM 打印单直接人工、生产成本多联发票直接人工、生产成本彩票纸直接人工、生产成本电影票直接人工、生产成本密码信封直接人工，这几项相加所得。制造费用同上。直接材料成本和产品生产成本均是表格所列在其上面的各项自动加减所得。具体见 3412 - 4 题析。

2. 实训资料

主要包括原材料总账、周转材料总账、生产成本明细账 POS 用纸直接人工、生产成本明细账传真纸直接人工、生产成本明细账压感打印纸直接人工、生产成本明细账 ATM 机打印单直接人工、生产成本明细账多联发票直接人工、生产成本明细账彩票纸直接人工、生产成本明细账电影票直接人工、生产成本明细账密码信封直接人工，具体见软件。

3. 根据前述资料填写主营业务成本倒轧表

主营业务成本倒轧表

被审计单位：中泰纸业股份有限公司　　填制：王力文　　日期：2017 - 01 - 24　　索引号：3412 - 4
会计期间：2016 年度　　　　　　　　　复核：李清河　　日期：2017 - 01 - 31　　页　次：

项目	期末未审数	审计差异	审定数	备注
期初原材料余额				
加：本期购货净额				
减：期末原材料余额				
减：其他原材料发出额				
直接材料成本				
加：直接人工成本				
加：制造费用				
产品生产成本				
加：在产品期初余额				
减：在产品期末余额				
减：其他在产品发出额				
库存商品成本				
加：库存商品期初余额				

续表

项目	期末未审数	审计差异	审定数	备注
减：库存商品期末余额				
减：其他库存商品发出额				
主营业务成本				
审计说明：				

第八章　生产与存货循环审计

自产还是外购？苜蓿草成本成 H 乳业焦点①

　　H 乳业是中国东北最大的民营企业之一，总部在沈阳。它既有上游奶牛业务，也有下游乳制品业务，共有三类产品销售：原奶销售，这类产品既对第三方销售，如伊利，也对自己内部销售；第二类产品是液态奶；第三类是自有品牌奶粉产品。公司于 2013 年在香港上市。截至 2016 年 12 月 31 日，H 乳业资产负债率达 63.64%，总资产 341 亿元，总负债 217 亿元。

　　公司在 IPO 招股说明书中宣称拥有国内最大的苜蓿草生产基地，每年只向外部供应商采购约 1 万吨苜蓿草，主要是补充公司种植场每年收割期的饲料供应，占比很小。在奶牛养殖行业里，饲料占成本的 60%～70%，其中草料占饲料的 60%，而苜蓿草正是重要的草料，能够提高产奶量和奶里面的蛋白质水平。根据年报显示，H 乳业 2014 财年收割了 14 万吨苜蓿草，一吨只要 92 美元，进口苜蓿草则约为 400 美元/吨。H 乳业称其在物流成本和质量方面有优势，公司预计能够在缩短供应链方面节省 0.83 亿～1.1 亿元。苜蓿草的自产给 H 乳业带来了暴利，其毛利率大大高于同行。草料的自给自足成为 H 乳业业绩的主要支撑点。

　　然而，从行业来看，多数同行业公司都没有与 H 乳业一样宣称"大规模种植苜蓿"，H 乳业的公告遭到做空机构的质疑。而且某中国代理商向做空机构的证言显示，H 乳业成为其客户已经有 3 年，2013～2014 财年采购约 7 万吨苜蓿，2014～2015 财年下降至 3～4 万吨。自产还是外购？苜蓿草成本成为 H 乳业的焦点。一波未平，一波又起。如此漂亮的业绩支撑着企业向至少 23 家金融机构融资，融资规模远超 100 亿元。做空机构曾报告 H 乳业过高的杠杆已使其处于违约边缘，其股权价值接近零。做空机构的一系列质疑及中国银行股份有限公司审计部发现 H 乳业挪用 30 亿元资金进房地产行业，使其于 2017 年 3 月 24 日上午，创下港交所最大跌幅，短短半小时内突然暴跌 85%，市值蒸发 300 亿港元。

　　存货的多样性和复杂性已成为多家上市公司财务舞弊的惯用伎俩。存货审计便成为每年的审计重点和难点。那么，存货审计应如何进行才能有效避免财务舞弊？存货审计的重点和难点又在哪里呢？

---

　　① 笔者根据相关资料整理。

第一节 生产与存货循环的特点

一、不同行业类型的存货性质

存货有很多不同的形式，取决于企业的性质。对于一般制造业企业而言，存货一般由原材料、低值易耗品及生产的半成品和产成品构成；而餐饮业的存货则是用于加工食品的食材和饮料等；建筑业的存货主要由建筑材料、在建项目成本等构成。可见，行业不同，存货的性质相差较大。

存货是企业的重要资产，存货的采购、使用和销售与企业的经营活动紧密相关，对企业的财务状况和经营成果具有重大而广泛的影响。本章主要以一般制造业为例探讨生产与存货循环的审计，鉴于一般制造业的经营流程，原材料的采购入库在采购与付款循环中涉及，产成品的出库销售在销售与收款循环中涉及，生产与存货循环侧重于原材料入库之后至产成品发出之间的业务活动，主要涉及存货、应付职工薪酬等资产负债表项目及主营业务成本等利润表项目。实施审计前，审计人员有必要提前明确本循环所涉及的主要原始凭证和会计记录。

二、涉及的主要原始凭证与会计记录

区别于其他行业，一般制造业企业的经营业务较为复杂，生产工序较多，因而涉及的主要原始凭证种类较多。审计人员有必要事先了解被审计单位的性质及生产流程。在内部控制比较健全的企业，处理生产和存货业务通常需要使用很多单据与会计记录。典型的生产与存货循环所涉及的主要单据和会计记录有以下几种（不同被审计单位的单据名称可能不同）：

（一）生产任务通知单

生产任务通知单又称"生产指令"或"生产通知单"，顾名思义，是企业下达制造某产品生产任务的书面文件。作为生产活动的起点，生产任务通知单将原材料供应部门、生产车间及会计部门组织起来，通知供应部门组织材料发放，生产车间组织产品制造，会计部门组织成本计算。新一轮的生产活动由此开始。

（二）领发料凭证

领发料凭证是企业为控制材料发出所采用的各种凭证，如材料发出汇总表、领料单、限额领料单、领料登记簿、退料单等。在生产过程中，各个生产工序依据生产进度的投料需求，向材料供应部门领取原料，企业应当按照存货领用和发出制度要求填制领发料凭证。财务依据领发料凭证作发出材料的会计处理，同时登记"生产成本""原材料"等账户的明细账。

（三）产量和工时记录

产量和工时记录是登记工人或生产班组在出勤时间内完成产品数量、质量和生产这些产品所耗费工时数量的原始记录。产品生产过程中，不仅需要物力投入，还需人力协助，因此，人工成本的核算是制造业企业成本会计的主要内容之一。产量和工时记录单属于内部自制凭证，其内容与格式并非固定，可以由生产企业，甚至企业中的生产车间依据生产类型制作各种样式的单据。常见的产量和工时记录主要有工作通知单、工序进程单、工作班产量报告、产量通知单、产量明细表、废品通知单等。财务依据产量和工时记录核算生产工人的工资及产品的成本，同时登记"应付职工薪酬""生产成本"等账户的明细账。

（四）工薪汇总表及工薪费用分配表

工薪汇总表，即"工资表"，包括基本工资、绩效、五险一金等项目，是为了反映企业全部工薪的结算情况，并据以进行工薪总分类核算和汇总整个企业工薪费用而编制的，它是企业进行工薪费用分配的依据。工薪费用分配表反映了各生产车间各产品应负担的生产工人工薪及福利费。财务依据工薪汇总表，按照部门受益原则进行工资账务处理，同时登记"管理费用""销售费用""生产成本"及"应付职工薪酬"等账户的明细账。

（五）材料费用分配表

当企业生产的产品品种不是单一的，或是某一材料跨车间使用时，需要按照一定的分配标准核算材料成本。材料费用分配汇总表是用来汇总反映各生产车间各产品所耗费的材料费用的原始记录。财务依据材料费用分配汇总表，正确核算每一种产品的成本，同时登记"生产成本""原材料"等账户的明细账。

（六）制造费用分配汇总表

企业生产品种多样的产品时，对于生产过程中所产生的间接性费用需先通过"制造费用"归集，在核算产品成本时，再通过一定的分配标准将"制造费用"摊到各个产品成本中。制造费用分配汇总表是用来汇总反映各生产车间各产品所应负担的制造费用的原始记录。财务依据制造费用分配汇总表登记"制造费用""生产成本"等账户的明细账。

（七）成本计算单

产品生产完工后，生产该产品所发生的材料耗费、人工耗费及间接性费用需要归集汇总。这一过程一般通过成本计算单来列示。成本计算单是用来归集某一成本计算对象所应承担的生产费用，计算该成本计算对象的总成本和单位成本的记录。企业所采用的成本计算方法不同，成本计算单的格式也有差异。

（八）产成品入库单和出库单

产品生产完工，经过检验合格后，转为可供销售的商品，由生产车间存放地转入仓库。产成品入库单是产品生产完成并经检验合格后从生产部门转入仓库的凭证。财务依据产成品入库单及成本计算单登记"库存商品""生产成本"等账户的明细账。

待销售订单下达，产品销售出库，需填制产成品出库单。产成品出库单是根据经批准的销售单发出产成品的凭证。财务根据企业存货发出的计价方法，凭出库单登记"库存商品""主营业务成本"等账户的明细账。

（九）存货明细账

存货明细账，包括原材料明细账、生产成本明细账、库存商品明细账等，一般采用数量金额式账页，用来反映各种存货增减变动情况和期末库存数量及相关成本信息的会计记录。

（十）存货盘点指令、盘点表及盘点标签

采用永续盘存制核算存货的企业，平时账上登记收发数，随时结出账面余额。为了确保账实相符，通常需定期对存货实物进行盘点，将实物盘点数量与账面数量进行核对，对差异进行分析调查，必要时作账务调整。采用实地盘存制核算存货的企业，日常只登记存货的收入情况，期末通过实物盘点倒轧出本期销售或耗用的存货。因此，存货作为实物资产，无论采用哪种方法核算，都需要进行盘点。在实施存货盘点之前，管理人员通常编制存货盘点指令，对存货盘点的时间、人员、流程及后续处理等方面做出计划安排。在盘点过程中，通常会使用盘点表记录盘点结果，使用盘点标签标识已盘存货，以区分于未盘存货。

知识拓展 8－1

2010～2019 年上市公司财务舞弊行业分布特征

根据黄世忠、叶钦华等学者于 2020 年发表的《2010～2019 年中国上市公司财务舞弊分析》文章中的调查可知，在 113 家涉及财务舞弊的样本公司中，制造业、农林牧渔业的上市公司涉及财务舞弊的较多，分别达到 67 家和 14 家；结合相对数来看，农林牧渔业舞弊占行业公司总数的比例达 9.79%；制造业中，二级行业"化学原料和化学制品制造业"的舞弊家数在制造业二级行业中占比 3.63%；二级行业"医药制造业"的舞弊家数（8家）亦紧随其后，行业占比 3.46%（见表 8－1）。

表 8－1　　　　　　　　　　　行业分布特征

证监会行业类别	舞弊公司数量	A股公司总数*	舞弊公司占比
制造业——设备制造业	23	810	2.84%
制造业——一般制造业	19	795	2.39%
制造业——化学原料和化学制品制造业	9	248	3.63%
制造业——医药制造业	8	231	3.46%
制造业——电气机械和器材制造业	8	241	3.32%
农业/林业/牧业/渔业	14	143	9.79%

续表

证监会行业类别	舞弊公司数量	A股公司总数＊	舞弊公司占比
信息传输、软件和信息技术服务业	7	311	2.25%
租赁和商业服务业	4	56	7.14%
建筑业	4	94	4.26%
交通运输、仓储和邮政业	3	104	2.88%
电力、热力、燃气及水生产和供应业	3	112	2.68%
房地产业	3	122	2.46%
批发和零售业	3	167	1.80%
采矿业	2	77	2.60%
住宿和餐饮业	1	9	11.11%
综合	1	22	4.55%
文化、体育和娱乐业	1	59	1.69%
合计	113	3 601	3.14%

＊A股上市公司总数选取2020年5月数据口径。

　　而绝大多数样本公司的财务舞弊均涉及虚增营业收入和税后利润。根据复式簿记原理，虚增营业收入和税后利润通常会虚增资产。虚增的资产如存货、在建工程等在一些行业难以核实，不易被发现，为财务舞弊提供了机会。从审计风险防范的角度看，难以核实的存货和在建工程为特定行业上市公司虚增经营业绩提供了绝佳的掩饰机会，注册会计师对这类上市公司应当保持高度的职业怀疑，将存货和在建工程作为审计重点。

　　资料来源：黄世忠，叶钦华，徐珊，叶凡. 2010～2019年中国上市公司财务舞弊分析[J]. 财会月刊. 2020（14）.

第二节　生产与存货循环的业务活动和相关内部控制

　　生产是一般制造型企业的主要经营活动，伴随生产过程而产生的存货流转及成本流转是企业的主要业务活动，因此，生产与存货循环通常是一般制造型企业的重大业务循环。在审计计划阶段，审计人员需要事先根据被审计单位的特征，了解该循环所涉及的业务活动及相关的内部控制。

一、主要业务活动

　　生产与存货循环的主要目标是按照企业的生产计划生产出产成品，将原材料转化为产成品需经过生产计划、材料发出、产品生产、成本计算等多个环节。

（一）计划和安排生产

销售是企业生产经营的起点。生产计划部门一般根据销售订单或销售部门对产品的市场需求预测报表来决定生产授权。生产计划部门通过签发生产通知单发出生产指令，发出的所有生产通知单应顺序编号并加以记录控制。发出生产通知单的同时该部门还需编制一份材料需求报告，根据生产计划列示所需要的材料和零件及其库存情况。

（二）发出原材料

生产部门依据生产通知单确定用料需求，再向仓储部门发出领料单领取生产所需材料。领料单上必须列示所需的材料数量和种类，以及领料部门的名称，经由仓储部门确认后方可发出材料。领料单可以一料一单，也可以多料一单，通常需一式三联（生产部门存根联、仓库联、财务联）。仓库管理人员发料并签署后，将生产部门存根联连同材料交给领料部门，将仓库联留在仓库登记材料明细账，将财务联交会计部门进行材料收发核算和成本核算。

（三）生产产品

生产部门在收到生产指令后，依据生产所需材料情况向仓储部门领取原材料，紧接着按照生产产品的工序将生产任务分解到每一个生产工人，并将领取的原材料交给生产工人，据以执行生产任务。生产工人在完成生产任务后，将已完工的产品交生产部门统计人员查点，然后转交检验员验收并办理入库手续；将半成品移交下一个部门，作进一步加工。

（四）核算产品成本

整个生产过程，既要核算原材料领用加工的实物流转，又要进行成本控制。为了正确核算并有效控制产品成本，必须建立健全成本会计制度。一方面，生产过程中的各种记录、生产任务通知单、领料单、计件工资单、产量统计记录表、生产统计报告、入库单等文件资料都要汇集到会计部门，由会计部门对其进行检查和核对，了解和控制生产过程中存货的实物流转；另一方面，会计部门要设置相应的会计账户，会同有关部门对生产过程中的成本进行核算和控制。成本计算可依据企业的具体情况，选择品种法、分批法或分步法。

（五）产成品入库及储存

依据产品生产的完工程度，将完工产成品验收入库，即须由企业的检验部门先进行品质合格检查，再将合格品交由仓储部门点验签收。签收后，将实际入库数量通知会计部门。据此，仓储部门确立了本身应承担的责任，并对验收部门的工作进行验证。除此之外，仓储部门还应根据产成品的品质特征分类存放，并填制标签。

（六）发出产成品

产成品的发出须由独立的发运部门进行。装运产成品时必须持有经有关部门核准的发运通知单,并据此编制出库单。出库单一般为一式四联,一联交仓储部门;一联由发运部门留存;一联送交客户;一联作为开具发票的依据。

(七)存货盘点

期末,为了进行账实核对,企业管理人员需要编制盘点指令,安排适当人员对存货实物(包括原材料、在产品和产成品等所有存货类别)进行定期盘点,将盘点结果与存货账面数量进行核对,调查差异并进行适当调整。因此,盘点存货也是生产与存货循环的主要业务活动之一。

二、相关的内部控制

在审计工作的计划阶段,审计师应当对生产与存货循环中的业务活动进行充分了解和记录,通过分析业务流程中可能发生重大错报的环节,进而识别和了解被审计单位为应对这些可能的错报而设计的相关控制,并通过诸如穿行测试等方法对这些流程和相关控制加以证实。

针对生产与存货循环所涉及的主要业务活动,与之相匹配的必要的内部控制制度应该为:

(一)计划和安排生产环节的控制活动

(1)生产计划部门负责编制生产通知单。

(2)对生产通知单进行连续编号控制。

(3)生产计划部门根据客户订购单或者对销售预测和产品市场需求的分析等信息编写月度生产计划书,由生产计划经理根据日生产计划书签发顺序编号的生产通知单。

(4)生产计划部门编制的生产通知单须经生产计划经理审批后,再上报总经理批准才能生效(恰当的授权控制)。

(5)生产通知单作为内部凭证在不同部门流转和确认,一般应为一式多联,分别用于通知仓储部门组织材料发放、生产车间组织产品生产、财务部门组织成本计算,以及生产计划部门按编号归档管理。

(二)发出原材料环节的控制活动

(1)生产车间接到生产通知单后,由车间主任编制日生产加工指令单,经生产经理审批(恰当的授权控制)。

(2)生产车间各生产小组编制原材料领用申请单,并经车间主任签字批准(恰当的授权控制)。

(3)仓库管理员根据经审批的生产车间各生产小组编制的原材料领用申请单核发材料,填制预先编号的原材料出库单。

(4)原材料出库单作为内部凭证在不同部门流转和确认,一般一式四联:一联仓库发料,一联仓库留存,一联车间记录,一联递交财务部作为记账凭证。

(5)仓库管理员将原材料领用申请单编号、领用数量、规格等信息输入存货管理信息系统，该信息经仓储经理复核确认后，存货管理信息系统及时更新材料明细账。

（三）生产产品环节的控制活动

（1）生产部门在收到生产通知单及领取原材料后，将生产任务分解到每一个生产工人，并将所领取的原材料交给生产工人，据以执行生产任务。

（2）生产完成后，质量检验员检查并签发预先连续编号的产成品验收单，生产小组将产成品送交仓库。

（3）仓库管理员检查产成品验收单，并清点产成品数量，填写预先编号的产成品入库单。产成品验收单作为内部凭证在不同部门流转和确认。

（4）产成品入库单作为内部凭证在不同部门流转和确认，一般一式四联：一联仓库收货，一联仓库留存，一联生产部门核对，一联递交财务部作为记账凭证。

（5）经质检经理、生产经理和仓储经理签字确认后，仓库管理员将产成品入库单信息输入存货管理信息系统，存货管理信息系统及时更新产成品明细账并与采购订购单编号核对。

（四）核算产品成本环节的控制活动

（1）生产成本记账员根据原材料出库单，编制原材料领用申请单，与存货管理信息系统自动生成的连续编号的生产记录日报表核对材料耗用和流转信息。

（2）会计主管对存货管理信息系统审核无误后，授权该系统自动生成记账凭证并过账至生产成本及原材料明细账和总分类账。

（3）存货管理信息系统对生产成本中各项组成部分进行归集，按照预设的分配公式和方法，自动将当月发生的生产成本在完工产品和在产品中按比例分配；同时，将完工产品成本在各不同产品类别中分配，由此生成产品成本计算表和生产成本分配表（包括人工费用分配表、制造费用分配表）。

生产成本记账员编制生产成本结转凭证，经会计主管对存货管理信息系统审核批准后进行账务处理。

（4）每月末，生产成本记账员根据存货管理信息系统记录的销售订购单数量，编制销售成本结转凭证，结转相应的销售成本。

（五）储存产成品环节的控制活动

（1）产成品入库时，须经仓库管理员检查产成品验收单，清点产成品数量，并填写预先连续编号的产成品入库单。

（2）仓库部门签收产成品后，经质检经理、生产经理和仓储经理签字确认后将实际入库数量通知财务部门。

（3）仓库部门根据产成品的品质特征分类存放，并填制标签。对存货管理信息系统审核批准后进行账务处理。

（六）发运产成品环节的控制活动

（1）产成品的发运须由独立的发运部门进行。

（2）产成品发运部门应当编制连续编号的产成品发运通知单。

（3）产成品发运前应当由发运部门独立检查产成品出库单、销售订购单和产成品发运通知单，确定从仓库提取的产成品附有经批准的销售订购单，并且，所提取产成品的内容与销售订购单一致。

（4）装运产成品时必须持有经有关部门核准的发运通知单，并据此编制产成品出库单。

（5）产成品出库单至少一式四联，一联交仓库部门，一联发运部门留存，一联送交顾客，一联作为给顾客开发票的依据。

（6）完成产成品出库工作后，仓库管理员将产成品出库单信息输入存货管理信息系统，经仓储经理复核确认后，存货管理信息系统及时更新产成品明细账并与产成品发运通知单编号核对。

（七）存货盘点环节的控制活动

（1）生产部门和仓储部门在盘点日前对所有存货进行清理和归整，便于盘点顺利进行。

（2）每一组盘点人员中应包括仓储部门以外的其他部门人员，即不能由负责保管存货的人员单独负责盘点存货；安排不同的工作人员分别负责初盘和复盘。

（3）盘点表和盘点标签事先连续编号，发放给盘点人员时登记领用人员；盘点结束后回收并清点所有已使用和未使用的盘点表和盘点标签。

（4）为防止存货被遗漏或重复盘点，所有盘点过的存货贴盘点标签，注明存货品名、数量和盘点人员，完成盘点前检查现场确认所有存货均已贴上盘点标签。

（5）将不属于本单位的代其他地方保管的存货单独堆放并作标识；将盘点期间需要领用的原材料或出库的产成品分开堆放并作标识。

（6）汇总盘点结果，与存货账面数量进行比较，调查分析差异出现的原因，并对认定的盘盈和盘亏提出账务调整，经仓储经理、生产经理、财务经理和总经理复核批准后入账。

第三节　生产与存货循环的重大错报风险评估及控制测试

一、生产与存货循环存在的重大错报风险

就一般制造型企业而言，影响生产与存货循环交易和余额的风险因素可能包括：

1. 存货的数量和种类

制造类企业存货的数量大、种类多，业务量大，日常账务核算工作量大，且同一行业中的不同企业可能采用不同的计量方法和计量基础。这些都将提高存货的存在和完整性认定的重大错报风险。

2. 成本归集的难易程度

制造类企业的成本核算流程比较复杂。对于可以对象化的成本，根据直接受益直接分

配的原理，直接材料和直接人工等直接成本的归集较简单，但对于间接费用的归集和分配可能较为复杂，涉及分配标准等问题，当存在完工与未完工产品、自产产品及外购产品等情况时，成本核算方法更为复杂，进而加大存货计价和分摊认定的重大错报风险。

3. 产品的多样性增加盘点的困难度

不同的企业，其存货的种类不同。如有些林产品制造企业，其存货为成片的树林，对于林木的计量方法与传统的存货不同；再如农产品制造企业，其存货为水下养殖生物，对于盘点环境的特殊性，如何进行盘点等，这些可能要求聘请专家来验证其质量、状况或价值。另外，计算库存存货数量的方法也可能是不同的。例如，计量煤堆、筒仓里的谷物或糖、黄金或贵重宝石、化工品和药剂产品的存储量的方法都可能不一样。这些因素都将加大存货的存在性及完整性认定的重大错报风险。

4. 某些存货项目的可变现净值难以确定

对于具有漫长制造过程的存货，或是受高科技影响，容易过时的存货及价格受全球经济供求关系影响的存货，由于其可变现净值具有不确定性，容易高估或低估了存货的可变现净值，导致存货跌价准备计提不恰当，进而影响注册会计师对与存货计价和分摊认定有关风险的评估。

5. 将存货存放在很多地点

大型企业可能将存货存放在很多地点，并且可以在不同的地点之间配送存货，这将增加商品途中毁损或遗失的风险，或者导致存货在两个地点被重复列示，也可能产生转移定价的错误或舞弊，进而影响存货的存在、完整性、计价及分摊等多项认定的重大错报风险评估。

6. 寄存的存货

有时候存货虽然还存放在企业，但可能已经不归企业所有。反之，企业的存货也可能被寄存在其他企业。这将影响审计师对存货的权利和义务认定风险的评估。

综上所述，一般制造型企业的存货的重大错报风险通常包括：

（1）存货实物可能不存在（存在认定）；

（2）属于被审计单位的存货可能未在账面反映（完整性认定）；

（3）存货的所有权可能不属于被审计单位（权利和义务认定）；

（4）存货的单位成本可能存在计算错误（计价和分摊认定/准确性认定）；

（5）存货的账面价值可能无法实现，即跌价损失准备的计提可能不充分（计价和分摊认定）。

二、根据重大错报风险评估结果设计进一步审计程序

审计人员基于职业判断对生产与存货循环的重大错报风险初步评估，依据评估结果，制定实施进一步审计程序的总体方案（包括综合性方案和实质性方案）。如审计师对企业的重大风险评估中，认为企业的存货实物可能不存在，存货的存在性认定需要实施进一步审计程序确定。审计师将存货的存在风险设定为特别风险，拟进一步实施综合性的方案。在企业的存货内部控制制度有效的前提下，拟从控制测试中获取中等的保证程度，而从实质性程序中获取高的保证程度。而当审计人员在执行控制测试过程中，发现企业关于存货

的内部控制制度是无效的，则审计师直接执行实质性审计程序，适当扩大实质性程序范围，以从中获取高的保证程度来应对识别出的认定层次的重大错报风险。

可见，风险评估和审计计划都是贯穿审计全过程的动态活动，审计人员根据重大错报风险的评估结果，初步确定实施进一步审计程序的具体审计计划并非一成不变。如上例中审计人员的控制测试结果改变了其对企业内部控制的信赖程度，拟实施实质性程序的范围及保证程度相应做出调整。总之，无论是采用综合性方案还是实质性方案，审计人员获取的审计证据都应当能够从认定层次应对所识别的重大错报风险，直至针对该风险所涉及的全部相关认定均已获取了足够的保证程度。

三、生产与存货循环的控制测试

风险评估和风险应对是整个审计过程的核心，因此，审计人员通常以识别的重大错报风险为起点，选取拟测试的控制并实施控制测试。在审计实务工作中，审计人员需要从实际出发，设计适合被审计单位具体情况的实用高效的控制测试计划。一方面，由于被审计单位所处行业不同、规模不一、内部控制制度的设计和执行方式不同，以前期间接受审计的情况也各不相同；另一方面，受审计时间、审计成本的限制，审计人员除了确保审计质量、审计效果外，还需要提高审计效率，尽可能地消除重复的测试程序，即在确定控制测试范围时，要考虑其他业务循环的控制测试是否已覆盖，避免重复测试，以提高审计效率。如原材料的采购和记录已作为采购与付款循环的一部分测试过了，人工成本（包括直接人工成本和制造费用中的人工费用）已作为工薪循环的一部分进行测试了。

总体上看，生产与存货循环的内部控制主要包括实物流转过程中的内部控制和存货成本费用核算的内部控制两个方面。

（一）企业内部控制的总体了解程序

通常情况下，审计人员通过实施下列程序，了解生产和存货循环的相关内部控制：

（1）询问参与生产和存货循环各业务活动的被审计单位人员，一般包括生产部门、仓储部门、人事部门和财务部门的员工与管理人员；

（2）获取并阅读企业的相关业务流程图或内部控制手册等资料；

（3）观察生产和存货循环中特定控制的运用，例如观察生产部门如何将完工产品移送入库并办理手续；

（4）检查文件资料，例如检查原材料领料单、成本计算表、产成品出入库单等；

（5）实施穿行测试，即追踪一笔交易在财务报告信息系统中的处理过程，例如：选取某种产成品，追踪该产品制定生产计划、领料生产、成本核算、完工入库的整个过程。

（二）实物流转过程中的内部控制测试程序

审计人员可以前述的生产与存货循环的内部控制活动为标准，采取一定的测试程序判断被审计单位的内部控制是否有效。关于实物流转过程中的内部控制，主要包括适当的职责分离和正确的授权审批制度。

在生产循环中，产品的品种和数量一般由生产控制部门根据顾客订单、销货合同、市场预测等来确定，并下达生产计划和通知单。依据实物流转程序控制的要求，各个生产环节的相关部门必须制定严格的责任制度，由监控人员对从生产领料开始到产品完工入库为止的全过程进行有效的控制（见表8-2）。

表8-2 实物流转的内部控制要点及程序

内部控制目标	关键内部控制活动	常用的控制测试
生产业务是根据管理层一般或特定的授权进行的（发生）	计划和安排生产活动；原材料的发出活动	审计人员可抽取生产通知单检查是否与月度生产计划书中内容一致；审计人员可抽取出库单及相关的领料单，检查是否正确输入并经适当层次复核；抽取原材料盘点明细表并检查是否经适当层次复核，有关差异是否得到处理
材料接触制度的测试（存在、完整性）	存货保管人员与记录人员职务相分离、适当的授权审批制度	观察和询问职责分工情况；抽取部分领料单和出库单，与存货明细账核对，检查是否所有存货的发出均已入账，领料单、出库单是否经过批准；定期核对材料收发登记簿与相应的会计记录，检查两者是否一致；检查存货的巡视记录，确定此项控制是否执行；检查是否定期盘点存货，对发生的盘盈、盘亏等情况是否及时按规定处理
产成品的保管制度测试（存在、完整性）	适当的职责分离正确的授权审批制度	抽取产成品验收单、产成品入库单并检查输入信息是否准确；抽取发运通知单、出库单并检查是否一致；抽取发运单和相关销售订购单，检查内容是否一致；抽取产成品存货盘点报告，并检查是否经适当层次复核，有关差异是否得到处理

（三）成本费用核算的内部控制测试

成本费用核算的内部控制测试主要包括直接材料成本控制测试、直接人工成本控制测试、制造费用控制测试及生产成本在当期完工产品与在产品之间分配的控制测试四项内容。

表8-3列示了通常情况下注册会计师对生产和存货循环中成本费用核算的控制测试，供参考。

表8-3 生产与存货循环的控制目标、存在的控制及控制测试程序

内部控制目标	关键内部控制活动		内部控制测试程序
	计算机控制	人工控制	
直接材料成本			
发出的原材料正确记入相应产品的生产成本中（准确性）	领料单信息输入系统时须输入对应的生产任务单编号和所生产的产品代码，每月末系统自动归集生成材料成本明细表	生产主管每月末将其生产任务单及相关领料单存根联与材料成本明细表进行核对，调查差异并处理	检查生产主管核对材料成本明细表的记录，并询问其核对过程及结果

内部控制目标	关键内部控制活动		内部控制测试程序
	计算机控制	人工控制	
直接人工成本			
生产工人的人工成本得到准确反映（准确性）	所有员工有专属员工代码和部门代码，员工的考勤记录记入相应员工代码	人事部每月编制工薪费用分配表，按员工所属部门将工薪费用分配至生产成本、制造费用、管理费用和销售费用，经财务经理复核后入账	检查系统中员工的部门代码设置是否与其实际职责相符。询问并检查财务经理复核工资费用分配表的过程和记录
间接费用（制造费用）			
发生的制造费用得到完整归集（完整性）	系统根据输入的成本和费用代码自动识别制造费用并进行归集	成本会计每月复核系统合成的制造费用明细表并调查异常波动。必要时由财务经理批准进行调整	检查系统的自动归集设置是否符合有关成本和费用的性质，是否合理。询问并检查成本会计复核制造费用明细表的过程和记录，检查财务经理对调整制造费用的分录的批准记录
计算产品成本			
生产成本和制造费用在不同产品之间、在产品和产成品之间的分配正确（计价和分摊、准确性）		成本会计执行产品日常成本核算工作，财务经理每月末审核产品成本计算表及相关资料（原材料成本核算表、工薪费用分配表、制造费用分配表等），并调查异常项目	询问财务经理如何执行复核及调查。选取产品成本计算表及相关资料，检查财务经理的复核记录
产成品入库			
已完工产品的生产成本全部转移到产成品中（计价和分摊）	系统根据当月输入的产成品入库单和出库单信息自动生成产成品收（入库）发（出库）存（余额）报表	成本会计将产成品收发存报表中的产品入库数量与当月成本计算表中结转的产成品成本对应的数量进行核对	询问和检查成本会计将产成品收发存报表与成本计算表进行核对的过程和记录
发出产成品			
销售发出的产成品的成本准确转入营业成本（计价和分摊、准确性）	系统根据确认的营业收入所对应的售出产品自动结转营业成本	财务经理和总经理每月对毛利率进行比较分析，对异常波动进行调查和处理	检查系统设置的自动结转功能是否正常运行，成本结转方式是否符合公司成本核算政策。询问和检查财务经理和总经理进行毛利率分析的过程和记录，并对异常波动的调查和处理结果进行核实

（四）评价内部控制制度

对生产与存货循环内部控制进行评价，是为了对生产与存货循环进行实质性测试前确定对生产与存货循环内部控制的可依赖程度。审计人员在评价时应结合内部控制目标，判断生产与存货循环中可能发生的潜在错报，而企业现有的内部控制制度是否能够有效发现并更正这些错报。通过比较必要的控制和现有控制，评价计划审计工作所依赖的生产与存货内部控制的健全性与有效性。如果被审计单位没有建立审计人员认为必要的内部控制，或者现有控制不足以防止或检查错报，那么审计人员应该考虑内部控制缺陷对审计的影响。一般来说，如果控制测试结果表明，存货与生产循环内部控制较强，则控制风险较低，相应的实质性程序可以适当简化；反之，如果控制测试结果表明，生产循环内部控制较弱，则控制风险较大，审计人员为了将审计风险降低至可接受水平，必须扩大实质性程序。

第四节　存　货　审　计

存货通常是资产负债表中构成营运资本的最大项目，金额之大使存货审计成为审计过程中的重头戏。存货作为流动资产，储存较为分散；存货项目的多样性等原因加大了存货审计的难度。除此之外，特殊存货的盘点难度及存货计价方法的自由选择现象都表明存货审计通常是审计中最复杂也最费时的部分。基于存货对企业的重要性、存货问题的复杂性以及存货与其他项目之间的密切关系，要求存货项目审计在审计人员的选择安排、审计工时的分配以及审计程序的选择上，应当予以特别的关注。

一、存货的审计目标

各个循环不是孤立的，而是紧密联系的一个系统。在审计生产与存货循环的过程中，仍然要考虑其与采购、销售收入及销售成本间的相互关系，因为就存货认定取得的证据也同时为其对应项目的认定提供了证据。例如，通过存货监盘和对已收存货的截止测试取得的与外购商品或原材料存货的完整性和存在认定相关的证据，自动为同一期间原材料和商品采购的完整性及发生提供了保证。类似地，销售收入的截止测试也为期末之前的销售成本已经从期末存货中扣除并正确计入销售成本提供了证据。

存货的审计目标一般包括实施审计程序以证实：

（1）账面存货余额对应的实物是否真实存在（存在认定）；

（2）属于被审计单位的存货是否均已入账（完整性认定）；

（3）存货是否由被审计单位拥有或控制（权利和义务）；

（4）存货单位成本的计量是否准确（计价和分摊认定）；

（5）存货的质量如何，是否存在跌价可能（计价和分摊认定）。

二、存货的一般审计程序

（一）获取年末存货余额明细表，并执行以下工作

（1）复核单项存货金额的计算（单位成本乘以数量）和明细表的加总计算是否准确。

（2）核对各存货项目明细账与总账的余额是否相符。

（3）将本年末存货余额与上年末存货余额进行比较，总体分析变动原因。

（二）实施实质性分析复核程序

分析性复核（analytical review），顾名思义关键是分析和复核（或比较），是对被审计单位重要的财务比率或趋势进行的分析，包括调查异常变动以及这些重要比率或趋势与预期数额和相关信息的差异，以发现存在的不合理因素，并以此确定审计重点，控制审计风险，提高工作效率，保证审计质量。

存货的实质性分析复核程序中较常见的是对存货周转天数或存货周转率的预期与现实的比较，通过差异的分析比较确定审计重点，过程如下：

（1）根据对被审计单位的经营活动、供应商、贸易条件、行业惯例和行业现状的了解，确定存货周转天数的预期值。

（2）根据对本期存货余额组成、实际经营情况、市场情况、存货采购情况等的了解，确定可接受的重大差异额。

（3）计算实际存货周转天数和预期周转天数之间的差异。

（4）通过询问管理层和相关员工，调查存在重大差异的原因，并评估差异是否表明存在重大错报风险，是否需要设计恰当的细节测试程序以识别和应对重大错报风险。

（三）细节测试

细节测试是对各类交易、账户余额、列报的具体细节进行测试，目的在于直接识别财务报表，认定是否存在错报。

1. 交易的细节测试

交易的细节测试，首先从企业的主要交易中选取样本，重点检查支持企业交易业务流程的证据，尤其是对期末前后发生的主要交易实施截止测试。选择样本时应着重选择结存余额较大且价格变化比较频繁的项目，同时考虑所选样本的代表性。

存货的主要交易业务流程为：原料的采购—原料的领用—产品的生产至完工产品的转移—销售发货—销售退回（可选项）。因此，交易细节测试可从业务流程的各个环节记录中选取一个样本，按序检查各个流程的支持性证据，即供应商文件、材料领用单及材料明细账、生产成本分配表、完工产品报告、销售合同及产品发运单和销售退回相关文件，再追踪至存货总分类账户的相关分录；重新计算样本所涉及的金额，检查交易是否均已经过授权批准。

截止测试的目的在于确定所审计期间的各类交易和事项是否计入恰当的会计期间，防止跨期事项。对于期末前后发生的主要交易实施截止测试，主要是通过选取企业主要业务

流程中的各个环节在期末前后发生的主要交易为样本实施的。比如对于材料采购环节的截止测试，一般以截止日为界限，分别向前倒推或向后顺推若干日，按顺序选取较大金额的购料业务的发票或验收报告作为截止测试的样本。然后审阅验收部门的业务记录，凡是接近年底购入的原料均要查明其对应的购料发票是否在同期入账，对于未收到购料发票的入库存货，是否将入库单分开存放或暂估入账。

2. 余额的细节测试

存货余额的细节测试通常包括：观察被审计单位存货的实地盘存；通过询问确定现有存货是否存在寄存情形，或者查明被审计单位的存货在盘点日是否存寄他处；获取最终的存货盘点表，并对存货的完整性、存在及计价进行测试；检查、计算、询问和函证存货的价格和可变现净值；检查存货的抵押合同和寄存合同等。

三、存货监盘

存货审计涉及数量和单价两个方面。针对存货数量的实质性程序主要是存货监盘。存货监盘是指审计人员现场观察被审计单位存货的盘点，并对已盘点存货进行适当检查。可见，存货监盘有两层含义：一是审计人员应亲临现场观察被审计单位存货的盘点；二是在此基础上，审计人员应根据需要适当抽查已盘点存货。

值得注意的是，实施存货监盘，获取有关期末存货数量和状况的充分、适当的审计证据是注册会计师的责任，但这并不能取代被审计单位管理层定期盘点存货，合理确定存货的数量和状况的责任。

（一）存货监盘的目标

审计人员监盘存货的目的在于获取有关存货数量和状况的审计证据。存货监盘能够实现存货的存在认定、存货的完整性认定及权利和义务认定等多项审计目标，以确证被审计单位记录的所有存货确实存在，已经反映了被审计单位拥有的全部存货，并属于被审计单位的合法财产。然而，存货监盘本身并不足以供审计人员确定存货的所有权，审计人员可能需要对第三方保管的存货实施函证，对在途存货检查相关凭证和期后入库记录等其他实质性审计程序以应对所有权认定的相关风险。

（二）存货监盘计划

有效的存货监盘需要制定周密、细致的计划。为了避免误解并有助于有效地实施存货监盘，审计人员通常需要与被审计单位就存货监盘等问题达成一致意见。因此，审计人员首先应当充分了解被审计单位存货的特点、盘存制度和存货内部控制的有效性等情况，并考虑获取、审阅和评价被审计单位预定的盘点程序。根据计划过程所搜集到的信息，有助于审计人员合理确定参与监盘的地点以及存货监盘的程序。

1. 制定存货监盘计划应考虑的事项

审计人员在制定存货监盘计划时，通常应考虑以下事项：

（1）与存货相关的重大错报风险。

由于制造业企业的存货数量和种类繁多；制造过程复杂，成本归集难度较大；部分存货受到科技技术进步影响较大，容易出现陈旧过时现象，影响存货质量；存货的流动性较大，容易遭受盗窃等因素均表明存货通常具有较高水平的重大错报风险。

（2）与存货相关的内部控制的性质。

前面我们已阐述关于存货的控制测试内容，当审计人员对企业的存货内部控制风险的评价为可信赖时，审计人员在制定存货监盘计划时，可考虑运用企业内部定期盘点的结果，适当缩小监盘范围；如果审计人员认为企业的存货内部控制不可信赖，则应适当延长盘点时间，扩大监盘范围。

（3）被审计单位是否对存货盘点制定了适当的程序，并下达了正确的指令。

审计人员一般需要复核或与管理层就盘点的时间安排、盘点范围及盘点人员的胜任能力等方面进行讨论。尤其是对于存货的整理和排列、毁损陈旧过时等特殊存货是否正确标识及分散储存的存货如何盘点等问题要加以关注。如果认为被审计单位的存货盘点程序存在缺陷，审计人员应当提请被审计单位调整。

（4）被审计单位存货盘点的时间安排。

如果被审计单位的存货盘点时间安排在财务报表日以外的其他日期进行，审计人员除实施存货监盘相关审计程序外，还应当实施其他审计程序确定存货盘点日与财务报表日之间的存货变动是否已得到恰当的记录。

（5）被审计单位存货盘存制度是否遵循前后一贯性原则。

存货盘存制度有永续盘存制和实地盘存制两种。企业应根据存货的价值、存货的收发频繁程度、企业内部控制等因素，确定企业应采取的盘存制度。一经选用某一盘存制度，不可随意变更，以保证企业存货信息的纵向可比。

（6）存货的存放地点。

有些企业的存货存放地点较为分散。审计人员为了防止存货监盘范围出现遗漏，应了解企业存货的所有存放地点。尤其是金额较大、重大错报风险较大的存货地点，审计人员务必将其纳入监盘范围。对于实在无法监盘的存货存放地点，审计人员应当实施替代审计程序，以获取有关存货的存在性及完整性认定的充分、适当的审计证据。

（7）是否需要专家协助。

审计人员可能不具备其他专业领域的专长与技能。在确定资产数量或资产实物状况（如引导案例中的海下养殖品），或在收集特殊类别存货（如艺术品、稀有玉石、房地产、电子器件、工程设计等）的审计证据时，审计人员可以考虑利用专家的工作。

2. 存货监盘计划的主要内容

存货监盘计划应当包括以下主要内容：

（1）存货监盘的目标、范围及时间安排。

存货监盘的主要目标包括获取被审计单位资产负债表日有关存货数量和状况以及管理层存货盘点程序可靠性的审计证据，检查存货的数量是否真实完整，是否归属被审计单位，存货有无毁损、陈旧、过时、残次和短缺等状况。

存货监盘范围的大小取决于存货的内容、性质以及与存货相关的内部控制的完善程度和重大错报风险的评估结果。

存货监盘的时间，包括实地察看盘点现场的时间、观察存货盘点的时间和对已盘点存货实施检查的时间等，应当与被审计单位实施存货盘点的时间相协调。

（2）存货监盘的要点及关注事项。

存货监盘的要点主要包括审计人员实施存货监盘程序的方法、步骤，各个环节应注意的问题以及所要解决的问题。审计人员需要重点关注的事项包括盘点期间的存货移动、存货的状况、存货的截止确认、存货的各个存放地点及金额等。

（3）参加存货监盘人员的分工。

审计人员应当根据被审计单位参加存货盘点人员分工、分组情况、存货监盘工作量的大小和人员素质情况，确定参加存货监盘的人员组成以及各组成人员的职责和具体的分工情况，并加强督导。

（4）检查存货的范围。

审计人员应当根据对被审计单位存货盘点和内部控制的评价结果确定检查存货的范围。在实施观察程序后，如果认为被审计单位内部控制设计良好且得到有效实施，存货盘点组织良好，可以相应缩小实施检查程序的范围。

（三）存货监盘程序

在存货盘点现场实施监盘时，审计人员应当实施下列审计程序：

1. 评价管理层用以记录和控制存货盘点结果的指令与程序

审计人员需要考虑这些指令和程序是否包括下列方面：

（1）适当控制活动的运用，例如，收集已使用的存货盘点记录，清点未使用的存货盘点表单，实施盘点和复盘程序；

（2）准确认定在产品的完工程度，流动缓慢（呆滞）、过时及毁损的存货项目，以及第三方拥有的存货（如寄存货物）；

（3）在适用的情况下用于估计存货数量的方法，如可能需要估计煤堆的重量；

（4）对存货在不同存放地点之间的移动以及截止日前后期间出入库的控制。

一般而言，被审计单位在盘点过程中停止生产并关闭存货存放地点以确保停止存货的移动，有利于保证盘点的准确性。但特定情况下，被审计单位可能由于实际原因无法停止生产或收发货物。此时，被审计单位可适当运用控制程序加以解决，如在仓库内划分出独立的过渡区域，将预计在盘点期间领用的存货移至过渡区域、将盘点期间办理入库手续的存货暂时存放在过渡区域，以此确保相关存货只被盘点一次。

2. 观察管理层制定的盘点程序的执行情况

在实施存货监盘程序时，审计人员可以通过询问管理层以及阅读被审计单位的盘点计划，根据被审计单位的具体情况考虑其无法停止存货移动的原因及其合理性，依据重大错报的评估结果，观察被审计单位有关存货移动的控制程序是否得到有效执行。

3. 存货的截止测试

此外，审计人员可以获取有关截止性信息（如存货移动的具体情况）的复印件，有助于日后对存货移动的会计处理实施审计程序。具体来说，审计人员一般应当获取盘点日前后存货收发及移动的凭证，检查库存记录与会计记录期末截止是否正确。审计人员在对期末存货进行截止测试时，通常应当关注截止日前后出入库的存货项目。在盘点范围内的存货项目有：所有在截止日以前入库并已反映在截止日以前的会计记录中的存货项目；任何在截止日以后装运出库且已包括在截止日的存货账面余额中的存货项目；所有已记录为购货并已反映在会计记录中，但尚未入库的存货项目。审计人员在实施以上审计程序时，需要依托被审计单位平时是否对在途存货和直接向顾客发运的存货做出适当的会计处理。

审计人员通常可观察存货的验收入库地点和装运出库地点以执行截止测试。在存货入库和装运过程中采用连续编号的凭证时，注册会计师应当关注截止日期前的最后编号。如果被审计单位没有使用连续编号的凭证，注册会计师应当列出截止日期以前的最后几笔装运和入库记录。如果被审计单位使用运货车厢或拖车进行存储、运输或验收入库，注册会计师应当详细列出存货场地上满载和空载的车厢或拖车，并记录各自的存货状况。

4. 检查存货

在存货监盘过程中检查存货，虽然不一定能确定存货的所有权，但有助于确定存货的存在，以及识别过时、毁损或陈旧的存货。审计人员应当把所有过时、毁损或陈旧存货的详细情况记录下来，这既便于进一步追查这些存货的处置情况，也能为测试被审计单位存货跌价准备计提的准确性提供证据。

5. 执行抽盘

在对存货盘点结果进行测试时，审计人员可以从存货盘点记录中选取项目追查至存货实物，以及从存货实物中选取项目追查至盘点记录，以获取有关盘点记录准确性和完整性的审计证据。需要说明的是，审计人员应尽可能避免让被审计单位事先了解将抽盘的存货项目。除记录审计人员对存货盘点结果进行的测试情况外，获取管理层完成的存货盘点记录的复印件也有助于审计人员日后实施审计程序，以确定被审计单位的期末存货记录是否准确地反映了存货的实际盘点结果。

审计人员在实施抽盘过程中发现差异，很可能表明被审计单位的存货盘点在准确性或完整性方面存在错误。由于检查的内容通常仅仅是已盘点存货中的一部分，所以在检查中发现的错误很可能意味着被审计单位的存货盘点还存在着其他错误。一方面，审计人员应当查明原因，并及时提请被审计单位更正；另一方面，审计人员应当考虑错误的潜在范围和重大程度，在可能的情况下，扩大检查范围以减少错误的发生。审计人员还可要求被审计单位重新盘点。重新盘点的范围可限于某一特殊领域的存货或特定盘点小组。

（四）需要特别关注的情况

1. 存货盘点范围

在被审计单位盘点存货前，审计人员应当观察盘点现场，确定应纳入盘点范围的存货是否已经适当整理和排列，并附有盘点标识，防止遗漏或重复盘点。对未纳入盘点范围的存货，审计人员应当查明未纳入的原因；对所有权不属于被审计单位的存货，审计人员应当取得有关资料，观察这些存货的实际存放情况，确保其未被纳入盘点范围。即使在被审计单位声明不存在受托代存存货的情形下，审计人员在存货监盘时也应当关注是否存在某些存货不属于被审计单位的迹象，以避免盘点范围不当。

2. 对特殊类型存货的监盘

对某些特殊类型的存货而言，被审计单位通常使用的盘点方法和控制程序并不完全适用。这些存货通常或者没有标签，或者其数量难以估计，或者其质量难以确定，或者盘点人员无法对其移动实施控制。在这些情况下，审计人员需要运用职业判断，根据存货的实际情况，设计恰当的审计程序，对存货的数量和状况获取审计证据。表 8－4 列举了特殊类型存货的监盘程序。

表 8-4   特殊类型存货的监盘程序

存货类型	盘点方法与潜在问题	可供实施的审计程序
木材、钢筋盘条、管子	通常无标签，但在盘点时会做上标记或用粉笔标识。 难以确定存货的数量或等级	检查标记或标识。 利用专家或被审计单位内部有经验人员的工作
堆积型存货（如糖、煤、钢废料）	通常既无标签也不做标记。 在估计存货数量时存在困难	运用工程估测、几何计算、高空勘测，并依赖详细的存货记录。 如果堆场中的存货堆不高，可进行实地监盘，或通过旋转存货堆加以估计
使用磅秤测量的存货	在估计存货数量时存在困难	在监盘前和监盘过程中均应检验磅秤的精准度，并留意磅秤的位置移动与重新调校程序。 将检查和重新称量程序相结合。 检查称量尺度的换算问题
散装物品（如贮窖存货，使用桶、箱、罐、槽等容器储存的液体、气体、谷类粮食、流体存货等）	在盘点时通常难以识别和确定。 在估计存货数量时存在困难。 在确定存货质量时存在困难	使用容器进行监盘或通过预先编号的清单列表加以确定。 使用浸蘸、测量棒、工程报告以及依赖永续存货记录。 选择样品进行化验与分析，或利用专家的工作
贵金属、石器、艺术品与收藏品	在存货辨认与质量确定方面存在困难	选择样品进行化验与分析，或利用专家的工作
生产纸浆用木材、牲畜	在存货辨认与数量确定方面存在困难。 可能无法对此类存货的移动实施控制	通过高空摄影以确定其存在，对不同时点的数量进行比较，并依赖永续存货记录

3. 存货监盘结束时的工作

在被审计单位存货盘点结束前，审计人员应当：

（1）再次观察盘点现场，以确定所有应纳入盘点范围的存货是否均已盘点。

（2）取得并检查已填用、作废及未使用盘点表单的号码记录，确定其是否连续编号，查明已发放的表单是否均已收回，并与存货盘点的汇总记录进行核对。审计人员应当根据自己在存货监盘过程中获取的信息对被审计单位最终的存货盘点结果汇总记录进行复核，并评估其是否正确地反映了实际盘点结果。

如果存货盘点日不是资产负债表日，审计人员应当实施适当的审计程序，确定盘点日与资产负债表日之间存货的变动是否已得到恰当的记录。

（五）特殊情况的处理

1. 在存货盘点现场实施存货监盘不可行

在某些情况下，如因存货性质和存放地点等因素，造成实施存货监盘不可行，此时审计人员应当实施替代审计程序（如检查盘点日后出售盘点日之前取得或购买的特定存货的文件记录），以获取有关存货的存在和状况的充分、适当的审计证据。

但在其他一些情况下，如果不能实施替代审计程序，或者实施替代审计程序可能无法获取有关存货的存在和状况的充分、适当的审计证据，审计人员需要按照《中国注册会计师审计准则第1502号——在审计报告中发表非无保留意见》的规定发表非无保留意见。

2. 因不可预见的情况导致无法在存货盘点现场实施监盘

如不可抗力的因素导致审计人员无法到达存货存放地实施存货监盘，或是气候因素导致存货无法观察（如木材被积雪覆盖）。如果由于不可预见的情况无法在存货盘点现场实施监盘，审计人员应当另择日期实施监盘，并对间隔期内发生的交易实施审计程序。

3. 由第三方保管或控制的存货

如果由第三方保管或控制的存货对财务报表是重要的，注册会计师应当实施下列一项或两项审计程序，以获取有关该存货存在和状况的充分、适当的审计证据：

（1）向持有被审计单位存货的第三方函证存货的数量和状况。

（2）实施检查或其他适合具体情况的审计程序。根据具体情况（如获取的信息使审计人员对第三方的诚信和客观性产生疑虑），审计人员可能认为实施其他审计程序是适当的。其他审计程序可以作为函证的替代程序，也可以作为追加的审计程序。

其他审计程序的示例包括：

①实施或安排其他审计人员实施对第三方的存货监盘（如可行）；

②获取其他审计人员或服务机构审计人员针对用以保证存货得到恰当盘点和保管的内部控制的适当性而出具的报告；

③检查与第三方持有的存货相关的文件记录，如仓储单；

④当存货被作为抵押品时，要求其他机构或人员进行确认。

考虑到第三方仅在特定时点执行存货盘点工作，在实务中，审计人员可以事先考虑实施函证的可行性。如果预期不能通过函证获取相关审计证据，可以事先计划和安排存货监盘等工作。

此外，审计人员可以考虑由第三方保管存货的商业理由的合理性，以进行存货相关风险（包括舞弊风险）的评估，并计划和实施适当的审计程序，例如检查被审计单位和第三方所签署的存货保管协议的相关条款、复核被审计单位调查及评价第三方工作的程序等。

知识拓展 8 - 2

改善海洋养殖企业存货盘点程序和方法的建议

海水养殖企业存货是生物资产，数量多、分布广；生产周期长、周转率低；价值不确定性高；生产过程不透明等是该类生物资产的特征。生物资产的盘点一度成为各大会计师事务所的难题，而因存货盘点的不到位，致使存货成为海水养殖企业财务舞弊关键点的案例屡见报端。可见，生物资产的盘点程序和方法应当重设。

一方面，对实地盘点程序进行更严密的设计。比如，海水养殖企业可考虑用信息技术的手段进行第三方见证存货盘点。盘点的时候，用信息技术的方式把影像保存下来，能减少存货盘点造假的可能性，也为存货盘点提供了重要的佐证。同时，可考虑引入外部审计师等第三方机构参与整个盘点过程。由第三方机构指定潜水人员，保密盘点地点、航路等信息，提高样本点选择的随机性，实时监控潜水员水下活动。

另一方面，引入新的盘点方法。比如可借鉴《北京注册会计师协会专家委员会专家提示第 8 号——生态养殖淡水产品审计盘点解析》提出的账面历史记录盘点方法，即收集存货永续账面记录，包括苗种购买记录、投放苗种记录、日常监测记录、捕捞记录等，采用回归分析法找出与账面历史成本最为相关的要素，然后再通过数理推导出本期末的理论账面成本，与实际账面成本进行对比分析。但是这一盘点方法对存货账面永续记录的完整性、真实性要求很高。

通过账面历史记录进行盘点涉及数理分析方法的运用，专业化程度较高，海水养殖企业可借助国家海洋局 2012 年《关于公布海域评估机构推荐名录的通知》推荐的 25 家入选海域评估机构的专家工作实施这一盘点程序。

资料来源：陈子晗. 海水养殖企业存货内部控制问题研究——以 A 公司为例 [D]. 北京：中国财政科学研究院，2016.

四、存货计价测试

基于前述的监盘程序确定存货实物数量和永续盘存记录中的数量是否一致，再针对被审计单位所使用的存货单位成本是否正确进行测试，进而验证财务报表上存货余额的真实性。由于存货计价方法多种多样，审计人员在对存货的计价实施细节测试之前，通常先要了解被审计单位本年度的存货计价方法与以前年度是否保持一致。如发生变化，变化的理由是否合理，是否经过适当的审批，应加以关注。

1. 原材料单位成本测试

针对原材料的单位成本，审计人员通常基于企业的原材料计价方法（如先进先出法、加权平均法等），结合原材料的历史购买成本，测试其账面成本是否准确，测试程序包括核对原材料采购的相关凭证（主要是与价格相关的凭证，如合同、采购订单、发票等）以及验证原材料计价方法的运用是否正确。

2. 产成品和在产品的单位成本测试

针对产成品和在产品的单位成本，注册会计师需要对成本核算过程实施测试，包括直接材料成本测试、直接人工成本测试、制造费用测试和生产成本在当期完工产品与在产品之间分配的测试四项内容，具体如下：

（1）直接材料成本测试。

直接材料成本的审计一般应从审阅原材料和生产成本明细账入手，抽查有关的材料领用凭证，依据企业的成本制度，验证企业产品直接耗用材料的数量、计价和材料费用分配是否真实、合理。其实质性程序主要包括：

①抽查产品成本计算单，检查直接材料成本的计算是否正确，材料费用的分配标准与计算方法是否合理和适当，是否与材料费用分配汇总表中该产品分摊的直接材料费用

相符。

②检查直接材料耗用数量的真实性，有无将非生产用材料计入直接材料成本。

③分析比较同一产品前后各年度的直接材料成本，看是否有重大波动。若有，应查明原因。

④抽查材料发出及领用的原始凭证，检查领料单的签发是否经过授权，材料发出汇总表是否经过适当的人员复核，材料单位成本计价方法是否恰当，计算是否正确并及时入账。

⑤对采用定额成本或标准成本的企业，应检查直接材料成本差异的计算、分配与会计处理是否正确，并查明直接材料的定额成本、标准成本在本年度内有无重大变更。

（2）直接人工成本测试。

①抽查产品成本计算单，检查直接人工成本的计算是否正确，人工费用的分配标准与计算方法是否合理和适当，是否与人工费用分配汇总表中该产品分摊的直接人工费用相符。

②将本年度直接人工成本与前期进行比较，查明其异常波动的原因。

③分析比较本年度各个月份的人工费用发生额，如有异常波动，应查明原因。

④结合应付职工薪酬的审查，抽查人工费用会计记录及会计处理是否正确。

⑤对采用标准成本法的企业，应抽查直接人工成本差异的计算、分配与会计处理是否正确，并查明直接人工的标准成本在本年度内有无重大变更。

（3）制造费用测试。

获取样本的制造费用分配汇总表、按项目分列的制造费用明细账、与制造费用分配标准有关的统计报告及其相关原始记录，作如下检查：

①制造费用分配汇总表中，样本分担的制造费用与成本计算单中的制造费用核对是否相符；

②制造费用分配汇总表中的合计数与样本所属成本报告期的制造费用明细账总计数核对是否相符；

③制造费用分配汇总表选择的分配标准（机器工时数、直接人工工资、直接人工工时数、产量等）与相关的统计报告或原始记录核对是否相符；

④对费用分配标准的合理性作出评估；

⑤如果企业采用预计费用分配率分配制造费用，则应针对制造费用分配过多或过少的差额，检查其是否作了适当的账务处理；

⑥如果企业采用标准成本法，则应检查样本中标准制造费用的确定是否合理，计入成本计算单的数额是否正确，制造费用差异的计算与账务处理是否正确，并注意标准制造费用在当年度有无重大变更。

（4）生产成本在当期完工产品与在产品之间分配的测试。

①检查成本计算单中在产品数量与生产统计报告或在产品盘存表中的数量是否一致；

②检查在产品约当产量计算或其他分配标准是否合理；

③计算复核样本的总成本和单位成本。

3. 存货跌价准备测试

由于企业对期末存货采用成本与可变现净值孰低的方法计价，所以审计人员应充分关注企业对存货可变现净值的确定及存货跌价准备的计提。一方面，识别需要计提跌价准备的存货项目。审计人员在存货监盘过程中必须对存货的质量或其性能进行适当的审查，以确定存货的质量情况是否符合销售和使用的要求，其质量等级是否与会计账簿上记载的价值相匹配，是否存在陈旧、滞销或毁损现象。另一方面，对于可变现净值的确定是否合理进行判断。可变现净值是指企业在日常活动中存货的估计售价减去至完工时估计将要发生的成本、估计的销售费用以及相关税费后的金额。

第五节　主营业务成本审计

主营业务成本是指企业因销售商品、提供劳务或让渡资产使用权等日常活动发生的实际成本。对于制造业企业而言，销售商品业务在确认收入的同时，需要结转销售成本，即一方面登记存货的减少，另一方面登记主营业务成本的增加。因此，主营业务成本作为生产与存货循环中的相关账户，有必要在此探讨。

一、主营业务成本的审计目标

主营业务成本的审计目标一般包括实施审计程序以证实：
（1）利润表中记录的主营业务成本是否已发生（发生认定）；
（2）所有应当记录的主营业务成本是否均已记录（完整性认定）；
（3）主营业务成本是否已记录于正确的会计期间（截止认定）；
（4）主营业务成本的计算是否正确、是否与主营业务收入相匹配（计价和分摊认定）；
（5）主营业务成本在财务报表中的列报是否恰当（列报认定）。

二、主营业务成本审计的实质性程序

对主营业务成本的实质性测试，应通过主营业务收入明细账、库存商品明细账等记录的交叉审阅进行，并通过凭证抽查对有关原始凭证进行核对。主营业务成本实质性程序主要包括：

（1）获取主营业务成本明细账和总账，复核加计是否正确。再结合库存商品明细账的贷方发生额，编制主营业务成本明细表，并与主营业务成本的总账余额、报表数核对是否相符。

（2）比较本期与上期各月主营业务成本的波动趋势，并查明异常情况的原因。

（3）结合原材料明细账、生产成本明细账及库存商品明细账，编制主营业务成本倒轧表，并与存货审定表、主营业务收入审定表等工作底稿交叉索引。

（4）抽查销售清单及出库单等原始凭证，比较计入主营业务成本的品种、规格、数量和主营业务收入的口径是否一致。

（5）针对主营业务成本中重大调整事项（如销售退回）、非常规项目，检查相关记账凭证及原始凭证，确定理由是否充分。

（6）结合生产成本审计和期间费用审计，检查是否存在成本与费用的不恰当分类，致使生产成本虚增，进而影响主营业务成本结转数额的正确性，并检查其是否与主营业务收入配比。

（7）审查主营业务成本在财务报表中是否已恰当列报。

拓展案例

Z公司虾夷扇贝二度"出走"①

2014年10月30日晚间，位于大连的上市公司Z集团有限公司（以下简称"Z公司"）发布公告称，因北黄海遭到几十年一遇异常的冷水团，公司在2011年和2012年播撒的100多万亩即将进入收获期的虾夷扇贝绝收。受此影响，前三季度业绩"大变脸"，由预报盈利变为亏损约8亿元，全年预计大幅亏损。

事隔三年，2018年1月30日晚间，Z公司发公告表示存货异常，对虾夷扇贝存货计提跌价准备或核销处理，预计2017年全年亏损5.3亿~7.2亿元。此前三季报中，Z公司曾预计全年将盈利9 000万~1.1亿元。

自20世纪90年代末起的各大财务造假案中，上市公司存在的一个共性均是隶属于农业类。由于农业类上市公司在进行生产经营时，对气候环境的超强依赖性，也往往成为一些上市公司的造假条件之一。审计农业类上市公司不同于普通制造类企业，能够直接进入车间、仓库等地进行实地勘察盘点。在Z公司案例中，存货盘点仍采用永续盘存制，而作为消耗性生物资产的虾夷扇贝的存货盘点，也主要是进行抽测，根据抽点的统计来测算整体海域的存货情况。

对于生物资产究竟该实施怎样的审计程序，才能放心地对资产的真实性、价值的合理性发表意见？Z公司的存货损失事件，就给我们提供了很好的借鉴。该案的D会计师事务所也举行了专项说明会，"我们10月份这次大约花了一个月的时间盘点，由于大浪等原因，会计师只有3天能下海去监盘"。105万亩，30天，会计师去了3天。这意味着会计师可能只掌握了不到10%的情况，基于如此现场监测的会计师意见难以令人信服。

那么，对于农林牧渔类公司的审计，由于存货的特殊性，对其如何实施盘点程序，对事务所来说一直是个难题。结合本章所学知识，查阅相关文献资料，说说生产与存货循环审计的程序和主要方法，针对生物资产盘点提出新的见解。

❀❀❀❀❀❀❀❀❀❀❀❀❀❀❀❀❀❀❀❀❀❀❀❀❀

实训八　生产与存货循环模块

一、实训目的

（1）熟练掌握存货、营业成本审计的要点、方法和程序。

（2）具体掌握存货、营业成本等审计。

---

① 笔者根据相关资料整理。

二、实训要求

根据软件操作平台所提供的会计凭证、明细账、总账等资料，按照审计程序，选择适当的审计方法对存货、营业成本进行审计。

三、实训操作流程及实训资料

（一）存货类别明细表

1. 注意事项

首先应根据案例所提供的资料，确认中泰纸业公司的存货项目主要有在途物资、原材料、库存商品、周转材料、生产成本及制造费用等项目。紧接着查询这些项目的总账和明细账，进行账账核对，确保账账相符。

2. 实训资料

（1）在途物资总账及明细账。

在途物资总账   单位：元

| 年 | | 凭证 | | 摘要 | 借方 | 贷方 | 借或贷 | 余额 |
月	日	种类	号数		金额	金额		
1	1	年初		上年结转			平	0
1	31	汇		本期发生额	440 000.00	440 000.00	平	0
1	31	月汇		本月合计	440 000.00	440 000.00	平	0
1	31	年汇		本年累计	440 000.00	440 000.00	平	0
2	28	月汇		本月合计	0	0	平	0
2	28	年汇		本年累计	440 000.00	440 000.00	平	0
…	…	…		…	…	…		…
12	31	月汇		本月合计	0	0	平	0
12	31	年汇		本年累计	440 000.00	440 000.00	平	0
12	31	年结		结转下年			平	0

在途物资明细账（一）

科目：纸箱01

年		凭证		摘要	借方	贷方	借或贷	余额
月	日	种类	号数		金额	金额		
1	1	年初		上年结转			平	0
1	1	记	2	采购纸箱	200 000.00		借	200 000.00
1	3	记	7	周转材料入库		200 000.00	平	0
1	31	汇		本期发生额	200 000.00	200 000.00	平	0
1	31	月汇		本月合计	200 000.00	200 000.00	平	0
1	31	年汇		本年累计	200 000.00	200 000.00	平	0
2	28	月汇		本月合计	0	0	平	0
2	28	年汇		本年累计	200 000.00	200 000.00	平	0
…	…	…		…	…	…		…
12	31	月汇		本月合计	0	0	平	0
12	31	年汇		本年累计	200 000.00	200 000.00	平	0
12	31	年结		结转下年			平	0

在途物资明细账（二）

科目：纸箱02

年		凭证		摘要	借方	贷方	借或贷	余额
月	日	种类	号数		金额	金额		
1	1	年初		上年结转			平	0
1	1	记	2	采购纸箱	240 000.00		借	240 000.00
1	3	记	7	周转材料入库		240 000.00	平	0
1	31	汇		本期发生额	240 000.00	240 000.00	平	0
1	31	月汇		本月合计	240 000.00	240 000.00	平	0
1	31	年汇		本年累计	240 000.00	240 000.00	平	0
2	28	月汇		本月合计	0	0	平	0
2	28	年汇		本年累计	240 000.00	240 000.00	平	0
…	…	…		…	…	…		…
12	31	月汇		本月合计	0	0	平	0
12	31	年汇		本年累计	240 000.00	240 000.00	平	0
12	31	年结		结转下年			平	0

总账与明细账核对，确保账账相符。

（2）原材料总账及明细账（见软件）。

复核加计总账与明细账的余额，确保账账相符。

（3）库存商品总账及明细账（见软件）。

复核加计总账与明细账的余额，确保账账相符。

（4）周转材料总账及明细账（见软件）。

复核加计总账与明细账的余额，确保账账相符。

（5）生产成本总账及明细账（见软件）。

复核加计总账与明细账的余额，确保账账相符。

（6）制造费用总账及明细账（见软件）。

复核加计总账与明细账的余额，确保账账相符。

（7）存货类别明细表。

根据上述账账核对后的总账余额，填写存货类别明细表。

存货类别明细表

被审计单位：中泰纸业股份有限公司　　　填制：万志鑫　　　日期：2017－01－17

索引号：3116－2　　　会计期间：2016年度

复核：李清河　　　日期：2017－01－22　　　页次：

明细项目	期初余额	本期借方	本期贷方	期末余额	备注
合计					
审计说明：					

（二）存货凭证抽查表

1. 注意事项

根据重要性原则及抽样方法确定抽查范围，抽查与存货相关的记账凭证。

2. 实训资料

在记账凭证中点击"查询"，输入日期和凭证号这两个条件进行搜索便可得到结果（记账凭证略，具体见软件）。

3. 根据前述资料填写存货凭证抽查表

抽查表

被审计单位：中泰纸业股份有限公司　　　　填制：万志鑫　　　　　日期：2017 – 01 – 17

索引号：3116 – 3　　　　　　　　　　　会计期间：2016 年度

复核：李清河　　　　　　　　　　　　　日期：2017 – 01 – 22　　　页次：

序号	凭证日期	凭证号	摘要	对应科目 方向	对应科目 名称	金额	核对情况（用"是""否"表示） 1	2	3	4	5	6	7	8	备注
1															
2															
3															
4															
5															
6															
7															
8															
9															
10															

核对说明

1. 原始凭证内容完整	5.
2. 有无授权批准	6.
3. 财务处理正确	7.
4. 金额核对相符	8.

审计说明：

（三）存货审定表

1. 注意事项

存货属于企业的实物资产，除了账账核对以外，还需要进行账实核对。账实核对是基于企业现有的存货盘存制度——永续盘存制，将存货的账面期末余额与实地盘点所得的数量相核对，以证实账面存货的存在性认定。

2. 实训资料

（1）本年度资产负债表。

根据前列的资产负债表（见实训一）获取期末未审定的"存货"金额。

（2）存货监盘报告。

存货监盘报告

被审计单位：中泰纸业股份有限公司　　编制：张嫒　　日期：2016 年 12 月 31 日

索引号：3116 – 6　　　　　　　　　　会计截止日：2016 年 12 月 31 日

复核：李清河　　　　　　　　　　　　日期：2016 年 12 月 31 日

页次：

一、盘点日期：2016 年 12 月 31 日

二、盘点仓库名称：中泰仓库

仓库负责人：陈美华

仓库记账员：汪志刚；仓库保管员：李大明

仓库概况：（描述仓库共六间，各仓库的特点）

第一、第二间仓库是存放原材料的；第三、第四间仓库是存放产成品的；第五间仓库是存放周转材料的；第六间仓库据说是存放杂物的，被审计单位人员不让我们的审计人员进去，我们感觉这很可能有问题，后来在我们的项目负责人和被审单位的会计主管、仓储经理协商之后，同意我们进入第六间仓库观察，进去之后我们发现在杂物中摆放着许多箱子，打开之后发现是传真纸和压感打印纸，经盘点数量分别是 133 000 箱、113 000 箱。被审单位的相关负责人解释说这是销售给方汇达公司的产品，由于方汇达公司仓库在建，就暂寄存在被审计单位仓库了。经查阅并未发现对方签收确认文件。

三、监盘参加人员

监盘人员（湖北天宁会计师事务所有限公司）注册会计师：李清河

监盘人员（湖北天宁会计师事务所有限公司）注册会计师：张嫒

监盘人员（中泰纸业股份有限公司财务处）：赵伟峰、白建勇

监盘人员（中泰纸业股份有限公司生产部）：邹天华、苏玉钗

中泰纸业股份有限公司盘点负责人：邹天华、陈美华

中泰纸业股份有限公司盘点人员：李大明、汪志刚

上述人员在监盘过程中，除＿＿＿＿＿＿外，自始至终未离开现场。

（3）上年审定的资产负债表。

查阅软件中"审计材料"—"验证报告及上年度审定的报表"。

（4）存货审定表。

根据以上的资料分析，结合营业成本审计，填写存货审定表（提示：由于销售给武汉万达公司的交易系虚构，应调增存货的账面价值）。

存货审定表

被审计单位：中泰纸业股份有限公司　　填制：万志鑫　　日期：2017 – 01 – 17　　索引号：3116 – 1

会计期间：2016 年度　　　　　　　　复核：李清河　　日期：2017 – 01 – 22　　页　次：

项目	期末未审数	账项调整		重分类调整		期末审定数	上期审定数	索引号
		借方	贷方	借方	贷方			
报表数：								

续表

项目	期末未审数	账项调整		重分类调整		期末审定数	上期审定数	索引号
		借方	贷方	借方	贷方			
明细数								
其中：								
存货								
存货跌价准备								
审计说明：								
审计结论：								

（四）存货入库截止测试

1. 注意事项

主要抽查截止日（2016 年 12 月 31 日）前后的采购存货记账凭证，与入库单核对，一方面确定存货是否计入正确的期间；另一方面确认存货的存在性认定。值得注意的是，由于案例材料的限制，在抽查明细账记录时，以已提供的入库单为限。

2. 实训资料

（1）存货数量金额式明细账（见软件）。

（2）报表日前后的部分入库单。

查阅软件中的"审计材料"—"其他"。

（3）报表日后部分原材料明细账。

查阅软件中的"审计材料"—"其他"。

（4）存货入库截止测试。

存货入库截止测试

被审计单位：中泰纸业股份有限公司　填制：万志鑫　日期：2017 - 01 - 17　索引号：3116 - 3 - 1
会计期间：2016 年度　　　　　　　复核：李清河　日期：2017 - 01 - 22　页　次：
　一、从存货明细账的借方发生额中抽取样本与入库记录核对，以确定存货入库被记录在正确的会计期间

序号	摘要	明细账/记账凭证			入库单			是否跨期
		编号	日期	数量/金额	编号	日期	数量/金额	
1								是　否

续表

序号	摘要	明细账/记账凭证			入库单			是否跨期
		编号	日期	数量/金额	编号	日期	数量/金额	
2								是　否
3								是　否
截止日前								
截止日期：2016 年 12 月 31 日								
截止日后								
1								是　否
2								是　否
3								是　否

二、从存货入库记录中抽取样本与明细账的借方发生额核对，以确定存货入库被记录在正确的会计期间

序号	摘要	入库单			明细账/记账凭证			是否跨期
		编号	日期	数量/金额	编号	日期	数量/金额	
1								是　否
2								是　否
3								是　否
截止日前								
截止日期：2016 年 12 月 31 日								
截止日后								
1								是　否
2								是　否
3								是　否
审计说明：								

（五）存货出库截止测试

1. 注意事项

主要抽查截止日（2016 年 12 月 31 日）前后发出的存货记账凭证，与领料单/出库单

核对，结合营业成本审计，一方面确定存货出库是否计入正确的期间；另一方面确认销售交易的真实性。值得注意的是，由于案例材料的限制，在抽查明细账记录时，以已提供的领料单/出库单为限。

2. 实训资料

（1）存货数量金额式明细账（见软件）。

（2）报表日前后的部分领料单和出库单。

查阅软件中的"审计材料"—"其他"—"报表日前后部分领料单和出库单"。

（3）存货出库截止测试。

存货出库截止测试

被审计单位：中泰纸业股份有限公司 填制：万志鑫 日期：2017-01-17 索引号：3116-3-2
会计期间：2016年度 复核：李清河 日期：2017-01-22 页 次：

一、从存货明细账的贷方发生额中抽取样本与出库记录核对，以确定存货出库被记录在正确的会计期间

序号	摘要	明细账/记账凭证			领料单/出库单			是否跨期	
		编号	日期	数量/金额	编号	日期	数量/金额		
1								是	否
2								是	否
3								是	否
截止日前									
截止日期：2016年12月31日									
截止日后									
1								是	否
2								是	否
3								是	否

二、从存货出库记录中抽取样本与明细账的贷方发生额核对，以确定存货出库被记录在正确的会计期间

序号	摘要	领料单/出库单			明细账/记账凭证			是否跨期	
		编号	日期	数量/金额	编号	日期	数量/金额		
1								是	否
2								是	否
3								是	否
截止日前									

续表

截止日期：2016 年 12 月 31 日									
截止日后									
1									是　否
2									是　否
3									是　否
审计说明：									

（六）存货计价测试表

1. 注意事项

存货计价测试主要对存货的单位成本是否存在异常波动进行测试。本实训中主要对原材料的单位成本、库存商品的单位成本进行测试。而在存货计价测试前，首先应了解企业发出存货的计价方法是月末一次加权平均法。计价测试采取一种存货一张表的形式。

2. 实训资料

（1）原材料数量金额式明细账（见软件）。

（2）库存商品数量金额式明细账（见软件）。

（3）存货计价测试。

存货计价测试

被审计单位：中泰纸业股份有限公司　填制：万志鑫　日期：2017 - 01 - 18　索引号：3116 - 4 - 01
会计期间：2016 年度　　　　　　　复核：李清河　日期：2017 - 01 - 22　页　次：

品名及规格：				计价方法：					备注
月份	增加			减少			结存		
	数量	单价	金额	数量	单价	金额	数量	单价	金额
期初余额									
1									
2									
3									
4									
5									

续表

品名及规格：				计价 方法：						备注
月份	增加			减少			结存			
	数量	单价	金额	数量	单价	金额	数量	单价	金额	
6										
7										
8										
9										
10										
11										
12										
合计										
审计说明：										

（七）营业成本明细表

1. 注意事项

填写营业成本明细表时，主要结合存货各个项目明细账的贷方发生额分析填列。本实训中仅涉及主营业务成本。将库存商品明细账中涉及销售结转成本的栏目与主营业务成本明细账相核对。

2. 实训资料

（1）库存商品明细账（见软件）。

（2）主营业务成本明细账（见软件）。

（3）营业成本明细表。

营业成本明细表

被审计单位：中泰纸业股份有限公司　　填制：万志鑫　　日期：2017 - 01 - 24　　索引号：3412 - 2
会计期间：2016 年度　　　　　　　　复核：李清河　　日期：2017 - 01 - 31　　页　次：

项目	1 月	2 月	3 月	4 月	5 月	6 月	7 月	8 月	9 月	10 月	11 月	12 月	合计	上期 数	变动 额	变动 %

续表

项目	1月	2月	3月	4月	5月	6月	7月	8月	9月	10月	11月	12月	合计	上期数	变动额	变动%
合计																
审计说明：																

（八）营业成本凭证抽查表

1. 注意事项

根据重要性原则及抽样方法确定抽查范围，抽查与营业成本相关的记账凭证。

2. 实训资料

在记账凭证中点击"查询"，输入日期和凭证号这两个条件进行搜索便可得到结果（记账凭证略，具体见软件）。

3. 根据前述资料填写营业成本凭证抽查表

抽查表

被审计单位：中泰纸业股份有限公司　　填制：万志鑫　　日期：2017-01-24　　索引号：3412-3
会计期间：2016 年度　　　　　　　　　复核：李清河　　日期：2017-01-31　　页　次：

序号	凭证日期	凭证号	摘要	对应科目 方向	对应科目 名称	金额	核对情况（用"是""否"表示） 1	2	3	4	5	6	7	8	备注
1															
2															
3															
4															
5															
6															
7															
8															
9															
10															

续表

核对说明	
1. 原始凭证内容完整	5.
2. 有无授权批准	6.
3. 财务处理正确	7.
4. 金额核对相符	8.
审计说明:	

（九）营业成本审定表

1. 注意事项

由于前述存货盘点后发现，企业存在一项虚假交易，涉及账项调整，营业成本相应也做出调整。

2. 实训资料

（1）本年度利润表。

根据前述的利润表（见实训一）获取期末未审定的"营业成本"金额。

（2）存货审定表（索引号 3116 - 1）。

（3）上年审定的利润表。

查阅软件中"审计材料"——"验证报告及上年度审定的报表"。

（4）营业成本审定表。

根据以上的资料分析，结合存货审计，填写营业成本审定表。

营业成本审定表

被审计单位：中泰纸业股份有限公司　填制：万志鑫　日期：2017 - 01 - 24　索引号：3412 - 1
会计期间：2016 年度　　　　　　　　复核：李清河　日期：2017 - 01 - 31　页　次：

项目	期末未审数	账项调整		期末审定数	上期末审定数	索引号
		借方	贷方			
报表数:						
明细数						
其中:						

续表

项目	期末未审数	账项调整		期末审定数	上期末审定数	索引号
		借方	贷方			
审计说明:						
审计结论:						

（十）主营业务成本倒轧表

1. 注意事项

填写主营业务成本倒轧表，依据"存货的本期发出数 = 存货的期初数 + 存货的本期增加数 – 存货的期末数"原理填列。首先通过直接材料成本的倒轧，计算出库存商品的本期增加数，再倒轧出库存商品的本期发出数，如果未有销售以外的原因发出库存商品，则库存商品的本期发出数即为主营业务成本。

2. 实训资料

（1）原材料三栏式明细账（见软件）。

根据"原材数的本期发出数 = 原材料的期初数 + 原材数的本期购入数 – 原材料的期末数"倒轧出生产成本中的直接材料成本。

（2）生产成本三栏式明细账（见软件）。

每种产品的生产成本均分为"直接材料""直接人工"及"制造费用"三项。结合这些数据倒轧库存商品的本期增加数。

（3）库存商品三栏式明细账（见软件）。

（4）存货审定表（索引号 3116 – 1）。

（5）主营业务成本倒轧表。

依据以上明细账中的相关数据分析填列。

主营业务成本倒轧表

被审计单位：中泰纸业股份有限公司　　编制：万志鑫　　日期：2017 – 01 – 24　　索引号：3412 – 4
会计期间：2016 年度　　　　　　　　复核：李清河　　日期：2017 – 01 – 31　　页　次：

项目	期末未审数	审计差异	审定数	备注
期初原材料余额				
加：本期购货净额				

续表

项目	期末未审数	审计差异	审定数	备注
减：期末原材料余额				
减：其他原材料发出额				
直接材料成本				
加：直接人工成本				
加：制造费用				
产品生产成本				
加：在产品期初余额				
减：在产品期末余额				
减：其他在产品发出额				
库存商品成本				
加：库存商品期初余额				
减：库存商品期末余额				
减：其他库存商品发出额				
主营业务成本				
审计说明：				

第九章　货币资金审计

引导案例

K公司超百亿元现金去哪了①

2019年1月A股市场出现一场让人摸不着头脑的"有钱还不起债"的闹剧。上市公司K复合材料集团股份有限公司（以下简称"K公司"）财报显示，2015~2017年末，该公司账面货币资金分别为100.87亿元、153.89亿元、185.04亿元，占总资产的比例分别为54.92%、58.24%、54.01%，同期有息负债（短期借款＋长期借款＋应付债券）分别为50.59亿元、57.05亿元、110.05亿元，同期发生的财务费用分别为3.05亿元、2.30亿元、5.53亿元。截至2018年第三季度末，公司流动资产合计253亿元，其中货币资金高达150亿元。账面上有大量现金，却持续举债融资，甚至还不起15亿元超短期融资券，令投资者感到困惑。

早在2018年5月份，深圳证券交易所（以下简称"深交所"）就对K公司账面存有巨额资金却大规模举债的"不正常"行为下发过问询函，其中提出了19个问题，且多数涉及资金问题。2019年1月16日，深交所再次要求K公司说明账面货币资金150.14亿元的存放地点，存在大额货币资金却债券违约的原因，并自查是否存在财务造假情形。K公司以回复工作量太大为由，延期回复深交所的问询函。直至2019年5月7日回复中小板关注函时，称公司有122亿元存在北京银行某支行（简称"某支行"）。然而，某支行却回函称"账户余额为0"。百亿元资金不翼而飞？

原来公司称K公司与大股东K投资集团和北京银行某支行违规签订了《现金管理合作协议》，根据《现金管理业务合作协议》，K投资集团与K公司及下属3家子公司的账户可以实现上拨下划功能。因此，K投资集团有机会从其自有账户提取K公司及下属3家子公司账户上拨的款项。但是，由于K公司及下属3家子公司自己账户的对账单并不反映账户资金被上拨的信息，也没有内部划转的原始材料，所以K公司及3家子公司无法知悉是否已经发生了与K投资集团的内部资金往来，即上市公司与控股股东在资金管理和使用上产生了混同。持股24%的大股东K投资集团可以随时取走上市公司K公司账户的钱，坐实K公司存在大股东占用资金的情况。

而负责这几年K公司审计的R所自然难逃其责，也被中国证监会启动了调查程序。R所在2015~2017年为K公司开出了"标准无保留意见"，仅在2019年初K公司曝出债券违约事件后，才对该公司2018年年报作出"无法表示意见"。R所4年时间收取了K公司

---

① 笔者根据相关新闻整理。

总计840万元的审计费，却没有发现K公司119亿元的财务造假。

K公司舞弊的决心、金融机构的配合、会计师事务所的庇护三重因素造就了A股财务造假的巅峰巨制。如何整治这一现象成为当前资本市场的重大课题。那么何为货币资金审计？是否严格执行相关审计程序后即可保证货币资金真实存在、完整披露？

第一节　货币资金审计概述

货币资金是企业资产的重要组成部分，是企业资产中流动性最强、控制风险最高的一种资产。同时，资金作为一种主要的流通手段，商品属性致使它容易被盗窃、贪污、挪用等。任何企业进行生产经营活动都必须拥有一定数量的货币资金，持有货币资金是企业生产经营活动的基本条件，是衡量企业购买能力和偿债能力的重要标志，关乎企业的命脉。货币资金主要源于投资者投入、债权人借款和企业经营累积，主要用于日常经营活动中资产的取得和费用的结付。总的来说，只有保持健康的、正的现金流，企业才能够继续生存；如果出现现金流逆转迹象，产生了不健康的、负的现金流，长此以往，企业将会陷入财务困境，无法持续健康经营下去。因此，相关学者形象地将现金流比喻成企业经营活动的"血液"。

根据货币资金存放地点及用途的不同，货币资金分为库存现金、银行存款及其他货币资金。库存现金是指存放于企业，用于日常零星支付的小额现金；银行存款则是指企业存放于银行或其他金融机构的未指定用途的货币资金；其他货币资金即为除库存现金、银行存款以外的各种货币资金，包括外埠存款、银行本票存款、银行汇票存款、信用卡存款、信用保证金存款、存出投资款等。按照国家有关规定，除了在规定范围内可以用现金直接支付的款项外，在经营过程中发生的一切货币收支业务都必须通过银行存款账户进行核算。

一、货币资金与业务循环

任何企业的生产经营活动均以资金的投入为起点。以工业企业为例，首先将货币资金转变成储备资金，生产开展的需要又将储备资金转化成生产资金；生产活动结束将生产资金转化为成品资金，再通过成品销售回笼资金，经由成本补偿确定利润，最终进行利润分配，部分资金流出企业，部分资金重新投入再生产，循环往复。

货币资金与各业务循环均直接相关，如图9-1所示。图中依据每个循环中与货币资金的收付相关的业务列示，并未包含每个循环中的所有业务。

从关系图中可见，企业中的各个业务循环均有货币资金的流动记录，货币资金审计不应局限于本章所探讨的货币资金直接收付业务，而应贯穿于企业审计的整个过程。如在销售与收款循环进行的审计测试中，通过检查企业销售是否开票、开票金额是否正确等程序发现企业货币资金的余额是否正确；在采购与付款循环执行审计程序过程中，通过供应商款项的支付次数检查、支付程序的遵循情况测试，确保货币资金的安全和完整等。这样才能将关系货币资金流动的来龙去脉理清楚，不仅从金额上确保审计无误，还可从企业的内部管理层面发现问题。

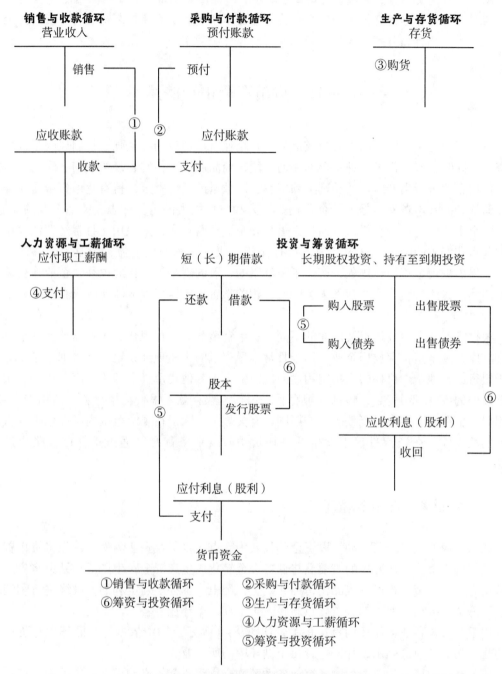

图 9 - 1　货币资金与业务循环的关系

二、涉及的主要单据和会计记录

货币资金审计涉及的单据和会计记录主要有：

1. 现金盘点表

库存现金盘点表是反映现金账实核对情况的重要书面文件，一般由出纳以外的人员进行盘点，出纳及审计人员监盘。

2. 银行对账单

企业日常资金流动过程中，出纳要进行日记账登记，而银行同样有企业钱款进出的流水记录单。对于同一个账户，企业账与银行记录所得出的最终余额应该是一致的。因此，银行存款的账实核对需将银行定期提供的对账单与企业日记账核对，以证实企业业务往来的同时核对企业账户中资金的使用情况。

3. 银行存款余额调节表

当企业银行存款日记账与银行对账单不相符时，一般存在两种情况：记账错误或是存在未达账项。所谓未达账项，即两种之间的不相符是由于双方记账的时间差导致的，并非存在错误。对于这种情况，企业需要编制银行存款余额调节表调整日记账余额与对账单余额之间的差异。

4. 有关科目的记账凭证

如库存现金收款凭证、库存现金付款凭证、银行存款收款凭证及银行款付款凭证等。

5. 有关会计账簿

如库存现金日记账、库存现金总账、银行存款日记账及银行存款总账等。

第二节　货币资金的业务活动和相关内部控制

一、货币资金的主要业务活动

在进行货币资金审计之前，有必要首先了解企业货币资金日常的主要业务活动，才能在制定审计计划时有的放矢，提高审计效率。然而，企业之间因行业、规模及政策管制不同，每个企业的会计制度及相关业务程序不尽相同，因此本章选择一般制造型企业为例，在其他业务循环已介绍过货币资金相关审计事项的基础上，补充介绍企业中与货币资金业务相关的主要业务活动，如现金盘点、银行存款余额调节表的编制等。

（一）现金管理

现金是存放于企业中，由出纳专门保管的资产，是企业最直接的支付手段，也最容易被盗窃、贪污和挪用等，因此在日常核算上，主要采取序时核算（日记账登记）、每日盘点等方法。

出纳员每日根据报销等业务收付现金，根据现金收付凭证登记出纳登记簿或现金日记账。每日编制现金日报表，计算当日现金收入、支出及结余额，同时清点库存现金实有数，并将日报表的结余额与实际库存额进行核对，保证账实相符。会计主管不定期检查现金日报表。

每月末，会计主管指定出纳员以外的人员对现金进行盘点，但出纳必须在场，编制库存现金盘点表，将盘点金额与现金日记账月末余额进行核对。对冲抵库存现金的借条、未提现支票、未做报销的原始票证，在库存现金盘点报告表中予以注明。会计主管复核库存现金盘点表，若发现现金溢余或短缺，应查明原因，报经批准后处理。

（二）银行存款管理

企业银行存款管理活动主要包括银行账户管理、银行存款余额调节表的编制、票据管理、印章管理等方面。

1. 银行账户管理

按照国家有关规定，凡是独立核算的单位都必须在当地银行开立账户。企业银行账户的开立、变更或注销须经财务经理审核，报总经理审批。

2. 编制银行存款余额调节表

与现金存放于企业中不同，银行存款存放于银行或其他金融机构中。因此，对于银行存款的盘点一般采取对账方式，即将出纳人员日常所登记的银行存款日记账与银行或其他金融机构出具的该企业银行账户对账单相核对，确保账实相符。而这个对账工作一般由会计主管指定出纳员以外的人员进行，针对对账中出现的账实不符情况，编制银行存款余额调节表，通过对未达账项的调整，使银行存款账面余额与银行对账单调节相符。如若调节不符，应及时发现单位或银行记账上的差错，加以更正。会计主管复核银行存款余额调节表，对需要进行调整的调节项目及时进行处理。

3. 票据管理

货币资金收支业务都要涉及票据和财务印章，因此，对票据和印章的管理就显得格外重要。财务部门应有票据购买、领用等环节的职责权限和处理程序制度，设置银行票据登记簿，防止票据遗失或盗用。出纳员登记银行票据的购买、领用、背书转让及注销等事项。空白票据存放在保险柜中。科学管理因填写、开具失误或其他原因导致作废的法定票据。每月末，会计主管指定出纳员以外的人员对空白票据、未办理收款和承兑的票据进行盘点，编制银行票据盘点表，并与银行票据登记簿进行核对。会计主管复核库存银行票据盘点表，如果存在差异，需查明原因。

4. 印章管理

企业的财务专用章应当由专人保管，如财务经理等，办理相关业务时使用的个人名章应当由本人或其授权人员保管，如由出纳员保管，不得由一个人保管支付款项所需的全部印章。

二、货币资金内部控制概述

为了确保货币资金的安全与完整，企业必须加强对货币资金的管理，建立良好的货币资金内部控制，以确保货币资金的收付符合国家的有关规定，合理保证货币资金的会计记录真实、可靠、完整；库存现金、银行存款报告正确，并得以恰当保管；科学预测企业正常经营所需的货币资金收支额，提高企业资金运用效率和增值率。

由于每个企业的性质、所处行业、规模以及内部控制健全程序等不同，企业需根据国家有关法律法规的规定，结合本部门或系统有关货币资金内部控制的规定，建立适合本单位业务特点和管理要求的货币资金内部控制，并组织实施。但总体而言，企业货币资金内部控制一般包括：

（一）岗位分工及授权批准制度

1. 岗位分工控制

企业应当建立货币资金业务的岗位责任制，明确相关部门和岗位的职责权限，确保办理货币资金业务的不相容岗位相互分离、制约和监督，配备合格的人员办理货币资金业务，定期轮换岗位人员。例如，负责货币资金收支和保管的出纳人员不得兼任稽核、会计档案保管和收入、支出、费用、债权债务账目的登记工作，不得同时保管所有印章。企业不得由一人办理货币资金业务的全部手续。

2. 授权审批制度

（1）企业应当对货币资金业务建立严格的授权审批制度，明确审批人对货币资金业务的授权批准方式、权限、程序、责任和相关控制措施，规定经办人办理货币资金业务的职责范围和工作要求。

（2）审批人应当根据货币资金授权批准制度的规定，在授权范围内进行审批，不得超越审批权限。经办人应当在职责范围内，按照审批人的批准意见办理货币资金业务。

（3）对于审批人超越授权范围审批的货币资金业务，经办人员有权拒绝办理，并及时向审批人的上级授权部门报告。

3. 业务程序规范化

企业应当按照规定的程序办理货币资金支付业务。

（1）支付申请。企业有关部门或个人用款时，应当提前向审批人提交货币资金支付申请，注明款项的用途、金额、预算、支付方式等内容，并附有效经济合同或相关证明。

（2）支付审批。审批人根据其职责、权限和相应程序对支付申请进行审批，审核付款业务的真实性、付款金额的准确性，以及申请人提交票据或者证明的合法性，严格监督资金支付。对不符合规定的货币资金支付申请，审批人应当拒绝批准。

（3）支付复核。财务部门收到经审批人审批签字的相关凭证或证明后，应再次复核业务的真实性、金额的准确性，以及相关票据的齐备性、相关手续的合法性和完整性，并签字认可。复核无误后，交由出纳人员办理支付手续。

（4）办理支付。出纳人员应当根据复核无误的支付申请，按规定办理货币资金支付手续，及时登记库存现金和银行存款日记账。

4. 集体决策和审批

企业对于重要货币资金支付业务，应当实行集体决策和审批，并建立责任追究制度，防范贪污、侵占、挪用货币资金等行为。

5. 货币资金接触制度

严禁未经授权的机构或人员办理货币资金业务或直接接触货币资金。

（二）货币资金控制

1. 现金控制

（1）企业应根据国家有关规定，除了按规定限额保留库存现金以外，超过库存限额的现金应及时存入银行。企业必须根据《现金管理暂行条例》的规定，结合本企业的实际情况，确定本企业现金的开支范围。不属于现金开支范围的业务应当通过银行办理转账结算。

（2）企业现金收入应当及时存入银行，不得从企业的现金收入中直接支付（即坐支）。因特殊情况需坐支现金的，应事先报经开户银行审查批准，由开户银行核定坐支范围和限额。企业借出款项必须执行严格的授权批准程序，严禁擅自挪用、借出货币资金。

（3）企业取得的货币资金收入必须及时入账，不得私设"小金库"，不得账外设账，严禁收款不入账。

（4）企业应当定期和不定期地进行现金盘点，确保现金账面余额与实际库存相符。发现不符，及时查明原因并作出处理。

2. 银行存款控制

（1）企业应当严格按照《支付结算办法》等国家有关规定，加强银行账户的管理，严格按照规定开立账户，办理存款、取款和结算。银行账户的开立应当符合企业经营管理实际需要，不得随意开立多个账户，禁止企业内设管理部门自行开立银行账户。

企业应当定期检查、清理银行账户的开立及使用情况，发现问题应及时处理。同时加强对银行结算凭证的填制、传递及保管等环节的管理与控制。

（2）企业应当严格遵守银行结算纪律，不准签发没有资金保证的票据或远期支票，套取银行信用；不准签发、取得和转让没有真实交易和债权债务的票据，套取银行和他人资金；不准违反规定开立和使用银行账户。

（3）企业应当指定专人定期核对银行账户（每月至少核对一次），编制银行存款余额调节表，使银行存款账面余额与银行对账单调节相符。如调节不符，应查明原因，及时处理。

出纳人员一般不得同时从事银行对账单的获取、银行存款余额调节表的编制工作。确需出纳人员办理上述工作的，应当指定其他人员定期进行审核、监督。

以网上交易、电子支付等方式办理资金支付业务的企业，应当与承办银行签订网上银行操作协议，明确双方在资金安全方面的责任与义务、交易范围等。操作人员应当根据操作授权和密码进行规范操作。使用网上交易、电子支付方式的企业办理资金支付业务，不应因支付方式的改变而随意简化，变更所必需的授权审批程序。企业在严格实行网上交易、电子支付操作人员不相容岗位相互分离控制的同时，应当配备专人加强对交易和支付行为的审核。

（三）票据及有关印章控制

（1）企业应当加强与货币资金相关的票据的管理，明确各种票据的购买、保管、领用、背书转让、注销等环节的职责权限和程序，并专设登记簿进行记录，防止空白票据的遗失和被盗用。

（2）企业因填写、开具失误或者其他原因导致作废的法定票据，应当按规定予以保存，不得随意处置或销毁。对超过法定保管期限、可以销毁的票据，在履行审核手续后进行销毁，但应当建立销毁清册并由授权人员监销。

（3）企业应当专门登记票据的转交情况；对收取的重要票据，应留有复印件并妥善保管；不得跳号开具票据，不得随意开具印章齐全的空白支票。

（4）企业应当加强银行预留印鉴的管理。按规定需要有关负责人签字或盖章的经济业务，必须严格履行签字或盖章手续。

（四）监督检查制度

货币资金内部控制制度完善与否，不仅需要一套行之有效的制度建立，还需要辅之以监督检查制度，及时发现企业货币资金内部控制制度的运行缺陷，以确保企业货币资金的安全完整。因此，企业应当将对货币资金内部控制制度执行情况的监督检查纳入内部审计部门的职责范围，定期和不定期地进行检查。对监督检查过程中发现的货币资金内部控制中的薄弱环节，应当及时采取措施，加以纠正和完善。

货币资金监督检查的内容主要包括：

（1）货币资金业务相关岗位及人员的设置情况。重点检查是否存在货币资金业务不相容岗位职责未分离的现象。

（2）货币资金授权批准制度的执行情况。重点检查货币资金支出的授权批准手续是否健全，是否存在越权审批行为。

（3）支付款项印章的保管情况。重点检查是否存在办理付款业务所需的全部印章交由一人保管的现象；是否存在手续不完整的付款事项。

（4）票据的保管情况。重点检查票据的购买、领用、保管手续是否健全，票据保管是否存在漏洞。

第三节 货币资金的重大错报风险

审计人员依据前述货币资金内部控制的要点，重点了解被审计单位是否存在不相容岗位不分离、授权审批制度不健全、业务程序不规范等内部控制不完善的现象。在对其固有风险进行评估后，审计人员还应本着谨慎性原则对货币资金账户和交易（存在认定、完整性认定、权利和义务认定、计价和分摊认定、列报认定）所涉及的控制风险作出初步评估，宁可高估风险。如果控制风险不可接受，审计人员应该不实施控制测试，直接进行实质性程序。

一、货币资金可能发生错报的环节

与货币资金相关的财务报表项目主要为库存现金、银行存款、应收（付）款项、短（长）期借款、财务费用、长期投资等。以一般制造业为例，与库存现金、银行存款相关的交易和余额可能发生错报的环节如表9-1所示。

表 9 – 1　　　　　　　　　　制造业货币资金可能发生错报的环节

项目	相关认定
被审计单位资产负债表的货币资金项目中的库存现金和银行存款在资产负债表日不存在	存在
被审计单位所有应当记录的现金收支业务和银行存款收支业务未得到完整记录，存在遗漏	完整性
被审计单位的现金收款通过舞弊手段被侵占	完整性
记录的库存现金和银行存款不为被审计单位所拥有或控制	权利与义务
库存现金和银行存款的金额未被恰当地包括在财务报表的货币资金项目中，与之相关的计价调整未得到恰当记录	计价与分摊
库存现金和银行存款未按照企业会计准则的规定在财务报表中作出恰当列报	列报

以上错报环节是货币资金审计的重点，审计人员需要设计相关程序识别、应对可能发生错报环节的内部控制。为评估与货币资金的交易、余额和列报相关的认定的重大错报风险，使得计划实施的审计程序更加有效，审计人员需要事先充分了解被审计单位中与货币资金相关的内部控制，这些控制主要是为防止、发现并纠正相关认定发生重大错报的固有风险（即可能发生错报环节）而设置的。

二、识别与货币资金相关的重大错报风险

在评价货币资金业务的交易、账户余额和列报的认定层次的重大错报风险时，审计人员通常运用职业判断，依据因货币资金业务的交易、账户余额和列报的具体特征而导致重大错报风险的可能性（即固有风险），以及风险评估是否考虑了相关控制（即控制风险），形成对与货币资金相关的重大错报风险的评估，进而影响进一步审计程序。

货币资金业务交易、账户余额和列报的认定层次的重大错报风险可能包括：

（1）被审计单位存在虚假的货币资金余额或交易，因而导致银行存款余额的存在性或交易的发生存在重大错报风险。

（2）被审计单位存在大额的外币交易和余额，可能存在外币交易或余额未被准确记录的风险。例如，对于有外币现金或外币银行存款的被审计单位，企业有关外币交易的增减变动或年底余额可能因未采用正确的折算汇率而导致计价错误（计价和分摊/准确性）。

（3）银行存款的期末收支存在大额的截止性错误（截止）。例如，被审计单位期末存在金额重大且异常的银付企未付、企收银未收事项。

（4）被审计单位可能存在未能按照企业会计准则的规定对货币资金作出恰当披露的风险。例如，被审计单位期末持有使用受限制的大额银行存款，但在编制财务报表时未在财务报表附注中对其进行披露。

在实施货币资金审计的过程中，如果被审计单位存在以下事项或情形，审计人员需要

保持警觉：

（1）被审计单位的现金交易比例较高，并与其所在的行业常用的结算模式不同；

（2）库存现金规模明显超过业务周转所需资金；

（3）银行账户开立数量与企业实际的业务规模不匹配；

（4）在没有经营业务的地区开立银行账户；

（5）企业资金存放于管理层或员工个人账户；

（6）货币资金收支金额与现金流量表不匹配；

（7）不能提供银行对账单或银行存款余额调节表；

（8）存在长期或大量银行未达账项；

（9）银行存款明细账存在非正常转账的"一借一贷"；

（10）违反货币资金存放和使用规定（如上市公司未经批准开立账户转移募集资金、未经许可将募集资金转作其他用途等）；

（11）存在大额外币收付记录，而被审计单位并不涉足外贸业务；

（12）被审计单位以各种理由不配合审计人员实施银行函证。

除上述与货币资金项目直接相关的事项或情形外，审计人员在审计其他财务报表项目时，还可能关注到其他一些也需保持警觉的事项或情形。例如：

（1）存在没有具体业务支持或与交易不相匹配的大额资金往来；

（2）长期挂账的大额预付款项；

（3）存在大额自有资金的同时，向银行高额举债；

（4）付款方账户名称与销售客户名称不一致、收款方账户名称与供应商名称不一致；

（5）开具的银行承兑汇票没有银行承兑协议支持；

（6）银行承兑票据保证金余额与应付票据余额比例不合理。

当被审计单位存在以上事项或情形时，可能表明存在舞弊风险。

第四节　货币资金的控制测试

一、了解被审计单位货币资金的内部控制

制度重在执行。审计人员在了解货币资金的内部控制制度时，不仅关注企业是否建立了货币资金内部控制，还应重点检查企业对已建立制度的执行情况。因此审计人员除了审阅以前年度审计工作底稿、利用以往的审计经验外，可以通过实施以下程序了解与货币资金相关的内部控制：

（1）询问参与货币资金业务活动的被审计单位人员，如销售部门的业务员、采购部门的采购人员及财务部门的相关人员。

（2）观察货币资金业务流程中特定控制的执行，例如观察被审计单位货币资金期末盘点是如何进行的。

（3）检查相关文件和报告，例如检查银行存款余额调节表是否恰当编制以及其中的调

节项是否经会计主管的恰当复核等。

（4）选择若干具有代表性的交易和事项进行穿行测试。所谓穿行测试，即追踪货币资金业务在财务报告信息系统中的处理过程。穿行测试通常综合了询问、观察、检查、重新执行等多种程序。通过实施穿行测试，审计人员通常能获取充分的信息以评价控制的设计和执行。例如，选取一笔已收款的银行借款，追踪该笔交易从借款预算审批直至收到银行借款的整个过程，详见表 9 - 2。

表 9 - 2　　　　　　　　　　货币资金内部控制测试表

被审计单位名称：		签名	日期	索引号	
项目：货币资金	编制人			页次	
会计期间：	复核人				
调查问题		答案			
	是	弱	否	不适用	
一、现金控制					
1　经办人员办理有关现金业务是否得到批准					
2　经办人员是否在现金收支原始凭证上签字					
3　业务部门负责人是否审签现金收支原始凭证					
4　会计主管或指定人员是否审签现金收支原始凭证					
5　收付款记账凭证是否连续编号					
6　作废的收款收据是否加盖"作废"戳记					
7　付款凭证是否经过会计主管或指定人员复核					
8　出纳员是否根据记账凭证收付现金并登记日记账					
9　出纳员是否在原始凭证上加盖"收讫"戳记					
10　现金是否存放在保险柜等安全设施中					
11　现金支票、印鉴是否分别专人保管					
12　出纳员是否同时负责凭证编制及账簿登记工作					
13　收付款凭证是否经过稽核人员复核					
14　全公司所有的现金存放点是否在财务部门的直接控制下					
15　分管会计是否根据记账凭证登记相关明细账					

	调查问题	答案			
		是	弱	否	不适用
16	出纳员是否每日清点库存现金并与现金日记账结余额相核对				
17	超过库存限额的现金是否当日送存银行				
18	每日收入是否及时存入银行				
19	月末清点小组是否按期盘点库存现金并与现金账相核对				
20	现金清点余缺是否报告负责人审批处理				
21	收款、记账、稽核、核对职务是否由不同人员担任				
二、银行存款控制					
1	业务人员办理有关银行存款业务是否得到授权批准				
2	经办人员是否在银行存款收支原始凭证上签字				
3	业务部门负责人是否审签银行存款收支原始凭证				
4	是否采用银行管理方式				
5	是否有完整的资产存入、调剂、有偿使用、总体调度的管理制度				
6	材料采购、固定资产购置等付款事项是否经验收部门同意				
7	会计主管或指定人员是否审签银行存款结算原始凭证				
8	支票等结算凭证是否连续编号并按顺序使用				
9	作废的支票是否加盖"作废"戳记				
10	收付款项之后是否在原始凭证上加盖"收讫"或"付讫"戳记				
11	财务专用章、签发支票印章和财务负责人印章是否分别保管				

续表

调查问题		答案			
		是	弱	否	不适用
12	财务部门是否安排专门人员复核记账凭证及所附的结算凭证和原始凭证				
13	财务部门是否评价银行存款结算原始凭证				
14	出纳员是否根据经过复核的收付记账凭证逐笔登记银行存款日记账				
15	会计人员是否根据经过复核的收付记账凭证登记相应明细账				
16	银行存款总账科目是否由总账会计登记				
17	银行存款日记账是否与银行对账单逐笔核对				
18	银行存款余额调节表是否由非出纳员编制并核对				
19	是否由非记账人员定期核对银行存款日记账及存款明细账、总账				
20	结算、记账、稽核、核对职务是否由不同人员担任				
测试结论：					

资料来源：陆迎霞. 审计学 ［M］. 上海：上海财经大学出版社，2013：259 – 260.

（一）库存现金内部控制

由于现金是企业流动性最强的资产，加强现金管理对于保护企业资产安全、完整具有重要的意义。良好的现金内部控制应该达到以下几点：第一，现金收支与记账的岗位分离；第二，现金收支要有合理、合法的凭据；第三，全部收入及时准确入账，并且现金支出应严格履行审批、复核制度；第四，控制现金坐支，当日收入现金应及时送存银行；第五，按月盘点现金，以做到账实相符；第六，对现金收支业务进行内部审计。

（二）银行存款内部控制

一般而言，一个良好的银行存款的内部控制同库存现金的内部控制类似，应达到以下几点：

（1）银行存款收支与记账的岗位分离；

（2）银行存款收支要有合理、合法的凭据；

（3）全部收支及时准确入账，全部支出要有核准手续；

（4）按月编制银行存款余额调节表，以做到账实相符；

（5）加强对银行存款收支业务的内部审计。

按照我国现金管理的有关规定，超过规定限额以上的现金支出一律使用支票。因此，企业应建立相应的支票申领制度，明确申领范围、申领批准及支票签发、支票报销等。对于支票报销和现金报销，企业应建立报销制度。报销人员报销时应当有正确的报批手续、适当的付款凭据，有关采购支出还应具有验收手续。会计部门应对报销单据加以审核，出纳员见到加盖核准戳记的支出凭据后方可付款。付款应及时登记入账，相关凭证应按顺序或内容编制并作为会计记录的附件。

二、初步评价货币资金内部控制的风险

通过以上方法和途径进行调整了解后，审计人员就会对被审计单位的内部控制有较为深刻的认识。在此基础上，审计人员可用文字说明的方法（中小型企业适用）、货币资金内部控制流程图或调查表形式（大型企业适用）描述被审计单位的内部控制情况，对被审计单位的内部控制做出初步评价。

对货币资金内部控制进行初步评价常用的方法是运用货币资金内部控制调查表，逐项调查结果，判断被审计单位实际的货币资金内部控制制度是否达到了规定标准，以评价被审计单位货币资金内部控制的健全程度和执行情况。

如果审计人员发现（1）内部控制制度执行不到位，制度形同虚设；（2）内部控制失败；（3）难以对内部控制的有效性作出评估，存在以上其中一种情况，即可认为被审计单位的货币资金内部控制制度不可信，审计的控制风险很高，因此可以不对被审计单位的货币资金内部控制制度进行控制测试，而直接进行实质性程序。

相反，如果通过上述的审计程序，审计人员发现（1）内部控制制度执行到位，合理保证企业目标实现；（2）关键控制点未出现内控失败现象；（3）制度本身不存在重要缺陷，同时达到以上标准，即可认为被审计单位的货币资金内部控制制度是值得信赖的，可以对被审计单位的货币资金内部控制制度进行控制测试以应对识别出的重大错报风险。对控制薄弱的环节，可作为实质性程序的重点。

三、货币资金内部控制测试

如果在了解被审计单位的内部控制后，初步评价企业的内部控制运行是有效的，或仅实施实质性程序不能够提供认定层次充分、适当的审计证据，审计人员应当实施控制测试，针对与认定相关的控制在相关期间或时点的运行有效性获取充分、适当的审计证据。如果在了解被审计单位的内部控制后，初步评价其内部控制无效，或是审计人员决定直接对货币资金采取实质性审计方案，就无须实施货币资金的内部控制测试程序。

（一）库存现金控制测试

基于已识别的重大错报风险环节，审计人员选取拟测试的控制并实施控制测试。对库

存现金的控制测试，一般包括抽查凭证、检查日记账与相关账户的记录、现金盘点等环节。

1. 抽取并审查现金收款凭证

为测试现金收款的内部控制，审计人员基于一个良好的现金内部控制应做到的标准，根据企业的凭证类别的设置情况，将现金收款凭证归类，选取适当的样本量，作如下审查：（1）核对所抽的凭证是否均已正确过账；（2）核对现金收款与其对应账户（如其他应收款账户）的有关记录是否相符；（3）将凭证与后附的原始凭证核对等。

2. 抽取并检查现金付款凭证

为测试现金付款内部控制的有效性，审计人员应依据企业凭证类别的设置情况，将现金付款凭证归类并选取适当的样本量，基于一个良好的现金内部控制应达到的标准，作如下审查：（1）审查付款的授权批准手续是否符合规定；（2）将凭证记录与日记账记录核对；（3）核对现金付款凭证与其对应账户（如其他应付款账户）的记录是否一致；（4）核对记账凭证与原始凭证的记录是否一致。

3. 检查一定期间的库存现金日记账与相关账户的记录

审计人员应抽取一定期间的库存现金日记账，检查日记账与总账之间是否做到平行登记，即同方向、同内容、同金额登记；检查某一时点的日记账记录与其对应账户的记录是否相符。

（二）银行存款控制测试

审计人员对银行存款内部控制的测试与现金的内部控制测试可同时进行，如抽查凭证、检查一定期间的日记账及其相关账户的记录等程序是相同的。除此之外，银行存款内部控制测试还包括：

1. 关注企业银行账户的开立、变更和注销情况

基于前述关于银行账户的开立、变更和注销的内部控制要求，审计人员可以实施以下控制测试程序：（1）询问会计主管关于被审计单位本年开户、变更、撤销的整体情况；（2）取得本年度账户开立、变更、撤销申请项目清单，检查清单的完整性，并在选取适当样本的基础上检查账户的开立、变更、撤销项目是否已经财务经理和总经理审批。

2. 抽取并检查一定期间的银行存款余额调节表

为验证银行存款记录的正确性，审计人员必须抽取一定期间的银行存款余额调节表，以查验其是否按月正确编制并经复核。审计程序主要包括：（1）针对选取的样本，检查银行存款余额调节表，查看调节表中记录的企业银行存款日记账余额是否与银行存款日记账余额保持一致、调节表中记录的银行对账单余额是否与被审计单位提供的银行对账单中的余额保持一致；（2）针对调节项目，检查是否经会计主管签字复核；（3）针对大额未达账项目进行期后收付款的检查。

第五节　库存现金审计

审计人员根据库存现金控制测试的结果（即内部控制运行是否有效），确定从控制测试中已获得的审计证据及其保证程度，进而适当调整审计计划，确定实质性程序的性质、时间安排和范围。

一、库存现金审计目标

库存现金包括人民币现金和外币现金，是企业的实物资产。对库存现金审计时，首先应确定其存在性，即被审计单位资产负债表的货币资金项目中所包含的库存现金是否确实存在，金额是否正确；是否符合资产的定义，即是否为被审计单位所拥有或控制。其次，现金收付业务是企业经营业务中的主要环节，频繁收支是否得到了恰当准确记录，有无遗漏现象。最后确定库存现金是否在财务报表中恰当列报。

二、库存现金的实质性程序

根据重大错报风险的评估结果和从控制测试（如有实施）中所获取的审计证据及保证程度，审计人员就库存现金实施的实质性程序可能包括：

1. 将库存现金日记账与总账相核对

审查库存现金时，一般以库存现金日记账上所记录的余额为基础进行账账核对、账实核对。因此，审计人员首先应确定日记账余额是否与总账余额相符，如果不相符，应查明原因进行调整，为后续的账实核对提供依据。

2. 监盘库存现金

库存现金的账账核对结果，仅是对账面余额的确定。而对于实物性资产，账实核对是证实资产负债表中所列库存现金是否存在的一项重要程序。企业盘点库存现金，通常包括对已收到但未存入银行的现金、零用金、找换金等的盘点。盘点时间和人员应视被审计单位的具体情况而定，但现金保管员（出纳）和会计主管人员必须参加，并由审计人员进行监盘，有必要时审计人员要进行复盘。监盘库存现金的步骤与方法主要有：

（1）查看被审计单位制定的监盘计划，以确定监盘时间和人员。对库存现金的监盘最好实施突击性的检查，时间最好选择在上午上班前或下午下班时。盘点人员由会计主管指定出纳员以外的人员担任，监盘范围一般包括企业各部门经管的现金。在进行盘点前应由出纳员将现金集中起来存入保险柜。所有的库存现金、可流通的票据和有价证券应置于审计人员的控制之下，必要时可加以封存，然后由出纳员把已办妥现金收付手续的收付款凭证登入现金日记账。

（2）查阅库存现金日记账并同时选取一定期间与现金收付款凭证相核对。一方面检查库存现金日记账的记录与凭证内容和金额是否相符；另一方面了解凭证日期与库存现金日记账日期是否相符或相近。

（3）盘点人员通过填写"库存现金监盘表"检查被审计单位现金实存数，对于存在冲抵库存现金的借条、未提现支票、未作报销的原始凭证等项目，必要时被审计单位应调整实存数，最后将该实存数与库存现金日记账余额进行核对，做到账实核对。如有差异，应要求被审计单位查明原因，必要时应提请被审计单位作出调整；如无法查明原因，应要求被审计单位按管理权限批准后作出调整。

（4）一般而言，现金盘点日在资产负债表日之后，因此审计人员还需根据资产负表日至盘点日所有现金收支倒推计算出资产负债表日金额。倒推计算需要验证现金收支的截止日期。通常审计人员可以对资产负债表日前后一段时期内的现金收支凭证进行审计，以确定是否存在跨期事项。

3. 根据重要性原则抽查库存现金收付凭证

审计人员应根据金额的大小或业务性质确定抽查范围。如审计人员一般应抽查大额现金收付凭证，检查其后附的原始凭证是否齐全、原始凭证内容是否完整、授权批准手续是否完整、记账凭证与原始凭证是否相符、账务处理是否正确、是否记录于恰当的会计期间等内容。如有与被审计单位生产经营业务无关的收支事项，应查明原因，并作相应的记录。

4. 检查库存现金是否在财务报表中作出恰当列报

根据会计准则规定，库存现金在资产负债表的"货币资金"项目中反映，审计人员应在实施上述审计程序后，确定"库存现金"账户的期末余额是否恰当，进而确定库存现金是否在资产负债表中恰当披露。

第六节　银行存款审计

审计人员根据银行存款控制测试的结果（即内部控制运行是否有效），确定从控制测试中已获得的审计证据及其保证程度，进而适当调整审计计划，确定实质性程序的性质、时间安排和范围。

一、银行存款审计目标

银行存款是指企业存放在银行或其他金融机构的货币资金。企业在日常结算时，除了在国家规定的范围内可以用现金直接支付外，经营过程中的其他业务均须通过银行存款账户进行结算。可见，银行存款收付业务相当频繁。银行存款审计是货币资金审计中的重中之重。

银行存款的审计目标主要包括：（1）确定被审计单位资产负债表的货币资金项目中的银行存款在资产负债表日是否确实存在，是否为被审计单位所拥有或控制；（2）抽选某一期间，确定被审计单位在该期间应当记录的银行存款收支业务是否均已记录完毕，有无遗漏；（3）确定银行存款的余额是否正确；（4）确定银行存款是否在财务报表中恰当列报。

二、银行存款的实质性程序

根据重大错报风险的评估结果和从控制测试（如有实施）中所获取的审计证据及保证程度，审计人员就库存现金实施的实质性程序可能包括：

1. 将银行存款日记账与总账相核对

审查银行存款时，一般以银行存款日记账上所记录的余额为基础进行账账核对、账实核对。因此，审计人员首先应确定日记账余额是否与总账余额相符，如果不相符，应查明原因进行调整，为后续的账实核对提供依据。

2. 审查银行存款余额调节表

取得并检查银行存款余额调节表，一方面可以确定银行存款是否存在；另一方面可以确定银行存款的余额。审计人员对银行存款余额调节表的审计主要包括：

（1）检查调节表中加计数是否正确，调节后银行存款日记账余额与银行对账单余额是否一致。

（2）调查未达账项的真实性。对于企业已收付、银行尚未入账的事项，检查相关收付款凭证，并取得期后银行对账单，确认未达账项是否真实存在，银行是否已于期后入账；对于银行已收付、企业尚未入账的事项，检查期后企业入账的收付款凭证，确认未达账项是否存在，如果企业的银行存款余额调节表存在大额或较长时间的未达账项，注册会计师应关注是否存在挪用资金等事项，必要时提请被审计单位进行调整。

（3）特别关注银付企未付、企付银未付中支付异常的领款事项，包括没有载明收款人、签字不全等支付事项，确认是否存在舞弊。

3. 函证银行存款余额

银行存款也属于企业的实物资产，期末除了做到账账核对，还须账实核对。银行存款账实核对主要通过以被审计单位名义向银行或其他金融机构等往来单位发出询证函的方式进行。通过函证程序，审计人员不仅可以了解企业银行存款是否真实存在，还可以了解被审计单位账面反映所欠银行债务的情况，并有助于发现企业未入账的银行借款和未披露的或有负债。

函证范围应包括被审计单位在本年存过款的所有银行，账户范围不仅包括有余额的账户，还应包括零余额账户和在本期内注销的账户。除此之外，对于被审计单位其他与金融机构往来的重要信息（如借款等）也需要实施函证程序，除非有充分证据表明某一银行存款、借款及与金融机构往来的其他重要信息对财务报表不重要且与之相关的重大错报风险很低。如果不对这些项目实施函证程序，注册会计师应当在审计工作底稿中说明理由。

以下列示的是银行询证函的通用格式。

银行询证函

_____（银行）：

本公司聘请的_____会计师事务所正在对本公司____年度（或期间）的财务报表进行审计，按照中国注册会计师执业准则的要求，应当询证本公司与贵行相关往来信息。下列数据出自本公司账簿记录，如与贵行记录相符，请在本函下端"结论"部分签章证明；如有不符，请在本函"结论"处列明不符项目及具体内容，并签字和盖章。有关询证费用可直接从本公司_____账户中收款。本公司谨授权贵行回函直接寄至_____会计师事务所。地址及联系方式如下：

回函地址：

联系人：　　　　　　　　电话：　　　　　　　　　　传真：

电子邮箱：

截至____年__月__日，本公司与贵行相关往来信息列示如下（此处仅列举银行存款、借款两项的询证范例）：

1. 银行存款

账户名称	银行账号	币种	利率	账户类型	余额	起止日期	是否用于担保或存在其他限制	备注

除上述列示的银行存款外，本公司并无在贵行的其他存款。

注："起止日期"一栏仅适用于定期存款，如为活期或保证金存款，可只填写"活期"或"保证金"字样。"账户类型"列明账户性质，如基本户、一般户等。

2. 银行借款

借款人名称	银行账号	币种	余额	借款日期	还款日期	利率	抵（质）押品/担保人	备注

除上述列示的银行借款外，本公司并无来自贵行的其他借款。

注：如存在本金或利息逾期未付行为，在"备注"栏中予以说明。

3. 自＿＿年＿月＿日起至＿＿年＿月＿日期间内注销的账户

账户名称	银行账号	币种	注销账户日

除上述列示的注销账户外，本公司在此期间并未在贵行注销其他账户。

结论：

经本行核对，所函证项目与本行记载信息相符。特此函复。

年　月　日

经办人：　　　　　　职务：　　　　　　电话：

复核人：　　　　　　职务：　　　　　　电话：

（银行盖章）

经本行核对，存在以下不符之处。

年　月　日

| 经办人： | 职务： | 电话： |
| 复核人： | 职务： | 电话： |

（银行盖章）

说明：

（1）本询证函（包括回函）中所列信息应严格保密，仅用于注册会计师审计目的。

（2）本函应由被审计单位加盖骑缝章。

4. 抽查大额银行存款收支

审计人员应抽查大额银行存款收支的原始凭证，检查其内容是否完整，记账凭证与原始凭证是否相符，有无授权批准，计算是否正确，凭证所反映的经济业务是否真实，凭证的编制是否正确等，并核对相关账户的进账情况。如有与被审计单位生产经营业务无关的收支事项，应查明原因并作相应的记录。应特别注意检查被审计单位与关联方之间的任何大额或不寻常的付款业务。

5. 检查银行存款收支的截止是否正确

被审计单位资产负债表上的银行存款的数额，应以结账日实有数额为准。因此，选取资产负债表日前后一段时期内银行存款收支凭证若干张、一定金额以上的凭证实施截止测试，以确定是否存在跨期收支事项。同时审计人员应关注企业签发票据的情况，被审计单位年终前开出的支票，不得在年后入账。因此，审计人员应当清点支票及支票存根，确定各银行账户最后一张支票的号码，同时查实该号码之前的所有支票均已交付被审计单位的有关客户。另外，通过银行编制的资产负债表日后 7~10 天为截止日的银行对账单，查验是否存在支票实际兑现日期离签发日期过长的现象及是否存在挪用补空的现象。

6. 检查银行存款是否在财务报表中作出恰当列报

根据企业会计准则规定，企业的银行存款、库存现金、其他货币资金通常合并为一项列示在"货币资金"项目中。对于存在质押、冻结等对变现有限制或存在境外的款项，不符合流动资产的变现特征，不得在该项目列报披露。所以，审计人员应在实施上述审计程序后，确定银行存款账户的期末余额是否恰当，进而确定银行存款是否在资产负债表中恰当披露。

拓展案例

300 亿元失踪的 K 帝国[①]

被称作中药概念龙头的 K 药业成立已经有 20 多年，上市时间超过 18 年。2010 年以来的现金流均呈现正常上涨态势。2013 年的年报中，将其描述为"首次进入中国企业 500 强，连续 8 年上榜中国制药业百强"。2014 年、2015 年 K 药业的营业收入和净利润在增长，营业收入分别达到了 159.49 亿元、180.66 亿元；归属于上市公司股东的净利润分别

---

① 笔者根据相关新闻整理。

为 22.85 亿元、27.56 亿元，同比增长超 20%。

不过，2014 年度，K 药业经营现金流量与业绩出现了背离。根据 K 药业发布的年度报告，公司 2012 年、2013 年、2014 年经营活动产生的现金流量净额分别为 10 亿元、16.74 亿元、11.32 亿元，在 2014 年度，公司经营活动产生的现金流量净额同比下滑 32.37%。到了 2015 年度，公司经营活动产生的现金流量净额只有 5 亿元，同比下滑 55.06%。为了维持上市资格，2016 年和 2017 年的经营活动现金流净额和业绩（归母净利润以及营收）通过一系列与现金相关的财务操作维持了靓丽的双增长。实际 "造血" 能力已经严重恶化的 K 药业通过各种融资融券手段，出现了货币资金的高企，货币资金科目由 2015 年末的 158.2 亿元增至 2016 年末的 273.3 亿元，2017 年末的货币资金更是高达 341.5 亿元。2018 年，K 药业被媒体报道存在 "货币现金高、存贷双高、大股东股票质押比例高和中药材贸易毛利率高" 等问题。公司对此回复称，对于近期媒体未经核实的不实报道，公司将保留法律追究的权利。

某注册会计师通过分析 K 药业的澄清公告，看穿其谎言，并对 K 药业的资金真实性、经营现金流、存货高企等问题进行了质疑。2018 年 10 月中旬，K 药业股价开始连续跌停。跌停后，K 药业又发布了澄清公告，使业界疑心更大。

随后，该名注册会计师又对此提出质疑，主要原因是公司明确表示了公司的资金用途，但是完全不符合短贷短投的商业逻辑。最终，随着 K 药业 2018 年年报的披露，事情终于浮出水面，300 亿元银行存款，说没就没了。回头看，K 药业股价下跌了 70%。

随着证监会的立案调查，K 药业 "不翼而飞" 的 300 亿元逐渐浮出水面。证监会表示，经查，2016~2018 年，K 药业涉嫌通过仿造、变造增值税发票等方式虚增营业收入，通过伪造、变造大额定期存单等方式虚增货币资金，将不满足会计确认和计量条件的工程项目纳入报表，虚增固定资产等。同时，K 药业涉嫌未在相关年度报告中披露控股股东及关联方非经营性占用资金情况。上述行为致使 K 药业披露的相关年度报告存在虚假记载和重大遗漏。

运用本章学习的相关知识，谈谈你对货币资金财务舞弊的看法，你认为应如何整治这一现象，重拾资本市场的信心？

实训九　货币资金模块

一、实训目的

（1）熟练掌握库存现金、银行存款审计的要点、方法和程序。
（2）具体掌握库存现金审计、银行存款审计。

二、实训要求

第一部分为控制测试的内容，请根据第（一）部分的案例材料，结合实训四"控制测试模块"的相关实训操作流程，进行货币资金模块的控制测试实训。第二部分为实质性测试内容，根据所列示的会计凭证、明细账、总账等资料，按照审计程序，选择适当的审计方法对货币资金进行审计。

三、实训操作流程及实训资料

第一部分：货币资金的控制测试。

（一）货币资金内部控制政策与程序

中泰纸业股份有限公司内部控制政策和程序——货币资金循环活动中的规定

一、有关职责分工的政策和程序

不相容职务相分离：

（1）货币资金支付与审批；

（2）货币资金保管与总分类账记录；

（3）货币资金保管与会计档案保管以及收入、支出、费用、债权债务等账目的记账；

（4）现金、银行存款总账与日记账的登记；

（5）银行存款余额调节表的编制与复核。

二、主要业务活动介绍

（一）现金管理

（1）出纳员每日对库存现金自行盘点，编制现金日报表，计算当日现金收入、支出及结余额，并将结余额与实际库存额进行核对，如有差异及时查明原因。会计主管不定期检查现金日报表。

（2）每月末，会计主管指定出纳员以外的人员对现金进行盘点，编制库存现金盘点表，将盘点金额与现金日记账余额进行核对。对冲抵库存现金的借条、未提现支票、未作报销的原始凭证，在库存现金盘点报告中予以说明。会计主管复核库存现金盘点表，如果盘点金额与现金日记账余额存在差异，需查明原因并报经财务经理批准后进行账务处理。

（二）银行存款管理

（1）每月末，会计主管指定出纳员以外的人员核对银行存款日记账和银行对账单，编制银行存款余额调节表，使银行存款账面余额与银行对账单调节相符。如调节不符，查明原因。会计主管复核银行余额调节表，对需要进行账务调整的调节项目及时进行处理。

（2）每月末，会计主管指定出纳员以外的人员对空白票据、未办理收款和承兑的票据进行盘点，编制银行票据盘点表，并与银行票据登记簿进行核对。会计主管复核库存银行票据盘点表，如果存在差异，需查明原因。

（3）公司银行账户的开立、变更或注销须经财务经理审核，报总经理审批。

财务部门设置银行票据登记簿，防止票据遗失或盗用。出纳员登记银行票据的购买、领用、背书转让及注销等事项。空白票据存放在保险柜中。

公司财务专用章由财务经理保管，个人名章由出纳员保管。

第二部分：货币资金的实质性测试。

（二）货币资金总账与明细账

1. 注意事项

在软件操作平台主界面中选择"审计数据"，从中进行货币资金总账查询和明细账查询。

2. 实训资料

（1）库存现金总账及明细账（见软件）。

将总账余额与明细账余额核对，确保账账相符。

（2）银行存款总账及明细账（见软件）。

将总账余额与明细账余额核对，确保账账相符。

（3）其他货币资金总账及明细账（见软件）。

将总账余额与明细账余额核对，确保账账相符。

（三）库存现金盘点表

1. 注意事项

库存现金盘点日为报表日后，盘点的起点金额为盘点日的库存现金余额。因此需要关注库存现金报表日至审计日间的明细账，具体见"审计材料"中的"其他"——"7. 报表日后库存现金明细账"。在确定盘点日的库存现金账实相符后，再结合报表日后库存现金明细账追溯至报表日的库存现金余额。

2. 实训资料

（1）报表日后库存现金明细账（见软件）。

（2）库存现金盘点表（见软件）。

（四）银行询证函

1. 注意事项

审计人员应对被审计单位所开立的所有银行账户进行函证，以证实银行存款的存在性。实训中应根据银行存款明细账中的相关账户进行函证。关于承兑汇票信息，可通过"审计材料"中"供产销档案及资料"查询。

2. 实训资料

（1）银行存款明细账（有工商银行武汉汉阳支行和交通银行武汉汉阳支行两家银行，详见软件）。

（2）银行存款询证函（详见软件）。

（五）银行存款函证结果汇总表

1. 注意事项

根据前述发出的询证函结果填写银行存款函证汇总表。

2. 实训资料

（1）银行存款询证函回函结果（交通银行）。

（2）银行存款询证函回函结果（工商银行）。

（3）根据前两项的回函结果填写银行存款函证结果汇总表。

银行存款函证结果汇总表

被审计单位：中泰纸业股份有限公司　　编制：陈仁敬　　日期：2017 - 01 - 31　　索引号：3111 - 6
会计期间：2016 年度　　　　　　　　复核：李清河　　日期：2017 - 01 - 31　　页　次：

开户银行	账号	币种	函证情况						冻结、质押等事项说明	备注
			对账单余额	函证日期	回函日期	回函金额	金额差异	银行询证函索引号		
审计说明：										

（六）货币资金凭证抽查表

1. 注意事项

登入软件操作平台主界面的"记账凭证"，根据重要性原则及抽样方法确定要抽查的凭证，并根据凭证日期及凭证号查询相关记账凭证。

2. 实训资料

在记账凭证中点击"查询"，输入日期和凭证号这两个条件进行搜索便可得到结果（记账凭证略，具体见软件）。

3. 根据前述资料填写货币资金凭证抽查表

抽查表

被审计单位：中泰纸业股份有限公司　　　　编制：陈仁敬　　　　　日期：2017 - 01 - 16
索引号：3111 - 3　　　　　　　　　　　　会计期间：2016 年度
复核：李清河　　　　　　　　　　　　　　日期：2017 - 01 - 22　　　页次：

序号	凭证日期	凭证号	摘要	对应科目		金额	核对情况（用"是""否"表示）								备注
				方向	名称		1	2	3	4	5	6	7	8	
1															
2															
3															
4															
5															
6															
7															
8															
9															
10															

核对说明

1. 原始凭证内容完整	5.
2. 有无授权批准	6.
3. 财务处理正确	7.
4. 金额核对相符	8.

审计说明：

（七）货币资金审定表

1. 注意事项

根据前列的资产负债表（见实训一）获取货币资金的列报数，结合前述账账核对、账实核对的结果，确定是否存在账项调整事项，最后填写货币资金审定表。

2. 实训资料

（1）上年审定的资产负债表。

查阅软件中"审计材料"部分的"验证报告及上年度审定的报表"。

（2）根据以上资料分析填列货币资金审定表。

货币资金审定表

被审计单位：中泰纸业股份有限公司　　　填制：陈仁敬　　　　日期：2017 – 01 – 16

索引号：3111 – 1　　　　　　　　　　　会计期间：2016 年度

复核：李清河　　　　　　　　　　　　　日期：2017 – 01 – 22　　页次：

项目	期末未审数	账项调整		重分类调整		期末审定数	上期审定数	索引号
		借方	贷方	借方	贷方			
报表数：								
明细数								
其中：								
审计说明：								
审计结论：								

第十章 审计报告

C公司非标准审计报告案例①

C公司全称为上海C科技股份有限公司。公司由上海C科技有限公司于2007年10月12日整体变更设立，设立时注册资本500万元。公司号称是中国国内最早从事晶体硅太阳能电池生产的企业之一，主要生产各种型号、规格的单晶硅、多晶硅太阳能组件和太阳能灯具。2010年11月18日，上海C科技股份有限公司在深圳证券交易所中小板上市，对外发行6 600万股，占发行后总股本的25.04%。

晶体硅太阳能电池是国家鼓励发展的战略性新兴产业新能源领域产品，它是一种主要的光伏组件，广泛运用于各种光伏产品。2011年光伏行业进入"寒冬"。C公司陷入亏损。2012年4月24日，公司公布了其2011年年度报告，已连续担任C公司五年审计机构的T会计师事务所对公司2011年财务报告出具了保留意见的审计报告。2013年4月24日，公司公布了2012年年报，新担任审计机构的D会计师事务所对公司2012年财务报告出具了保留意见的审计报告。2014年4月28日，公司公布了2013年年报，第二年担任审计机构的D会计师事务所对公司2013年财务报告出具了无法表示意见的审计报告。

T会计师事务所在对C公司2011年年度财务报告发表审计报告之前，已连续担任公司审计机构五年。公司2010年上市公布的招股说明书所附近三年财务报告是由T会计师事务所发表审计意见，此后该所又作为审计师对公司2010年度财务报告发表了无保留意见标准审计报告。2011年3月18日，公司股东大会决议继续由T会计师事务所担任2011年度审计机构。根据2011年度董事会及监事会报告可知，董事会及监事会认可T会计师事务所对C公司2011年度财务报告出具保留意见的非标准审计报告。之后2012年5月18日召开的2011年度股东大会，也通过了续聘T会计师事务所继续担任公司2012年度审计师的有关决议。

然而，2012年11月12日公司董事会发布公告，宣布T会计师事务所不再担任公司2012年度审计机构，将改聘D会计师事务所为2012年度审计机构。董事会披露变更审计机构的原因是"原审计机构T会计师事务所由于业务发展调整，提出不再担任公司2012年度审计机构"。2012年11月30日召开的第七次临时股东大会也通过了关于改聘会计师事务所的决议，理由是审计机构提出离任，但在年末进行审计机构变更通常被认为是异常

---

① 笔者根据相关资料整理。

的，加上上年度被原审计机构出具了非标准审计报告，公司这一举动也引起有关分析师的质疑。

更为值得注意的是，T会计师事务所担任公司2010年度及2011年度审计机构，审计费用均为60万元，而改聘D会计师事务所后，公司支付的2012年度审计费用增至200万元。增长超过两倍的审计费用，加上糟糕的经营状况，令资本市场有理由怀疑上市公司是否企图向新任审计机构购买对自身有利的审计意见。

第一节　审计报告概述

一、审计报告的含义

审计报告是指注册会计师根据审计准则的规定，在执行审计工作的基础上，对财务报表发表审计意见的书面文件。

审计报告是注册会计师在完成审计工作后向委托人提交的最终产品，具有以下特征：

（1）注册会计师应当按照审计准则的规定执行审计工作。

（2）注册会计师在实施审计工作的基础上才能出具审计报告。

（3）注册会计师通过对财务报表发表意见履行业务约定书约定的责任。

（4）注册会计师应当以书面形式出具审计报告。

注册会计师应当根据由审计证据得出的结论，清楚表达对财务报表的意见。注册会计师一旦在审计报告上签名并盖章，就表明对其出具的审计报告负责。

审计报告是注册会计师对财务报表是否在所有重大方面按照财务报告编制基础编制并实现公允反映发表审计意见的书面文件，因此，注册会计师应当将已审计的财务报表附于审计报告之后，以便于财务报表使用者正确理解和使用审计报告，并防止被审计单位替换、更改已审计的财务报表。

二、审计报告的作用

注册会计师签发的审计报告，主要具有签证、保护和证明三方面的作用。

（一）签证作用

注册会计师签发的审计报告，不同于政府审计和内部审计的审计报告，是以超然独立的第三者身份，对被审计单位财务报表合法性、公允性发表意见。这种意见，具有签证作用，得到了政府、投资者和其他利益相关者的普遍认可。政府有关部门判断财务报表是否合法、公允，主要依据注册会计师的审计报告。企业的投资者，主要依据注册会计师的审计报告来判断被投资企业的财务报表是否公允地反映了财务状况和经营成果，以进行投资决策等。

（二）保护作用

注册会计师通过审计，可以对被审计单位财务报表出具不同类型审计意见的审计报告，以提高或降低财务报表使用者对财务报表的信赖程度，能够在一定程度上对被审计单位的债权人和股东以及其他利害关系人的利益起到保护作用。如投资者为了减少投资风险，在进行投资之前，需要查阅被投资企业的财务报表和注册会计师的审计报告，了解被投资企业的经营情况和财务状况。

（三）证明作用

审计报告是对注册会计师审计任务完成情况及其结果所作的总结，它可以表明审计工作的质量并明确注册会计师的审计责任。因此，审计报告可以对审计工作质量和注册会计师的审计责任起证明作用。例如，是否以审计工作底稿为依据发表审计意见，发表的审计意见是否与被审计单位的实际情况相一致，审计工作的质量是否符合要求。

第二节 审计报告的种类和基本内容

一、审计意见的类型

注册会计师的目标是在评价根据审计证据得出的结论的基础上，对财务报表形成审计意见，并通过书面报告的形式清楚地表达审计意见。

如果认为财务报表在所有重大方面按照适用的财务报告编制基础编制并实现公允反映，注册会计师应当发表无保留意见。无保留意见，是指当注册会计师认为财务报表在所有重大方面按照适用的财务报告编制基础编制并实现公允反映时发表的审计意见。当存在下列情形之一时，注册会计师应当按照《中国注册会计师审计准则第 1502 号——在审计报告中发表非无保留意见》的规定，在审计报告中发表非无保留意见：（1）根据获取的审计证据，得出财务报表整体存在重大错报的结论；（2）无法获取充分、适当的审计证据，不能得出财务报表整体不存在重大错报的结论。

如果财务报表没有实现公允反映，注册会计师应当就该事项与管理层讨论，并根据适用的财务报告编制基础的规定和该事项得到解决的情况，决定是否有必要按照《中国注册会计师审计准则第 1502 号——在审计报告中发表非无保留意见》的规定在审计报告中发表非无保留意见。非无保留意见，是指对财务报表发表的保留意见、否定意见或无法表示意见。具体如图 10 - 1 所示。

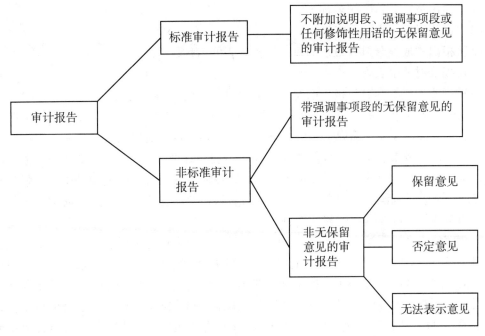

图 10 - 1 审计意见类型

二、审计报告的基本内容

无保留意见的审计报告应当包括下列要素：（1）标题；（2）收件人；（3）审计意见；（4）形成审计意见的基础；（5）管理层对财务报表的责任；（6）注册会计师对财务报表审计的责任；（7）按照相关法律法规的要求报告的事项（如适用）；（8）注册会计师的签名和盖章；（9）会计师事务所的名称、地址和盖章；（10）报告日期。

在适用的情况下，注册会计师还应当按照《中国注册会计师审计准则第 1324 号——持续经营》《中国注册会计师审计准则第 1504 号——在审计报告中沟通关键审计事项》《中国注册会计师审计准则第 1521 号——注册会计师对其他信息的责任》的相关规定，在审计报告中对与持续经营相关的重大不确定性、关键审计事项、被审计单位年度报告中包含的除财务报表和审计报告之外的其他信息进行报告。

1. 标题

审计报告应当具有标题，统一规范为"审计报告"。

2. 收件人

审计报告的收件人是指注册会计师按照业务约定书的要求致送审计报告的对象，一般是指审计业务的委托人。审计报告应当按照审计业务的约定载明收件人的全称。

注册会计师应当与委托人在业务约定书中约定致送审计报告的对象，以防止在此问题上发生分歧或审计报告被委托人滥用。针对整套通用目的财务报表出具的审计报告，审计报告的致送对象通常为被审计单位的股东或治理层。

3. 审计意见

审计意见部分由两部分构成。第一部分指出已审计财务报表，应当包括下列方面：

（1）指出被审计单位的名称；

（2）说明财务报表已经审计；

（3）指出构成整套财务报表的每一财务报表的名称；

（4）提及财务报表附注；

（5）指明构成整套财务报表的每一财务报表的日期或涵盖的期间。

为体现上述要求，审计报告可说明："我们审计了被审计单位的财务报表，包括【指明适用的财务报告编制基础规定的构成整套财务报表的每一财务报表的名称、日期或涵盖的期间】以及财务报表附注，包括重大会计政策和会计估计。"审计意见涵盖由适用的财务报告编制基础所确定的整套财务报表。例如，在许多通用目的的编制基础上，财务报表包括资产负债表、利润表、现金流量表、所有者权益变动表和相关附注（通常包括重大会计政策和会计估计以及其他解释性信息）。

第二部分应当说明注册会计师发表的审计意见。如果对财务报表发表无保留意见，除非法律法规另有规定，审计意见应当使用"我们认为，财务报表在所有重大方面按照适用的财务报告编制基础（如企业会计准则）编制并实现公允反映"的措辞。审计意见说明财务报表在所有重大方面按照适用的财务报告编制基础编制，公允反映了财务报表旨在反映的事项。例如，对于按照企业会计准则编制的财务报表，这些事项是"被审计单位期末的财务状况、截至期末某一期间的经营成果和现金流量"。

4. 形成审计意见的基础

审计报告应当包含标题为"形成审计意见的基础"的部分。该部分提供关于审计意见的重要背景，应当紧接在审计意见部分之后，并包括下列方面：

（1）说明注册会计师按照审计准则的规定执行了审计工作；

（2）提及审计报告中用于描述审计准则规定的注册会计师责任的部分；

（3）声明注册会计师按照与审计相关的职业道德要求对被审计单位保持了独立性，并履行了职业道德方面的其他责任。声明中应当指明适用的职业道德要求，如中国注册会计师职业道德守则；

（4）说明注册会计师是否相信获取的审计证据是充分、适当的，为发表审计意见提供了基础。

5. 管理层对财务报表的责任

审计报告应当包含标题为"管理层对财务报表的责任"的部分，其中应当说明管理层负责下列方面：

（1）按照适用的财务报告编制基础编制财务报表，使其实现公允反映，并设计、执行和维护必要的内部控制，以使财务报表不存在由于舞弊或错误导致的重大错报。

（2）评估被审计单位的持续经营能力和使用持续经营假设是否适当，并披露与持续经营相关的事项（如适用）。对管理层评估责任的说明应当包括描述在何种情况下使用持续经营假设是适当的。

6. 注册会计师对财务报表审计的责任

审计报告应当包含标题为"注册会计师对财务报表审计的责任"的部分，其中应当包括下列内容：

（1）说明注册会计师的目标是对财务报表整体是否不存在由于舞弊或错误导致的重大

错报获取合理保证，并出具包含审计意见的审计报告。

（2）说明合理保证是高水平的保证，但按照审计准则执行的审计并不能保证一定会发现存在的重大错报。

（3）说明错报可能由于舞弊或错误导致。在说明错报可能由于舞弊或错误导致时，注册会计师应当从下列两种做法中选取一种：

①描述如果合理预期错报单独或汇总起来可能影响财务报表使用者依据财务报表作出的经济决策，则通常认为错报是重大的；

②根据适用的财务报告编制基础，提供关于重要性的定义或描述。

注册会计师对财务报表审计的责任部分还应当包括下列内容：

第一，说明在按照审计准则执行审计工作的过程中，注册会计师运用职业判断，并保持职业怀疑。

第二，通过说明注册会计师的责任，对审计工作进行描述。这些责任包括：

①识别和评估由于舞弊或错误导致的财务报表重大错报风险，设计和实施审计程序以应对这些风险，并获取充分、适当的审计证据，作为发表审计意见的基础。由于舞弊可能涉及串通、伪造、故意遗漏、虚假陈述或凌驾于内部控制之上，未能发现由于舞弊导致的重大错报的风险。

②了解与审计相关的内部控制，以设计恰当的审计程序，但目的并非对内部控制的有效性发表意见。当注册会计师有责任在财务报表审计的同时对内部控制的有效性发表意见时，应当略去上述"目的并非对内部控制的有效性发表意见"的表述。

③评价管理层选用会计政策的恰当性和作出会计估计及相关披露的合理性。

④对管理层使用持续经营假设的恰当性得出结论。同时，根据获得的审计证据，就可能导致对被审计单位持续经营能力产生重大疑虑的事项或情况是否存在重大不确定性得出结论。如果注册会计师得出结论认为存在重大不确定性，审计准则要求注册会计师在审计报告中提请报表使用者关注财务报表中的相关披露；如果披露不充分，注册会计师应当发表非无保留意见。注册会计师的结论基于截至审计报告日可获得的信息。然而，未来的事项或情况可能导致被审计单位不能持续经营。

⑤评价财务报表的总体列报、结构和内容（包括披露），并评价财务报表是否公允反映相关交易和事项。

注册会计师对财务报表审计的责任部分还应当包括下列内容：

（1）说明注册会计师与治理层就计划的审计范围、时间安排和重大审计发现等事项进行沟通，包括沟通注册会计师在审计中识别的值得关注的内部控制缺陷。

（2）对于上市实体财务报表审计，指出注册会计师就已遵守与独立性相关的职业道德要求向治理层提供声明，并与治理层沟通可能被合理认为影响注册会计师独立性的所有关系和其他事项，以及相关的防范措施（如适用）。

（3）对于上市实体财务报表审计，以及决定按照《中国注册会计师审计准则第1504号——在审计报告中沟通关键审计事项》的规定沟通关键审计事项的其他情况，说明注册会计师从已与治理层沟通的事项中确定哪些事项对本期财务报表审计最为重要，因而构成关键审计事项。注册会计师应当在审计报告中描述这些事项，除非法律法规禁止公开披露这些事项，或在极少数情形下，注册会计师合理预期在审计报告中沟通某事项造成的负面后果超过在公众利益方面产生的益处，因而决定不应在审计报告中沟通该事项。

7. 按照相关法律法规的要求报告的事项（如适用）

除审计准则规定的注册会计师对财务报表出具审计报告的责任以外，相关法律法规可能对注册会计师设定了其他报告责任。例如，如果注册会计师在财务报表审计中注意到某些事项，可能被要求对这些事项予以报告。注册会计师可能被要求实施额外的规定的程序并予以报告，或对特定事项（如会计账簿和记录的适当性）发表意见。

在某些情况下，相关法律法规可能要求或允许注册会计师将对这些其他责任的报告作为对财务报表出具的审计报告的一部分。在另外一些情况下，相关法律法规可能要求或允许注册会计师在单独出具的报告中进行报告。

这些责任是注册会计师按照审计准则对财务报表出具审计报告的责任的补充。例如，如果注册会计师在财务报表审计中注意到某些事项，可能被要求对这些事项予以报告。此外，注册会计师可能被要求实施额外规定的程序并予以报告，或对特定事项（如会计账簿和记录的适当性）发表意见。如果注册会计师在对财务报表出具的审计报告中履行其他报告责任，应当在审计报告中将其单独作为一部分，并以"按照相关法律法规的要求报告的事项"为标题。此时，审计报告应当区分为"对财务报表出具的审计报告"和"按照相关法律法规的要求报告的事项"两部分，以便将其同注册会计师的财务报表报告责任明确区分。在另外一些情况下，相关法律法规可能要求或允许注册会计师在单独出具的报告中进行报告。

8. 注册会计师的签名和盖章

审计报告应当由项目合伙人和另一名负责该项目的注册会计师签名和盖章。在审计报告中指明项目合伙人有助于进一步增强对审计报告使用者的透明度，有助于增强项目合伙人的个人责任感。因此，对上市实体整套通用目的财务报表出具的审计报告应当注明项目合伙人。

9. 会计师事务所的名称、地址和盖章

审计报告应当载明会计师事务所的名称和地址，并加盖会计师事务所公章。

根据《中华人民共和国注册会计师法》的规定，注册会计师承办业务，由其所在的会计师事务所统一受理并与委托人签订委托合同。因此，审计报告除了应由注册会计师签名和盖章外，还应载明会计师事务所的名称和地址，并加盖会计师事务所公章。

注册会计师在审计报告中载明会计师事务所地址时，标明会计师事务所所在的城市即可。在实务中，审计报告通常载于会计师事务所统一印刷的、标有该所详细通信地址的信笺上，因此，无须在审计报告中注明详细地址。

10. 报告日期

审计报告应当注明报告日期。审计报告日不应早于注册会计师获取充分、适当的审计证据（包括管理层认可对财务报表的责任且已批准财务报表的证据），并在此基础上对财务报表形成审计意见的日期。在确定审计报告日时，注册会计师应当确信已获取下列两方面的审计证据：（1）构成整套财务报表的所有报表（包括相关附注）已编制完成；（2）被审计单位的董事会、管理层或类似机构已经认可其对财务报表负责。

审计报告的日期向审计报告使用者表明，注册会计师已考虑其知悉的、截至审计报告日发生的事项和交易的影响。注册会计师对审计报告日后发生的事项和交易的责任，在

《中国注册会计师审计准则第 1332 号——期后事项》中作出规定。审计报告的日期非常重要。注册会计师对不同时段的财务报表日后事项有着不同的责任，而审计报告的日期是划分时段的关键时点。由于审计意见是针对财务报表发表的，并且编制财务报表是管理层的责任，所以，只有在注册会计师获取证据证明构成整套财务报表的所有报表（包括相关附注）已经编制完成，并且管理层已认可其对财务报表的责任的情况下，注册会计师才能得出已经获取充分、适当的审计证据的结论。在实务中，注册会计师在正式签署审计报告前，通常把审计报告草稿随附管理层已按审计调整建议修改后的财务报表提交给管理层。如果管理层批准并签署已按审计调整建议修改后的财务报表，注册会计师即可签署审计报告。注册会计师签署审计报告的日期通常与管理层签署已审计报告的日期为同一天，或晚于管理层签署已审计财务报表的日期。

在审计实务中，可能发现被审计单位根据法律法规的要求或出于自愿选择，将适用的财务报告基础编制没有要求的补充信息与已审计财务报表一同列报。例如，被审计单位列报补充信息以增强财务报表使用者对适用的财务报告编制基础的理解，或者对财务报表的特定项目提供进一步解释。这种补充信息通常在补充报表中或作为额外的附注进行列示。注册会计师应当评价被审计单位是否清楚地将这些补充信息与已审计财务报表予以区分。如果被审计单位未能清楚区分，注册会计师应当要求管理层改变未审计补充信息的列报方式。如果管理层拒绝改变，注册会计师应当在审计报告中说明补充信息未审计。

对于适用的财务报告编制基础没有要求的补充信息，如果由于其性质和列报方式导致不能使其清楚地与已审计财务报表予以区分，从而构成财务报表必要的组成部分，这些补充信息应当涵盖在审计意见中。例如，财务报表附注中关于该财务报表符合另一财务报告编制基础的程度的解释，属于这种补充信息，审计意见也涵盖与财务报表进行交叉索引的附注或补充报表。

第三节 审计报告的编制

一、标准无保留意见的审计报告

标准无保留意见，指当注册会计师认为财务报表在所有重大方面按照适用的财务报告编制基础编制并实现公允反映时发表的审计意见。

具体模板如下：

审计报告

ABC 股份有限公司全体股东：

一、对财务报表审计的报告

（一）审计意见

我们审计了 ABC 股份有限公司（以下简称"公司"）的财务报表，包括 2019 年 12 月 31 日的资产负债，2019 年度的利润表、现金流量表、股东权益变动表以及财务报表附注。

我们认为，后附的财务报表在所有重大方面按照企业会计准则的规定编制，公允反映了公司 2019 年 12 月 31 日的财务状况以及 2019 年度的经营成果和现金流量。

（二）形成审计意见的基础

我们按照中国注册会计师审计准则的规定执行了审计工作。审计报告的"注册会计师对财务报表审计的责任"部分进一步阐述了我们在这些准则下的责任。按照中国注册会计师职业道德守则，我们独立于公司，并履行了职业道德方面的其他责任。我们相信，我们获取的审计证据是充分、适当的，为发表审计意见提供了基础。

（三）管理层和治理层对财务报表的责任

管理层负责按照企业会计准则的规定编制财务报表，使其实现公允反映，并设计、执行和维护必要的内部控制，以使财务报表不存在由于舞弊或错误导致的重大错报。

在编制财务报表时，管理层负责评估公司的持续经营能力，披露与持续经营相关的事项（如适用），并运用持续经营假设，除非管理层计划清算公司、停止营运或别无其他现实的选择。

治理层负责监督公司的财务报告过程。

（四）注册会计师对财务报表审计的责任

我们的目标是对财务报表整体是否不存在由于舞弊或错误导致的重大错报获取合理保证，并出具包含审计意见的审计报告。合理保证是高水平的保证，但并不能保证按照审计准则执行的审计在某一重大错报存在时总能发现。错报可能由舞弊或错误所导致，如果合理预期错报单独或汇总起来可能影响财务报表使用者依据财务报表作出的经济决策，则错报是重大的。

在按照审计准则执行审计的过程中，我们运用职业判断，保持职业怀疑。我们同时执行以下工作：

（1）识别和评估由于舞弊或错误导致的财务报表重大错报风险，设计和实施审计程序以应对这些风险，并获取充分、适当的审计证据，作为发表审计意见的基础。由于舞弊可能涉及串通、伪造、故意遗漏、虚假陈述或凌驾于内部控制之上，未能发现由于舞弊导致的重大错报的风险高于未能发现由于错误导致的重大错报的风险。

（2）了解与审计相关的内部控制，以设计恰当的审计程序，但目的并非对内部控制的有效性发表意见。

（3）评价管理层选用会计政策的恰当性和作出会计估计及相关披露的合理性。

（4）对管理层使用持续经营假设的恰当性得出结论。同时，基于所获取的审计证据，对是否存在与事项或情况相关的重大不确定性，从而可能导致对公司的持续经营能力产生重大疑虑得出结论。如果我们得出结论认为存在重大不确定性，审计准则要求我们在审计报告中提请报告使用者注意财务报表中的相关披露。如果披露不充分，我们应当发表非无保留意见。我们的结论基于审计报告日可获得的信息。然而，未来的事项或情况可能导致公司不能持续经营。

（5）评价财务报表的总体列报、结构和内容（包括披露），并评价财务报表是否公允反映交易和事项。

我们与治理层就计划的审计范围、时间安排和重大审计发现（包括我们在审计中识别的值得关注的内部控制缺陷）进行沟通。

我们还就遵守关于独立性的相关职业道德要求向治理层提供声明，并就可能被合理认为影响我们独立性的所有关系和其他事项，以及相关的防范措施（如适用）与治理层进行沟通。

从与治理层沟通的事项中，我们确定哪些事项对当期财务报表审计最为重要，因而构成关键审计事项。我们在审计报告中描述这些事项，除非法律法规不允许公开披露这些事项，或在极其罕见的情形下，如果合理预期在审计报告中沟通某事项造成的负面后果超过产生的公众利益方面的益处，我们确定不应在审计报告中沟通该事项。

二、对其他法律和监管要求的报告

本部分的格式和内容，取决于法律法规对其他报告责任的性质的规定。法律法规规范的事项（其他报告责任）应当在本部分处理，除非那些其他报告责任与审计准则所要求的报告责任涉及相同的主题。如果涉及相同的主题，其他报告责任可以在审计准则所要求的同一报告要素部分中列示。当其他报告责任和审计准则规定的报告责任涉及同一主题，并且审计报告中的措辞能够将其他报告责任与审计准则规定的责任予以清楚地区分（如差异存在）时，允许将两者合并列示（即包含在对财务报表审计的报告部分中，并使用合适的副标题）。

××会计师事务所（盖章）

中国××市　　　　　　中国北京市中国注册会计师（签名、盖章）：
二〇×年×月×日　　　　　中国注册会计师（签名、盖章）：

二、非无保留意见审计报告

（一）非无保留意见的含义

非无保留意见是指保留意见、否定意见或无法表示意见。

当存在下列情形之一时，注册会计师应当在审计报告中发表非无保留意见：

（1）根据获取的审计证据，得出财务报表整体存在重大错报的结论。

为了形成审计意见，针对财务报表整体是否不存在由于舞弊或错误导致的重大错报，注册会计师应当得出结论，确定是否已就此获取合理保证。在得出结论时，注册会计师需要评价未更正错报对财务报表的影响。

错报是指某一财务报表项目的金额、分类、列报或披露，与按照适用的财务报告编制基础应当列示的金额、分类、列报或披露之间存在的差异。财务报表的重大错报可能源于：

①选择的会计政策的恰当性。

在选择的会计政策的恰当性方面，当出现下列情形时，财务报表可能存在重大错报：

第一，选择的会计政策与适用的财务报告编制基础不一致；

第二，财务报表（包括相关附注）没有按照公允列报的方式反映交易和事项。财务报告编制基础通常包括对会计处理、披露和会计政策变更的要求。如果被审计单位变更了重大会计政策且没有遵守这些要求，财务报表可能存在重大错报。

②对所选择的会计政策的运用。

在对所选择的会计政策的运用方面，当出现下列情形时，财务报表可能存在重大错报：

第一，管理层没有按照适用的财务报告编制基础的要求一贯运用所选择的会计政策，包括管理层未在不同会计期间或对相似的交易和事项一贯运用所选择的会计政策（运用的一致性）；

第二，不当运用所选择的会计政策（如运用中的无意错误）。

③财务报表披露的恰当性或充分性。

在财务报表披露的恰当性或充分性方面，当出现下列情形时，财务报表可能存在重大错报：

第一，财务报表没有包括运用的财务报告编制基础要求的所有披露；

第二，财务报表的披露没有按照适用的财务报告编制基础列报；

第三，财务报表没有作出必要的披露以实现公允反映。

（2）无法获取充分、适当的审计证据，不能得出财务报表整体不存在重大错报的结论。

如果注册会计师能够通过实施替代程序获取充分、适当的审计证据，则无法实施特定的程序并不构成对审计范围的限制。

下列情形可能导致注册会计师无法获取充分、适当的审计证据（也称为审计范围受到限制）：

①超过被审计单位控制的情形。

超过被审计单位控制的情形，例如，第一，被审计单位的会计记录已被毁坏；第二，重大组成部分的会计记录已被政府有关机构无限期地查封。

②与注册会计师工作的性质或时间安排相关的情形。

与注册会计师工作的性质或时间安排相关的情形，例如，第一，被审计单位需要使用权益法对联营企业进行核算，注册会计师无法获取有关联营企业财务信息的充分、适当的审计证据以评价是否恰当运用了权益法；第二，注册会计师接受审计委托的时间安排，使注册会计师无法实施存货监盘；第三，注册会计师确定仅实施实质性程序是不充分的，但被审计单位的控制是无效的。

③管理层施加限制的情形。

管理层对审计范围施加的限制致使注册会计师无法获取充分、适当的审计证据的情形，例如，第一，管理层阻止注册会计师实施存货监盘；第二，管理层阻止注册会计师对特定账户余额实施函证。

管理层施加的限制可能对审计产生其他影响，如注册会计师对舞弊风险的评估和对业务保持的考虑。

（二）确定非无保留意见的类型

注册会计师确定恰当的非无保留意见，取决于下列事项：（1）导致非无保留意见的事项的性质，是财务报表存在重大错报，还是在无法获取充分、适当的审计证据的情况下，财务报表可能存在重大错报；（2）注册会计师就导致非无保留意见的事项对财务报表产生或可能产生影响的广泛性作出的判断。

广泛性是描述错报影响的术语，用于说明错报对财务报表的影响，或者由于无法获取充分、适当的审计证据而未发现的错报（如存在）对财务报表可能产生的影响。根据注册会计师的判断，对财务报表的影响具有广泛性的情形包括：（1）不限于对财务报表的特定要素、账户或项目产生影响；（2）虽然仅对财务报表的特定要素、账户或项目产生影响，但这些要素、账户或项目是或可能是财务报表的主要组成部分；（3）当与披露相关时，产生的影响对财务报表使用者理解财务报表至关重要。

表 10-1 列示了注册会计师对导致发表非无保留意见的事项的性质和这些事项对财务报表产生或可能产生影响的广泛性作出的判断，以及注册会计师的判断对审计意见类型的影响。

表 10-1　　　　　　　　　　　　　　　　审计意见决策表

导致发表非无保留意见的事项的性质	这些事项对财务报表产生或可能产生影响的广泛性	
	重大但不具有广泛性	重大且具有广泛性
财务报表存在重大错报	保留意见	否定意见
无法获取充分、适当的审计证据	保留意见	无法表示意见

1. 发表保留意见

当存在下列情形之一时，注册会计师应当发表保留意见：

（1）在获取充分、适当的审计证据后，注册会计师认为错报单独或汇总起来对财务报表影响重大，但不具有广泛性。

注册会计师在获取充分、适当的审计证据后，只有当认为财务报表就整体而言是公允的，但还存在对财务报表产生重大影响的错报时，才能发表保留意见。如果注册会计师认为错报对财务报表产生的影响极为严重且有广泛性，则应发表否定意见。因此，保留意见被视为注册会计师在不能发表无保留意见情况下最不严厉的审计意见。

（2）注册会计师无法获取充分、适当的审计证据以作为形成审计意见的基础，但认为未发现的错报（如果存在）对财务报表可能产生的影响重大，但不具有广泛性。

注册会计师因审计范围受限而发表保留意见还是无法表示意见，取决于无法获取的审计证据对形成审计意见的重要性。只有当未发现的错报（如果存在）对财务报表可能产生的影响重大但不具有广泛性时，才发表保留意见。

2. 发表否定意见

在获取充分、适当的审计证据后，如果认为错报单独或汇总起来对财务报表的影响重大且具有广泛性，注册会计师应当发表否定意见。

3. 发表无法表示意见

如果无法获取充分、适当的审计证据以作为形成审计意见的基础，但认为未发现的错报（如存在）对财务报表可能产生的影响重大且具有广泛性，注册会计师应当发表无法表示意见。

在极其特殊的情况下，可能存在多个不确定性事项。即使注册会计师对每个单独的不确定性事项获取了充分、适当的审计证据，但由于不确定性事项之间可能存在相互影响，以及可能对财务报表产生累积影响，注册会计师不可能对财务报表形成审计意见。在这种情况下，注册会计师应当发表无法表示意见。

在确定非无保留意见的类型时还需要注意以下两点：

一是在承接审计业务后，如果注意到管理层对审计范围施加了限制，且认为这些限制可能导致对财务报表发表保留意见或无法表示意见，注册会计师应当要求管理层消除这些限制，如果管理层拒绝消除限制，除非治理层全部成员参与管理被审计单位，注册会计师应当就此事项与治理层沟通，并确定能否实施替代程序以获取充分、适当的审计证据。如果无法获取充分、适当的审计证据，注册会计师应当通过下列方式确定其影响：（1）如果未发现的错报（如存在）可能对财务报表产生的影响重大，但不具有广泛性，应当发表保留意见；（2）如果未发现的错报（如存在）可能对财务报表产生的影响重大且具有广泛性，以至于发表保留意见不足以反映情况的严重性，应当在可行时解除业务约定（除非法律法规禁止）。当然，注册会计师应当在解除业务约定前，与治理层沟通在审计过程中发现的、将会导致发表非无保留意见的所有错报事项；如果在出具审计报告之前解除业务约定书被禁止或不可行，应当发表无法表示意见。

在某些情况下，如果法律法规要求注册会计师继续执行审计业务，则注册会计师可能无法解除审计业务约定。这种情况可能包括：（1）注册会计师接受委托审计公共部门实体的财务报表；（2）注册会计师接受委托审计涵盖特定期间的财务报表，或者接受一定期间的委托，在完成财务报表审计前或在委托期间结束前，不允许解除审计业务约定。在这些情况下，注册会计师可能认为需要在审计报告中增加其他事项段。

二是如果认为有必要对财务报表整体发表否定意见或无法表示意见，注册会计师不应在同一审计报告中对按照相同财务报告编制基础编制的单一财务报表或者财务报表特定要素、账户或项目发表无保留意见。在同一审计报告中包含无保留意见，将会与对财务报表整体发表的否定意见或无法表示意见相矛盾。

当然，对经营成果、现金流量（如相关）发表无法表示意见，而对财务状况发表无保留意见，这种情况可能是被允许的。因为在这种情况下，注册会计师并没有对财务报表整体发表无法表示意见。

（三）非无保留意见的审计报告的格式和内容

1. 导致非无保留意见的事项段

（1）审计报告格式和内容的一致性。

如果对财务报表发表非无保留意见，除在审计报告中包含《中国注册会计师审计准则第1501号——对财务报表形成审计意见和出具审计报告》规定的审计报告因素外，注册会计师还应当直接在审计意见段之后增加一个部分，并使用恰当的标题，如"形成保留意见的基础""形成否定意见的基础"或"形成无法表示意见的基础"，说明导致发表非无保留意见的事项。审计报告格式和内容的一致性有助于帮助使用者更好地理解和识别存在的异常情况。因此，尽管不可能统一非无保留意见的措辞和对导致非无保留意见事项的说明，但仍有必要保持审计报告格式和内容的一致性。

（2）量化财务影响。

如果财务报表中存在与具体金额（包括定量披露）相关的重大错报，注册会计师应当在导致非无保留意见的事项段中说明并量化该错报的财务影响。举例来说，如果存货被高估，注册会计师就可以在审计报告中形成保留/否定/无法表示意见的基础部分说明该重大错报的财务影响，即量化其对所得税、税前利润、净利润和所有者权益的影响。如果无法量化财务影响，注册会计师应当在审计报告中形成保留/否定/无法表示意见的基础部分说明这一情况。

（3）存在与叙述性披露相关的重大错报。

如果财务报表中存在与叙述性披露相关的重大错报，注册会计师应当在形成非无保留意见的基础部分解释该错报错在哪里。

（4）存在与应披露而未披露信息相关的重大错报。

如果财务报表中存在与应披露而未披露信息相关的重大错报，注册会计师应当：

①与治理层讨论未披露信息的情况；②在形成非无保留意见的基础部分描述未披露信息的性质；③如果可行并且已针对未披露信息获取了充分、适当的审计证据，在形成非无保留意见的基础部分包含对未披露信息的披露，除非法律法规禁止。

如果存在下列情形之一，则在形成非无保留意见的基础部分披露遗漏的信息是不可行的：①管理层还没有作出这些披露，或管理层已作出但注册会计师不易获取这些披露；②根据注册会计师的判断，在审计报告中披露该事项过于庞杂。

（5）无法获取充分、适当的审计证据。

如果因无法获取充分、适当的审计证据而导致发表非无保留意见，注册会计师应当在形成非无保留意见的基础部分说明无法获取审计证据的原因。

（6）披露其他事项。

即使发表了否定意见或无法表示意见，注册会计师也应当在形成非无保留意见的基础部分说明注意到的、将导致发表非无保留意见的所有其他事项及其影响。这是因为，对注册会计师注意到的其他事项的披露可能与财务报表使用者的信息需求相关。

2. 审计意见段

（1）标题。

在发表非无保留意见时，注册会计师应当对审计意见段使用恰当的标题，如"保留意见""否定意见""无法表示意见"。审计意见段标题能够使财务报表使用者清楚注册会计师发表了非无保留意见，并能够表明非无保留意见的类型。

（2）发表保留意见。

当由于财务报表存在重大错报而发表保留意见时，注册会计师应当根据适用的财务报告编制基础在审计意见段中说明：注册会计师认为，除了形成保留意见的基础部分所述事项产生的影响外，财务报表在所有重大方面按照适用的财务报告编制基础编制，并实现公允反映。

（3）发表否定意见。

当发表否定意见时，注册会计师应当根据适用的财务报告编制基础在审计意见段中说明：注册会计师认为，由于形成否定意见的基础部分所述事项的重要性，财务报表没有在所有重大方面按照适用的财务报告编制基础编制，未能实现公允反映。

（4）发表无法表示意见。

当由于无法获取充分、适当的审计证据而发表无法表示意见时，注册会计师应当在审计意见段中说明：由于形成无法表示意见的基础部分所述事项的重要性，注册会计师无法获取充分、适当的审计证据以为发表审计意见提供基础，因此，注册会计师不对这些财务报表发表审计意见。

3. 非无保留意见对审计报告要素内容的修改

当发表保留意见或否定意见时，注册会计师应当修改形成保留意见的基础部分的描述，以说明：注册会计师相信，注册会计师已获取的审计证据是充分、适当的，为发表非无保留意见提供了基础。

当由于无法获取充分、适当的审计证据而发表无法表示意见时，注册会计师应当修改审计报告的意见段，说明：注册会计师接受委托审计财务报表；注册会计师不对后附的财务报表发表审计意见；由于形成无法表示意见的基础部分所述事项的重要性，注册会计师无法获取充分、适当的审计证据以作为对财务报表发表审计意见的基础。

当注册会计师对财务报表发表无法表示意见时，注册会计师应当修改无保留意见审计报告中形成审计意见的基础部分，不应提及审计报告中用于描述注册会计师责任的部分，也不应说明注册会计师是否已获取充分、适当的审计证据以作为形成审计意见的基础。

当注册会计师对财务报表发表无法表示意见时，注册会计师应当修改无保留意见审计报告中注册会计师对财务报表审计的责任部分，使之仅包含下列内容：

（1）注册会计师的责任是按照中国注册会计师审计准则的规定，对被审计单位财务报表执行审计工作，以出具审计报告；

（2）但由于形成无法表示意见的基础部分所述的事项，注册会计师无法获取充分、适当的审计证据以作为发表审计意见的基础；

（3）说明注册会计师在独立性和职业道德方面的其他责任。

三、在审计报告中增加强调事项段和其他事项段

（一）在审计报告中增加强调事项段的情形

1. 强调事项段的含义

审计报告的强调事项段是指审计报告中含有的一个段落，该段落提及已在财务报表中恰当列报或披露的事项，根据注册会计师的职业判断，该事项对财务报表使用者理解财务报表至关重要。

2. 增加强调事项段的情形

如果认为有必要提醒财务报表使用者关注已在财务报表中列报或披露，且根据职业判断认为对财务报表使用者理解财务报表至关重要的事项，在同时满足下列条件时，注册会计师应当在审计报告中增加强调事项段：

（1）按照《中国注册会计师审计准则第 1502 号——在审计报告中发表非无保留意见》的规定，该事项不会导致注册会计师发表非无保留意见；

（2）当《中国注册会计师审计准则第 1504 号——在审计报告中沟通关键审计事项》适用时，该事项未被确定为在审计报告中沟通的关键审计事项。

按照《中国注册会计师审计准则第 1504 号——在审计报告中沟通关键审计事项》被确定为在审计报告中沟通的关键审计事项，根据注册会计师的职业判断，也可能对财务报表使用者理解财务报表至关重要。在这些情况下，按照《中国注册会计师审计准则第 1504 号——在审计报告中沟通关键审计事项》的规定将该事项作为关键审计事项沟通时，

注册会计师可能希望突出或提请进一步关注其相对重要程度。在关键审计事项部分，注册会计师可以使该事项的列报更为突出（如作为第一事项），或在关键审计事项的描述中增加额外信息，以指明该事项对财务报表使用者理解财务报表的重要程度。

某一事项可能不符合《中国注册会计师审计准则第 1504 号——在审计报告中沟通关键审计事项》的规定，因而未被确定为关键审计事项（即该事项未被重点关注过），但根据注册会计师的判断，其对财务报表使用者理解财务报表至关重要（例如期后事项）。如果注册会计师认为有必要提请财务报表使用者关注该事项，根据审计准则的规定，该事项将包含在审计报告的强调事项段中。

某些审计准则对特定情况下在审计报告中增加强调事项段提出具体要求。这些情形包括：

（1）法律法规规定的财务报告编制基础不可接受，但其是由法律或法规作出的规定；

（2）提醒财务报表使用者注意财务报表按照特殊目的编制基础编制；

（3）注册会计师在审计报告日后知悉了某些事实（即期后事项），并且出具了新的审计报告或修改了审计报告。

除上述审计准则要求增加强调事项段的情形外，注册会计师可能认为需要增加强调事项段的情形举例如下：

（1）异常诉讼或监管行动的未来结果存在不确定性；

（2）提请应用（在允许的情况下）对财务报表有广泛影响的新会计准则；

（3）存在已经或持续对被审计单位财务状况产生重大影响的特大灾难。

强调事项段的过多使用会降低注册会计师沟通所强调事项的有效性。此外，与在财务报表中列报或披露相比，在强调事项段中包含过多的信息，可能隐含着这些事项未被恰当列报或披露。因此，强调事项段应当仅提及已在财务报表中列报或披露的信息。

3. 在审计报告中增加强调事项段时注册会计师采取的措施

如果在审计报告中增加强调事项段，注册会计师应当采取下列措施：

（1）将强调事项段作为单独的一部分置于审计报告中，并使用包含"强调事项"这一术语的适当标题。

（2）明确提及被强调事项以及相关披露的位置，以便能够在财务报表中找到对该事项的详细描述。强调事项段应当仅提及已在财务报表中列报或披露的信息。

（3）指出审计意见没有因该强调事项而改变。

在审计报告中包含强调事项段不影响审计意见。包含强调事项段不能代替下列情形：

①根据审计业务的具体情况，按照《中国注册会计师审计准则第 1502 号——在审计报告中发表非无保留意见》的规定发表非无保留意见；

②适用的财务报告编制基础要求管理层在财务报表中作出的披露，或为实现公允列报所需的其他披露；

③按照《中国注册会计师审计准则第 1324 号——持续经营》的规定，当可能导致对被审计单位持续经营能力产生重大疑虑的事项或情况存在重大不确定性时作出的报告。

（二）在审计报告中增加其他事项段的情形

1. 其他事项段的含义

其他事项段是指审计报告中含有的一个段落，该段落提及未在财务报表中列报或披露的事项，根据注册会计师的职业判断，该事项与财务报表使用者理解审计工作、注册会计师的责任或审计报告相关。

2. 需要增加其他事项段的情形

如果认为有必要沟通虽然未在财务报表中列报或披露，但根据职业判断认为与财务报表使用者理解审计工作、注册会计师的责任或审计报告相关的事项，在同时满足下列条件时，注册会计师应当在审计报告中增加其他事项段：

（1）未被法律法规禁止；

（2）当《中国注册会计师审计准则第 1504 号——在审计报告中沟通关键审计事项》适用时，该事项未被确定为在审计报告中沟通的关键审计事项。具体讲，需要在审计报告中增加其他事项段的情形包括：

①与使用者理解审计工作相关的情形。

《中国注册会计师审计准则第 1151 号——与治理层的沟通》要求注册会计师就计划的审计范围和时间安排与治理层进行沟通，包括注册会计师识别的特别风险。尽管与特别风险相关的事项可能被确定为关键审计事项，根据《中国注册会计师审计准则第 1504 号——在审计报告中沟通关键审计事项》对关键审计事项的定义，其他与计划及范围相关的事项（比如计划的审计范围或审计时对重要性的运用）不太可能成为关键审计事项。然而，法律法规可能要求注册会计师在审计报告中沟通与计划及范围相关的事项，或者注册会计师可能认为有必要在其他事项段中沟通这些事项。

在极其特殊的情况下，即使由于管理层对审计范围施加的限制导致无法获取充分、适当的审计证据可能产生的影响具有广泛性，注册会计师也不能解除业务约定。在这种情况下，注册会计师可能认为有必要在审计报告中增加其他事项段，解释为何不能解除业务约定。

②与使用者理解注册会计师的责任或审计报告相关的情形。

法律法规或得到广泛认可的惯例可能要求或允许注册会计师详细说明某些事项，以进一步解释注册会计师在财务报表审计中的责任或审计报告。在这种情况下，注册会计师可以使用一个或多个子标题来描述其他事项段的内容。

但增加其他事项段不涉及以下两种情形：第一，除根据审计准则的规定有责任对财务报表出具审计报告外，注册会计师还有其他报告责任；第二，注册会计师可能被要求实施额外的规定的程序并予以报告，或对特定事项发表意见。

③对两套以上财务报表出具审计意见的情形。

被审计单位可能按照通用目的编制基础（如 × 国财务报告编制基础）编制一套财务报表，且按照另一个通用目的编制基础（如国际会计报告准则）编制另一套财务报表，并委托注册会计师同时对两套财务报表出具审计报告。如果注册会计师已确定两个财务报告编制基础在各种情形下是可接受的，可以在审计报告中增加其他事项段，说明被审计单位根据另一个通用目的编制基础（如国际会计报告准则）编制了另一套财务报表以及注册会计师对这些报表出具了审计报告。

④限制审计报告分发和使用的情形。

为特定目的编制的财务报表可能按照通用目的编制基础编制，因为财务报表预期使用者已确定这种通用目的财务报表能够满足他们对财务信息的需求。由于审计报告旨在提供给特定使用者，注册会计师可能认为在这种情况下需要增加其他事项段，说明审计报告只是提供给财务报表预期使用者，不应被分发给其他机构或人员使用。

需要注意的是，其他事项段的内容明确反映了未被要求在财务报表中列报或披露的其他事项。其他事项段不包括法律法规或其他职业准则（如中国注册会计师职业道德守则中与信息保密相关的规定）禁止注册会计师提供的信息。其他事项段也不包括要求管理层提供的信息。

如果在审计报告中包含其他事项段，注册会计师应当将该段落作为单独的一部分，并使用"其他事项"或其他适当标题。

（三）与治理层的沟通

如果拟在审计报告中增加强调事项段或其他事项段，注册会计师应当就该事项和拟使用的措辞与治理层沟通。

与治理层的沟通能使治理层了解注册会计师拟在审计报告中所强调的特定事项的性质，并在必要时为治理层提供向注册会计师作出进一步澄清的机会。当然，当审计报告中针对某一特定事项增加其他事项段在连续审计业务中重复出现时，注册会计师可能认为没有必要在每次审计业务中重复沟通。

拓展案例

*ST H 公司审计案例①

（一）案例背景

北京 H 创意建筑设计股份有限公司（以下简称"*ST H 公司"），前身系江苏 D 微电子股份有限公司（以下简称"D 微电子"），由于 2016 年年报被出具了无法表示意见的审计报告，H 公司戴上了"*ST"的"帽子"，并以筹划重大资产重组为由停牌许久。

围绕年报，*ST H 公司发生了一系列匪夷所思的怪事——业绩快报盈利 4.15 亿元，年报仅为 2.4 亿元；年初更换会计师事务所，随后又将其聘回来。截至 2017 年 7 月，*ST H 公司更换了几家年度报告审计机构，具体情况如图 10-2 所示。2 月 16 日，公司以"保证上市公司的审计独立性"为由将上海 S 会计师事务所（以下简称"S 所"）解雇。在 *ST H 公司把审计机构从 S 所更换为 T 会计师事务所（以下简称"T 所"）后，很快就发布了一份净利润高达 4.15 亿元的业绩快报。蹊跷的是，在上述业绩快报发布一个多月后，由于 T 所在为公司进行财报审计过程中发现与预期的工作量差异较大，可能无法按时完成公司的财报审计工作，经与公司协商，决定解除审计协议。此后，*ST H 公司又重新聘回 S 所，由 S 所披露的 2016 年年报的净利润大幅"缩水"至 2.4 亿元。即便如此，S 所仍然出具了无法表示意见的审计报告。对于 S 所出具的无法表示意见的审计报告，*ST H 公司有不同的意见，在公告中表示："目前公司生产经营一切正常，公司董事会拟启动相关解决方案"，并且宣布重新聘请会计师事务所对 2016 年年报进行审计。最新上任的审计机构是 Z 会计师事务所（以下简称"Z 所"）。9 月 29 日，*ST H 公司 2016 年度审计报告终于出炉。Z 所审计后出具了标准无保留的审计报告。报告显示，*ST H 公司 2016 年实现营业收入 36.38 亿元，归属母公司的净利润为 2.34 亿元。

---

① 笔者根据相关资料整理。

图 10 - 2　走马灯式更换审计机构

（二）被审计单位基本情况及主要的会计问题

1. 被审计单位基本情况

*ST H 公司成立于 1993 年，于 2014 年上市，下设子公司北京 H 建筑装饰工程设计有限公司（简称"H 设计公司"）、孙公司北京 H 建筑装饰设计工程有限公司（简称"H 装饰公司"）。2014 年，*ST H 公司的前身 D 微电子公告借壳方案，借壳标的资产为 H 设计100% 股权。

H 设计公司属于建筑装饰行业，具有"轻资产"的特点，其固定资产投入相对较小、价值不高。由于建筑装饰行业未来具有良好的发展空间，H 设计公司近年来业务发展较快，盈利水平快速提升，整体业务布局清晰，未来前景可期，且 H 设计公司系国内知名建筑装饰企业，竞争优势较为显著。

最终，H 设计公司支撑起了借壳的高估值。回顾近三年的业绩情况，2014 年上市公司实现年度业绩，2015 年小幅不达标，完成 94.1%，但 2016 年处于尚未可知的状态。这也是前文提到*ST H 公司 2016 年经审计后实际净利润为 2.4 亿元却执意在业绩快报披露4.15 亿元净利润的主要原因，只有净利润为 4.15 亿元才能保证实现 2016 年的业绩承诺，对赌成功，否则将回购注销巨额股份。

2. 主要的会计问题

（1）内部控制存在重大缺陷。

*ST H 公司 2016 年度原财务总监离职后，一直未任命新财务总监，同时财务部关键岗位人员出现离职和变动，导致在销售与收款环节、采购与付款环节的内部控制上出现重大缺陷，财务核算出现混乱，严重影响了财务报表的可靠性和公允性。*ST H 公司未能提供真实、可靠、完整的经营和财务资料，导致 S 所无法执行必要审计程序，也无法实施必要的替代程序，以对后附财务报表中的营业收入、营业成本、应收款项、应付款项、存货进一步取得充分、适当的审计证据，来确定后附财务报表及附注已恰当列示和披露。

（2）违规调节收入和成本。

*ST H 公司的下属公司 H 设计公司和 H 装饰公司于 2016 年 12 月对不满足收入和成本确认条件的工程项目进行了调整，相关项目调减收入人民币 357 376 505.66 元，调减成本人民币 278 681 339.16 元。同时将与调整项目相关的收到资金和支付资金记入"其他应付款"和"其他应收款"，并将其进行抵消处理。S 所未能取得公司提供的相关项目收入成本调整的依据以及收入成本导致的资金收付记入"其他应收款"和"其他应付款"科目并抵消的依据，也无法执行其他程序获取充分、适当的审计证据，对公司相关会计处理的真实性、合理性和完整性无法核实。

（3）长期股权投资未进行减值测试。

*ST H 公司后附财务报表显示，2016 年归属于母公司的净利润为 239 763 363.16 元，与

其在 2017 年 2 月 27 日公告的业绩快报中归属于上市公司的净利润人民币 415 200 679.27 元相比发生大幅下降，主要原因系子公司 H 设计公司的净利润出现大幅下滑，母公司 *ST H 公司尚未对其财务报表中账面净值为人民币 2.82 亿元的长期股权投资——H 设计公司进行减值测试，S 所无法获取充分、适当的审计证据以判断该事项对母公司财务报表的影响程度。

❈❈❈❈❈❈❈❈❈❈❈❈❈❈❈❈❈❈❈❈❈❈❈❈❈❈❈❈❈❈❈❈❈

实训十　审计模块

一、实训目的

汇总分析前述实训内容，填写管理层申明书和审计小结，选择审计报告的类型编制审计报告。

二、实训要求

根据前述实训内容，填写管理层申明书和审计小结，选择审计报告的类型编制审计报告。

三、实训操作流程及实训资料

（一）管理层申明书

1. 注意事项

此表根据委托方基本信息填写。委托方信息具体见实训一。

2. 根据前述资料填写管理层申明书

管理层声明书

_____会计师事务所并注册会计师：

本声明书是针对你们审计_____公司截至____年__月__日的年度财务报表而提供的。审计的目的是对财务报表发表意见，以确定财务报表是否在所有重大方面已按照企业会计准则的规定编制，并实现公允反映。

尽我们所知，并在作出了必要的查询和了解后，我们确认：

一、财务报表

1. 我们已履行____年__月__日签署的审计业务约定书中提及的责任，即根据企业会计准则的规定编制财务报表，并对财务报表进行公允反映；

2. 在作出会计估计时使用的重大假设（包括与公允价值计量相关的假设）是合理的；

3. 已按照企业会计准则的规定对关联方关系及其交易作出了恰当的会计处理和披露；

4. 根据企业会计准则的规定，所有需要调整或披露的资产负债表日后事项都已得到调整或披露；

5. 未更正错报，无论是单独还是汇总起来，对财务报表整体的影响均不重大。未更正错报汇总表附在本声明书后；

二、提供的信息

1. 我们已向你们提供下列工作条件：

（1）允许接触我们注意到的、与财务报表编制相关的所有信息（如记录、文件和其他事项）。

（2）提供你们基于审计目的要求我们提供的其他信息。

（3）允许在获取审计证据时不受限制地接触你们认为必要的本公司内部人员和其他相关人员。

2. 所有交易均已记录并反映在财务报表中。

3. 我们已向你们披露了由于舞弊可能导致的财务报表重大错报风险的评估结果。

4. 我们已向你们披露了我们注意到的、可能影响本公司的与舞弊或舞弊嫌疑相关的所有信息，这些信息涉及本公司的：

（1）管理层；

（2）在内部控制中承担重要职责的员工；

（3）其他人员（在舞弊行为导致财务报表重大错报的情况下）。

5. 我们已向你们披露了从现任和前任员工、分析师、监管机构等方面获知的、影响财务报表的舞弊指控或舞弊嫌疑的所有信息。

6. 我们已向你们披露了所有已知的、在编制财务报表时应当考虑其影响的违反或涉嫌违反法律法规的行为。

7. 我们已向你们披露了我们注意到的关联方的名称和特征、所有关联方关系及其交易。

（盖章）　　　　法定代表人（签名并盖章）：　　财务负责人（签名并盖章）：
　　　　　　　　　　　年　月　日　　　　　　　　　年　月　日

（二）审计小结

1. 注意事项

结合前面实质性测试阶段所填的表格信息分析填列。

2. 根据前述资料填写审计小结

被审计单位：	编制：	日期：	索引号：
会计期间：	复核：	日期：	页　数：

审 计 小 结

我们接受委托，对年度的资产负债表、利润表进行审计，现小结如下：

一、序言

1. 公司背景的补充说明见审计计划

2. 重要会计政策见已审审计报告附注

3. 审计计划执行的重大偏差

审计计划在执行过程中没有产生重大偏差。

二、审计目的、范围及策略

1. 会计报表关键项目的审计情况

（1）

（2）

（3）

（4）

（5）

（6）

2. 不符事项的调整或未调整

无。

3. 关联方关系及关联交易的审计情况

关联方关系及交易见已审会计报表附注披露。

4. 财务承诺的审计情况

无财务承诺事项。

5. 或有事项的审计情况

无须披露的或有事项。

6. 期后事项

无须披露的期后事项。

7. 需提请合伙人注意的其他事项

无须提请合伙人注意的其他事项。

三、审计中发现的主要问题和重要调整事项

四、审计意见

我们拟对＿＿＿＿＿＿＿＿本年度会计报表出具＿＿＿＿＿＿＿＿的审计报告。

审计小组
年　月　日

第一级复核意见并签名：

第二级复核意见并签名：

合伙人、常任顾问复核意见并签名：

（三）审计报告（无保留意见）

审计报告（保留意见）

审计报告（无法表示意见）

审计报告（否定意见）

（1）注意事项。

根据审计小结的信息，本企业最终出具无保留的审计报告意见，所以只需填写审计报告（无保留意见）这张表，其他三种类型的审计报告为空表，不用填写。

（2）根据前述资料填写审计报告（无保留意见）。

审计报告　　　　　　　　　　—

××有限公司全体股东：

我们审计了后附的＿＿＿＿＿＿有限公司（以下简称＿＿公司）的财务报表，包括＿＿年＿月＿日的资产负债表，＿＿＿＿年度的利润表、现金流量表和股东权益变动表以及财务报表附注。

（一）管理层对财务报表的责任

编制和公允列报财务报表是＿＿＿＿＿＿公司管理层的责任，这种责任包括：（1）按照企业会计准则的规定编制财务报表，并使其实现公允反映；（2）设计、执行和维护必要的内部控制，以使财务报表不存在由于舞弊或错误导致的重大错报。

（二）注册会计师的责任

我们的责任是在执行审计工作的基础上对财务报表发表审计意见。我们按照中国注册会计师审计准则的规定执行了审计工作。中国注册会计师审计准则要求我们遵守职业道德守则，计划和执行审计工作以对财务报表是否不存在重大错报获取合理保证。

审计工作涉及实施审计程序，以获取有关财务报表金额和披露的审计证据。选择的审计程序取决于注册会计师的判断，包括对由于舞弊或错误导致的财务报表重大错报风险的评估。在进行风险评估时，注册会计师考虑与财务报表编制和公允列报相关的内部控制，以设计恰当的审计程序，但目的并非对内部控制的有效性发表意见。审计工作还包括评价管理层选用会计政策的恰当性和作出会计估计的合理性，以及评价财务报表的总体列报。

我们相信，我们获取的审计证据是充分、适当的，为发表审计意见提供了基础。

（三）审计意见

我们认为，＿＿＿＿＿＿公司财务在报表所有重大方面按照企业会计准则的规定编制，公允反映了＿＿＿＿＿公司＿＿年＿月＿日的财务状况以及年度的经营成果和现金流量。

（盖章）　　　　　　　　　　　　　　　中国注册会计师：

　　　　　　　　　　　　　　　　　　　（签名并盖章）

中国·××　　　　　　　　　　　　　中国注册会计师：

　　　　　　　　　　　　　　　　　　　（签名并盖章）

年　月　日

参 考 文 献

[1] 中国注册会计师协会. 审计 [M]. 北京: 中国财政经济出版社, 2020 (3).

[2] 陈朝晖. 审计学 [M]. 厦门: 厦门大学出版社, 2010 (2).

[3] 李晓慧. 审计案例与实训 [M]. 北京: 中国人民大学出版社, 2017 (8).

[4] 陈汉文. 审计 [M]. 北京: 中国人民大学出版社, 2016 (4).

[5] 梁慧媛. 审计基础模拟实训 [M]. 北京: 中国人民大学出版社, 2007.

[6] 宋常. 审计学 [M]. 北京: 中国人民大学出版社, 2018 (3).

[7] 张龙平, 李璐. 现代审计学 (第二版) [M]. 北京: 北京大学出版社, 2017 (8).

[8] 程腊梅, 姬霖, 纪晶华. 审计学 (第二版) [M]. 北京: 清华大学出版社, 2016.

[9] 陈汉文. 审计 (第二版) [M] 厦门: 厦门大学出版社, 2011 (5).

[10] 李晓慧, 韩晓梅. 审计学——理论与案例 [M]. 大连: 东北财经大学出版社, 2013 (1).

[11] 张继勋, 程悦. 审计学 (第二版) [M]. 北京: 清华大学出版社, 2015.

[12] 郭艳萍, 傅贵勤, 孟腊梅. 审计学——原理与案例 [M]. 北京: 清华大学出版社, 2017 (4).

[13] 刘明辉, 史德刚. 审计 (第七版) [M]. 大连: 东北财经大学出版社, 2019 (7).

[14] 陈力生. 审计学 (第二版) [M]. 上海: 立信会计出版社, 2012 (8).

[15] 杨昌红, 赵凌云. 审计学 (第三版) [M]. 北京: 清华大学出版社, 2016.

[16] 耿建新, 刘松青, 黄胜. 审计学 (第五版) [M]. 北京: 中国人民大学出版社, 2017 (7).

[17] 郝振平, 刘霄仑. 审计学 (第二版) [M]. 北京: 北京大学出版社, 2013 (3).

[18] 陆迎霞. 审计学 [M]. 上海: 上海财经大学出版社, 2013.

[19] 黄世忠, 叶丰滢. 美国南方保健公司财务舞弊案例剖析——萨班斯—奥克斯利法案颁布后美国司法部督办的第一要案 [J]. 会计研究, 2003 (6).

[20] 卓继民. 卷入证券欺诈案的会计师事务所 [J]. 经理人, 2017 (4): 42 - 49.

[21] 傅贵勤, 马文静, 韩长艳. 审计程序、审计证据与工作底稿 [J]. 中国内部审计, 2017 (8): 87 - 89.

[22] 黄世忠, 叶钦华, 徐珊, 叶凡. 2010～2019 年中国上市公司财务舞弊分析 [J]. 财会月刊, 2020 (14).

[23] 陈子晗. 海水养殖企业存货内部控制问题研究——以 A 公司为例 [D]. 北京: 中国财政科学研究院, 2016.

［24］中华人民共和国审计署. 国家审计故事系列报道［EB/OL］. http：//www. audit. gov. cn/n815/c72692/content. html，2015 年 8 月 5 日.

［25］宋彦君. 云审计在电商审计风险防范中的运用研究［D］. 北京：北京交通大学硕士学位论文，2019.